靖江 江淮方言

朱延庆 著

天津出版传媒集团

百花文艺出版社

图书在版编目（CIP）数据

江淮方言精汇 / 朱延庆著 . -- 天津：百花文艺出
版社 , 2025. 8. -- ISBN 978-7-5306-9141-0

Ⅰ . H172.4-53

中国国家版本馆 CIP 数据核字第 2025KM4638 号

江淮方言精汇
JIANGHUAI FANGYAN JINGHUI

朱延庆　著

出 版 人：薛印胜

责任编辑：王　燕　徐　姗

装帧设计：彭　泽

出版发行：百花文艺出版社

地址：天津市和平区西康路 35 号　　**邮编：**300051

电话传真：+86-22-23332651（发行部）

　　　　　　+86-22-23332656（总编室）

　　　　　　+86-22-23332478（邮购部）

网址：http://www.baihuawenyi.com

印刷：北京博海升彩色印刷有限公司

开本：787 毫米 × 1092 毫米　1/16

字数：300 千字

印张：27.5

版次：2025 年 8 月第 1 版

印次：2025 年 8 月第 1 次印刷

定价：98.00 元

如有印装质量问题，请与北京博海升彩色印刷有限公司联
系调换

地址：北京市通州区金桥科技产业园基地环宇 6 号

电话：（010）60594509

邮编：101102

自 序

　　我曾写过《江淮方言趣谈》(2004年版)、《江淮方言趣话》(2008年版)、《江淮方言趣事》(2016年版)。《江淮方言趣谈》于2006年被江苏省地方志编纂委员会办公室、江苏省地方志学会评为江苏省第四次地方志系统优秀成果特等奖。为弘扬地方优秀传统文化,中共高邮市委宣传部将这三本书合编为一册,名为《江淮方言精汇》出版。

　　江淮方言区分布在湖北、江西、安徽、江苏等省,其他地区有的还有江淮"方言岛"。江淮方言中有些词语与其他方言区共用。全国讲江淮官话者约有八千万。

　　六十多年前,我在大学读书时就对江淮方言感兴趣了,课余时对江淮方言中本字的语音、语调、词语、语法及古今的演变等方面注意搜集、整理、研究,退休后写成了三本书,对近四百个江淮方言词语进行解读。有的词语常活跃在人民大众的口头之中,但说得出,写不出;有的虽然写出来了,但写错了或者用得不恰当。我在研究写作过程中注重追本穷源,对于字词的来历、写法、读音等一定要有根有据。有时为一个字词要查大量的典籍,甚至要寻找几十年才能确定,为纯洁祖国的语言,传承优秀传统文化尽了一份责任。为了较透彻讲析每个字词的含义及用法,又将每个字词编成一个个故事,力求生动、有趣。五六百个故事涉及人文、历史、地理、科技、教育、特产、方物、风俗、风情等，坚持颂扬真、善、美，抨击假、恶、丑，力臻育人、化人。

方言是母语，方言是地方文化的重要载体，方言是重要的非物质文化遗产，方言是随身携带的乡愁。一个人不论走到哪里，倘遇到老乡，几句家乡话一讲，立即会拉近距离，感到亲近、亲切，甚至亲和、亲热起来。方言有特殊的魅力。在秦观、王磐、汪曾祺等人的著作中都运用了江淮方言，其表现力、审美力独特而强烈。在训诂大师王念孙、王引之的著作中也研究了江淮方言，见解创新而奇崛。

方言与普通话将永远共存。

习近平总书记指出："深入挖掘中华优秀传统文化蕴含的思想观念、人文精神、道德规范，结合时代要求继承创新，让中华文化展现出永久魅力和时代风采。"《江淮方言精汇》如果能为青少年了解、学习、正确运用江淮方言并由此而增浓家国情怀有所助益，我几十年的研修时光就没有白白度过且倍感欣慰了。对高邮各界领导传承中国优秀传统文化、弘扬高邮地方文化的精神与践行以及对本人的关怀、激励，表示由衷的敬意和诚挚的感谢。

是为序。

朱延庆

2025 年 3 月 29 日于泰澹斋

目录

第一辑 江淮方言趣谈

第二辑　江淮方言趣话

第三辑 江淮方言趣事

第四辑　江淮方言续编

第一辑

江淮方言

趣谈

板扎

某中学的赵老师连续三年通过无记名投票方式被评为学校优秀教师。他在工作中努力做到一切为了学生，为了一切学生，为了学生的一切，很受学生欢迎。他的工作和教学有个很大的特点：板扎。

在《现代汉语词典》等字典、辞书中，有"板实""板正"等词，未见"板扎"，而江淮一带方言中"板扎"一词却常用到。它是指一个人生活、做事有条理、实在。"板扎"还可以用"ABB"式、"AABB式"重叠，即"板扎扎""板板扎扎"。重叠以后似乎更增加了"板扎"的分量以及喜爱的感情色彩。

赵老师的穿着整整齐齐，有的衣服虽然旧了些，但穿在他身上仍然平整、挺括、体面。他的头发一丝不苟，刮大风时好像还要喷一点摩丝什么的，油光可鉴。有的调皮学生说，苍蝇叮在他的头上定会闪了腿。

学生到他的宿舍一看，被子叠得四四方方，像豆腐块似的。书架上的书整整齐齐，听说，他要查某一本书，闭着眼睛也能摸到。他教的学生都暗暗向他学习。赵老师教语文，他的基本功很扎实，而他仍认认真真备课，备课笔记从不马虎。他经常关注语文教学动态，将新思维、新观念、新方法运用到教学中来。他对学生的要求很严，而且严之有"格"，很多学生喜欢他的严，严师才能出高徒嘛！他批改作文连一个标点符号也不轻易放过。他的教学很板扎，所以能取得好的教学效果。他平时的神情也"板"，有人说他"板"得有风度，但近之也亲，接之也温。

有人说，板扎的人办事不免有些呆，不大灵活。很多人认为：板扎的人办事大都令人放心。

半吊子

江淮一带的语言中，"半吊子"的含义是很丰富的。有的人说话不实在，办事不地道，人称"半吊子"；有的人一知半解，夸夸其谈，满瓶不动半瓶摇，人称"半吊子"；有的人在某种场合下，应当说的话不说，不当说的话却大说，且不顾对象，人称"半吊子"；有的人应该办的事他不办，或慢慢吞吞、敷衍了事地办，不该办的事他却大办、卖命地干，人称"半吊子"；有的人办事有始无终，或不善始善终，人称"半吊子"；有人错把谬夸当恭维，而且越听越来神，弦外之音丝毫不察，人称"半吊子"；还有没点数，不晓得哪里归哪里，人也称"半吊子"，如此等等。

铜钱是中国使用了两千多年的货币。一千个铜钱用绳子串在一起叫一吊（钱），那特用的绳子叫钱串子。至今一些上了岁数的人称人民币一千元仍为一吊钱。半吊就是五百文，不能满串。话说不好，事办不好，待人接物没有分寸，就如同串钱时不能满串一样，所以称作"半吊子"，真是既形象又恰当。

有人被称作"半吊子"，似乎还恭维了他，于是"半吊子"再打对折，就成"二百五"了，简称"二五子"。某单位小A，一向说话无度，旁边的人窃窃私语："二五兮兮的。"后来不知谁发明了"十三点"与"半吊子"并驾齐驱了。茅盾先生的《过年》中出现"半吊子"一词，"半吊子"也入了经典。

"半吊子"的成因是复杂的、多方面的，有的"半吊子"某一方面倒相当玲珑。"半吊子"病可治，勤学、好问、多思、多养、少说、多做，大抵有效。

波峭

波峭，原义指屋不平，造势有曲折，后来词义引申发展。《齐东野语》："齐魏间以人有仪矩可喜者，则谓之波峭。……今京师指人有风致者，亦谓之波峭。"《北史·温子升传》："子升诣梁馆，不修容业，谓人曰：诗章易作，波峭难为。"这里的"波峭"指形貌好。

古代的波峭专指人的风仪、形貌，不知什么时候又可以指物体了。譬如，某某家的新居，虽然面积不大，但结构新颖、合理、适用、别致，于是引来人们的赞扬："设计得真波峭。"某单位的小王快做爸爸了，他特地到家具店选购了小床、小桌、小椅、小凳，客人们见到夸不绝口："就才多波峭啊！"

波峭，在如今的江淮方言中，一般指人的容貌、仪表好看，有风度，也指事物的小巧玲珑、精细别致。

波峭还可以用"AABB"式重叠，即成"波波峭峭"。如：小王得奖的一篇散文写得波波峭峭，那文章波峭得真是令人喜爱。

胣

孟子说："鱼我所欲也，熊掌亦我所欲也，二者不可得兼。"（《告子章句上》）。熊掌食不得，亦不得食，鱼倒是经常可以吃到的。孟子将鱼同熊掌并提，可见两千多年前，鱼味的鲜美就令人称羡了。一条鱼买到家，需要剖肚、去肠，这个过程叫什么？有的地方叫"剖鱼"，北京人叫"拾掇"，而全国不少的地方都叫"胣鱼"。

胣，读chǐ（上声），江淮一带及其他地方一般读作chí（阳平）。裂腹，刳肠也。《庄子·胠箧》："昔者龙逢斩，比干剖，苌弘胣。"意思是龙逢、比干、苌弘这三个忠臣都遭到被斩、剖腹、刳肠的厄运，而且传说，苌弘的血三年化为碧玉。刳，剖开而挖空，在两千多年前，将一个人的肚子剖开且挖空，叫"脄"，大概将飞禽、走兽、鱼类等剖肚去肠也都叫"脄"。随着社会的发展、事物的变迁，词义也会发生变化，有的词义在扩大，有的词义在缩小，有的还会发生转变。在今天，脄的对象就只限于鱼了。如果有人将杀人、杀鸡、宰羊、杀猪、宰牛叫作"脄"，那就被认为是大笑话了。

有人未注意到"脄鱼"的"脄"的写法，错写成"迟"了，认为"迟"是"凌迟"之意，即"万剐凌迟"，将人分解肢体、断其咽喉，由此而想到收拾鱼。这样联想解释，似过分牵强了。

潮漉

老陈在紧张的工作之余喜欢养几盆花，以怡养性情、调节情绪，但对花的习性知之甚少。一天，他买了盆文竹放在案边，平添了几分雅致。他对这盆文竹爱护备至，每天下班回来总要浇点水。六七天后文竹枝叶渐渐枯黄，而且无法挽救，他很惋惜。朋友告诉他，水浇多了。浇水的原则应当是：不干不浇水，浇水必浇透。

春节将至，老陈兴致勃勃地买了一盆郁金香。这次他吸取了上次养文竹的教训，不再每天浇水了，但每天总要看看花盆里的泥土是否干透了。一天，两天，三天，五天，七天，花盆里的泥土干透了，而郁金香也枯萎了。朋友又告诉他，郁金香喜欢湿润，每天要保持花土潮漉漉的。

漉，读lù（去声），渗出、湿润也。江淮一带读"鹿"时为入声，而读"漉"时，却与普通话读音相同，这也是江淮方言受北方方言影响之例证。

潮漉，在江淮一带还有另外的意思。某单位领导要小王到外地去办一件事。小王起早带晚，四处奔波，有时候饭也来不及吃，赶忙找人。由于种种原因，事情没有办好，A领导要他回来。他向A领导详细汇报了有关情况，这位领导很不耐烦地听完了他的汇报，就劈头盖脸地将小王狠狠批评了一顿。小王觉得冤枉。过后，另外B领导找小王促膝谈心，他对小王在外地勤苦地工作给予肯定，虽然事情没有办成，但他没有功劳，也有苦劳；又帮他对那件未办成的事进行实事求是的中肯分析，并鼓励他不要气馁。小王激动地说："事情没有办好，我心里哪能舒服？听了您的话，我心里感到潮湿些。"B领导的话语，如同涓涓溪流流向小王那干涩的心田，使他的心感到潮湿湿的，潮湿得很舒服，在潮湿的舒服中萌生出希望，萌生出力量。

在人与人的交往中，应当努力设法使对方的心潮湿些。那潮湿是理解，是慰藉，甚至是心灵的甘露。

促狭

促狭，在江淮一带有刻薄、刁钻、爱捉弄人，甚至阴谋损人的意思，因而，这些人被称为"促狭鬼"或者"促狭獠""促狭兽"。狭，在江淮方言中读音近似hia（入声），与方言中的"瞎"同音，不知在什么时候，以讹传讹而读成"刮"了，"促狭"而被读成"促刮"。有时骂人只说一个字"促"。下面两件事与"促狭"有关。

Y老师刚从师范大学毕业，领导分配她教初二语文。班上有几个调皮学生知道教语文课的是一位女老师，便想在第一节课时让她出个洋相。他们将一个簸箕放在教室门的顶框上，门半开着，反面用扫帚抵着。

上课铃响了，Y老师一推门，哐啷！簸箕差一点落在她的头上，教室里一片笑声。Y心里又气又恼，暗暗地斥责："哪个促狭鬼干的？"然而在一刹那，她很快调整了情绪，镇静自如地环顾一下教室，若无其事地开始了讲课，之后又巧妙、自然地讲解了"促狭"的含义和用法。从此Y或其他老师上课再也没有发生什么促狭的事情了。

C老太每天会去菜场买菜。一天她买了一只两斤重的鸡，回家剖开来一看，满膛子的泥沙，足足有半斤重，忍不住骂了起来："这些促狭獠！"说着就拎起了鸡向消费者协会走去。她不仅要讨个公道，还要治治这些促狭獠。

厚德者往往能载万物，促狭者常常薄情寡义。促狭者倘能在厚德者面前顿觉汗颜，那就可以算得上是匡正前非的开始了。

噇

江苏省将农历的九月九日（重阳节）定为敬老日，不少省市将这一天定为老人节或敬老节。尊敬老人是中华民族的优秀传统，孟老夫子早就说过："老吾老以及人之老。"中央电视台《夕阳红》栏目主题歌的词是著名词作家乔羽先生写的，有几句很精彩："夕阳是晚开的花，夕阳是陈年的酒，夕阳是迟到的爱，夕阳是未了的情。"但在周老太的身上，夕阳是凄苦的泪花，夕阳是陈年的苦酒，夕阳的爱已阑珊，夕阳的情将了结。

周老太七十多岁，孤苦伶仃地住在一间又矮又小、阴暗潮湿的破房子里。她三十岁时丧夫，有一个儿子，含辛茹苦将儿子养大，儿子读到高中毕业，娶妻生子以后，她就一人单住了。儿子还算孝顺，儿媳妇就不一样了。起初，周老太虽然一人独住，但白天常帮儿媳妇料理家务，带孙子、洗衣、做饭，有时还下地干些力所能及的农活。随着年龄的增长，加上经常生病，就不能帮儿媳做什么了，这样，周老太赖以生存的柴、米、油、盐等东西也要到儿子、儿媳门上去讨。儿子老实，儿媳当家。儿媳总是说些难听话，或者指桑骂槐，推三阻四，后来就变成明火执仗地辱骂了。有一次双方竟然扭打起来，儿媳猛然一推，周老太一屁股坐地，就再也不能爬起。好心的邻居将她抬到镇上的医院检查，确诊为股骨颈骨折。从此她一人睡在床上，儿媳从未来看过，更说不上为她治病了。周老太整日以泪洗面，心更是枯涩了。不到一个月周老太含恨离开了人世。左邻右舍的人都说："这儿媳太不像话！这恶婆娘屎噇下去了！"

噇，读chuáng（阳平），指大吃大喝，吃喝无度。《集韵·四江》："噇，食无廉也。"《水浒传》第四回中，"鲁智深在山下喝了一桶酒，来到山门下，两个门子拿着竹篦拦住他便喝道：'你是佛家弟子，如何嚯得烂醉上山来。'"《儒林外史》第十一回："杨执中定睛看时，便是他第二个儿子杨老六，在镇上赌输了，又嚯了几杯烧酒，嚯的烂醉。"嚯，古已有之。江淮一带称大吃大喝为死嚯，为贬义。而称那些不仁不义、不忠不孝者为嚯屎，那就是斥骂了。

谋

亲戚家的男孩，今年四岁，已上幼儿园中班。有客人到他家去，他非常激动，主动要客人吃水果，嗑瓜子，忙个不停。

客人同他的父母谈话，他窜来窜去，眼睛却瞅着客人。倘若他的行动还没有引起注意，便大声唱起儿童歌曲或讲起故事来，大人们笑得连声称赞；他更来劲了，一会儿又跳起迪斯科。他妈妈说："宝宝，人来疯，又谋起来了！"他可全然不顾，照样展示他的才艺。宝宝谋得讨喜、可爱。

谋，读zhuó（阳平），原义是多言不止，后来又指因兴奋而失言、失态、失度。

大人也有谋的时候。某公好酒，每次喝到快醉的时候，要别人夺去他手中的酒杯才罢休。这时他话语不止，不该说的也说了，甚至手舞之，足蹈之，拦也拦不住。同桌者悄悄说："他小褂子不得领——撮（谋）起来了。"此谋，不可取。

小有小谋，老有老谋，人似乎难免没有谋的时候，但不能谋得不得影子。

嘈

吴奶奶最近常感到胃不舒服，好像有些饿，稍吃点东西暂时好了点；

接着又觉得有点疼，她以为是最近饮食油水差了些，于是买回了两斤肉红烧，一顿吃了一半，不久又难受起来了；她又喝了几勺子豆油，也只是稍微减轻了些症状。总之，一天到晚胃就好像吃了辣萝卜一样，嘈心剟辣的。

嘈，读cáo（阳平），一九七九年版《辞海》中有"嘈心"辞条，中医学病症名，指似饥非饥，似痛非痛，得食暂止，或兼嗳气、痞闷、吞酸等。因胃有痰热者，治宜清热、和胃、化痰等法；肝胃不和者，治宜疏肝、理气、解郁等法。这种症状多见于胃炎及消化道溃疡等。吴奶奶大概就是得的这种病吧。但有时一个人生萝卜吃多了，也会感到嘈人，于是就喝茶。年龄稍长者说："吃萝卜喝茶会生白头发的。"其实这种说法未必有科学根据。著名作家汪曾祺先生则说："吃萝卜喝茶，暖胃有营养，舒服自在，是一种享受，天津人都这样认为。"

"嘈"原本作"瘔"，《康熙字典》引用《博雅》："瘔，病也。"《辞海》改"瘔"为"嘈"。"瘔"在《西游记》中就已见到。猪八戒喜吃，跟随唐僧取经，历经磨难，一路上吃得差，他就感到瘔人了。

《西游记》作者吴承恩是江苏淮安人，可见"嘈"早已被江淮一带人使用了。

簎

G市某报记者W接待了一读者Y的来访。Y反映，某镇一农民在河边捡到了一只乌龟，三个头，能爬行。这是一条有趣的社会新闻。W当即驱车去那农民家采访，那农民感到莫名其妙，他根本就没有听说过这件事。W返城找到了Y，Y似乎有些尴尬，他说，是在浴室里听人说的。W恍然大悟：原来是下巴子挂篙箕——簎来的。

簎，读cè（去声），江淮一带读入声，原是一种取鱼工具。渔夫用一种不大的撑着的网或竹器，在小河里以及大河不深的地方捕得一些小鱼小虾。因为网或竹器不大，往往只在河的表面，不在深处动作，所以人们就将只停留在事物表面、未深入下去而获取的动作叫作"籇"。譬如，老王每天一大早就到郊外的小河里用自制的籇子籇小虫喂金鱼。老李喜欢道听途说，捕风捉影，"籇麻油花子"，作为街谈巷议之笑料等等。

某公司老板要小赵买一张去衢州的火车票，结果买回来的却是到徐州的票，老板不满地说："这小子真是籇籇摸摸的！"这里的籇籇摸摸是说一个人做事不地道，不定数，浮躁不实，就好像捕鱼一样，一会儿籇，一会儿摸。江淮一带还将办事畸轻畸重、畸缓畸急、畸冷畸热、畸浅畸深、东一榔头西一棒等称作籇籇摸摸。

"下巴子挂笤箕"而籇得的消息，不能轻信、轻使，更不能轻易地写出刊登，否则误人、害人，结果也可能害己。

籇籇摸摸者需耐下心来，崇实、务实、踏实。

大仙

中秋节刚过，静谧的方庄月光如洗，七岁的小元同一群小朋友在田埂上狂奔，在场地上玩着老鹰捉小鸡的游戏，乐此不疲，直到深夜才回家。半夜，小元妈妈发现小元浑身滚烫，而且不时说胡话。小元的奶奶以为小元夜晚在野外玩，怕是遇上什么鬼了。方庄的西面是何庄，何庄有一个何大姑，六十来岁，暗地里做一些巫婆的事，装神弄鬼，替人看病，人称何大仙。

第二天，小元奶奶将何大仙请到家，热情接待，奉为上宾。何大仙问过小元昨晚与小朋友活动的情况后，煞有介事地焚香磕头。接着只见她坐在地上，双目微闭，呵欠不断，双手时张时合，这些似乎是一部邪曲的前奏。过了十多分钟，何大仙的喉咙里挤出了一个男子的声音，时断时续，那话音的意思是：昨天晚上这个野鬼躺在村外的田埂上赏月，小元与一群小朋友都从他身边跑过，唯有小元踩到了他的胳膊，疼痛难忍啊，于是报复了，要小元发烧得难受。要得小元病好，必须办一桌酒祭祀，烧几刀纸钱，赔礼道歉，以慰魂灵。小元奶奶一切都很快照办了。过了两天，小元的病还不见好转，幸好在外打工的小元父亲回来了，将小元送到镇卫生院一检查，原来小元受了风寒，得了急性肺炎，治疗了几天，小元康复如初。人们对何大仙的信任有些动摇了，可何大仙硬说小元的康复是她的功劳，讲述时唾星四溅，滔滔不绝，恬不知耻。

在现实生活中人们把那些装模作样、糊弄人、捉弄人、耍花招、不讲诚信者，就称之为"大仙"。

老胡是某公司的人事部主任。昔日同窗老韩上门了。老韩说："前两天我才知道老同学当官了，恳求你一件事，我的姑娘考到了你公司，工作已经两年了，能不能请你调个部门？"老胡拍拍胸脯说："小事一桩，这事包在我身上，一个月内解决问题。"一个月过去了，老韩未见动静；两个月又过了，还是没有什么动静，老韩又登门了。老胡说："你老兄的事就是我的事，不要烦，但需要送些礼给某经理，礼品由我转交，半个月内办好。"老韩哪敢怠慢。艰难地又熬过一个月，不得已再找老胡，老胡说："还有些关系要理理顺，还需要些礼品打点打点，少安毋躁，十天内办成。"老韩岂敢违拗。过了一个十天，两个十天，五个十天，老韩在煎熬中等待，在等待中煎熬，没有听到任何回音。有人怂恿他再去找老胡，老韩完全没有起初的那股勇气和信心了。后来老韩听几位老同学说，老胡已经今非昔比，成了有名的"大仙"了。老韩在一旁冷不丁地笑道："是的，老胡身上的'仙气'真不少，我算领教过了。"

不久，在一次同学相聚的会上，老胡紧紧握住老韩的手，很是寒暄了一阵，老韩女儿调部门的事只字未提，好像根本没有这件事一样；老韩也片言不说，他似乎感觉到老胡身上的"仙气"更浓烈了许多。

何大仙装神弄鬼，害人不浅，可恨；胡大仙装模作样，误人失信，可恶。

的的

邻居小周的儿子去年被省重点高中录取，一家人自然很高兴。小周在一家工厂打工，妻子早已下岗，家境并不宽裕。为了儿子的读书，妻子暂不考虑找工作的事，每天清晨6时许就骑自行车将儿子送到学校，中午接回家吃饭，饭后再送去，晚上又去接，每天来回四趟，也不觉辛苦，因为儿子就是希望，有时希望的力量是巨大的。可儿子在家衣来伸手，饭来张口，而且趁家里人稍不注意就溜到离家不远的网吧打游戏，有时直至深夜，因此，学习成绩不见提高，只见下降。一天妈妈终于发现了儿子的秘密，动情地对儿子说："我们一天到晚将你服侍得的的，是希望你学习好，能成才，你这样怎能对得起父母！"后来儿子有所悔悟，有所改变，没有辜负父母的一番苦心。

的的，读dīdī（阴平），"的"有确义，重叠后语意加重，犹言的的确确、实实在在，由此而引申为情意深挚。早在《子夜歌》中就有"我念欢的的，子行犹豫情，雾露隐芙蓉，见莲不分明"。又见杜牧《春思》："岂君心的的，嗟我泪涓涓，绵羽啼来久，锦鳞书未传。"

在江淮方言中，"的的"的用法秉承古意，亦似有变化。家庭成员间、亲戚朋友间甲对乙的学习、生活等方面热情、周到、细致关照，常用"的的"来描述形容，而乙却得福不觉，不领情意，甚至漠然处之，更为严重的还会出现恩多深怨多深的情况，那就很是辜负了甲的一番美意了。

亲戚间、朋友间、同事间应当相互关心，相互爱护。这种关心爱护，应当是心灵的沟通，心灵的交流，乃至心灵的碰撞。那情感的火花会给人们的征程增添亮色，增添希望，增添信心，增添力量。

讟

《左传·昭公元年》记载，晋国的大夫祁午盛赞赵文子为相七年的政绩："再合诸侯，三合大夫，服齐狄，宁东夏，平秦乱，城淳于，师徒不顿，国家不罢，民无怨讟，诸侯无怨，天无大灾，子之力也"。赵文子制订了联合政策，使齐侯白狄朝晋，东方华夏安宁，秦晋结好，迁都淳于，兵士不困，国家不疲，百姓无痛恨怨言，诸侯无怨恨，天无大灾，真是一派升平景象。其中重要的是"民无怨讟"。

讟，读dú（阳平），指诽谤怨言。怨讟，痛恨而有怨言。为政者倘若真的让老百姓没有痛恨的怨言，那就表明他的"民本"思想产生出良好的效应。为官者任何时候都应当把老百姓的利益放在第一位，权为民所用，情为民所系，利为民所谋。老百姓是水，当官的是舟，水可以载舟，亦可以覆舟。"民无怨讟"，水就可以载舟，官民同欲，战狂风，斗恶浪，到达胜利的彼岸。

讟，江淮一带读入声，这一字词至今仍常用在人民群众的口语中。譬如，A为了达到某种目的，便用言语刺激、挑衅B，一而再，再而三，B终于按耐不住，发讟了，讟起来了。其时，理智控制不住感情，引发出超越理智的行为，上了A的圈套，甚至双方都付出了代价。俗话说："呆子犯了性，尖子要送命。"呆子要克制，尖子也要注意啊！

沰

我们的祖先早已总结出一套长寿经，其中有饮食不能过饱，每顿吃到七八成即可。小D爱吃，每顿必吃到打嗝才罢休，朋友们常戏说他："少一沰，睡不着，差一口，不丢手。"小D听后莞尔，下顿照吃不误。

沰，读tuō，江淮一带读入声。《玉篇》："落也，捶也。"《集韵》："滴也。"随着市场竞争的激烈，很多企业都注重塑造自己的形象，打造自己的品牌。某企业借鉴美国波音公司的管理经验提出：本公司的每一名员工都能代表公司。这一口号的提出，需要勇气、胆识、严格的科学管理和员工素质的不断优化，坚决杜绝"一沰鸡屎坏一缸酱"的现象发生，每个员工都必须自觉遵守公司的有关规定，绝不让一件不合格产品流向市场，否则他同那不合格产品就都成了那"一沰"了。

沰，也可以作动词用，有歇后语"雨点沰在香头上——巧极了"。

俗话说："舌头不得四两重，沰在人身上重千斤。"这句话告诫人们，说话不要随便，特别是关系到他人的前途、命运的事，应格外慎重，决不能随意编造、捕风捉影或想当然地说些莫须有、不负责任的话，甚至出语诬陷、诽谤。那些别有用心者捏造事实，往别人身上硬沰，到头来只会搬起石头砸自己的脚。

鲁迅先生喜欢逛书店、书摊。一次在上海一个书摊上偶然见得一本名为《何典》的小说，全部用吴语中的方言俚语写成，他觉得很有特色，认为是方言文学中一部别样的小说，于是写入《中国小说史略》。

近又读《何典》。这是一部写鬼的小说，书中无一句不是荒荒唐唐乱说鬼，却又无一句不是痛痛切切说人情事故。在第四回中发现有"沰"字：(那雌鬼) 穿了这拍大红衫，打扮得一沰胭脂一沰粉的。"江淮方言与吴方言有异也有同，正如好多事物同中有异，异中有同一样。

一个真正的人，说话从来不沰人；一个堂堂的人，做事决不成为那"一沰"人。

肺与柿

江淮一带有一道菜叫"夫妻肺片"。薄薄的猪肚片、心片、肝片配以竹笋、香菇、木耳，放在小砂锅里烧成汤，汁如奶，味鲜美，但唯独没有肺片，不知何因。这道菜本为川菜，据云是成都姓郭的夫妻以牛的肚片、心片、头皮片和牛肉片为原材料，经特殊工艺创制的名小吃。没有肺片，为什么叫"夫妻肺片"呢？

肺，一般指肺脏，而从《康熙字典》及有关典籍中得知，肺犹言薄片。明代的《正韵》："肺，削木札也。"《汉书·窦田灌韩传》："蚡以肺附为相。"颜师古注："肺，斫木札也，喻其轻薄附着大材也。"江淮一带劈木材、刨木头时所得的碎木片、刨花之类统称为木肺子。木肺就是薄薄的木片。在这个意义上肺、柿相通。章炳麟《新方言·释器》："今江浙称木片为柿，音如费。"木柿的"柿"与水果中柿子的"柿"是有区别的，"柿"只有八画，"柿"有九画。

现在城市里大都用上管道煤气或者罐装煤气，但还有一部分人在烧煤炉。为节约起见，一些人家晚上熄炉，早上生炉。生炉常常要用木柿子等易燃物引火。木柿子与老百姓的日常生活有着相当密切的关系，可往往写不出来或写不正确。有人写成"木废子"，它是木材的废料呀。望文生义似乎尚可，仔细一推敲就站不住脚了。《晋书·王濬传》："濬造船于蜀，其木柿蔽江雨下。"由此可以想见，王濬造船耗费的木材之多。

通常"夫妻肺片"用"肺"，不用"柿"。"夫妻肺片"原本指一对夫妻开的一爿饭店，用牛的肚片、心片、肝片、肉片等薄片经特殊加工而成的煲或汤。后来发展变化了，管它是丈夫开的还是妻子开的，抑或是夫妻合开的，管它是牛肚片还是猪肚片都称之为"夫妻肺片"。

"夫妻肺片"无"肺"，天下一奇事也。推想若干年前郭氏夫妻首创这道菜的时候，肺片当作薄片讲，大概是流行的。随着时间的推移，肺片的这一释义在人们的头脑中渐渐淡化，以至近乎全无，而似水的时光并没有冲淡人们对这道菜的喜爱。人们喜食如初，乐啖不厌，却说不出缘由来。时髦青年吃到这道菜时，管它什么肺片、薄片，情不自禁地伸出大拇指："酷！"这个"酷"字，若干年以后我们的子孙能确切地知道它的意思吗？

发物

小孩害了疮疖，大人们就要为小孩忌嘴，譬如牲畜的头、蹄爪不能吃，海鲜不能吃，公鸡不能吃，还有的连菠菜、韭菜等也不能吃，这些被统称为发物。倘若吃了这些东西，疮疖的症状就要加剧，疼痛就会更加厉害。

但小孩种了牛痘以后，相反地大人倒要给他们吃些发物，让痘痘发大，又红又肿，防疫效果才会更佳。

提到某单位的小李，人们都会皱起眉头：这小子是个发物。小李平时总是吊儿郎当，上班的时候混时光，出勤不出力，领导找他谈心，他会千方百计寻找理由狡辩。他对别人却是专门找岔子，甚至鸡蛋里头寻骨头，芝麻大的事放成西瓜大；他还会无事生非，无风掀起三尺浪，唯恐单位不乱。单位里的小疮小疖，他会放大，经他这样一刺激，那样一挑，有的人也跟着起哄，小疮疖成了大外症，闹得一个单位不得安宁。领导及同事们要"消炎消肿"倒真要花点力气。

小李有时还会恶作剧，借着别人身上的痛苦来取乐。单位有一同事，头上只有少许头发，倘来到小李跟前，小李便煞有介事地装腔作势："啊呀！我的眼前一片光明！"起初还逗得人发笑，后来就令人讨厌了。对于这样的人，同事们都怕惹他，可他常常要惹别人，别人也拿他没办法，以致同事们背后都说："小李真是个发物！"有的则愤愤然在"发物"后面加上"头子"，称他为"发物头子"。

敷淘

中国人有"当面不说人好话，背后不说人坏话"的美德，可是要真正做到，并不那么容易。有几位女士聚在一起总喜欢说张三，道李四，倘若王五刚从她们面前走过，她们会从头到脚细细地评说一番。提起本单位的男青年小吴，她们一致认为，这人说话敷得很，敷敷淘淘，是个敷淘子。

敷者，生也。一件很小的事情，小吴会从中淘来淘去，寻来觅去，敷衍成一篇枝枝蔓蔓、有声有色的大文章。但这篇文章前言不对后语，破绽百出，令人难以置信。

小吴今年二十六岁，到了谈婚论嫁的年龄。他有点着急。一方面自己抓紧物色，一方面托人留意介绍。表兄给他介绍了某公司的业务员小袁。

一个星期日的上午，小吴拎了些礼品登门了。小袁嫣然一笑，沏上一杯碧螺春新茶，端出一盘时新水果，拿来一盒高级糖果，双方坐下来以后，小吴定睛看了看小袁。小袁今天特意化妆了一下，薄施粉黛，显得端庄大方。小吴的目光火辣辣的，刺得小袁脸上泛起红晕，低下了头。这下小吴看得更入迷了。双方闲谈了一会儿，小吴告辞了，小袁直送到门外，叮嘱下次来玩。

小吴与小袁第一次见面以后，在公司里就敷开了，说什么小袁嫣然一笑是一见钟情，沏好茶等一系列动作是充满深情，双方谈得合意投情。二人交谈足足四个小时，谈到上幼儿园、小学、中学时的情况，甚至谈到了结婚，结婚后的共同生活的蓝图，衍生出一大段一大段故事。听的人有些不耐烦了，小吴自己口冒白沫，还是在说："小袁白嫩的手拉着我的手，我如同在云雾里走。出了她家的门，她送了一程又一程，最后才'举手长劳劳'。"

小吴的一番话有的是无中生有，有的是添油加醋，有的是夸夸其谈，还有的是没话找话说。这些话很快传到了小袁耳里，小袁又气恼，又好笑。隔了两天，小吴打电话约小袁在某咖啡厅相会，小袁推说公司有事，不去。又过了几天，小吴打电话约小袁，小袁说家里有事，没空。以后小袁从来电显示屏中只要看到是小吴的电话号码，干脆就不接了。小吴几次谈对象，差不多都以与此相类似的情况而告吹。以后，相继有几个好心人给小吴介绍对象，对方一打听，小吴是个敷淘子、敷子，便婉言相谢。

与小吴同事的那几个好议论人的女士，口快心善，终于有一天坦诚地对小吴说："谈对象要沉稳，不能才有点风，就说成下大雨了。"那"敷敷淘淘"几个字她们却难以说出口。小吴点点头，明白了几位大姐的意思。后来，小吴敷淘的脾性改了许多，成了家。他爱那姑娘，那姑娘也爱他。

尕

尕，读 gǎ（上声），小的意思。人到了一定年岁往往羡慕童年时的天真烂漫、无猜无邪，其实有时孩提时的生活是异常的单调，甚至很寂寞的，但他们在当时并不觉得。譬如，孩子们经常会玩一种"办尕尕"的游戏，他们学着大人做饭、做菜，找来一些野菜、野草，再寻来瓦片等一些相当的物件做砧板、厨刀、饭锅，用砖头搭起锅灶，然后"洗菜""切菜""淘米""烧火""炒菜"，"饭"好了，"菜"好了，再分于象征性的碗碟里，几个小朋友便高兴地做着吃饭的动作，有的还装着问："好吃啊？"另一人笑眯眯地啧啧嘴："真好吃！"这种"办尕尕"的游戏多少年来，大江南北，城乡上下，百玩不厌，百玩不倦。小朋友们在玩游戏的过程中结成的友谊却是那么纯，那么真，那么诚。

尕，在江淮一带方言中常常用到的是"一尕尕"，极言其少、其小。

艮

艮，读 gèn（去声），本为八卦之一，其象为山。艮卦在东北方。宋徽宗政和年间于汴京东北隅曾建过土山，并命名为艮岳，也称万寿山。

东汉时的许慎完成了中国第一部字典《说文解字》。清代的训诂大师金坛段玉裁氏为《说文解字》作注，世称"段注"。《说文解字》："艮，很也。"段注："很者，不听从也，一曰行难也，一曰整也。"又《方言》："艮，坚也（艮为山，具有坚象）。"

江淮一带将一个人不听话，不灵活，要他办一件事很难说通叫作艮。

江淮一带称某物不松脆也叫艮。中国各地的早点品种繁多，但油条却是通货，只不过有大小长短之别而已。才出锅的油条脆而香，倘到中午来吃就艮了，难咬难嚼，人称老油条。老油条也有老油条的用处。著名作家汪曾祺先生自个儿发明了一道菜叫"塞肉回锅油条"。他将老油条切成一二寸长的段子，掏掉瓤子，然后将香菇、肉末、葱花、榨菜末等塞在老油条里，再下油锅一走，松脆可口，"嚼之真可声动十里人"。

惯

小明是个惯宝宝。他是四代单传，曾祖父、祖父、父亲等对他自然是娇生惯养。他从小喜欢在大人的怀抱里睡觉，放下就哭，于是几个人轮流抱着他。要吃什么东西就要立即吃到，迟一刻就会胡闹。吃点心只吃个馅，皮儿一向不吃；吃西瓜只吃中间的瓤子，其余的别人吃。七八岁时，他看到别人用瓦片在河边擦水劈子，他却要用铜板擦。到镇上读初中了，他母亲特地租了一间房"陪读"，专门伺候他。学校的伙食他吃不惯，专吃他妈妈做的菜。

邻居见到如此情景，忍不住说："这样惯孩子，惯得不像样了。"小明的家人不以为然，都认为是关爱孩子，大了就好了。别人说多了，他们还生气。

《现代汉语词典》中，惯指纵容（子女）养成不良习惯或作风。《辞海》中惯指纵容、放任。其实"惯"的纵容放任之意，在古代就有了。辛弃疾《摸鱼儿·观潮》："朝又暮，悄惯得吴儿不敢蛟龙怒。"《连环计·剧一》："惯得那厮啊，千自在，百自由。"这样看来，在古代惯的对象不仅仅是子女，其他如下级、晚辈也可以惯。

俗话说：严是爱，松是害。惯呢？纵容、放任难成才。

乖乖

江淮一带，有时父母或长辈会亲昵地称呼自己的孩子或别人的孩子为"乖乖"。《通俗编》中解释："对小儿之戏称。"《现代汉语词典》：对小孩儿的爱称。被称"乖乖"的孩子一般年龄较小，孩子长大成人了，大抵就不再称他为"乖乖"了，但也有例外。

一天，快要下班了，某工厂一车间里只剩下4个人。小李换衣服时，忽然发现钱包不见了，连忙喊道："谁拿的？"旁边3人纷纷表态没有拿。其中一人还赌咒发誓："谁要拿小李的钱包，就是小李的乖乖！"一时气氛紧张起来。不一会儿，小李却在工具箱里找到了，气氛又突然轻松起来。一人说："这一刻小李要做乖乖了。"这里的"乖乖"有戏称的意味。

人们在发现不同寻常的事物而惊喜、惊奇、惊诧时，也会说"乖乖"，此时的读音成了guài（去声）guai（轻声），或者guái（阳平）guai（轻声）。四岁的小远喜欢吃鱼头，一次见到一斤多重的大鱼头上桌，情不自禁惊喜地叫道："乖乖！"引得家人大笑。

父母不在家，小孩不小心将一面很好的镜子打破，妈妈回来了，惊诧地说："乖乖！闯祸了吧！"孩子"哇"地大哭起来。这里"乖乖"读成guài（去声）guai（轻声）。

"乖乖"也可作形容词，是顺从、听话之意。幼儿园老师在讲故事时，小朋友们都乖乖地坐着听。老师似乎都喜欢乖乖听话的孩子，其实这样未必对小孩都有利。

"乖乖"竟有如此较多的读音和丰富之含义。语言这东西，只有认真、仔细地学习、比较、揣摩，才有可能学好。

过

过，在江淮方言中有些不同于普通话中的含义和用法。一读 guō（阴平），过分的意思。有人会拣西瓜，西瓜拿到手上，看看，敲敲，就知道西瓜熟过了，开下来，果不其然。炒花生时，一不留神，炒过了，煳了，香是香，但不大好吃。某家的小孩娇生惯养，吃肉包时只吃馅心，奶奶从小就过惯了节俭的日子，忍不住说："这小孩从小不能把福享过了。"

过，又读 guò（去声），生下、繁殖的意思，但一般指兽类，这大概是江淮一带特有的用法。王爷爷家的一条狗过了4条小狗，好玩得很。还有过猫、过猪、过牛、过羊等，但人生小孩不能说"过"，否则就是骂人或开玩笑了。

过，有从甲方转移到乙方的意思。同学中小李得了乙型肝炎，医生、老师、家长都要他休息，而他为了不影响学习，仍然坚持上学。老师再三劝说："小李，乙肝过人哪，为自己也为别人，应该休息，缺的课老师会给你补上。"小李听了老师的话。不少病会过人，不少坏习惯也会过人，近朱者赤，近墨者黑嘛！

过还有一种用法。下面是菜农和菜贩子的一段对话。菜农说："我这青菜保证没有用农药，零卖每斤0.6元，整担过，少不可少每斤0.5元。"菜贩说："我零卖要有损耗，顶多每斤0.45元。"经过一阵子讨价还价，最后成交。在生意场上，有些货物不见面，只见货单，从手上过一下就能赚钱，而且还有过中过的，这是市场经济发育的结果。在信息发达的时代，更有甚者，在互联网上就可以做生意，一种商品无须见货单就能过来过去了。

哈

一个人遇到一件高兴的事、得意的事，会情不自禁地、旁若无人地哈了起来。这个哈，像是唱歌不是歌，自编的曲调，自由的节奏，自主的旋律，一切都是自己的，自然、自如、自在，是个人情绪在独特的情境中不可抑止的宣泄，似属于无标题音乐。

哈，读hāi（阴平），指喜悦、快乐、喜笑貌。韩愈在《感春》诗中就有"笑言溢口何欢哈"的诗句。皇甫湜在《吉州刺史厅壁记》中也写道："昔民嗷嗷，今民哈哈。"哈、哈哈都是欢乐、高兴的情状。

现代人读古代诗词一般只是朗诵，或者谱起曲子歌唱，但也有人会哈诗。他们根据自己对诗句的理解，用一种独特的调子行云流水式地吟唱，身临其境时，会摇头晃脑。哈的调子似有曲谱，似有规律可循，但又难模仿。现在会哈诗的人大概不多了。

有的人不论时间、场合，不论对象地哈，背后会有人指着他说："这个人一天到晚哼哈呜唱的，少教养，不沉稳，太随便，不成个人形。"

人们的生活水平在不断提高，对吃的要求也高了，譬如吃鸡要吃草鸡，吃鸡蛋喜欢草鸡生的。一次在菜场见一老农放着一篮子草鸡蛋，我以每只0.35元买了20只。一老妪在旁边与那老农谈起了交易："你还有多少只？""七八十只吧。""哈哈卖给我，0.3元一只！"立即，他们愉快地成交了。这里的"哈哈"又转变成"全部"的意思。大半篮子鸡蛋，大小不齐，污净不一，全部卖给一个人，那老农免去叫卖之苦、零星算卖之烦，岂不爽也，岂不乐也！那老妪以较低的价格买了那么多蛋，何其不喜，何其不乐！我见二位老者欢喜成交，也暗自高兴，真是大家都"哈哈"了。

"哈哈"不仅指物，也指人。王大爷家过日子崇尚节俭，家里有什么大小喜事，从不请客。老儿子结婚了，他要还口水债，决定全庄的人都请。他挨家逐户上门请，喜气洋洋地喊道："大人小孩哈哈去，一个不少！吃喜酒腰不疼啊！"

好佬

佬，读lǎo（上声）。《新华字典》《现代汉语词典》都这样注释："成年的男子（含轻视意），例如阔佬。"其实这样的解释是不准确的。佬，原为粤语，人的代称，如小佬、肥佬、大褂佬、孤佬、阔佬、乡下佬、好佬等。在我印象中常州一带尤其喜欢用"佬"，而上海人则用"小赤佬"来骂人。佬，现在也用作贬称。

江淮一带方言中的"好佬"，往往兼有褒贬二义。

涸

《庄子·外物》中讲了个寓言故事。一天，庄子行路时听到一条小鱼呼叫于干涸的车道中，它请求庄子用斗升之水救它一命。庄子说："我将要去游吴越之地，引来西江的水救你，行吗？"小鱼说："那还不如到干鱼店里去找我吧。"后来用"涸辙之鲋"比喻处于困境、急待援助的人。

涸，读hé（阳平），又读hào（去声），江淮一带读入声，水干、枯竭之意。涸，有靠、近义。人们常常用"这人瘦得皮涸骨了""瘦得前胸涸后背了"，形容一个人瘦。

近读《明史》，写大奸臣严嵩，专国政二十年，与其子世藩网罗爪牙，操纵国事，吞没军饷，战备废弛，陷害忠良，终遭弹劾，被明世宗革职籍没，其子被杀。史载："嵩无他才略，唯一意媚上，窃权罔利。"严嵩最大的本领就是对掌握他命运及升迁的上级，直至皇上，谄媚奉承，千方百计要"涸"上去，被"涸"者屡遭蒙蔽，他则不断获取信任。这又是一种靠和近。

二十世纪六七十年代，农村小学的单班或复式班的老师，一个人单独烧饭烦，便在学生家轮饭，几十天才轮一次，学生家长当然奉为上宾，中午要杀鸡杀鸭，早晚常用米粉或面粉涸饼招待。这里的"涸"成了动词。民谚说"锅不热，饼不涸"，还有"热脸涸人家冷屁股"。此话虽不免粗俗，但倒也形象深刻地表达了一种意思：一方是满腔热忱，一方是冷若冰霜，一冷一热，怎能涸得起来！

还有一种硬涸的情况。老柴今年四十五岁，原是某厂的维修工，买断工龄后只拿了一万元。妻子生重病，一个女儿读高中，不得已他向亲戚、朋友、同学借钱，常遭到白眼及冷遇。在一个出售体育彩票摊柜前，他徘徊了很久很久，终于下定决心掏出2元买了一张彩票。不久，中奖号码公布了，他中了特等奖，奖金500万元。

消息不胫而走，什么七大姨、八大姑、外甥的表兄的表弟、同学的哥哥的堂弟等都涸上来了，有的来祝贺，有的来讨个喜，有的来要请客，还有从来没有见过面的外婆家的亲戚的亲戚也专程从外省赶来借钱，霎时间门庭若市，热闹非凡。外甥的表兄的表弟说："早就料到柴老兄非等闲之辈，大富大贵的相貌，肯定有飞黄腾达的时候，你们看，今天终于来到了。"几句话惹得众贺客哄堂大笑。老柴如同喝了五味液，人生的多种滋味和情感在胸中激荡。古人说过："穷在街头无人问，富在深山有远亲。"这话真有些道理啊！老柴是个讲仁义道德的人，宁可别人负他，他也不愿负别人。既然沾亲搭故的人有脸来涠你，总要给点钱把面子关起来，可不能干涠啊。

奇遇使老柴从心底深处感受到了世态炎凉。他的心始终是热的。他永远不会忘记他小学毕业时因家境贫困上不了初中的情景，他毫不犹豫地向希望工程捐了一大笔款，使那些如同他小时候一样贫困的孩子感受到人间真诚的温暖。

拱

一九九一年九月底、十月初，著名作家汪曾祺先生第一次偕夫人施松卿女士回故乡高邮，历时一周。他们访名胜，探古迹，走亲戚，问故友，而且挤出时间到工厂、农村与爱好文学的青年座谈。

十月四日下午，在党校礼堂为全市文学爱好者做专场报告，报告会由我主持。上至八十多岁的耆老，下至十几岁的少年，济济一堂聆听汪曾祺讲"文学的要素与结构"。应他的要求在讲台上放一块黑板，他边讲边板书，丰富、深刻、通俗、幽默的演讲博得阵阵掌声。

报告会完毕以后，我说："汪老乡情浓似酒，深深爱着高邮这片热土。他的作品已经走向世界，这是高邮人的骄傲，也是中国人的荣耀。香港的一位作家读了汪老的《大淖记事》以后，感到景美、人美，要到高邮看看大淖。汪老请她不要来，现在的大淖就如同他自己的面孔一样不能看。我认为，汪老越看越耐看！一个人不是因为美丽才可爱，而是因为可爱才美丽；汪老真是可亲、可敬、可爱、美丽！"我说到这里时，汪老微笑着对我打拱作揖说："地上没有缝，有缝我就拱下去了。"台下报以雷鸣般的掌声。

拱，读 gǒng（上声），撞动、顶动、推动、搬动等意思。如用身子拱开了大门；猪用嘴拱地；蚯蚓从地里拱出来了；敌机来了，人们纷纷拱进了防空洞，等等。在江淮一带称猪用嘴拱地的地方为猪拱嘴子，奇妙得很，猪拱嘴子这块肉最嫩。中国淮扬菜有"烧三头"（猪头、鱼头、狮子头）。一只猪头上桌，主人常先以猪拱嘴子待客，真是嫩如豆腐，其味极美。

一个小孩喜吃，成了一个小胖子；胖子更喜吃，喜吃更胖，成了非良性的循环。一只不小的馒头两三口就塞进嘴里，旁观者谐谑道："嘴吃大了拱老鼠。"

龁

龁，读 hé（阳平），咬也。《礼记·曲礼上》："庶人龁之。""龁"在《史记·田儋列传》中也出现过，江淮一带有常有慢慢咬的意思。沈大爷喜欢龁骨头喝酒，两三根不大的骨头他总是慢慢地龁，实在没有什么肉了，他就用小锤子敲开吸骨髓，就这样要喝两三顿酒。别人问他为何如此，答曰："重在情趣也。"

无独有偶。杨大爷在上海一家大饭店做厨师达五十年之久，晚年回到故乡扬州。他喜欢龁鱼头。上海人爱吃鱼头。一条十多斤重的大鱼，鱼头最贵，可以红烧，可以做汤，也可以做砂锅鱼头。其次是鱼尾，上海人叫划水，是活肉。再次才是鱼的中间段。一只不大的鱼头，杨大爷也要喝两三顿酒。他左龁右龁，其味无穷，乐趣也无穷。

江淮一带人吃鱼，一般是先吃鱼的中间段，再吃鱼尾，最后龁鱼头，其顺序正好与上海人相反。

人各有好，人各有情，人各有趣，人各有志也。

冱

孙老师的小学数学教得好，在全市已小有名气。他特别注重培养尖子。有一年全市小学数学竞赛，前三名全是他的学生，后来有一个学生在全省竞赛中得了第三名，但他对基础差或者不大用功的学生却少耐心，少诱导，少鼓励。同事们对他提了意见，引起了他的注意。有一堂数学课，为了调动成绩较差学生的积极性，他开始提问他们了。一个并不复杂的问题，那学生却答不出来，孙老师终于按捺不住："你今天早上是吃的面糊啊？头脑又冱起来了，怎么搞的！"

冱，读hù（去声），冻结、闭塞也。《庄子·齐物论》："大泽焚而不能热，河汉冱而不能寒。"张衡《思玄赋》："清泉冱而不流。"我们的祖先很早就用"冱"了，但没有用来讽刺挖苦人。

二〇〇三年夏，高邮一带遭遇了特大的水灾，高邮湖水位超过了一九三一年历史上最高水位。领导高度重视，组织近四十万人参加了这场历史上罕见的抗洪斗争。军民齐心协力，奋战洪魔，保卫家园。他们废寝忘食，夜以继日，加高圩堤，抢险堵漏，顽强拼搏，科学治理，取得了一个又一个胜利。很多人吃住在圩堤，有的五六天不回家，衣服被泥浆、雨水弄得冱起来了，他们也全然不顾，其精神真可以泣鬼神。

如今的人过生日，亲朋好友往往要送生日蛋糕。许多青年人在一起，酒酣耳热，便闹腾起来，他们手抓蛋糕表层的各色奶油往朋友脸上涂，结果脸上、衣服上都被奶油弄得冱起来了。

关于"冱"讲了三件事。孙老师的"面糊说"严重伤害了学生的自尊心、自信心。一个人的头脑难免没有冱起来的时候，俗语说："聪明一世，糊涂一时。"孙老师倘若再不改正自己的观念，他自己的脑子是真的冱起来了，而且冱的时间相当长，已经很跟不上时代了。聪明的孙老师不会如此。

耇头耇脑

张家庄的王大爷近七十岁了，添了个孙子，心里乐开了花。

孙子过周这一天，左邻右舍、亲朋好友都带来礼品以示祝贺。至今这里还保留着"抓周"的习俗。"抓周"又叫"试儿"，早在南北朝时北齐文学家颜之推的《颜氏家训·风操》中就有记载："江南风俗，儿生一期（一周）为制新衣盥浴装饰，男则用弓矢纸笔，女则用刀尺针缕，并加饮食之物及珍宝服玩，置之儿前，观其发意所取，以验贪廉愚智，名之为试儿。"在张家庄一带抓周的习俗有些改革，用五张方块的红纸，上写"福、禄、寿、喜、财"，让小儿乱抓。王大爷的孙子坐在堂屋的大桌上，很多人将他围得个水泄不通。

抓周开始了，寂静无声，空气好像都凝固了似的。因为这是可以预测小儿的性情、志趣，决定小儿命运的大事。小儿先在桌上乱抓一气，最后抓了个"禄"字，全场哄声四起，热烈鼓掌，王大爷更是笑得眼睛眯成一条缝："我的孙子将来要做大官了！"小儿的外祖母在一旁说："我的外孙长命百岁，耇头耇脑最好。"紧挨着外祖母的张三老太说："既做大官，又耇头耇脑！"堂屋里又响起了喜庆的欢呼声。

耇读 gǒu（上声），老、寿也。《诗·小雅·南山有台》："乐只君子，遐不黄耇。"黄耇，古代形容长寿的人。两千多年前我们的祖先就用"耇"来祝福人们长寿了。江淮一带至今在群众中，尤其是在年长者中还用"耇头耇脑"来预祝小孩长命遐龄，真是秉承古意了。

"耇头耇脑"四个字中，中心的词义在"耇"，"头""脑"只是衬字。这种组词方式在汉语中多见，如呆头呆脑、滑头滑脑、尖头尖脑、臭头臭脑、圆头圆脑等。

"耇头耇脑"往往被错写成"狗头狗脑"，那就令人费解了。

行

行，一读xíng（阳平），一读háng（阳平）。读háng的时候，一般有这么几种意思：行列、排行、行业、某些营业机构（银行）、量词（一行行）等。江淮一带用"行"，却还有另外一种意思。

小蓉今年刚二十岁，特别喜欢打扮，穿着尤爱赶时髦，她要把自己的青春装饰得俏丽多姿，光彩照人。譬如，今年的女性以穿大脚裤、尖皮鞋为美。裤子不能长，裤管有尺把宽，皮鞋尖得如三角令箭，也要有尺把长。小蓉的奶奶看到她这样的穿着说："裤管过宽，太浪费布料了；皮鞋又尖又长，难看死了，用刀剁掉一大截还差不多。"小蓉用手套着嘴对奶奶的耳朵大声说："奶奶，今年北京、上海的姑娘都行这些。"

行，在这里有创新、流行的意思。男女服饰总在不断地变化。不同的时代、不同的人总有其不同的审美取向。春秋战国时期的女子以身材颀长、长脖为美；唐代的妇女则以富态为美，穿衣喜袒胸露怀；喇叭裤早在敦煌壁画中的飞天女子就穿了。服装一般都在领、袖、纽扣以及长短、色彩等方面显示其变化。关于色彩的预测倒很有意思。国际、国内的著名服装设计师往往提前半年甚至一年就发布信息，预测明年的春、夏、秋、冬将各行什么样的色彩。他们的预测似乎有一定道理，而有些内行人则认为，专家的预测有一定的导向性。倘若专家说，明春的上衣行黄色，小蓉本来喜欢红色的，知道专家发布的信息以后，她改变了，较早地买了几块黄色的衣料，早做准备，这是权威的导向作用啊。

人们对于事物的美感，有永久性的，也有短暂性的。不管怎样，人们的生活中总是充溢着美。

明年春天大街上行什么色彩、什么式样的穿着，老年人、中年人、青年人、孩子们，男的、女的都不妨试试。穿着不能过时，穿着太过时了，给人恍如隔世的感觉。时髦的青年人会指着那人的背影轻声说："霉屑屑的。"

人们的衣、食、住、行等生活、工作的许多方面都会面临着什么时代行什么的问题。有的人一直使用着几十年前使用过的某种器物，看着或使用着那一器物，就会使他想到与那器物紧紧相连的人和事以及那特殊的情感。至于不同的年份行什么，对他并不重要，在那一器物里面一定隐藏着别具情韵的生动故事。

行，是一种诱惑。

行，永远如风。

齁

小文在三岁时得了急性支气管炎，由于请医生诊治晚了，逐渐转成慢性支气管炎，讲话用力时喉咙会发出声响，有时还感到呼吸困难。上小学了，不知是谁给他起了个绰号，叫“齁巴子”，并且在同学中叫开了。老师在班会上指出，根据人的生理缺陷而起绰号是不友善、不文明、不道德的行为。从此，同学们再也不叫小文“齁巴子”了。

齁，读hōu（阴平），鼻息音。齁，还有其他的意思。

老K在家是一个饭来张口，油瓶倒下也不扶的人。一日，其妻出差外地，他只好亲自下厨掌勺。盐乃百味之首。炒韭菜时他剜了一大勺盐。孩子放学回来吃饭了，叉上一大筷韭菜，可很快又吐出，连忙说：“打死个卖盐的了，齁咸，齁咸！”这里的“齁”是“很”的意思，常常用作不满意时。

说到“齁咸”，还有一个笑话。从前有一户人家，家境窘迫，生有两个男孩。父亲腌了一条咸鱼挂在屋梁下，每次吃饭时都先提醒两个孩子注意：吃一口饭只准看一眼悬挂的咸鱼。老大坚守这一原则，老二有一次忍不住了，吃了一口饭，多看了一眼那咸鱼，老大当即揭发，父亲说：“让他齁死了！”

在北方还有“齁甜”“齁苦”的用法，江淮一带倒是没有的。在江淮方言中，“齁”还有另外一种用法，在北方却似乎没有听说过。

小华从小就喜欢吃糖，一吃就会连续吃上十几块。奶奶见此情景总是爱怜地摸着他的头说："伢子，糖不能多吃，多吃会齁人的啊！"齁人，即使人齁。在民间流行一种说法，糖吃多了，会生粘痰，粘痰堵在嗓子里便会发出"齁"的声音；盐吃多了，也会这样。适量吃糖、盐对身体有好处，多吃了就有害处了，吃其他的东西也是这样，并非多多益善。

猴

江苏的兴化、泰州一带将"睡觉"说成"猴觉"，意思是像猴子一样蜷曲着身子睡觉。古人言："坐如钟，立如松，睡如弓。"江淮一带用"猴"的地方还不少，带有"蹲""呆""住"等意思。

"猴"的以上的意思和用法，在《红楼梦》中几处见到。例如第十五回，宁府送殡，各自坐车上马。宝玉骑马，凤姐要宝玉与她同车，对宝玉道："好兄弟，你是个尊贵人，和女儿似的人品，别学他们猴在马上。下来咱们姐儿两个同坐车。"此例也可见《红楼梦》中的情节、风俗、语言等方面与江淮一带有着密切的关系。

猴，在江淮一带还有聪明、机灵、神气的意思，但这种聪明、机灵、神气似乎不免过分，分寸把握不当，因而常常带有贬义。小吴是某单位的办事员，领导交代的任务大多能较好地完成，而且干净利落。但与同事们相处，不够宽容，往往考虑自己的利益多，一般人不大愿意、乐意与他相处，即使交往时，还需提防他。如果有人问起小吴的为人怎么样，同事会说："这人猴得很！这人很猴！"这里的"猴"就是精。

一个人为人处世需要精，但更需要明，精而不明不行，明而不精也不行。我们需要的是既精且明。

和

国家越来越重视对农村、农业、农民的工作，出台了一系列政策来发展农村经济，发展农业，保护农民的利益，不断提高农民的生活水平。然而，农民在种田方面的时间似乎不及以前多了，尤其是年长者在农闲时常常相聚在一起娱乐娱乐。打麻将者有之。麻将是中国的"国粹"，始于清朝，传说慈禧太后也常玩。而更多的人是玩纸牌。纸牌的起始时间大概要早于麻将。要玩好纸牌还真不容易。有一位先生生于农村，长于农村，工作在农村，对玩纸牌颇精，且能说会写。退休后，他见到新华书店有《怎样打麻将》等书卖，受到启发，何不写一本《怎样看纸牌》呢? 经过几个月的不懈努力，书写成了。这可能是第一本关于玩纸牌的书，或许早就有了，而今失传了。作者颇为自信，他认为，会玩纸牌的人，大多文化水平不高，不会写；会写文章的人，大多不会玩纸牌。历史的重担就当然地落到他身上了。因为是椎轮之作，有的字也只是会说，但写不出，或写错了，其中就有"和"。打纸牌时有一和、二和、三和、四和，直至三百和，这"和"字，读hú（阳平），与"壶""胡"同音，于是就有人写成了"壶""胡"了。

在《新华字典》中，"和"有6种读音，其中就有一种读hú（阳平），它是指打麻将或斗纸牌时某一家的牌合乎规定的要求，得胜了，成了，也叫"和"了。在斗纸牌时，还有"癞子""单跳""洺牌""涸席封"等难写的字词。打麻将、斗纸牌子中也有学问呢!

麻将、纸牌均是玩具。一旦成为赌具，就失掉了雅兴，不好玩了。玩得不好，还会玩得倾家荡产，玩出人命。

欢

欢，在江淮方言中，一般情况下都读成近似huō的音，如欢迎、欢送、欢呼、欢喜、欢声笑语、欢天喜地等，在另外一些情况下，它的读音却变了。

期中考试刚结束，小C自以为考得不错，于是约几个小朋友骑自行车去东湖度假村游玩，尤其要看看野鸭放飞。十几辆自行车自然地排成一长队，小C领头，直奔东湖度假村而去。小C边踏车，边哼着流行歌曲，好不开心，得意时双手往胸前一搁，不扶龙头，靠脚踏把握方向。突然，前面一辆卡车疾驰而来，小C赶忙避让，说时迟，那时快，他猛然栽到了河堤边，幸好一棵大树挡住了车，不然要滚到河堤下的池塘里去了。小C后面的同学将他团团围住，看到小C的右臂不能动弹了，送到医院一检查，肱骨粉碎性骨折。小C的爷爷在一旁情不自禁地轻声说："小人发欢必有祸。"这里的"欢"江淮一带都读huān（阴平），跟普通话的读音毫无二致。

小C家住在城郊，院子很大。爷爷喜欢养鸭，春天买回了十几只小鸭，在院子里走来走去，看上去并不自在。当把它们吆到院外的池塘里去时，这一群小鸭顿时欢起来了，嘎嘎嘎地乱叫，在池塘里自由自在地嬉游。"欢起来"的"欢"，江淮一带也读普通话的音，是起劲、活跃的意思，而"小人发欢必有祸"的"欢"则是过分地、失度地起劲、活跃了。人们遇到高兴的事、得意的事会自然而然地欢起来，而过分地欢，就会乐极生悲，适得其反。

一个"欢"字在江淮方言中居然有两种读音，细想起来，要人发欢。

煦

春节快要到了。虽然下了一场大雪，钱家庄的人还是里里外外忙个不停，杀猪的杀猪，宰羊的宰羊，还有的忙着煦馒头、煦年糕、煦粉团。庄稼人辛苦了一年，也得一家老小庆贺庆贺，亲朋好友祝福祝福，真是窗外白雪皑皑，室内春意融融。

在里下河地区甚至大江南北的更广泛的地域中都将"蒸馒头"说成"煦馒头"。煦，一般读xù（去声），也有读成上声的，温暖的意思，如春风和煸等。"煸"的本义是什么？《说文解字》中解释道："烝也。"近代余杭人章炳麟著的《新方言·释器》中写道："今淮南谓以湿饼承火为煸，音如呼。"章炳麟先生是语言大家，他把声韵转变的规律，以古语证今语，以今语通古语，功不可没。当今，"煸馒头"的"煸"的读音近似huō（阴平），煸，是蒸气使馒头等慢慢地、渐渐地熟。煸，在江淮一带又引申出另外的意思。

煸，有功，有术。喜煸者往往被煸得暖洋洋、乐滋滋、甜蜜蜜、晕乎乎，因此，有时也有效。倘若被煸者不喜欢逢迎，不爱拍马，即使煸者有功，有术，那也无效。

煸捧之术，早就有了。《孟子·告子下》："逢君之恶其罪大。"逢君即逢迎、煸捧国君。国君的为恶之心尚未萌发，为臣的却又谄媚逢迎之而导之以发，故曰罪大。两千多年前的孟老夫子时代就已经明确认定逢迎国君罪大。在那流逝的两千多年的时光中，曾经发生过多少因逢迎谄媚而危害国家、危害民族、危害社会的罪事。

煸人者或无形，或有形，或精神，或物质，被煸者能否感觉得出、分辨得出、抵挡得住吗？还是孟老夫子说得好："吾善养吾浩然之气。"这种浩然之气乃塞于天地之间，存于每人心中，至大至刚至强。

正气和节操，吾侪当须修炼。

墼

二十世纪四五十年代，农民的房屋大多是土墼墙、茅草房。随着农村经济的发展，农民的收入增多了，生活水平提高了，农民的房屋建成了砖头墙、大瓦房，而如今不少人家盖起了楼房。有的楼房式样别致，装潢讲究，令一些城里人也望楼兴叹。

墼，读jī（阴平），土墼即土坯，把黏土经过左掼右掼后放在长方形的模子里制成的土块叫土墼。土墼没有经过烧制，不易耐风雨，常常用它来建造简易的房屋或灶炕。在中华大地的东、西、南、北、中都有用土墼的，不过这个"墼"往往被人写成"基"，甚至一些报刊、电视台的栏目上也这样写，因而使一些人差一点忘记"墼"的写法，实在是不应该的。

搛

搛，读 jiān（阴平），用筷子夹。中国人用筷子吃饭，在世界上是有名的，几岁的小孩就会用筷子熟练地搛菜，令西方人惊诧、羡慕不已。有人喜爱收藏古今的筷子，还有人建立了个人的筷子博物馆，因为筷子也是一种文化。

中国人热情好客，常喜欢用自己的筷子不停地搛菜给客人吃，不管客人喜欢不喜欢这种方式，不管客人喜欢不喜欢吃那些菜。如果一盘菜上桌，用自己的筷子先大搅大拌一通，然后搛菜待客，有时还用筷子掏掏牙后再搛，实在算不得文明。有时主人搛的菜客人不动筷，主人便睁大眼睛半真半假地说："我不得传染病唉，吃哉！"客人只好尴尬地、勉强地、大口地吞菜，以示领受主人的一片情意。

江淮一带有句俗语："搛起来不像个粽子，捺下来不像个糍粑。"小G就是这样的人。他喜欢人表扬，哪怕做了一件小事，取得一点成绩，他就会自吹自擂一番。别人乘势说他几句好话，他高兴得眉飞色舞，甚至手舞之，足蹈之。如果他做错了一件事，做坏了一件事，他总会找出推托理由辩解。别人批评他两句，他便颓丧地眉毛打结，甚至躺倒几天不干。这种人真是表扬不得，批评不得，既不像粽子，又不像糍粑。

一个"搛"字，有文化，有文明，不能乱搛；有道德，有修养，粽子就是粽子，糍粑就是糍粑。

碙

一九三七年七月七日，全面抗战爆发，国无宁日，民无宁日。大学生们一边要救国，一边要读书。清华大学、北京大学、南开大学的师生们被迫离开了北京、天津，一路艰辛，冒着生命危险，终于到达昆明，成立了西南联合大学。南京的中央大学、上海的复旦大学等校的师生则到了重庆，在极其困难、险恶的环境里坚持教学。学生们住在棚子里，吃的是"八宝饭"。"八宝"者乃谷子、稗子、砂碙子、虫子、老鼠屎等之戏称也。好多人生了病也无钱医治，日本的飞机不时还来轰炸，那时的大学生生活是今天的大学生们所难以想象的。

碙，读jiāng（阴平），江淮一带读成第三声。砂碙是指一种不透水的矿石，呈块状和颗粒状，一般做建筑材料。"碙"可以单用，而且有喻义。

小蒋十四岁，已经上了初中二年级，可他的身高只有1.3米。妈妈很是着急，到处寻买什么"长高素""增高素"给他吃，又带他去看医生，可一年之内仍然没有怎么长高。爷爷笑着说："怎么长得碙住了！不要紧，爷爷小时候也是这样，说发就发，说长大就长大。"小蒋苦着脸对爷爷说："在学校里有的同学给我起了个诨名'小蒋碙子'。"爷爷又说："怕什么，过两年长高给他们看，你的同学有的就要变成小碙碙子了。"小蒋既注意营养，又注重体育锻炼，果不其然，两年以后，小蒋好像一下子就蹿高了许多。两年前他坐在第一排，两年后坐在最后一排了。

碙，在江淮一带有长不大的意思，就如同不透水的小矿石一样老是那么大。碙，有时也用来比喻动物。老蒋家养了一窝小猪，10头猪中唯有一头老是长不大，长得碙住了，给它吃了什么"肥猪素"后，不久就长得又大又肥了，老蒋笑着对别人说："这是科技的力量啊！"

碙，用来形容猪等动物可以，倘用来形容人则是对人的不恭敬。同学中相互起诨名更是一件不好的事，谁能说自己长得十全十美呢？世界上只有一种名贵的月季花被称作"十全十美"。其实，要仔细查找查找，也未必十全十美啊！

⿱雥火

⿱雥火，读 jiū（阴平），《说文解字》："收束也。"《前汉律历志》："秋⿱雥火也，物⿱雥火敛乃成熟。"这个字在当今的《辞海》等书中均未收入，但在江淮一带民众的口语中经常用到。

秋天是成熟的季节，不少的农作物到了秋天从里到外都会收敛，那就标志着成熟了。譬如大豆，在夏天，一般称毛豆，因外壳有毛而得名。夏天的毛豆青青的、嫩嫩的，味道鲜美。秋天，叶子枯黄，外壳⿱雥火起来，里面的豆子黄黄的、硬硬的，人们就用它来磨豆浆，做成豆腐等食品。其他的如茄子、豇豆、大椒等也大都会像毛豆的外壳一样⿱雥火起来了。

春天，在里下河、江南一带等水乡产一种吃球茎的荸荠，中医称地栗，又叫地梨，削皮以后制成罐头叫马蹄片。有的人喜欢将荸荠带泥放在篮子里，挂在屋檐下风，这个"风"成了动词了。任凭风吹，但不能日晒。过了五六天，荸荠的皮都⿱雥火起来了，将皮慢慢撕去，味既甘甜，又有一种特殊的风干味。有的人年龄虽不大，经过较长时间的风吹雨打，脸上皮⿱雥火起来了，于是有人形容道，某某的脸皮⿱雥火起来了，⿱雥火得像风干的荸荠。

人老了，手臂、腿会⿱雥火起来，变短；躯干也会⿱雥火起来，变矮。而那些坚持正常的、健康的体育锻炼的人会延缓其衰老，手、腿不会缩短，身躯不会变矮，生命在于运动。

在唐代、宋代的字典辞书中均收入"⿱雥火"。它在书籍中已经同我们久违了，但一直在人们的生活中永葆其生命力。拂去时光的尘埃，在文字上重现"⿱雥火"字，会引发我们很多联想。

锔

南宋时的杨万里、范成大、陆游及尤袤号称"中兴四大诗人"。范成大晚年写的《田园杂兴》描述了江南农村生活的不同方面，像一幅生动长卷的农村风俗画，展示了丰富多彩的宋代的风土人情，其一是：

昼出耕田夜绩麻，村庄儿女各当家。

童孙未解供耕织，也傍桑阴学种瓜。

农夫家的孩童虽然年龄尚小，不能像大人一样从事耕织，而大人们的活动给他们以潜移默化的影响，他们也在阴凉的桑树下，学着种瓜了。

小耘今年七岁，大人们做的事情他都感兴趣，常常自不量力地学着干，有时不免闯点小祸，不是皮碰破了，就是胳膊扭伤了，但他仍然学着干。五月南风起，田家人倍忙。爸妈割完了麦子又忙着栽秧，小耘也下田跟在爸爸妈妈后面忙这忙那。忽然他的小腿上感觉到有什么东西咬上了，一看是一条大蚂蟥。他赶紧用手拽，越拽蚂蟥锔得越紧，小腿上流血了。不得已他才告诉妈妈，妈妈说："不要慌，蚂蟥锔腿不能用手拽，越拽它越会狠锔。只要在离它二三寸的地方轻轻拍几下，它就会掉下了。过一会儿，小耘按照妈妈的法子办，蚂蟥果然掉下了。"

锔，读 jū（阴平），用锔子连接破裂的陶瓷器物等称作锔，江淮一带读入声。锔子江淮一带叫疤子，一般用铜或铁做成的扁平的两脚钉，用来连接破裂的陶瓷器物。蚂蟥用它尾端的吸盘附着在人畜的皮肤上吸血，这就如同用疤子锔陶瓷器物一样。锔碗的疤子要很牢很牢，牢固得一点水也不能渗透，江淮一带将蚂蟥咬人称为锔，真是形象精当之至。

小耘两三岁的时候喜欢跟着人，离开大人一会儿他就会又喊又叫。又喊又叫还不见大人，就哭了，妈妈不得已时埋怨道："这孩子一天到晚锔住人，真没办法。"这里的"锔"有牢牢地缠住、盯住的意思。

锔，又读阳平，那是指一种人造的放射性元素。

愒

在日常生活、工作中，有时你会遇到这样的现象：请某人去办一件不难的事，他说，明天来办。到了明天，他又说，后天来办。后天去了，他却说，再过两天吧。你终于脱口而出，某某人得了一种愒病。愒病是种心病。

愒，读kài（去声）。一九八○年版《辞海》："愒，荒废。"一九三八年版《辞海》："愒，贪也。"刘师培《〈新方言〉后序》中说："事逾其期谓之愒。"而"玩愒"之训载于《左传》。刘师培所说"玩愒之训"即《左传·昭公元年》中的一段话："后子出而告人曰：赵孟死矣！主民，玩岁而愒日，其与几何？"

现代人将因懒惰、拖拉而荒废了事情叫"愒"。

在民间还流传着关于"愒"的小故事。丈夫、妻子、儿子一家三口都在看电视。丈夫渴了，要妻子倒杯茶来，妻子则要儿子去倒，儿子哪能喊得动，大声说："爸爸去倒茶！"于是有言道："大懒愒小懒，伙计愒老板，什么事都难办。"

而今，办事图好，好中求快，好中求高效，但是愒病仍当戒。

愒病是心病，愒病是懒病。

大作家巴金先生说过，"我时时在同懒惰作斗争。"这句话够每个人用一辈子。

扤

桃花开了，正是春游的好时节。

某中学决定组织初一、初二年级学生步行到十五公里外的湖边去踏青。小海是初一（1）班的学生，他的父亲在春游的前三天就开始为小海精心准备了，譬如，穿什么上衣，穿什么裤子，鞋子一定要跟脚，帮子不能硬；矿泉水、橙汁、汉堡包、苹果、香蕉等自然少不了。学校还组织学生野炊，分派小海带锅与铲子。小海父亲又为小海准备了照相机、收音机。四十几年前，小海父亲也读初一，学校组织他们到20公里外的地方远足，来回一整天，只吃了几只黄面烧饼。小海赶上好时代了。

春游那天的清晨，小海父亲帮小海将一切行装整理停当，然后让小海背的背，扎的扎，提的提，活像一个披着铠甲上战场的战士。小海的妈妈在一旁笑道："提锣扎鼓的，还能打仗啊！"小海雄赳赳、气昂昂地奔向学校。

扎，读kuǎi（上声），指用胳膊挎着，泰州、兴化、泰兴等地都读此音，而高邮、宝应一带读成 guài（去声），不送气。

二十世纪四五十年代，有的人用绳子串着不大的陶制的坛坛罐罐，又背又扎，走村串户叫卖，人称卖窑货的。有一句歇后语与他们有关：卖窑货的跌跟头——一个好的没得。曾经发生了一件事。一个卖窑货的正叫卖得起劲，突然绳子断了，所有的窑货哐啷往地上一落，那卖窑货的连头也不回直往前走。路边的人连声叫他。已经走好远了，卖窑货的才回头说："窑货已经跌坏了，回头看还有什么用！"

卖窑货的话真有些气度和哲理。一个人做错了事，做坏了事，懊悔不迭，后悔莫及，既然"莫及"，也就不悔了。

课猪

小明已经上六年级了，还有三四天就要参加期终考试。小明的奶奶要给小明增加些营养，起大早就到菜场拣了个带肉皮的猪肉案子，买了两斤肉。她听人说，肉皮有胶质，可以补脑、健脑。这两斤肉足足烧了三个半小时，肉皮还是不烂。凭经验，小明的奶奶判断，这大概是课猪肉了。

课，普通话读kè（去声），江淮一带一般读成kuò（去声），而"课猪"

却读成阴平。课，是中国古代赋税的一种，究竟从什么朝代开始的，起码在唐朝就已经出现了。《旧唐书·职官制》中写道："凡赋人之制有四：一曰租，二曰调，三曰役，四曰课。"课即课税，是国家按规定的数额征收赋税。课征税收的目的物也叫课税现象、课税客体，其时，会下猪崽的母猪便因此被叫作课猪。课猪生猪崽，给农民家里带来一些收入，那就要按规定纳税。不知从什么时候起，养下猪崽的母猪不再纳税了，但人们仍然叫它课猪，一直沿用至今，而且看来还要一直沿用下去。

课猪的皮和肉烧几个小时都不容易烂，据说放些食用碱便可以煨烂，而其中的营养就会遭到破坏。

课猪，徒有其名，名不副实，此类语言现象并不少见。

獠

獠，一读liáo（阳平），指面貌凶恶，如青面獠牙；一读lǎo（上声），本为古代骂人的话。史载褚遂良被魏征召进宫廷，与太宗论书，后因忠谏、议事，深得太宗、高宗信任。高宗病重，欲立武昭仪（则天），于是召见褚遂良等求意见。褚遂良忠于唐王朝，坚决不同意立武昭仪为后。一日高宗在前，武昭仪在帷幄后，褚遂良对高宗说："朝笏板还给皇上，我回家乡种田了。"其时叩头流血，高宗大怒。武氏从帷幄后呼曰："何不扑杀此獠？"对于褚遂良皇上有规定，有罪不加刑。武氏立，褚遂良免于一死，但贬谪潭州。褚遂良铁骨铮铮震天地，武昭仪心狠凶凶史留名。

江淮一带至今沿用"獠"之骂人的古义，如骂人是促狭獠等。小B今年十六岁，正是长身体的年龄，但最近一段时间食欲特别好，见到能吃的东西都吃，看到鸡鸭鱼肉更是来劲。一只鸡上桌，他来不及拿筷子，用手东撕一块，西撕一块，歪着头大喺，真是快乐至极，得意忘形，难看至极。小B爸爸的同事正好在他家，诙谐地说："人在最快乐的时候，往往是最难看的时候。"小B的爸爸听后忍不住喷饭。午饭才吃过，小B又要吃饼干，吃巧克力，吃水果等等，总之一天到晚总是不停地想着吃。八十多岁的祖母见小B这样，颇为沧桑而又幽默地说："孩子，你怕是得了馋獠病了。"

"馋獠"的"獠"一般被一些人以讹传讹地写成"痨"了。一个人倘若得了馋獠病，疯嗤狂啖，那吃东西就被人说成"医大病"了。

离箍离调

二十世纪六七十年代，人们洗脸、洗脚、洗澡、挑水、大小便，甚至装饭，都用木制的盆桶，做这种木桶的师傅被人称为箍桶的。他们肩挑工具，走街串巷，日常生活中，真少不了他们。他们熟练地将一块块木板拼成盆桶，然后用篾箍或铅丝箍、铁箍、铜箍箍好。箍，不能过紧，箍紧必炸；也不能过松，过松会漏水。箍到什么程度，无须仪器测量，都能把握得当，那功夫全在手中。

随着社会的进步、生活的变化、科学的发达，人们很少用木盆、木桶了。年纪大的箍桶师傅逐渐减少，青年人不愿、不屑干这一行，估计要不了多少年，干这一行手艺的人将如凤毛麟角。这并不奇怪。在人类历史长河中，好多传统的工艺技艺逐渐被淘汰、绝灭，随着人们生产、生活等方面的需要，新的工艺技艺又不断产生。黄帝同蚩尤打仗时，不知谁发明了指南车。木制的大车上站着一个木人，木人的手永远指着南方。什么原理、什么结构、怎样造成的，外国的科学家都在研究，至今是个谜。那时的工艺技艺失传了，因为它关系到战争的胜负，具有很大的保密性。在中国历史上，曾经几次出现过指南车，那都是一些能工巧匠重新琢磨、发明创造的，其制造原理、程序、工艺也失传了。

关于"箍"，在江淮一带有字典辞书中没有提及的意思和用法。

碌碡

"碌碡"这两个字在一起，假如是"秀才识字认半边"的话，很容易读成"录毒"。正确的读音是 liù（去声）zhóu（阳平）。江淮地区将这两字连在一起用，"碌"字倒是读成"录"的音了。碌碡，也叫碡，也叫石磙，是一种古时已有的农具，用于碾压，一般由木框架和圆柱形的石磙子构成，用来压谷物，平场地。在唐代诗人陆龟蒙的《耒耜经》以及后来的《农政全书》中就写到过。

江淮一带用"碌碡"有拉倒或重来的意思。一件事虽经努力，但没有办成，用"碌碡"，表明算了或重来。常常在不满、不悦、赌气的情况下用到，有时还有自我安慰的意思。

张先生今年80岁，要办生日寿宴，想请原单位某领导光临，本人三次登门邀请，结果还是未到，张先生说："不来碌碡。"

啰唆

啰唆，在现代汉语的字典、辞书中一般注明两个意思，一是繁复。江淮一带称说话繁复、嘴碎、一句话磨成几句话来说且反复若干次的人为碎米嘴，到头来还是让听者不明其意。二是（事情）琐碎、麻烦。

小D大学毕业后在省城找了一份工作，同学问他如何，他答道："工作任务重倒是不重，但头绪多，啰唆呢！"此"啰唆"乃琐碎、麻烦也。

退休职工老K是位热情、善良、助人为乐的人。一天，他在大街上看见一位老太被一摩托车撞倒在地，撞人者飞快地逃逸了。老K见此情景，赶忙搁下自行车，向老太问长问短，并打电话叫来了老太的家里人。老太年事已高，记事亦模糊了，指着老K向家里人说："就是他撞的。"老K虽然力辩，却一时难以说清，心想，真是做好事做出个啰唆来了。此"唆"即是麻烦。幸好旁边有几个目击者还在，证明肇事者已逃逸，老K是个关心、帮助老太的好人，这个啰唆方得以消除。"啰唆"还有一层意思，似乎是江淮方言中所特有的。

"啰唆"二字之间可以嵌字，如"啰里啰唆""啰里不唆"等；还可以AABB的方式重叠成"啰啰唆唆"。

但愿在人生征途上少些啰啰唆唆的事。

㮠

"旺箔"应写成"㮠箔"。㮠，江淮方言中读wáng（阳平），《康熙字典》引《唐韵》《韵会》："武方切。"《正韵》："无方切，音亡。"江淮一带读去声。《说文解字》："栋也。"韩愈《进学解》："大木为㮠，细木为桷。"在农村中一些人家砌房造屋时很讲究，在㮠梁上铺上特制的较普通墙砖薄很多的㮠砖，然后铺上用小芦柴编成的㮠箔，上面再盖小瓦，这样，保温性能好，屋内仰视又整齐美观。

㮠，不仅在江淮方言中常用到，在吴语中也往往用到，但不说"望"，而读"茫"了。吴语中的"望"就读"茫"音的。

猫

现在的孩子大多是独生子女，父母对他们的期望值很高，希望他们长大成人、成器，甚至父母辈没有能实现的愿望都希望在他们身上实现，因而，孩子们的负担也就不轻。小龙就是其中的一个。

小龙刚上一年级，父母对他每周的时间总是安排得满满的、紧紧的。白天在学校上课，放晚学回来，便到退休的王老师家补习语文、数学，逢周二、周五要到李老师家学习钢琴，晚上10点钟上床，已经很疲惫了。星期六、星期日要去学书法、绘画，还要到奥林匹克数学班学习，很难得有机会到公园或上街玩玩。每一次考试似乎也是父母的考试，父母总是提前接送，对小龙增加营养，眼巴巴地指望他取得好成绩。孙中山先生说过："世间的事，不如意者常十之八九。"小龙的考试成绩不是很稳定，有时语文、数学分数都高，有时语文分数高，有时数学分数高，有时两门成绩都较差，一猫一猫。小龙的父母很是焦急，甚至对小龙施以暴力，效果仍不理想，这能完全怪小龙吗？

猫，读māo（阴平），它是我们常见到的能捉老鼠的哺乳动物，也是一些人的宠物。猫，在江淮方言中较经常用到的还有一个意思：躲藏。小龙的学习成绩一猫一猫的，这里的"猫"即"躲藏"的意思。小龙的父母所希望的好成绩有时会出现，有时会躲藏起来。

小龙的姨弟才十个月，就能猫话了，有时能较清晰地发出"妈妈"的声音，有时"妈妈"的声音会躲藏起来，不知他发出的音是什么意思。他已经会藏猫猫了，小龙假装躲藏起来，又突然在他面前出现，他的脸上即刻显出天真烂漫的笑容，而且要反复玩这种游戏，一点也不厌烦，停止了就会大哭。

"猫"的"躲藏"的意思，在《辞海》《辞源》中均不见，《现代汉语词典》中却收进了。

冇

俗话说，办酒容易请客难。第一难是确定请的对象。请你就得请他，请他就应当请张三，请了张三还必须带上李四，否则就很难摆平。于是民间就拟订了一个原则：宁冇一庄，不冇一家。这就如同逻辑学中概念的划分一样，划分概念每次只能坚持一个标准，倘若用两个、三个标准来进行概念的划分，那就会导致概念混淆、概念不清，如此请客，岂不乱了套！

冇，读mǎo（上声）。《辞海》中说："粤方言，没有。"广东、广西一带，将"没有"说成"冇"；其实，用"冇"的并不止粤方言区。湖南人喜欢吃辣椒，称辣椒为辣子。民谚云："辣子冇补，两头受苦。"适量地吃些辣子对身体是有好处的，不仅可以开胃，里面还有多种维生素；两头受苦倒是事实。世上的事就是有些蹊跷，明知是苦，还要去受，甚至喜欢去受，这就是苦中有甜、苦中作乐。

"冇"从"没有"的意思引申为"漏掉""少掉"的意思，"宁冇一庄，不冇一家"即是。还有，到菜场买肉，有经验的小刀手一刀剁上一块：两斤差一点，于是再切上一小块，补上少掉的，人称这补上少掉的一小块肉为"冇子"。这"冇子"又成为名词了。买菜时是不是那一小部分都可以叫作"冇子"呢？不能。如果你买两斤鱼，少一点，再补上一两条小鱼，这一两条小鱼不能叫"冇子"；你买两斤番茄、萝卜，还少一点，补上一两只，这一两只也不能叫"冇子"。"冇子"似乎特指补足斤两的那一块小肉，"打肉带个冇子"。

"打肉带个冇子"的俗语，在江淮一带似还有其他的意思。你如果请朋友替你办一件大事、要事，事成后又提出再请他办一件小事、不十分要紧的事，那朋友会幽默地说："打肉还带个冇子哪！"

"冇子"还可称"歪冇子"，因其不在正中间。两个地方的代表在争抢、争论某一产品的正宗产地，互不相让，争吵激烈，出言不逊，以至指着对方的鼻子说："我们是正宗，你们是歪冇子！""我们是正宗，你们才是真歪冇子！"其实，谁说了都不能算，重要的是要看证据。正宗的不可能是歪冇子，歪冇子不可能变正宗。一旦歪冇子成了正宗，那就是走了歪门邪道了，但最终还会正过来，因为歪冇子、歪门邪道都怕真理。

璺

幼儿园小朋友因为降临到这精彩纷繁的世界时间不长，对一切事物都有着浓厚的兴趣。他们常常提出一连串问题，有的令大人也难以回答。譬如，飞机为什么会飞、人会飞吗、为什么不会飞啊等等，什么事都要"打破沙缸璺（问）到底”。

璺，读wèn（去声）。《方言》：“器破而未离谓之璺。”《现代汉语词典》：“陶瓷、玻璃等器具上的裂痕。”江淮一带都读成mèn（去声），注意研究语言现象的人觉得好生奇怪。原来在吴语中“璺”和“问”同音。明朝初年朱元璋将苏州、绍兴等地的百姓迁移到江淮一带，年长日久，这些移民的后代都入乡随俗，地方化了。但也有一些吴方言却“化”了当地的土生土长的居民，至今还流传在群众的口语之中，“璺”就是一例。

一只缸被撞了一条大璺，漏水或者渗水了，弃之可惜，于是请补缸的来补。补缸的用特别的铁疤子打在璺的两边，尺把长的璺打上三四个疤子即可，璺几乎是不见缝隙，盛水一点不漏。有的补缸的一边敲疤子，一边还哼着《大补缸》的曲调，或者富有节奏地敲击着疤子，引来一群小孩来看热闹。倘若一只瓷碗有了璺，补碗的会用铜质的小疤子来锔。先用拉弓似的金钢钻头打眼，一把弓拉来拉去发出“吱咕吱”的声音，于是有了“金刚钻吱咕吱”（“自顾自”的谐音）的歇后语。江淮一带《大补缸》的曲调至今还有人唱，而以补缸、锔碗为职业者城乡上下几乎绝迹了。

“打破沙缸璺（问）到底”，追本穷源，应提倡；“金刚钻吱咕吱（自顾自）”，只顾自己，不可取。

门庋

小金下岗以后在一家灯具厂推销产品。他原来就在一家工厂搞供销，销售产品很有些经验。人们常常形容销售员“踏千山万水，走千家万户，说千言万语，吃千辛万苦”。这些，小金都能做到。干了五年，小金的腰包鼓起来了。有的人家赚了钱是闷声大发财，人称“闷头户”，而小金恰恰相反，喜张扬，爱露富。穿着要大名牌，家用必舶来品。一年下来收入五六万，他对人讲是十几万，甚至二十几万。小金的有钱在社区里名气不小。

某日下午四点多,小金从外地出差回家,妻子在上班,孩子还没有放学。他打开大门,正顺手关门,忽然从门扆里闪出一个蒙面人,小金厉声问:"什么人?"只见那蒙面人夺门而出,直朝大路上奔。小金大喊:"捉小偷啊!捉小偷啊!"社区的居民和保安人员都出来了,很快将那蒙面贼擒获。

扆,读 yǎn(上声)。扆廖(yí),指门闩。门扆即放门闩的地方,一般在门与墙构成的小三角区。

南北朝时北齐文学家颜之推的传世代表作《颜氏家训》中有个关于扆廖的故事。春秋时代的百里奚本为虞国大夫。虞国灭亡后,逃至楚国,被人擒捉。秦穆公听说他很贤能,便用五张羊皮把他从楚国赎回。百里奚与妻子分别时,妻子将正在孵卵的鸡杀了,将门闩当柴火烧鸡给他吃。后来,百里奚当上秦相,在相府举行的一次音乐会上,有一位洗衣妇人唱了一首《古乐府》词:"百里奚,五羊皮。忆别时,烹伏雌,炊扆廖,今日富贵忘我为!"百里奚发现这位洗衣女人就是自己过去的妻子,于是与她重归于好。扆廖,现在一般称作"门闩",而"门廖"一词仍然常常在人们的口语中用到。

小金是个小男孩,六岁,上幼儿园大班。他跟妈妈在家经常玩捉迷藏的游戏。他躲在门廖里,把门一合,问妈妈他藏在哪里,一会儿将门突然张开:"嘛!"母子大笑,笑声赶走了寂寞。这一似乎单调的游戏,百玩不厌,说不定在百里奚时代的小朋友们就玩过了,以后的小朋友大概还会玩吧。

有的人家将一些经常用到但又不愿意被别人看到的器物放在门扆里,门扆还有遮掩作用。

幕

幕,一读 mù(去声),指幕布、帐幕、开幕;一读 màn(去声),指钱币的背面。江淮一带读音近 mò,与"漫""蔓"读音相同(散漫的"漫"读音除外)。《汉书·西域传》:"以金银为钱,文为骑马,幕为人面。"汉以后的钱币或铁,或铅,或镍,或合金,都是一面为字,一面为人面或图案。袁世凯、蒋介石都发行过银圆,一面是"壹圆"的字样,一面是他们的头像。人民币的1元,一面是字,反面是国徽的图案,就是幕。有意思得很,世界各国的硬币也大都是如此,人类的文明有相通、相同之处,可见一斑。

一个钱币的字和幕可以押注来赌博。有部影片叫《黑山和红杏》,黑山是跑大山挖野山参的。山主刘山虎经常引诱黑山等穷伙计赌博,诈骗他们的钱财以及用鲜血与生命换来的野山参。先是让黑山赢,后就舞弊使他输,结果黑山的钱和野山参输光了,最后连房屋甚至妻子红杏也押上输掉了,赌具就是一枚"袁大头"银圆。刘山虎的爪牙将一枚银圆高高一抛,看字、幕定输赢。现在的小朋友可能还在玩一种游戏,即将一枚硬币用两个指头一扭,使之在桌子上向一个方向旋转,中途用手掌一按,叫另一人猜,是字是幕。猜错了就被刮鼻子,周围的人哈哈大笑。

有人说,猜猜字和幕,不过除除疑罢了。有时疑被除掉了,有时越除越疑,甚至坏了事业,丧了性命。

一个钱币的字和幕,千百年来演绎了多少欢乐、欣喜、哀伤、凄厉的故事,看来还会再演绎下去。

拿乔

曹禺这位本来在文坛没有什么名声的年轻作者,凭借一九三四年发表的剧本《雷雨》,一出道就一鸣惊人,一举成名。这一年他二十四岁。

当年,中国旅行剧团演《雷雨》,轰动一时。剧团的创始人唐槐秋先生曾当面对曹禺说:"万先生(曹禺本名万家宝),《雷雨》这个戏真叫座,我演了不少新戏,再没有《雷雨》咬住观众的。"一个"咬"字点出了《雷雨》魅力之所在。

某艺术剧院准备重新上演《雷雨》。要求是比唐槐秋先生的剧团演出水平还要胜过一筹。这就是说"咬"住观众的程度还要更厉害些。院长、导演和各演员等组成的专家班子对剧中的角色扮演者一一认真研究。周朴园谁来扮,人选落在小周和老吴二人身上。左权衡,右掂量,大家认为还是由小周演更好一些,小周也是二十四岁,与曹禺写《雷雨》时同龄。老吴当然不开心。于是决定,小周演A角,老吴演B角,以防万一。演了三场,小周突然病倒了,发高烧不省人事,十天内都难以痊愈,导演决定由B角老吴顶上。老吴很想演。小周演了三场,他看了三场,而且认真地记下了小周表演的得失。但在这时,他拿乔了,对导演说:"我不行啊,还是请别人吧。小周一不发烧不是照样可以演嘛!"导演说:"关键时刻,大局为重,怎能拿起乔来!"老吴终于还是演了。他平时演戏认真,有一种执着精神,加上有一股气憋着,更是一丝不苟。他紧紧地、得体地把握住周朴园心中汹涌的情感的流,展现人物性格,推动剧情发展,最终演出成功了。在后台,导演紧握老吴的手,向他祝贺,笑着说:"真行!还拿乔!"

拿乔,有人写成"拿桥",意思好像是有人要过河了,存心拿他一下,搬走了桥。其实应该写成"拿乔","乔"是假的意思,如乔装打扮等。拿乔是指一个人能干某件事,想干某件事,在关键时刻、重要时刻却找些理由假意推托,或装模作样、故意为难,以此来拿一下人。拿乔者实际上是乔拿、假拿也。在口语中还可以在拿乔间插点什么,成了"拿起乔来""拿什么乔"等等。

平心而论,拿乔者还是想干些事、能干些事的;而一味地拿乔就居心叵测了。

拗

拗,读 ào,指违逆、违拗。我们说绕口令时,发音不顺口,别扭,拗口,也是这个"拗"。

北宋的王安石是一位政治家、文学家、思想家。列宁称他为中国十一世纪的伟大改革家。他积极推行青苗、均输、市易、免役、农田水利等新法，以期富国强兵。由于保守派坚决反对，新法推行屡遭阻碍。他两次为相，执意推行新政。《宋史·王安石传》："安石性强忮，遇事无可否，自信所见，执章不回。"认为"天变不足畏，祖宗不足法，人言不足恤"。在朝廷辩论时，那些保守派说不过他，以致背后为他起了个雅号"拗相公"。

拗，读niù（去声），指固执、不驯顺。江淮一带将原本酥脆的食物而变得不酥脆了，叫作"拗"。出锅不久的油条又酥又脆又香，倘隔几个小时来吃，咬了半天才能咬一段，年纪大的说："太拗了。"

在现实生活中，办事需要爽，但是，有时也少不了拗。

嗯诺

嗯诺，江淮一带的人在答应、允许的时候大都会用到这个词。

嗯诺，读ňg（上声）nuò（去声）。"诺"的用法在先秦的文章中常常见到。《论语·阳货》："孔子曰：'诺，吾将仕矣。'"在《史记》中更是多见，《史记·滑稽列传》："西门豹曰：'诺，且留待之须臾。'"有时"诺诺"连用，表示连声答应以示顺从。《韩非子·八奸》："人主未命而唯唯，未使而诺诺。"君主的命令还没有说出来，为臣的就已经连声答应"是是""嗯诺嗯诺"，"唯唯诺诺"因此而约定俗成了。

林散之先生是当代的一位大书法家，被人们誉为"草书之圣"。他的作品一经展出，便只听到一片赞扬声，而他认为，长此以往，自己的书法水平怎么能够提高呢？他颇有见地地说："不喜千人之诺诺，唯喜一人之谔谔（直言争辩的样子）。"说出这句话并努力践行是需要气度、胆识和较高的思想境界的。而在有的地方和单位有人唯喜千人之诺诺，不喜一人之谔谔，民主空气凝固，群众声音喑哑。从艺术方面来看，必然导致退步；从政治方面来看，必然会导致腐败。

当然，在工作中、生活中、社交场合中也会遇到一种人，你只要同他谈一件什么事，他都会说"嗯诺"。起初，你会觉得这种人乐于助人，爽！时间一长，发现他答应的事，他一件也没有办，一件也办不了，一件也办不好，他最终失去了诚信。

诚来于真，信源于实。诚信是人的立身之本啊！

江淮人，千万不要轻易说"嗯诺"。从古到今，一诺千金。

萠

小孙初中毕业后就去南方打工，十多年来省吃俭用积攒了十多万元，在家乡与人合伙办起了一个小化工厂。

小孙在初中读书时，喜欢化学，是化学课代表，后来在南方一家大型化工企业做工二十多年，积累了一些化工知识、技能。起初，他的小化工厂的产品销路不错，不久国际市场发生了重大变化，价格渐落。不少客户往往是要先交货，后付款，而且货款一拖再拖，资金难以回笼。小孙总希望有一天国际行情变得好起来，不管怎样，还是咬着牙贷款，继续生产。殊不知国际市场产品的价格仍然下跌，小孙的小化工厂到了生产得多就亏损得多的境地。他还想继续坚持生产，涉世深的好朋友劝他："你这样下去就是矮子萠水，越萠越深。"

萠，《广韵》："白衔切。"《集韵》："皮咸切，步渡水也。"《广韵》《集韵》都是宋代奉诏修定的韵书，但《广韵》在先，《集韵》在后，《集韵》注意参考当时的读音，更订《广韵》的反切。江淮方言中至今流行的读音是《集韵》的注音，用汉语拼音注出即为 pán（阳平）。

某市大兴土木，连护城河都填成平地，盖建高楼，城市的防洪系统遭严重破坏。如果降中到大雨，马路上便水流成河，人们就要萠水而行了。还有的住宅区情况也是如此。那里原来是池塘、沼泽地或河流，每遇大雨，成了汪洋一片，居民出入都要萠水，怨声载道。怨谁呢！人类抢占了水的地盘，水的出路在哪里呢？到头来遭殃的还是人类自己。

有的人会设计圈套让人趆水，看人趆水，幸灾乐祸。其实，他也在趆水，那是另一种趆水，他的身躯所负载的道德、良知在一步一步趆向深渊。

纰漏

小K失踪了的消息在县城不胫而走。不少人都大为惊诧。小K原是一个小饭店的服务员，后来经营家用电器，效益似乎不错。他很注意社会效益，什么捐资助学、修桥铺路、慰问残疾人和孤儿等活动，他都积极参加，因此他被选为县青年企业家协会副会长、县工商联执委、县人大代表，一顶顶桂冠使他在小县城小有名气。有一个重大的活动他在暗暗进行。他要成立一个大的电器公司，以他的如簧之舌蛊惑人心来投资，说什么万元为一股，利率15%，每年年底按股分红，而且股份有限。凭他的花言巧语以及在社会上的一定影响，居然吸引了上百人来投股。一些下岗职工将企业同他们买断了工龄的活命钱也拿来投资了，小K共得股金四百多万元。他拿了这些钱根本不是去筹建什么电器公司，而是去炒股了。

小K对股市行情捉摸不定，屡屡失败，非法集资来的四百多万元，还有连电器商店的一百多万本钱都输光了。

眼看到年底，股东要分红兑现了，他只好来个三十六计——走为上计。认识小K的人都说："这下子小K闯下大纰漏了。"

纰漏，错误、漏洞的意思。纰，读pī（阴平），江淮一带读成去声。纰漏，多指做错事、出岔子、违法乱纪等。

南朝宋临川王刘义庆《世说新语》中有"纰漏"篇，有个故事很有意思。一个叫王敦的人来到一豪门贵族家上厕所，看到油漆的箱子里装着不少干枣。这干枣本来是给如厕的人塞鼻用以免闻臭气的，他却大吃起来，并吃个尽净。出了厕所，奴婢们早已门外侍立，手捧盛水的金盘，还有玻璃碗里装着用来洗手、滋润皮肤的澡豆，王敦却将澡豆扔入水中而饮食之，群婢们无不掩口而笑之。这个故事是讲王敦做了件纰漏事。

小 K 年龄不大,在开电器商店前当饭店服务员时,经常是小错、大错不断犯,小岔、大岔不断出,走了好几家饭店,人都称他为"纰漏筒子"。江淮一带称经常出纰漏的人为纰漏筒子,纰漏就好像装在他的筒子里,不时地会倒出一个什么纰漏。遇到这种人要当心啊,他的乔装打扮、花言巧语很能迷惑人。

我们在生活中、工作中要尽量不出或少出纰漏。遇到纰漏筒子要以火眼金睛识破他的骗术,决不能上当,否则自己就要闯下纰漏了。

潽

潽,读 pū,液体沸腾溢出。《说文解字》作䀀:"釜溢也。"是形声字。一九九八年版的《新华字典》收入此字,解释为液体沸腾溢出,赋予"潽"以新义,这个创造很好。

熬粥、煮饭、烧汤、下面,都会遇到锅潽的事,汤液四溢,不免可惜。知青小王大概会有儿子、孙子了。现在的学校对学生从小就注重能力的培养,有的小朋友在幼儿园就学会做饭。小王的儿子、孙子假如到农村的亲友家走走,遇到锅潽时,他们决不会用双手使劲按着锅盖的。

在几千年之前,我们的祖先从吃生食而进步为吃熟食时,大约就会发现锅潽的事实,可能每天都会见到,但那个字很难写。当今的辞书学家从浩繁的卷帙中勾取出"潽",寄予新义,省却了文字工作者一些麻烦。

鸹

农民老钱家的菜园管理得有条有理,在远近是有点名气的。他家的菜园四季常青,品种也多,菠菜、茼蒿、韭菜、莴苣、四季豆等都有,不时还引进一些新品种。菜园用向日葵秸秆编成栅栏，围得好好的。

隔壁邻居老石喜欢养鸡，每年春季总要抓上七八十只小鸡回来。村里有个不成文的规矩，家禽应当圈养，只有夏收、秋收时才能放到田里一阵子，但也有人家平时就偷偷放养。今年秋天，稻子收割完毕，老石家把鸡全放出来了，有几只飞入老钱家的菜园，将青枝绿叶的菜地鹐得光秃秃的。老钱又气又恼，第二天凌晨，将大量农药撒在蔬菜上。下午老石家的十几只鸡又飞入老钱家的菜园，立马全都倒下了。两家进行了激烈的争吵，几乎动手，结果村民委员会出来调解，才算了结。村有村规，国有国法。

鹐，读qiān（阴平），《广韵·二十六咸》："鸟啄物。"《现代汉语词典》："尖嘴的鸟啄食。"江淮一带读kān（阴平），这是古音。唐代诗人元稹有"果重鸟先鹐"的诗句，那时"鹐"是读kān（阴平）的。这句诗有诗意，也有哲理。因为"果重"，引鸟注目，于是鸟就先鹐食它了。"出头椽子先烂"的喻意与其相近。

强如

母亲已经逝世多年了。她老人家在世时常对我说，待人好强如待自己好。母亲说话时的神情、语气至今仍深深铭记在我的脑海里。

强如，在江淮方言中是强似、强过的意思。一个人要善待自己，更要善待别人。尊重别人、理解别人、宽容别人都应该甚过对待自己。果真如此，家庭就会和睦，人与人之间的关系就会和谐，社会就会更加文明进步。一个人对待别人好，并不是只是考虑自己或者也考虑自己的个人得失。俗话说："施恩图报非君子，受恩不报是小人。"

帮助别人做了一件好事，似乎有一种道德完成感在激励自己。德国的大哲学家康德说得好："有两种东西使我永远激动，一种是广阔的天空，一种是我心中的崇高的道德律。""待人好强如待自己好"应当激起每一个人心中的崇高道德，并努力践行之。

小A在超市购物，小偷将他放在裤袋里的钱包偷走了，里面有好几百元，那是他近两个月的工资啊！小A懊恨不迭。回家以后妻子劝说安慰他："不要恨了，伤了身体更不划算了，打个倒算盘，强如害了一场病的。"当然，丢了几百元的损失要大大强过害一场病的。这种退而求其次的精神安慰法有时会使一个失衡的人的心理得到平衡，偶尔用之，尚有效。

强如，在古代的词曲中就早已见到，不过一般写作"赛强如"，犹云赛过如，即比那项强也；还有的写作"煞强如""索强如"等。

"待人好强如待自己好"，你好，我好，大家好。

磬

磬，读qìng（去声），本是古代的打击乐器，用玉或石雕成，悬在架上，其形状大概如曲尺，击之而鸣。因为磬的形状弯如曲尺，所以有"磬折"一词，即像磬一样地弯着腰向前，对人表示尊敬的意思。《礼记·曲礼下》："立则磬折垂佩。"《史记·滑稽列传》："西门豹簪笔磬折，向河立。"磬，由弯着腰向前的意思又转义为"向前倾"的意思。

小林的外貌生得有些跟人家不同，他的前额突出得比一般人厉害，人们都说他是磬头脑子。长辈们见到他总喜欢用手轻轻地抚摸，还说道："这孩子长得磬头脑子，真像画上寿星老爷的脑袋，长大了一定既聪明，又长寿。"

小林上幼儿园了。幼儿园里有一条小河，河边长着几棵绿树，小河上架着一座拱桥，小桥流水，景色宜人。一天小林和几个小朋友蹲在河边玩，他们入神地看着河里的倒影，有房屋、小桥、垂柳，这些倒影随着一阵阵轻风吹起的涟漪而微妙地变化着，或聚拢，或散开，或如镜，或波动，或清晰，或模糊。忽然，游来了几条小鱼，小林磬着身子用双手去捧河里的小鱼，一不小心栽到小河里去了。一起玩的几个小朋友一边向教室奔去，一边呼喊："小林掉下河了！小林落水了！"老师们很快赶到河边，好在河水不深，小林很快被救上来了。从此，幼儿园里加强了对小朋友们的安全教育，还采取了一些防范措施。小朋友们还知道，身体朝前倾，超过一定角度就倒下了。

磬，尽管还有其他的意思，如通"罄"等，而江淮方言中"磬头脑""磬着身子"是常用的。

江淮一带还常说一句成语"一从至磬"。小吉在某大学计算机系毕业以后，适逢某机关招考公务员，他幸运地考上了。一年后，在深圳一家电脑公司工作的同学邀他去加盟，工资是现在的好几倍，他心动了，但必须同父母商量。父亲说："考上公务员很不容易，几十个才录取一个，好多人羡慕着呢！到南方去工资虽然高许多，但有风险。我们家的人是求稳怕乱，你不要一从至磬，当三思而行。"不久，小吉还是一从至磬地去了深圳。

一个劲儿地向一个方向倾斜到极点，且不听劝说，这就是一从至磬。其结果可能好，可能坏，可能不好不坏，而一从至磬者已经全然不顾了。

趣

趣，在现代汉语中一般有三个意思：趣味、兴味，如相映成趣，活泼有趣；有趣味的，如趣谈、趣事；志趣，如兄弟异趣。在江淮一带"趣"的其他意思和用法也真的生趣。

这年冬天特别冷。初冬时节一些新闻媒体声称，据有关气象部门预测，今年仍是一个暖冬，地球在近一万年内气温将升高1到2摄氏度。殊不知刚刚入冬数九，气温骤降，最低达零下8摄氏度，滴水成冰，这在长江下游一带是不多见的。

菜场里的蔬菜供应有些紧张了。这里人冬天尤其喜欢吃一种当地长的小青菜，碧绿碧绿的、油嫩油嫩的，一碗小青菜上桌，即使瑞雪纷飞、寒风料峭，也会给人以鲜活的蓬勃的朝气；还有"九天的青菜赛羊肉啊""三天不吃青，嘴上冒火星啊"等等说法，餐桌上一天也离不开青菜。

菜农秦大爷对于某些新闻媒体的误导早有提防，在寒流到来之前他全家出动，准备好不少的塑料大棚。严酷的寒流对他家的蔬菜没有什么影响。别人家菜园里的青菜冻坏了，他家的青梗绿叶，煞是引人。他刚到菜场，人们都哄来了。寒流到之前每斤青菜5毛钱，如今涨到1块了。无意间他听说中市口已经卖到1块5了。秦大爷的一担青菜刚卖到一半，要收摊，连声说："不卖了，不卖了。"一位老太往自己篮子里才捡了两棵，不准拾了，她说："啊哟喂，老秦今天趣起来了，1块5就1块5吧！"老秦不收摊了，青菜很快以每斤1块5卖光。

原本想去做某件事，可是因为某些条件达不到或碍于某些方面，便故意装着不愿意去做，拿起乔来，这就是趣，或者叫作做趣、趣格格的、趣刮刮的等等。

小文今年十岁，体重已达五十公斤，是学校在数的胖墩儿。小文喜欢吃猪肉，见到肥肉更来劲，如果妈妈不提醒他，一顿一斤不费事。但小文这孩子生来斯文，好面子。国庆节这天，姑妈请小文及他的爸爸妈妈吃饭。姑妈知道小文爱吃什么，前一天就准备好了一锅冰糖烧扒蹄。吃饭了，姑妈搛了一大块带皮的肥肉给小文，小文细嚼慢咽，如果是在家里他早已狼吞虎咽了。过了一会儿，姑妈又夹了一块，小文却迟迟不动筷。姑妈知晓小文的脾性，笑嘻嘻地说："今儿个小文趣起来了。"妈妈也笑嘻嘻地说："在姑妈家就别做趣啦，吃吧。"小文这才又吃了两块。

有的人做趣令人忍俊不禁，有的人做趣使人厌恶，有的人做趣叫人平生情趣。

饶

赵奶奶会买菜、会还价在某社区里是有名的。每天她都去菜场买菜，譬如买韭菜，她先到凡有韭菜卖的摊子上转一转，看看优劣，问问价格，然后选定一家，讨价还价。她很会砍价。倘若每斤两元，她会对折一砍，有的品种甚至还会对折拦腰砍，有的菜民被她"砍"得血淋淋的。菜民嫌她价格太低了，不卖，她便佯装离开，嘴上还说道："不卖拉倒！"江淮一带称作做趣。这一做趣，有时还真的有效。她买的韭菜以及其他所有的菜可以肯定地说是全市最低价。接着是看秤菜。她目不转睛地盯着秤杆，看秤杆的吊线是在秤花子里，还是秤花子外。卖菜的看她这般顶针，当然更加小心，不敢玩鬼，而且买一斤，总要加上两把两。即便这样，她还会喊："给个抬头秤！"所谓抬头秤就是要让秤杆子翘起来。秤杆子翘得老高了，似乎可以作罢了，她不然，在菜筐子里饶上一大把放在自家的菜篮子里。卖菜的对她没办法，她却说："添添饶饶才好过日子。"付过了钱，趁菜农不在意，她又饶上一大把，还振振有词地说："反正是自个儿田里长的！"菜农望着她的背影，无可奈何："添三饶四，饶的比买的多，真是'细三锹'！"

饶，读ráo（阳平），增添也。不足而求增益也。这个意思古已有之。柳永词《黄莺儿》："当上苑柳秾时，别馆花深处。此际海燕偏饶，都把韶光与。"这是说海燕偏添得韶光也。陆游诗《雨》："纸帐光迟饶晓梦，铜炉香润覆春衣。"是说添得晓梦也。

饶，本来是指不足而增添，赵奶奶买菜秤足了还要饶，卖菜的见到她来就有点嫌恶。一次赵奶奶买菜又饶来饶去，不知怎么钱包丢了，真是因小失大了。卖菜的都偷着乐。

辱谲

一个人应当有自信心。自信心是一个人立身、处事的心理基础，是情感的最基本品质。自信心过了头也不是好事。如果一个人不是十分自信，而是十二分、十五分、二十分自信，那就没有自知之明了，以至于错把别人的辱谲当作恭维，甚至陶醉于才取得的点滴成绩，醺醺然、昏昏然、得意忘形，越发自吹自擂。

辱谲，读rǔ（上声）jué（阳平）。辱，本义是使人羞耻，而被辱谲的对方并不以耻，反以为荣。谲，原义是欺诈、玩弄手段，用不合实际的言行奉承、吹捧人。

小 E 自幼喜爱书法，尤其喜习苏体，在小镇上小有名气，但他总是过高地估计自己。他的这一特性往往成为人们茶余饭后的笑料。一天小 E 给镇上的一家公司写了招牌，公司经理请他用晚餐。酒过三巡，小 E 自己评价那招牌写得如何如何好，从字的间架结构讲到运气、神韵，说得天花乱坠。席上有个促狭鬼开始辱谲他了："小 E 是我们镇上的'书圣'一点也不过分，就是在全市也是名列前茅。"小 E 接着说："市里的著名书法家老 F，他的字算什么！只不过有人吹喇叭、抬轿子罢了，他的字我是一点也看不上眼。"那促狭鬼又说："小 E 的字在全省也是在数的，全省的老书法家不是霸气十足，就是阴柔得过分，我们的小 E 是刚柔相济，一手苏体气度恢弘，潇洒自如，在全国书法界也不多见。"公司经理听他们的辱谲与接受辱谲似乎有些离谱了，于是用"喝酒，喝酒"扯开话题。

狡猾的人会用隐晦的、含蓄的、绕弯的言语辱谲人，倘对方十分有自知之明，清醒、警觉，便微笑着说："你这是软辱谲，辱谲人还要拣好日子呢。"

尽管世上有人喜欢接受辱谲，但辱谲人的人将自己的快乐建立在盲目自信、自乐者的身上，其德行也不佳。

鞎

学期中途，县教育局的领导带领一帮人来到某镇中心初中检查德育工作情况。在校长与教师的座谈会上，他们实事求是地汇报了学校既教书又育人以及开展素质教育的成绩与不足。该校将教育放在一切工作之首位，而且采取多种措施开展丰富多彩的活动，对学生进行有形的教育与无形的熏陶，博得了检查者的一致好评。检查组同时恳切地指出了一些问题和缺点，例如，有几个男生上课时着汗衫背心、穿塑料鞎鞋，不严肃，不文明，北宋的王安石是一位政治家、文学家、思想家。列宁称他为中国十一世纪的伟大改革家。他积极推行青苗、均输、市易、免役、农田水利等新法，以期富国强兵。由于保守派坚决反对，新法推行屡遭阻碍。他两次为相，执意推行新政。《宋史·王安石传》："安石性强忮，遇事无可否，自信所见，执章不回。"认为"天变不足畏，祖宗不足法，人言不足恤"。在朝廷辩论时，那些保守派说不过他，以致背后为他起了个雅号"拗相公"。

拗，读niù（去声），指固执、不驯顺。江淮一带将原本酥脆的食物而变得不酥脆了，叫作"拗"。出锅不久的油条又酥又脆又香，倘隔几个小时来吃，咬了半天才能咬一段，年纪大的说："太拗了。"

在现实生活中，办事需要爽，但是，有时也少不了拗。

嗯诺

嗯诺，江淮一带的人在答应、允许的时候大都会用到这个词。

嗯诺，读ňg（上声）nuò（去声）。"诺"的用法在先秦的文章中常常见到。《论语·阳货》："孔子曰：'诺，吾将仕矣。'"在《史记》中更是多见，《史记·滑稽列传》："西门豹曰：'诺，且留待之须臾。'"有时"诺诺"连用，表示连声答应以示顺从。《韩非子·八奸》："人主未命而唯唯，未使而诺诺。"君主的命令还没有说出来，为臣的就已经连声答应"是是""嗯诺嗯诺"，"唯唯诺诺"因此而约定俗成了。

林散之先生是当代的一位大书法家，被人们誉为"草书之圣"。他的作品一经展出，便只听到一片赞扬声，而他认为，长此以往，自己的书法水平怎么能够提高呢？他颇有见地地说："不喜千人之诺诺，唯喜一人之谔谔（直言争辩的样子）。"说出这句话并努力践行是需要气度、胆识和较高的思想境界的。而在有的地方和单位有人唯喜千人之诺诺，不喜一人之谔谔，民主空气凝固，群众声音喑哑。从艺术方面来看，必然导致退步；从政治方面来看，必然会导致腐败。

当然，在工作中、生活中、社交场合中也会遇到一种人，你只要同他谈一件什么事，他都会说"嗯诺"。起初，你会觉得这种人乐于助人，爽！时间一长，发现他答应的事，他一件也没有办，一件也办不了，一件也办不好，他最终失去了诚信。

诚来于真，信源于实。诚信是人的立身之本啊！

江淮人，千万不要轻易说"嗯诺"。从古到今，一诺千金。

跋

小孙初中毕业后就去南方打工，十多年来省吃俭用积攒了十多万元，在家乡与人合伙办起了一个小化工厂。

小孙在初中读书时，喜欢化学，是化学课代表，后来在南方一家大型化工企业做工二十多年，积累了一些化工知识、技能。起初，他的小化工厂的产品销路不错，不久国际市场发生了重大变化，价格渐落。不少客户往往是要先交货，后付款，而且货款一拖再拖，资金难以回笼。小孙总希望有一天国际行情变得好起来，不管怎样，还是咬着牙贷款，继续生产。殊不知国际市场产品的价格仍然下跌，小孙的小化工厂到了生产得多就亏损得多的境地。他还想继续坚持生产，涉世深的好朋友劝他："你这样下去就是矮子跋水，越跋越深。"

跋，《广韵》："白衔切。"《集韵》："皮咸切，步渡水也。"《广韵》《集韵》都是宋代奉诏修定的韵书，但《广韵》在先，《集韵》在后，《集韵》注意参考当时的读音，更订《广韵》的反切。江淮方言中至今流行的读音是《集韵》的注音，用汉语拼音注出即为 pán（阳平）。

某市大兴土木，连护城河都填成平地，盖建高楼，城市的防洪系统遭严重破坏。如果降中到大雨，马路上便水流成河，人们就要跋水而行了。还有的住宅区情况也是如此。那里原来是池塘、沼泽地或河流，每遇大雨，成了汪洋一片，居民出入都要跋水，怨声载道。怨谁呢！人类抢占了水的

瘆

前年去青岛，途经灌云，友人热情接待。当地靠海，除了海产品外，又以特产像蚕子一样大的青虫招待。十几条青虫配以豆腐烧成乳白色的汤，诱人得很。据说，只有这一带有这样的青虫，其味鲜美，营养丰富。主人一边颇为自豪地介绍着，一边用筷子往客人的碗里夹，同行的一位女士连忙摆手："瘆死了，不吃，不吃，谢谢。"

有人行车时，不遵守交通规章，结果出了事故，浑身上下血肉模糊，缺胳膊少腿，其状惨不忍睹。亲朋好友去看望他，私下说："太瘆人了。"

一个二十多岁的男子，西装革履，油头可鉴，而走起路来扭扭捏捏，说起话来嗲声嗲气，旁边的人指指戳戳："真瘆，像个'二姨娘'。"

在街上或许会看到一个六七十岁的女子，穿得花枝招展，脸上抹上一层厚厚的粉，脸颊涂上胭脂，又搽上口红，行走顾盼，袅袅娜娜，似乎在寻找逝去的青春，又似乎展现自己的如花容貌，引得人暗自发笑："多瘆啊！"

现在的人很少到剧场看戏了，常常在家里看看电视剧。有人演的角色与他的身份很不相称，台词、演技都过分夸张，不能正确地把握剧中人物的性格，观众评价说："太瘆了。"

同事中有的在工作上取得了一些成绩，他不仅沾沾自喜，而且千方百计寻找机会表现自己，其语言、动作、表情无不在炫耀自己，夸奖自己，以致别人说："真瘆人辣刮的！"

瘆，读shèn（去声）。《现代汉语词典》："使人害怕；可怕。"在江淮一带方言中，不同于一般、平常的样子也叫"瘆"，还有"瘆刮刮""瘆人辣刮"等词语，词义范围扩大了。

但愿生活中少一些"瘆"，因为"瘆"不美。

啐

啐，读shuà（去声），《说文解字》："小饮也。"江淮一带读入声，平舌音。《辞海》《现代汉语词典》均未收此字，而此字却常常在江淮一带方言中用到。

小王在二十岁时就学会抽烟，烟龄已有十五年，他决心戒烟。戒烟的日子真难受，别人在他旁边抽烟，对他的诱惑很大，他于是拿出了戒烟糖或者薄荷糖放在嘴里啐啐，口水不停地下咽，倒也抵挡得住烟瘾的发作。日子久了，他真的不抽烟了，家里人都很高兴。小王说："天下无难事，就怕心一横。"

小孩一生下来就会吸着母亲的奶头吃奶，如果母亲不及时地喂奶，他便自然地将自己的小手指放到嘴里不停地啐，涎水不断，有滋有味。二十世纪初，精神分析学创始人奥地利的弗洛依德认为，这是人的本能。

江淮一带有一句很生动的话来刻画一个人过分的吝啬，那就是"抠屁眼啐指头"。这话虽然不免有些粗鄙，但惟妙惟肖，意蕴颇丰。想到这句话会令人暗暗发笑。

憥

憥，读sào（去声），《集韵》："先到切，音燥。"《玉篇》："快性也。"此字在江淮一带的口语中，使用频率相当高，当今的字典、辞书一般却没有收入。如某人是憥性子，说话憥得很，走路也憥得很，等等。

老万是慢性子，走路慢得很。老邵是憥性子，两人上街，老邵总是走在前面，将老万撂下一大段路，然后站着等他。一天，突然下雨了，老万走起路来仍然慢慢腾腾，老邵在前面喊："憥点跑，雨要下大了！"老万仍然不慌不忙，迈着四方步，且调侃说："再憥点跑，前面不是还下雨嘛！"

其实，性格的憥与慢都各有千秋，有时候需要憥，有时候需要慢。当恢则恢，当慢则慢，那就好了。关键在一个"当"字。

𡳃

𡳃，读 sóng（阳平），原指精液，后来讥讽人软弱无能、无用或由硬变软，由强变弱，由灿烂风光变黯然沮丧。用"𡳃"都为贬意。江淮一带有人会骂人："这泡𡳃真坏。"这里的"𡳃"指一个人狡诈而使人上当受骗的意思。"𡳃"本为名词，有时成了动词，如：这家伙在确凿的证据面前𡳃下来了。

"𡳃"，在文人雅士、白领阶层中似乎很少听到、用到。有时对非常熟悉的人，在出人意料的情况下，会骂上一声："这泡𡳃！"以示惊奇、亲切。

𡳃，《康熙字典》《辞海》《辞源》《新华字典》等均未收入，《现代汉语词典》将其收入，应该的。

汤

《水浒传》第八回中有一节文字："董超、薛霸又添酒来，把林冲灌的醉了，和枷倒在一边。薛霸去烧一锅百沸汤，提将来，倾在脚盆内，叫道：'林教头，你也洗了脚好睡。'林冲挣的起来……不知是计，只顾伸下脚来，被薛霸一按，按在滚汤里……泡得脚面红肿了。"林冲受陷害被发配沧州，二公差受高太尉、陆虞侯之贿托，途中要害死林冲，于是出现上面的情景。一位初中学生读后，问道："怎么能用'汤'洗脚？'汤'是什么？"

汤，本意是热水。《论语·季氏》："见不善如探汤。"成语"赴汤蹈火""固若金汤"的"汤"也是热水的意思。江淮一带农村烧大灶的人家至今还用着汤罐，那是盛热水的容器，算是保留着"汤"的本意了。至于米汤、鱼汤、肉汤、青菜汤的"汤",是其本意的延伸,专指食物加水煮熟后的液汁。

汤,还有擦、碰的意思,元曲中常用。如《西厢记》:"若能勾他汤,到与人消灾障。"江淮一带农村以前常流传着一种迷信习俗。某家的小孩子不慎着凉发烧了,在缺医少药的情况下,他的母亲或祖母便用筷子站水碗的办法卜测消灾:一只手扶起立着的三只筷子,另一只手不停地用碗里的水从筷子上往下浇,嘴里还小声地念着去世的上人的名字;倘若碰巧念到某上人的名字时,筷子能不用手扶而直立,那就是汤着某某鬼了,赶快备酒菜祭祀,烧些纸钱,或许过两三天小孩退烧了。有的病即使不治也会好,但这并不是祭祀的结果。而有的病倘不及时治疗会误大事的。又如,最近两三天小王出门办事老不顺利,便疑神疑鬼地说:"这两天出门汤着鬼了。"这算是为自己办事不顺利寻找着不是理由的理由而自我解嘲。

"以杯水救车薪之火,不够一汤。"这"汤"也是"碰"的意思。小涂好赌,赌瘾越来越大,夜以继日地赌,因为赌徒总想赢钱。赌的场面也越来越大,有时达数万元。小涂的赌运总是不佳,家里值钱的东西都赌输了,后来连下岗买断的一万元也拿去上了赌场,这哪里够他一汤!最后弄得妻离子散,家破财空。在公安机关的耐心教育下,小涂终于觉悟,决心重新做人。

"见不善如探汤。"这千古名句警示后人。

塘

塘,一般人都认得,读táng(阳平)。常常用到这个字的是指池塘、荷花塘,其实还有洗澡塘,这里的"塘"是专指浴池的,有些人却写成"堂"了。"塘"还有一个意思。

著名作家汪曾祺先生家住高邮城东大街,要跑一段路到第五小学读书。那时的五小在复兴西路,离京杭大运河的河堤很近,他常同一些小朋友到河堤上游玩，看运河中来来往往的船只，河堤上的烟柳、西湖中的晚霞、这些都给他留下深刻的印象。江淮一带自然包括高邮、宝应、淮安等地，称河堤为河 tǎng（上声）。这个 tǎng，汉字怎么写，汪曾祺颇动了一番脑筋，最后似无定论。

塘，还有一个意思，指堤岸、堤防。《康熙字典》："筑土遏水曰塘。"《高邮州志》引明代李春芳《东堤成碑记》云："东堤者，高邮之东河塘也。"在民间往往将有的字音读飘了，"塘"就是一例。本应读阳平，而称河堤为河塘时，却读成了上声。至今高邮、宝应、淮安一带称运河堤为上河塘。为什么称上河塘？江淮一带沿运河的城镇认为运河堤地势高，故称上河；泰州一带地势低洼，故称下河。

随着淮扬公路的改道，高邮、宝应的运河堤都不行长途汽车了。有关部门大搞绿化，精心设计了若干个别致的休憩点。清晨，这里成了男女老少的健身场所；夜晚，情侣对对在月光下或倾听运河的涛声，或遥想高邮湖那边神居山的故事，或仰视星空中的牛郎、织女，那情侣的情怀似乎也高雅、圣洁了许多。

啊！美丽、浪漫、神幻的上河塘！

台孩

旧社会一些纨绔子弟，整天吃喝玩乐，有的还抽上鸦片，结果弄得"大烟上了瘾，头发扭成饼，鞋子无后跟，虱子玩龙灯"，俨然一副败家子像。邻里街坊的长辈们，见到这些败家子都深有感慨地说："一代穷，二代富，三代挺胸大揭肚，四代拆屋卖庭柱。"这些话应验了。养个伢子不台孩，要这样的后代有什么用！

台孩，江淮一带"孩"读成阴平。台孩也写作胎孩、抬颏，气概轩昂之意。这一词在元、明、清的戏剧中有时会出现，董解元《西厢记诸宫调》："畅好台孩，举止无俗态。"《五侯宴》剧五："一个个志气胸怀，马上台孩，雄赳赳名扬四海。"这些都是正面意义上的使用,而如今在群众的语言中较多的是否定意义的使用,且不止于描述人的神态举止。

不台孩,即不气概轩昂,萎靡萎相,常常指一个人没有什么出息或动、植物生长状态差,某种东西质量孬等。有的家长听说自己的孩子学习成绩较差,就断言说:"从小定八十,这个伢子从小就不台孩,长大难好了。"望子成才、望子成龙之心人皆有之,而如此教育只能有害,决无裨益。

有几个农民朋友常来谈谈农村情况,谈到今年夏季收成时,他们说:"麦子抽穗时,雨水多了,收成不台孩;以秋补夏,稻子倒长得台孩了呢!"还有的说:"今年的一圈猪不怎么台孩。"

希望学生人人成才,个个台孩;但愿庄稼、牲畜都台孩。

忒

忒,读 tè(去声)时,一般字典辞书都解释成"差错",如"差忒""差误"等。此义在两千多年前的《易经》中就有了。《易·豫》:"故日月不过,而四时不忒。""忒"还有一个意思,就是"太""过甚"。《新方言·释词》:"今人谓过曰忒,如过长曰忒长,过短曰忒短。"《新方言》是近人章炳麟新撰,其中搜集了方俗异语八百多条。忒,在今人的书面、口语中仍常用到,除了忒长、忒短外,还有忒好、忒坏、忒宽、忒狭、忒黑、忒白、忒辣、忒脏等等,而有些人都错写成"特"字了。

在江淮方言中,"忒"可以加上"子"单用,即组成"忒子",而不是作为附加成分起修饰、限制作用。"忒子"在人们的口语中使用范围较广。

小明对学习不太感兴趣,而只要同小朋友游玩起来就浑身来劲,真是忒子。小勤与小明不同,特别喜爱学习,不欢喜玩耍,各科学习成绩在全班总是第一。提起他的学习,同学会竖起大拇指:"真是忒子!"

夏日炎炎,街旁卖西瓜的大声叫卖:"红瓤无籽的大西瓜,包熟包甜,忒子货!"

忒子、忒子货，似乎为江淮一带方言独有。可以用为褒义，可以用作贬义，在褒和贬的程度非同寻常、很特别时，方能用到它们，滥用、乱用就不"忒"了。

贴

汪曾祺在西南联大读书时，沈从文先生教他的写作课。沈先生有一句话汪曾祺永远记得，那就是"要贴近生活写"。沈先生贴近生活写，所以写出了像《边城》这样的不朽之作；汪曾祺也贴近生活写，因此写出了《大淖记事》《受戒》等传世之作。贴，在汉语中有多种意思，"贴近"的"贴"是紧挨的意思，这有如"贴身"。一些国家领导人都喜欢用贴身警卫，利比亚的前元首卡扎菲更是特别，他的贴身警卫都是从警官学校挑选出的优秀女毕业生。

江淮方言中，"贴"的用法也有特别处。高邮是江苏省历史文化名城，随着旅游业的发展，不少人到高邮来旅游。高邮有新石器时代的龙虬庄遗址，四贤聚会的文游台，明代的奎楼，训诂大师王念孙、王引之故居，自然生态的东湖度假村等风景名胜。盂城驿是全国重点文物保护单位，外地人总要去看看，但不知如何走，于是就问路边的老大爷。老大爷一边比画，一边道："盂城驿在贴贴南头。""贴贴南头"是什么意思？外地人纳闷了。幸好来了一位女青年，她用普通话说："贴贴南头就是最最南头，由中山路直向南走，就到了。"这里的"贴"由"紧挨"转变为"最"的意思，还可以说"贴贴北头""贴贴西头"。这个"贴"被当作"最"的意思来用，似乎只有在指示方向的时候才能用到，很少用到其他地方。我们不能将"最好"说成"贴好"，"最多"说成"贴多"。

群众的语言是最贴近生活的。

推扳

春节将至，B乡乡长带领一帮人跑遍全乡的五保户、困难户，逐一走访，嘘寒问暖。W村的小红家，母女二人相依为命。这天，妈妈到乡医院看病去了，九岁的小红在家看门。乡长带了一帮人来到她家慰问，小红不认识乡长，不知道乡长他们找妈妈有什么事。小红也不懂客套，既不要他们坐，也没有端茶倒水。乡长他们说："改日再来。"

小红的妈妈回来了，邻居说："乡长来过了，你不在家，改日还要来。"过了两天，乡长及几位干部真的又来了。小红妈妈的脸上堆满了笑，又是搬凳，又是倒茶，很愧疚地对乡长说："前天我不在家，小红这伢子不懂事，推扳人哪，请你们不要介意。"

推扳，江淮一带是得罪、对不起的意思。乡长到小红家，小红年幼，不懂礼仪，对乡长一行的接待根本说不上热情，如同"推"了一下乡长他们。乡长他们又来了，小红妈妈热情相待，不停地打招呼，将小红的不热情似乎又"扳"了回来。

在现代社会中，人与人的交往越来越频繁、密切。联合国教科文组织在制订培养二十一世纪新人的标准中，将"善于交际"列入其中。在人们的交往中人格是平等的，尊重人应放在首位。你要想别人尊重你，那你首先就得尊重别人，不能推扳人。即使别人推扳了你，你也不能推扳别人，这是道德，这是修养，这是境界。

推扳，还有不好、孬、次、差的意思。王大爷、李大爷在村外各种了四亩地的西瓜，王大爷的那块地，地势高，不蓄水；李大爷的那块地，地势低，易积水。二〇〇三年春夏，连续阴雨，内河水位之高超过往年，广大农民连续奋战，苦干巧干，战胜洪涝。王大爷的那块地没有受什么影响，李大爷的那块地是从水中硬救出来的。到了西瓜收获季节，瓜贩子上门收瓜，将两家的西瓜都尝了一下，对他们说："李大爷的瓜的口味比王大爷的要推扳些，所以价格上应当有些区别。"

中国人很重礼仪，无论大事还是小事，都不能推扳人。

在市场竞争激烈的当今，不论是工业产品还是农业产品，始终要把质量放在第一位，不能推扳，因为质量是企业的生命。

齆

齆，读 wèng（去声），本指鼻病，因鼻孔堵塞而发音不清，如：这个人说话齆声齆气的，是个齆鼻子。齆，江淮一带还有另外的语意。

老 G 当局长了，这一消息不胫而走，在他的亲朋好友、同学中很快传开。老 G 大学毕业以后工作二十多年了，他勤奋好学、踏实本分、循规蹈矩，好不容易当上了局长，他很珍惜这个位置。

某日，中学时代坐一条板凳多年的同学老 E 来拜访老 G 了。老同学见面后的寒暄自不用说，老 G 开口了："老 E，无事不登三宝殿，有什么事情快说，马上我还要到市里参加个重要的会议！"老 E 说："今儿个来拜访，是请老同学帮个忙。我的儿子，也就是你的侄子啦，前年大专毕业以后分到边远的小镇上工作，快两年了，对象也难找啊，能不能将他调到市区来？"隔了片刻，老 G 说："才在农村工作一年多就想上城啦，这样对孩子没有什么好处，再让他在农村锻炼锻炼。"老 E 恳求似的说："孩子回来讲，他有两个同学才在乡下工作一年就上城啦，听说一个找的是某书记，一个托的是某市长。"老 G 有些激动了："我不是书记，也不是市长，我有什么办法！说着说着就站起来要去开会了。"

老 E 将造访老 G 的经过告诉了几个老同学。有的说："老 G 太不重同学之情了。"有的说："凭他的权力调一个人上城是举手之劳。"有的说："老 G 变了，真是一阔眼睛就长在头顶上了。"几个同学一致议论，老 G 太齆了。这里的"齆"含义颇多，有不通人情事故、过分讲原则、呆板而不灵活的意思。平时还常听说："这人齆得很！""这家伙齆死了！"

齆人有齆人的难处、苦处。《红楼梦》中有副对联：世事洞明皆学问，人情练达即文章。要做到"世事洞明""人情练达"真不容易啊！当然，重亲情、友情、同学情，实乃人之常情，在不违背重大原则的情况下，能办的事而不去办，弃亲情、友情、同学情于不顾，那就真有点黳了。

浼污

俗语说，病从口入。人们所得的病好多都是从口传入的，例如消化道疾病、乙型肝炎、寄生虫病等；即便是呼吸道疾病也与口的关系甚密。要不生病或者少生病，就得把好"口"这一关。有些人却不无开玩笑地说："干净干净，吃下去生病；浼污浼污，吃下去带补。"这虽然是某些不讲卫生者戏谑的借口和托词，但确实也映射出一部分人不正确的卫生理念。他们看到，有些人很讲卫生，饭前洗手，碗筷要用开水烫，就连生鸡蛋也要用开水洗一洗才能煮食，但这些人还是经常闹病。其实，这并不是因为讲究卫生而生病的，这还与一个人的身体素质差、抵抗力弱等其他方面有关系。这些人倘不注意卫生，得病的机会就会更多。有些人虽没有良好的卫生习惯，但很少生病，殊不知他们很少生病并不是不讲卫生的结果，这简单的道理，连他们自己也会知晓的。

浼，读wò（去声），弄脏的意思，如油、泥等沾在衣服、器物、食物上；污，泛指脏东西。浼和污连在一起泛指不干净、不清爽的东西。

现在人们的生活水平日益提高，不少人讲究吃，做的菜肴注意色、香、味、形、器，每一道菜都要能引起强烈的食欲。有的人喜欢吃浼污食，将饭、菜、汤汁盛在一起，大和大搅，津津有味，还颇有道理地说："这样吃有营养。"

有的人不讲卫生，不修边幅，同事者便说："这个人浼污呢！"浼污的人写出来的字、作出来的画、造出来的东西大多也浼污，做事情也不干净利索，当然也有例外的。

浼和污中间还可以嵌字，组成浼七大污，那就使人觉得更浼污了，浼污得令人嫌恶。

新卫生谚语云："干净干净，吃下去没病；涴污涴污，吃下去受苦。"

妄

春夏之交，包大妈养的一群母鸡中有一只抱窝了。那只鸡整天喔喔喔地叫，蹲在鸡窝里，不管怎样赶它也不肯离窝。有个年纪大的说，将鸡的一只腿用绳子扣着吊起来，可能会"醒"得早一些；还有的说，尾巴上用一块红布扎着，会将抱鸡吓"醒"。包大妈将这两种办法都用了，试了几天，那只鸡仍然整天不离窝。

不久，包大妈的那一群母鸡中又有一只抱窝了，她干脆选了几只个儿大的鸡蛋让那只鸡抱。抱鸡孵小鸡一般需要20天时间，在这期间基本上不离窝，用身子和翅膀将鸡蛋覆盖得严严实实，而且很少离窝出来吃食、饮水，所以一窝鸡抱出来，母鸡已经骨瘦如柴。母鸡孵小鸡尚且如此，何况人怀胎育儿乎！

包大爷对于孵小鸡很有经验。鸡孵了3天，他便把孵的蛋对着一个里面通亮的暗箱一只只地照，看有什么变化。倘若有一只蛋一点变化也没有，他就剔掉了，老百姓一般称这种蛋为头照蛋。再过3天，包大爷又将孵的蛋一只只地照，假如又有一只蛋还是没有什么变化，他又剔开了，这样的蛋叫二照蛋。对于头照蛋、二照蛋这些不能孵出小鸡的蛋，江淮一带则称作妄蛋。

妄，读wàng（去声），是乱、荒诞不合理的意思，如妄想、妄图、妄动等。孵不出小鸡的蛋称作妄蛋，因为这也是荒诞不合情理的事情。鸡能下蛋，蛋能孵鸡，这是天经地义啊！包大妈养了一群母鸡，没有一只公鸡，隔了几家的王大妈家养了一只公鸡，俗话说，一只公鸡管三个庄，但是难免不会出现疏漏。妄蛋是没有受精的卵，当然不会孵出小鸡了。

两位村姑在吵架，捶胸跺脚，赌咒发誓。近晚，S村沐浴在金黄色的落日余晖中，鸟雀归巢，炊烟袅袅，B姑家的一群鸡喊喊喳喳地上窝了，一点一数，少了两只，她怀疑被隔壁C姑家的大鸡群裹挟去了。B姑径直到C姑家的鸡窝中去寻觅，她家的鸡她认识。C姑来气了："你家的鸡怎么会跑到我家来呢？"B姑说："以前就有过这样的事，我家少了两只鸭，被你吃走，不是从你家鸭栏里找到的吗？"相骂无好言，骂语逐步升级，以至互相进行人身攻击。C姑对B姑说："要是我吃你家的鸡，一头就栽死在你门前！你要是说妄话，不得好死。"两位村姑吵骂的火药味越来越浓，幸好村民委员会的负责人及时赶到，一场村姑大战才得以遏止。

江淮一带常将一些胡乱地说、荒诞不经的假话叫作"妄话"。"妄话"一词本为佛教俗语，又称"妄语"。《大智度论》卷十三曾广说其义："妄语者，不净心欲诳他，覆隐实，出异语，生口业，是名妄语……妄语之人先自诳身，然后诳人。"佛教以"杀、盗、淫、妄"为"四根本性罪"。佛教的"诸恶莫作，众善奉行"的道德观有助于公民道德建设。

妄蛋可以吃，妄话不能说。

崴

近听到一则趣闻。W市公共汽车全部实行无人售票，一律用IC卡。一老太上车时，见前面的一位穿着牛仔裤的小姐用臀部对着验证机左右崴了几下，就选定座位坐下了。那老太也仿效之，赶忙坐在那小姐的旁边。车开了，管理人员要老太出示证件或补票，她说："前面的小姐屁股崴了几下就不要票了，我不是也崴了几下了吗？"管理人员指着旁边的小姐说："她裤兜里放着IC卡，崴了几下就算检验过了，您裤兜里有卡吗？"那老太愕然，转而泰然："现在新玩意儿真多。"

崴，读wǎi（上声），扭的意思。最早"崴"是没有扭的意思的。里下河及江南一带盛产慈姑。慈姑的球茎深深埋在很黏的污泥里，冬日取食。以前的农民要赤着脚，甚至踩着薄冰在水田里左脚右脚轮流不停地动作，称作崴慈姑。慈姑又叫地栗。卖慈姑者常自夸他的慈姑好，跟栗子一样粉。慈姑可以做好多菜，通常吃的是慈姑炒咸菜。随着人们生活水平的不断提高，这道土菜也变得时髦起来，还有慈姑烧肉等。近来，发明了一道新菜，将个儿大的慈姑掏空，放上火腿清蒸，称作"玛瑙地栗"。火腿红红的似玛瑙，慈姑白白的如洁玉，真舍不得动筷呢！著名作家汪曾祺先生在他的老师沈从文先生家吃饭，师母张兆和烧慈姑给他吃，沈先生盛赞慈姑的格高，出污泥而不染。汪先生也撰文说喜吃咸菜慈姑汤，以慰思乡之情。十几年前汪先生写信给我，北京也有慈姑卖了，但没有高邮的好。一次我去北京，特地选购了个儿大的慈姑送他，他很高兴，说："还是家乡的慈姑好。"

人们在喜庆的日子会情不自禁地崴起大秧歌来，崴的姿势虽然各异，欢乐的气氛却是一样的。外国的迪斯科也不就是一种秧歌嘛！

如今，遇到喜庆的日子，男女老少、大人小孩都尽情地崴啊，管他是大秧歌，还是迪斯科，但是也要当心，可不能崴伤了脚，扭坏了腰。

稀

稀，在字典、辞书里一般有三种解释：一是疏、不密，如稀疏；二是薄，如稀薄；三是少、难得，如稀少。在江淮方言中，"稀"有一种特殊的用法，很有意思。

小明今年十岁，他的爸爸妈妈都上班，平常都是下班以后再做饭、做菜。暑假的一天，小明为了给爸爸妈妈一个惊喜，他用电饭煲煮好了饭，又学着大人样做好了青菜豆腐汤，而且撒了一把盐。爸爸妈妈下班了，看到饭菜已经上桌，十分高兴，都夸赞小明懂事了，成人了。妈妈喝了一口青菜汤，先苦着脸很快又笑嘻嘻地说道："今儿个买盐不要钱了！稀咸稀咸的。"小明忙答道："我撒了一把盐。"三人都哈哈大笑。

这里的稀，仍是少、难得的意思，稀咸就是少有的、难得的咸，而一般人往往解释成很咸。活跃在人们生活中的还有稀酸、稀苦、稀辣、稀烂、稀糊、稀淡、稀疼、稀脏、稀热、稀冷、稀滑、稀粘、稀臭等等，以上的"稀"都可以用"很"来解释，而且原义并不是"很"。还有一点值得人们注意的是，以上的"稀"同另一字组成的词都是贬义的，褒义不能用"稀"，五味的酸、甜、苦、辣、咸，除了甜以外，其他都可在前面加"稀"。人们一般都喜欢甜，当然糖尿病患者等除外，如甜蜜蜜、甜滋滋等。再如"稀臭"，"稀"和"臭"搭配，却不能与"香"联姻，谁会说"稀香"呢！"稀"同某一字组成一个词还可以"ABAB"式重叠，像"稀咸稀咸"即是，重叠后会加重咸的程度和厌恶的感情色彩。

"稀"的这些语言现象，真是稀奇得很。

细三锹

H是邻里皆知的"细三锹"。

他终于要买一件夹克衫了。他先来到一个商场，从夹克的大小、色彩、款式、做工直到价格，一一观察询问得清清楚楚，特别是检查衣服的质量时，更是仔细。他将领子、袖子、口袋都翻开来看，针线密不密、齐不齐、纽扣少不少、式样怎样、做得粗糙不粗糙、钉得牢靠不牢靠等都认真检查。这样一来，这个商场便很难有一件夹克令他满意。于是他来到了一个专卖店，如此这般，还不满意；再到一个超市，前观后瞻，东一比、西一较，他认为还是某一专卖店的夹克较为合适。开始讨价还价了，起初是对折拦腰砍，以后又砍一大刀，专卖店的老板笑着说："你这位先生使的是关云长的青龙偃月刀啊！"继而从10元、5元、1元到5角、1角地还价，终于成交了。H仍然不放心，对选中的夹克又不厌其烦地里里外外检查一遍，最后付款。H才出门，老板朝着他的背影，噘起嘴低声地说："真是细三锹！"那神情似乎是厌恶夹杂着无奈。

"细三锹"在江淮一带本是农家话。某处只要挖一锹甚至半锹就能解决问题了，而某人却要分为三锹仔细地挖，而且要挖挖看看，看看挖挖，细得令人讨嫌。

H的妻子也是"细三锹",真是不是一家人,不进一家门。清明时节螺蛳上市,民间传说吃螺蛳可以明目。H的妻子带着一只大瓷茶缸到菜场。她买了一斤螺蛳要一只一只地将螺蛳放到装有水的茶缸中静静地察看,只要发现一只死的便坚决地拣出。如是者再三,她大约要用去一个小时时间才买好一斤螺蛳。当她高兴地回家时,卖螺蛳者正对着她远去的身影做着鬼脸说:"的的刮刮的个细三锹!"

对"细三锹"者不可一概而论。有的事情倘要做好,又何止三锹、五锹、八锹,十锹也不为多!

浇

薄片的芝麻糖似乎在全国都可以见到,吃起来甜、香、脆。在芝麻糖的包装盒上常常写上"浇切片"三个字。为什么?问到制作的师傅,不知道,他的师傅先前就这么写的。问到师傅的师傅,还是不知道,很早以前也就这么写了。"浇"读什么音?所有的师傅都读成"交"音。见到这三个字,倒有点令人不解其意,糖水浇着切成的片,还是边浇边切成的片?

浇,一读jiāo(阴平),通常说的浇水、浇灌、浇铸等。另读xiāo(阴平),薄也,这在古书中常见到,如《淮南子·齐俗》:"浇天下之淳,析天下之朴。"又如"浇末""浇漓"等。在日常生活中,这一读法不少见。

二十世纪五十年代末,我在一所规模不小的中学教书。由于天灾人祸,每个学生每天只有几两米的计划,早晚的粥太浇了,浇得可以当镜子,照见人脸。教师轮流值班,半夜起来监督炊工称米、下锅,直到将粥打到饭桶里。那天轮到徐老师值日,米刚下锅,瞌睡虫来了,他忍不住呼了起来。炊工S趁机捞起几斤带浆米,后来被发现了,S被开除回家。那样的日子一去不复返了。

改革开放以来,随着市场经济的不断发展,有人过分重钱重利,轻情轻义,于是忧患者颇有感慨:"人情浇薄,世风日下。"而有人则坚信:"随着公民道德建设的加强，人情会变厚重，世风不会日下。"

有的小朋友脸皮厚，他做错了事，家长教训他，他却以打哈哈或做鬼脸化解尴尬。有的小朋友脸皮特别浇，家长批评的语气稍重了些，他或赌气号哭，或关门不食。一厚一浇，孰是孰非！

还是回到"浇切片"。吃着切得浇薄如纸的芝麻糖片，饮啜着高山岩茶，品味着世态百相，忽然发现，人情并不浇薄。

嫌

嫌，在江淮方言中含义相当丰富，在一般字典、辞书中是见不到的。

小艾近三十岁生了个男孩，取名旺旺。旺旺圆头圆脑，浓眉大眼，胖乎乎的，又白又嫩，模样很讨人喜欢。不到一周岁就会走路，见到人笑嘻嘻，而且会喊人。稍大一点，能分辨男女老少，亲切地称呼。小艾的同事、邻居见到旺旺都会情不自禁地抱起他狂吻，并连声称赞："嫌死了，嫌死了！"这个"嫌"，是好玩、可爱、讨喜的意思。

小李从无锡带了一对惠山泥人回家。一老头，一老太，憨态可笑，神态可亲，头不停地在点，有时会对吻，某按钮一按还会发出咯咯的笑声，家里人见了无不喜欢：真嫌。这"嫌"也是好玩、可爱、讨喜的意思。

李大伯、王奶奶都已七十多岁了，他们风风雨雨一起度过了五十年。客厅里挂着一副对联：知足常乐，能忍自安。日子过得自由自在，有滋有味，有时还逗逗趣。出门常常手牵着手，在朋友面前兴许还会卿卿我我，甚至笑盈盈地说些青年人才说的笑话来。老朋友见此情景便说："这老两口嫌着呢！"这里的"嫌"是指男女之间大胆地、亲热地、得体地在适当的场合下用动作、语言传情、言情，有夸赞、羡慕的意思。

小钱在某单位里喜欢说笑话很有名，有时单位里的几个同事为公务争得面红耳赤，乃至气氛紧张时，小钱一到，几句笑话一说，几个鬼脸一扮，几个动作一做，紧张的气氛立即就会变得舒缓自然。这里的"嫌"是风趣、幽默的意思。

小王是某企业的办事员，他说话常常无谱，办事常常无度，企业里的人都怕同他相处。有时几个人在说笑时，见他来了，要不就奚落他一番，要不就很快散开，并指着他的背影说："真犯嫌！"这里的"嫌"是厌恶、不满意的意思。

汉字中有不少贬义字的结构含有"女"，如"嫌""妨""嫉""婪""妄""婢"等等，这实在是不公平、不公正的。倘若现代人造字的话，是决不会如此的。

懈

某县有一位颇有名气的画家，专门画竹，师从郑板桥。"宁可食无肉，不可居无竹"。为了画好竹，他的家前屋后都种的竹，他还跑到西双版纳，那里有几百种竹子，他又是写生，又是摄像，回来以便细心揣摩，精心布局，潜心创作，特别是融入了现代人的国画理念，讲究满、雄、拙，因而他的作品被选送到省城，参加全省美展，他的名声更大了。有一位好友向他求画，特地送了一刀上等宣纸，还请他喝了一次酒，席间答应，一个月后见画。一个月、两个月、三个月、半年、一年，那位好友一而再，再而三地登门催促，有时少不得还要带上礼品，仍然不见画。后来干脆不催了，只是登门小坐便离开；再后来就不去了，画，当然没有拿到。

三年以后的一天，那位画家兴致上来了，很潇洒地画了一幅竹石图，便电话通知那位朋友来取画。那朋友的妻子说："他已经去世一年多了。"画家的家里人都责怪他："脾气太懈了。"

懈，读xiè（去声），江淮一带读hiē（阴平），也读去声，一般单独用的时候读阴平，怠也，惰也，松弛、松懈、拖拉、不紧张的意思。《淮南子·修务训》："为民除害而不懈。""不懈"即不懈怠、不松懈的意思，而单独的用法似乎是江淮一带特有的。平时常常听到人议论："某某脾气懈哪，你找他办件事不晓得要到猴年马月才能办成功。"

懈，是一种心病，这种病不能小看。这种病不治，就不能适应瞬息万变的形势，跟不上现代化社会发展的步伐。老万是某公司计划发展部的经理，他办事有眼力、有头脑、有前瞻性，就是脾性有些懈。经过市场的大量调查研究，决定开发一种新型彩屏手机，有看电视、录音、摄像等多种功能。总经理认为，这一新产品在市场上肯定有竞争力，前景很好，很快批准了这一方案。在试验生产期间，某些环节出了点问题，老万当应紧追不放，可他一懈再懈，一拖再拖，近十个月后才拿出新产品。这时，市场上已经出现了功能相类似的新手机。老万赶忙投入成批生产，所幸，还能占有一定的市场，但失去了大部分市场。老万感到贻误了商机，主动引咎辞职。总经理对老万说："懈病害人、害己、害事业，你要彻底治好懈病，定能再展宏图。"从此，老万办事再也不懈了。

懈病当治，紧赶形势。

漾

中国经历了几千年的封建社会，重男轻女的传统观念似乎还一时难以改变。小宁今年5岁，是远近闻名的惯宝宝。小宁的祖父自小宁出生以后，真是溺爱而惯养。小宁要玩个什么，祖父总要设法买到；小宁要吃个什么，祖父总是想主意做好。小宁要上天，祖父只好拿个梯子，让小宁爬到屋上。小宁登上平房屋顶，兴奋地喊道："我上天了，我上天了！"爷爷脸上绽开了花。

小宁喜欢吃苹果。一天，爷爷为小宁削好一只大苹果，小宁抓在手上看了看，苹果皮还没有完全削干净，"囉"地一下往地上一掼，并大声嚷道："再换一个！"爷爷拾起地上的烂苹果，笑眯眯地说："我最喜欢吃小宁掼在地上的烂苹果。"小宁拿起爷爷削好的另一只大苹果，又往地上一掼："爷爷最喜欢这样的苹果！"

小宁喜欢吃肉包子，但是只吃馅心，外面的面皮从来不吃。爷爷在一旁还是笑眯眯地说："爷爷最喜欢吃肉包皮子。"

小宁喜欢玩骑马的游戏，爷爷甘心做马，虽然年龄大了，还常常双手着地，做爬行状。小宁骑在爷爷的背上，右手做甩鞭状，喊道："马儿快点跑，快点跑！"爷爷一边连声答应，一边上气不接下气地加快速度爬行着。

小宁虽然才五岁，已经漾成了任性、暴躁的毛病。

漾，读yàng（去声），原意是指水面微微动荡，例如，轻风吹拂湖面，水波潋潋荡漾。荡漾是形容水波荡来荡去，荡去荡来。小宁爷爷对小宁的一些无理要求一味迁就，绝对服从，就如同湖面的水波一样，荡来荡去，荡去荡来，于是漾出了一些不良习性。漾，还有一个意思是液体溢出来。小宁的一些不良习性久而久之也会溢出来的。

大人也会漾出坏脾气。某局阮副局长为人正派，工作勤恳，待人谦和，但工作中刚劲不足，柔气有余。每当他向下级布置任务时，有两个单位负责人总要说困难，讲条件，讨价还价。明明不难办的事，他们说怎么怎么难办；明明很快可以办的事，他们硬是拖延时间慢慢办；明明可以办得很漂亮的事，他们却要打些折扣办。他们为难领导的主意每每实现，总以阮副局长退让告终。局机关整改时，有人一针见血地指出，那两人的不良脾性是阮副局长工作大池子里的软水渐渐漾出来的。阮副局长醒悟了，在处理问题时多了些刚气，有时还会刚柔相济。

一个人的不良习性总有一个渐酿、渐漾的过程。做父母的，尤其是做爷爷奶奶的，可千万不要漾孩子，漾孩子就是害孩子。当领导的阮副局长也尝到了漾下级的苦涩。

人不能漾，有灵性的小猫、小狗也不能漾，相信吗？

厣

厣，读yǎn（上声），一般指螺类介壳口圆片状的盖，是由肉足后部一个腺体的分泌物构成的，对螺类的肉部起到保护作用。

江淮一带称鱼鳞也叫鱼厴。几乎所有人家脆鱼时都要将鱼厴子去掉，当然鲥鱼除外。记得四十多年前在南京读书时，大食堂里常吃到鲥鱼。一大块鲥鱼上留着鱼厴，江阴、镇江的同学说："鲥鱼的鱼厴营养丰富，又有油，好吃。"第一次吃的时候，将鱼厴在嘴里细细品味，味道真的不错。后来就很少吃到鲥鱼了，现在已经禁捕了。

台湾阿里山的溪流里有一种鲴鱼，其味鲜美，吃时也不需去鳞。

其实，除了鲥鱼、鲴鱼鱼厴子之外，其他鱼的鱼厴也含有很高的蛋白质、脂肪等多种营养成分，舍之不食是一种资源的浪费，实在可惜。近来，有人将鱼厴做成鱼冻胶，别具特色。将鱼厴洗干净放在锅里加水，外放生姜、葱、料酒、盐，烧开，文火烧片刻，后用淘米箩过滤，滤下的鱼厴汁冷却后放在冰箱里，冬季放在外面即可，待成冻，切成小块，晶莹透明，风味极佳。

龙也有厴子。江苏高邮的龙虬庄是新石器时代遗址，是国家级文物保护单位。一九八七年，我陪南京博物院考古专家去实地考察，当地农民献出了一些石器和鹿角化石和建房挖土时挖出的大量海蚬贝壳：据说这就是龙的厴子。龙虬庄传说是龙待过的地方，发现了龙厴子，反过来推断，那肯定有龙的存在了。这使得关于龙的传说更加完整，活灵活现，神乎其神，又增加了可信度。在七千多年以前龙虬庄是大海边，所以出现了大量海蚬壳。

螺类有厴子，鱼有厴子，龙也有厴子。称鱼鳞为厴子似已不符合"厴"的定义，但是，江淮人将"厴"这一概念外延扩大了，知道螺蛳厴子的人不是很多，知道鱼厴子的人却是很多的。由鱼厴子而至龙厴子，那更是神奇了。

洋盘

在江淮一带常常听到这样的话："这个人是洋盘。"或者听到："老兄啊，你可真做了件洋盘事。"

洋盘，一般是指对城市中普通的或时髦的事物缺乏体验的人，还有做了蠢事受了愚弄而上当的人，往往带有讥笑、奚落甚至瞧不起的意思。"洋盘"这个词的最早出现尚难以考证，很有可能是，一个中国人到了欧美，带回了一只瓷质的盘子作纪念，人们称之为洋盘子。瓷器本应在中国，就连英文中"瓷器"也是用小写的"China"（中国）替代的。人们便笑话他，做了一件洋盘事，或者直接称他为洋盘。

人的一生似乎难免不做洋盘事。老高出差到上海，顺便到几家大商场看看，他想买只时样、质好、价廉的公文包。几经周折，终于选中买好了。回到家的第二天，老高喜形于色地将新公文包带给同事们欣赏欣赏。有的羡慕不已，有的啧啧称赞，有的说，"我也要买一只"。一致认为，老高拎着这只时髦的公文包，风度翩翩，气度不凡，真像个大款了。几个人的一席话，说得老高心里真是乐滋滋的。这时老K从外面进来了，不停地拨弄着包，忽然发现包里面的一块小皮牌，上面写着：高邮市某某厂出品。老高的脸色一下子变了，在场的人的脸色也变了。老K指着那包笑吟吟地说："老高做了一件洋盘事。"老高也笑眯眯地答道："洋盘就洋盘，高邮人爱家乡嘛！"说得大家都笑了起来。

扬州某厂某女士喜欢搜集、收藏各地的扑克牌。厂长要到英国洽谈业务，某女士再三叮嘱厂长，替她买一副扑克牌。厂长没有失信，忙里偷闲替某女士买了两副扑克牌，满以为回到扬州要受到某女士的赞赏。然而，到家拆开来一看，都是扬州制造的。某女士仍然感谢厂长，可厂长说："真的做了件洋盘事。"

人们只说"洋盘"，而不说"洋碗""洋碟"，这是约定俗成。语言需要约定俗成。

夭夭

"夭"，在江淮方言中常常用到的是"逃之夭夭"和"少年夭夭"。

"夭夭"，读 yāoyāo（阴平）。《诗经·周南·桃夭》："桃之夭夭，灼灼其华。""夭夭"形容茂盛而艳丽。著名中国古典诗词研究专家叶嘉莹教授认为，"夭夭"是少好之貌，青春而又美好的意思。冯梦龙的《醒世恒言》中较早地将"桃之夭夭"改成"逃之夭夭"而活用。"桃""逃"谐音，作为逃跑的谐谑语，"夭夭"就没有什么意思了。《醒世恒言》："两个商量出一条计策来，俟夜静更深，将店中资本席卷，双双逃之夭夭，不知去向。"现今，如有人做了一件不好的事情而出走或不愿意做某件事情而溜之大吉，都可用"逃之夭夭"，或贬义，或戏谑也。

某镇一少年小马，十六岁，自幼父母溺爱，勉强进了初中，上了一年，再也不愿意读书了。镇上的关心下一代工作委员会有一个帮教后进青少年小组，成员大都是当地德高望重的长者。一天几位长者找到小马："你少年夭夭的，快要长成小伙子了，应当抓紧时间读书，成人、成才。"他们还向小马讲"桃之夭夭"的典故。"少年夭夭"似还未在典籍中见到，江淮一带人倒常用到。"少年夭夭"是由"桃之夭夭"演变出来的。一个人正当青春年少，就如同那开放的桃花，闪耀着美丽的光华。是青春就应当让它放出光辉。"夭夭"是多么美丽而又让人羡慕的辞藻啊，然而，不充分显示出它的价值，那就白白"夭夭"一场了。后来小马又上学了，和先前判若两人，决心不辜负年少时的"夭夭"。

年轻人啊，应当不懈地努力，使你的青春更加美好，其华灼灼。

医

小元是独生子，爷爷奶奶、爸爸妈妈自然都很喜欢他，对他的生活成长关怀备至。家里的经济条件也不错，什么牛奶、巧克力、高级饼干、面包等食物应有尽有，只恨他吃不下。小元已经上一年级了。这小孩生性有点腼腆，在学校活动少，但喜欢吃零食，每天吃饭时就很使奶奶、妈妈烦神。他吃饭时差不多是一粒一粒地数着吃，奶奶、妈妈在一旁看着他吃，劝着他吃，等着他吃，甚至揣着他吃，但是好说歹说都没用，以至妈妈耐不住性子大声说："饭这么难医啊，快点医！"

医，一般指医生、医学和医治，把"医"当作"吃"来用，似乎是江淮方言中所特有的。医饭，意思是吃饭像医病吃药一样，大多在不悦、不满、骂人的情况下才用到，有时在开玩笑或揶揄、侮辱人的时候也用到。

小元的同学小方是才八岁，体重就达四十五公斤。小方与小元相反，每天，每到吃饭时都吼吼的，好的、差的他都吃，从不挑食，一直吃到打饱嗝时还不停筷，妈妈不得不阻拦了："还医哪，再医就医成个大胖子啦！"医不够。小方这才依依不舍微笑着离开饭桌。

有的人收入不多，生活却不节俭，每天总离不开鱼啊，鸡啊，鸭啊，他的长辈们很是看不惯，有时在背后议论："天天总要吃好的，医大病呢！"

医饭的医，在日常生活中不宜多用。

一当

老叶的日常生活有板有眼，退休以后岁月优游，更是如此。

现在有的专家不提倡晨练，说早晨空气并不新鲜，冬天气候冷，容易突发急病，对老人更不适宜。老叶原来有晨练的习惯，不论寒暑，每天五时即起身，从不间断。后来听了专家的话，他每天7时才起，喝一杯盐水，吃一只鸡蛋，出去散步，来回有6公里路程，速度时慢时快，时快时慢，直到全身有一种暖和和、潮瀌瀌的感觉，他知道有6公里了，不跑了。回家喝一杯牛奶，吃两片烤马铃薯和一只馒头，就同老伴到菜场买菜了。买菜回来，老伴择菜，老叶读报看书。老叶很关心时事，每年各级人民代表大会的政府工作报告他都认真阅读，仔细揣摩又有什么新政策出台。金庸的武打小说、琼瑶的言情小说等，他也要找来看看。午休以后，老叶与几位老朋友闲谈。一杯清茶，海阔天空，高见宏论，袒怀抒陈，无忧无虑，无功无利。闲谈中互换了信息，交流了心得，放松了精神，增长了见识。每周的二、五还要搓上一次麻将，或者打上一把扑克。搓麻将、打扑克的时间决不超过两小时，而地点是几个老友家轮流坐庄。轮到谁家，谁家供应茶水自不用说，其间还要给每人送上一只插酥烧饼，定做的，酥得很。老叶晚饭是吃粥，有时要加上莲子、黑豆、花生仁、枸杞果、红枣等，清淡得很。蔬菜、水果都注意保持一定的量。晚上十时按时入睡。

如此写下老叶一天的生活，平平淡淡，啰啰唆唆，给人以记流水账的感觉，而不少老者都羡慕老叶。提起老叶，人们都会说："他日子过得一当得很。"

"一当"，如果拆开来讲，一指全、都；当指合适、适宜。一当是指一个人生活有条理，有规律，有良好的习惯，从不乱来，得其所哉。还可以说成"一一当当""一而当之"等。

老叶的孙子今年十岁，上三年级，日常生活也仿效老叶，一当得很。他每天六时半起床，从不要人喊，七时离开家，自己跑到学校。吃饭、学习等也一而当之，不要大人烦神。老朋友见到老叶同他的孙子在一起，一边摸着老叶孙子的头，一边开玩笑地说："有其爷爷必有其孙！"老叶笑得合不拢嘴。

老年人的生活讲究一当，需要一当，生物钟不能乱套，而对青年创业者来说，有时候则需要打破点常规。

剋

某县王老汉三年前承包了五亩田，田旁有一条小沟，灌溉用水倒也方便。他在沟边种了一百多棵意大利杨。三年后村里调整承包田，他原来种的田改归别人种了。他望着长有小碗口粗的意杨，很是舍不得，决定砍掉派用场。他起了个大早，一连砍了六十多棵，他的儿子发现了，制止道："乱砍树木是违法的。"果然不错，有人举报了，林业部门的执法队罚他600元，又要他在沟旁补栽了六十多棵树苗。隔了两天，国土资源部门来人找他："你怎能种树？乱栽乱种罚款400元。"他于是去了村委会，主任说："你不承包那块田了，你栽的树当然归你自己，砍！"又过了两天，县法院有人找他，说他违反了《森林法》，要拘留他。王老汉陷入非常困惑不解的境地，公说公有理，婆说婆有理，究竟谁有理？他决心找有关部门反映情况。

王老汉经济拮据，没钱乘车，总是用双脚跑。从住地到县里有80公里路，起早摸黑，一天可到。从家里到县里，从县里到市里，从这个部门到那个部门，新鞋底磨勚了，磨通了，再换双新鞋，一年不到，换了十双鞋。他到处游说，用他的话说："嘴皮子都被磨勚了。"结果总算感动了"上帝"，讨回了公道。

勚，读yì（去声）。原是疲劳的意思，后指器物磨损。清段玉裁《说文解字注》："凡物久而劳敝曰勚，今人谓物消磨曰勚。"稍后的朱骏声《说文通训定声》："今苏州俗语谓物消磨曰勚。"段玉裁金坛人，朱骏声苏州人，扬州、淮安等地也说"勚"，"勚"仍然活跃在大江南北人的口中。

当官的真正执政为民，王老汉以后办事就会少勚掉几双鞋底。

折皱

小吴大专毕业以后，在某事业单位工作了8年，日子也算过得不错。国家机关招考公务员，他想试一试。某局只招1人，却有40人报名。小吴白天要工作，晚上要照顾孩子，文化考试时就没有能过关，他没有就此罢休。隔了一年，招考公务员工作又开始了，他又报了名。有了前一次考试经验，加上准备充分，在56名报考人员中，他的文化成绩名列第一。面试时，他落落大方，从容对答，主考人很是满意。身体检查时，他的血压是偏高了不少。他的血压平时并不高，也许那几天太紧张了，太兴奋了，太激动了，血压升高了，这一来，人事部门就考虑到是否录用他的问题了。小吴情不自禁地叹了一声气："嗐！这一下子折皱了。"

折皱，在江淮方言中是指做事、过日子等有波折、有曲折、不顺当的意思。

著名作家汪曾祺十九岁离开家乡高邮，四十多年以后才归来，而故乡的语言似乎成了他的母语，一些方言土语在他的作品中常常出现。《故里三陈·陈泥鳅》中的陈泥鳅，乐善好施，且不许人说出他的名，文中有一段文字："陈五奶奶就守着小孙子过，日子很折皱。这孩子得了急惊风，浑身滚烫，四肢抽搐，陈五奶奶正急得两眼发直。"在这关键时刻，陈泥鳅将冒着性命得来的10块钱送给了陈五奶奶，并同她抱着孙子去找医生王淡人。陈五奶奶那折皱的日子似乎抹平了些许。那考公务员的小吴，经过服药、调理以后，血压正常，被某局录用上班了。

人生道路上难免没有折皱。生活中的不幸可以提供意想不到的可能，使人认识生活真谛。失败，对弱者是一次打击，对强者却是一次考验和激励，正如法国的大作家巴尔扎克说过："不幸，是天才的进身之阶，信徒的洗礼之水，能人的无价之宝，弱者的无底之渊。"面对种种折皱，怕什么！下定决心、充满信心抹平它！

折皱，可以"AABB"式重叠成为"折折皱皱"，也可以嵌进"下"和"来"成为"折下皱来"等。

有人怀疑"折皱"应为"桀纣"。桀和纣分别是夏朝与商朝的暴君，那样写就难以解释和理喻了。

纠

小元是远近闻名的惯宝宝，三房合一个独苗。祖父母对他很是溺爱，生怕他吃不饱、穿不暖，经常是左一个"乖乖"，右一个"乖乖"地叫，使听到的人觉得有些过分，不顺耳，然而更令人看不惯的是护短。

一天，小元的爸爸接到小元就读的六年一班班主任的电话："小元是不是生病了？已经连续三天没有来上学了。"小元的爸爸好生奇怪。每天早上小元同他一起离开家门向学校的方向走去，怎么不在学校呢？于是他向小元的同学打听，原来小元这几天迷上了游戏机，整天泡在游戏厅里了。

第二天是星期日，吃过早饭，小元爸爸开始"审问"小元了："这几天到哪里去了？"小元高低不提玩游戏机的事。小元爸爸急起来了，用树枝抽打小元。小元奶奶一直在旁边，又是拦，又是挡，后来干脆坐在地上哭了起来，对儿子说："你要打就打我吧，小元是我们家的命根子啊！"小元爸爸这才停止，但将小元关了起来，要他反省，写下保证书，才准吃中饭。快到中午，小元奶奶趁儿子不在的时候，偷偷给小元送去了汉堡包、火腿肠等好吃的东西。下午两点多了，小元爸爸看到小元在房间里没有什么动静，开门一看，小元正有滋有味地吃着鸡翅呢！他深深吸了口气，慨叹地说："真是一个搓绳，一个放纼。"

纼，读zhèn（去声），指穿在牛鼻上一条牵引的绳子。《礼记·少仪》："牛则执纼。"《玉篇》："索也。"那就是说，称"纼"的不只是专指拴牛的绳子。在江淮一带，用两股线或者三股、四股线用力搓、捻，让它们成纼，而拧成一股绳。搓、捻得紧，纼大，绳子就结实；搓、捻得松，纼小，就不大结实。"一个搓绳，一个放纼"，非常形象地道出了两种反向的教育方式。小元的爸爸希望小元成人、成才，管教严格、严厉，在加紧"搓绳"；小元奶奶只是希望小元躯体长大，身强力壮，传宗接代，却不管他那强壮的躯体里充装着什么，一味护短，在加紧"放纼"。

"搓绳"不能过紧，"放纼"更是不行。

揌

湖南出凉席，有一种用竹篾编成的"湘夫人"曾经名噪一时。近来从日本引进一种蔺草，质地软，且有一种清香，编织成的凉席颇受欢迎。老李出差长沙，慕名买回了一床蔺草凉席。夏天到了，铺在床上，室内散发出一阵阵宜人的清香，一家人露出了愉悦的笑容。

老李的孙子小健，五岁了，大人做的事他都爱拨弄拨弄。爷爷老李想，小孩从小爱动手并不是坏事，应当因势利导，不断培养他的生活自理能力、自立能力。夏天淌汗多，席子应该揌揌了。老李便把这个任务交给小健就去做饭了。小健很高兴，爷爷相信他能做事情了。于是他拿了一把小剪刀对着凉席边剪了起来。真用劲啊，好不容易剪了个二寸长的大口子。爷爷来到房间，看到如此情状，压住心头的火气，慢声细语地对小健说："我是要你用毛巾在席子上揌揌，不是用剪刀剪啊！"小健觉得做错了事，吓得脸通红，连忙用毛巾去揌席子了。

揌，读 zhǎn（上声），江淮一带的读音近乎 jiǎn（上声），指轻轻地擦抹。人们常说到的是用毛巾揌揌身上，也叫揌澡。还有用揌布揌桌子、凳子等。揌布的清洁卫生很重要，有的厨师不大讲究，常用揌布揌这揌那，然后又去揌锅碗，做出来的菜不大卫生，吃了很容易生病。

判断一个人家里是否讲卫生，除了看他家的房间、客厅以外，"进口""出口"的地方不能忽视；而在"进口"的地方揌布是否干净乃是一个重要方面，因为揌布最易沾污。倘若这人家的揌布洁白如雪，即最易脏的东西倒最干净、最卫生，遑论其他！此说似不无道理。

我们提倡讲普通话，对于从事教育等职业者要求必须讲普通话。如果小健的爷爷会讲普通话，就不会将"揌"读成"剪"音，小健也就不会错剪席子了。

搘

从地上、地下的遗存来看，我们的祖先很早就有用大灶烧煮食物的生活习惯，这是人类社会文明的一大进步。在人类赖以生存的衣、食、住、行中，食尤为重要，“民以食为天”。至今江淮一带还流行着一种民俗，谁家建了新房、新搘了锅灶，或者谁家的锅灶改搘好了，一些亲朋好友便拎着食材到他家祝贺，这叫“暖灶”。主人用他们的菜做一顿美餐热情地招待他们，客人们连声赞美：“新搘的锅灶烧出来的菜好吃，好吃！”好灶头预示着好兆头。

搘，读zhī（阴平），支、拄的意思。王维《赠东岳焦练师》：“搘颐问樵客，世上复何如？”王维隐居山中，在山径中闲步，遇到了樵夫，停下用拐杖支撑着腮颊问道：“现在的世界又有什么变化了？”随着时间的推移，王维诗中“搘”的用法似不多见了，在江淮一带常用到的就是“搘锅”。

关于“搘锅”有一歇后语。某乡长易人，新乡长上任，新官上任三把火，其中一把火是抓村镇建设。原乡长制定的村镇建设规划、实施方案等，新乡长全部是脚面上搘锅——踢倒重来，弄得乡里干部、百姓无所适从。有人则鼓足勇气地提出：“现在是以法治国，也是以法治乡，不能以人治乡啊！”新乡长理直气壮地驳斥道：“以法治乡不错，法也离不开人。”

搘，《新华字典》竟然没有收入，似是一缺憾。

纸笔

高奶奶今年八十五岁了，她一共生了三个儿子，都各自成了家。前年高大爷去世，她将三儿子一家叫回来与她同住。三儿子及儿媳对她很孝顺，她的衣、食、行都照料得好好的。倘若有个什么头疼伤风，更是服侍得无微不至。高奶奶逢人就夸三儿子和儿媳孝敬老人。去年冬天，她得了不治之症，三儿子一家忙得不可开交，到处寻医问药，希望母亲的病好。而高奶奶心里明白，年龄大了，病又很重，难治，大概离大限的日子不远了。她与高爷爷辛苦一世共有4间平房，还有6万元存款。一天，高奶奶将三儿子叫到床边，要他拿来纸和笔，口授三儿子立下个纸笔。内容大意是：4间平房由三儿子高礼继承，6万元存款由大儿子高仁、二儿子高义、三儿子高礼平分，每人得2万元。高奶奶用右食指捺下了手胭，又要三儿子拿到公证处公证。高奶奶似乎完成了平生的最后一件大事，第二天就离开了人间。

三个儿子忙完丧事以后，坐下来谈财产的继承问题。三儿子拿出日前立下的纸笔，大哥、二哥异口同声说："按照母亲的纸笔办，没有半点意见。"

纸笔，这一词似乎未见于字典、辞书，江淮一带却经常用到。由纸和笔构成一个词，是文字依据的意思。用纸和笔写成的证据，从法律角度上讲，它和实物都属于重要证据，民间还说："宁可跌在屎上，不可跌在纸上。"这更是强烈对比地说明纸笔即文字依据的重要性。

夏日的一天，小陈被几个朋友喊去喝啤酒，喝到晚上十点多钟，驾驶摩托车回家，不小心将一位老人撞倒。小陈赶忙下车，叫来出租车将老人送到医院，幸好只伤了点皮肉。老人在医院住了两天，有人给他出点子说，要讲好条件才能出院。小陈紧张了，给老人看病、买营养品已经用去3千元了，如果老人弄虚作假，装这装那，用钱可是无底洞啊！这位老人德行很好，并没有讲什么过分条件，出院时，小陈生怕遗留后患，双方立下纸笔，小陈一次性再付给那老人两千元，以后老人不得再去找小陈。

立纸笔在人们的生活中、交往中作用可真不能小看，但纸笔的内容要力求准确、明晰，并不一定要求形象、生动。

鹑

鹑，《辞海》里读 zhuā（阴平），江淮一带不翘舌，读入声。这是特产于高邮湖及东下河一带草滩芦荡中的水鸟，里下河部分地区亦有之。《续增高邮州志·食货志》云："东下河三月有之，称桃花鷚，或云鼠化生。"桃花盛开的时候，鷚也就上市了。《辞海》把鷚解释为沙鸡。著名高邮籍作家汪曾祺说："沙鸡嘴短而红，腿也短。我们那里的鷚却是水鸟，嘴长，腿也长。鷚的滋味和沙鸡有天渊之别。沙鸡肉较粗，略带酸味；鷚肉极细，非常香。我一辈子没有吃过比鷚更香的野味。"鷚，一般是用茴香、八角卤后上桌。刚上市的时候，骨头也嫩，在嘴中细嚼，回味留香，客人赞不绝口。

鷚同鹌鹑差不多大小，胸脯一块肉厚实，其余的地方则少肉而瘦，江淮一带称差的、孬的东西为"鷚"。

小田三年级，老师常说他字写得差，每个字都不按格子写，横不像横，竖不成竖，有时还伸胳膊撂腿或者缺胳膊少腿。小田爸爸要他每天回家临帖练字，可他不读帖，不临帖，仍然按照平时写惯的笔画写，进步不大。年级要举行写字比赛了，小田回来告诉爸爸："这次比赛肯定能得到名次！"说话的语气充满了自信。他爸爸心想，这种鷚字还能得到名次！走着瞧吧。写字比赛过后，小田当然不会得奖，他对爸爸说："这次不行，下次一定要拿奖。"他爸爸思忖，小田现在的字虽然写得鷚，但他有自信心、上进心，这是一个人具有良好的心理素质的基础；还有小田不怕挫折，即使暂时失败了，他还会顽强地努力，争取胜利。小田爸爸鼓励他道："现在的字是鷚老二，要不了多久就会变成唐老鸭了。"真的，到了四年级写字比赛时，小田的字名列前茅。

鷚，人们常说到的有"太鷚了""鷚得很""鷚老二"，还有形容一个人蹩脚的时候显出一副沮丧、没精打采的样子为"鷚像"。在人生的旅途上蹩脚的时候似乎是难免的，哪怕是短暂的，但可不能有鷚像。

鷚，怎么是由鼠化生呢？我们的祖先注意到自然界事物的变化以及相互间的联系，虽然这些联系并不一定是科学的。比如，有一对夫妻到了四十岁还不生孩子，他们领养了一个孩子，人称为螟蛉子，为什么？螟蛉是一种绿色小虫，还有一种寄生峰叫蜾蠃，它常捕捉螟蛉放在窝里，并注射蜂毒将其麻痹，然后产卵在螟蛉的身体里，卵孵化后的幼虫就拿螟蛉作为食料。我们的祖先误认为蜾蠃不产子，喂养螟蛉为子，因此后来称义子为螟蛉子。《诗经·小雅·小宛》："螟蛉有子，蜾蠃负之。"可见，这种说法已经有两千多年了。鷾是由鼠化生的说法也是一种误传。在桃花灼灼的季节，鼠化生为鷾。因为鷾出现的季节很短，桃花谢了不久，芦苇荡里就很难见到鷾了，古人认为鷾就变化成鼠了，因为在荡滩里随处都可见到田鼠，而且鷾的脚无后趾，似鼠趾。这种误传从一个侧面印证了鷾的出现期很短，是一种珍贵的野禽。汪曾祺先生也是一位美食家，难怪他说："我一辈子没有吃过比鷾更香的野味了。"

桃花鷾，美丽的诱惑！

跩

高邮的鸭蛋早已闻名于海内外。外地人倘吃了正宗的高邮鸭蛋以后，会喜形于色地竖起大拇指："真跩！"北宋时乡贤秦少游就曾以高邮的特产鸭蛋等馈赠他的师友苏东坡，在《以莼姜法鱼糟蟹寄子瞻》一诗中有记载。清代的大诗人、诗论家、美食家袁枚曾在文游台与高邮文人雅会，饮酒论文，自然品尝过高邮鸭蛋，所以他在《随园食单·小菜单》中说高邮鸭蛋"颜色红而油多"，两江总督高文端请客时，"先夹取以待客"。造物主对高邮这片土地真是情有独钟。经国家质检总局批准，二〇〇二年六月起正式实施高邮鸭蛋原产地域产品保护，高邮鸭蛋的名声更跩了。

跩，读zhuǎi（上声），江淮一带读阳平。原义是走路左右摇摆的样子，后常引申为指某人或某事物"好"的意思。因为一个人得意时，不仅会喜形于色，而且会喜形于步，异乎寻常地一摇二摆地迈起步来。

跩，也有用作贬义的。某单位小D，多年媳妇熬成婆，当上了小官，于是说话的声调有官腔了，走起路来一摇二晃迈起小官步，眼睛也移位，长在头顶上了，昔日的同窗、朋友似乎都比他矮了一头。道旁人们嘲讽地窃窃私议："小D现在跩起来了！""跩得跟个真的样子！"这里的"跩"，是说小D自以为高明，自以为了不起。

又有小K，喜欢写作，发表了几篇豆腐块似的文章，跩起来了，在一位老作家面前大讲起如何谋篇布局、如何遣词造句等等。那位大作家只是微笑，不发一言，更没有老于世故地伪装赞美，因为赞美不值得赞美的人，无疑是一种近于伪装的诽谤。旁边的人忍不住说："溪水哗哗，大海却无声。""真是关公面前舞大刀，在关老爷面前摆跩了！"小K的摆跩，不仅是炫耀自己、吹嘘自己，似还增添了几分麻木。

我们需要的跩，是别人出自肺腑的夸赞。

转经

一位台湾商人欲在大陆Y市投资建一座建筑材料厂。按照当地的规定，要经过计划发展、经济、城市建设、环境保护、工商、税务、公安、台湾事务办公室等部门的逐一审批，要加盖几十个公章。约好明天去某部门，负责人突然出差了，十天后才回来。十天后去了，负责人开会了。好不容易遇上某负责人，他又交给下属的某科室办理。某科室的负责人更是难找，行踪不定，很少进办公室，别人说他多半在现场办公。如此这般，这位台商的投资项目跑了8年还得不到落实，他气愤地说："真是活转经！"

转经，是指佛教徒绕着经幢不停地念经，不停地转。经幢，古代石刻的一种，梵语驮缚若曰幢，创始于唐代。凿石为柱，柱上有盘盖，大于柱径，刻有佛像、经咒，还有垂幔、飘带等图案，建于佛前，藉表摩导群生、制伏魔众之意。很多大寺庙都有经幢，如"正宗""因缘""自力""报应""想入非非""功德无量"等。

我们日常生活中有不少是佛家用语，"转经"也是一例。小王在某市乘出租车，按理15分钟即到达目的地，司机带着他转来转去，兜了一个小时才到。小王发现了，苦笑着说："真是活转大头经！"

8年后，那位台湾商人找到了Y市新上任的市长。新市长答应一个月办理好相关的全部手续。果不其然，他高兴地说："三十天抵上八年，我们搞经济建设再也不能转经了。"其实，出租司机的转经也会影响一个城市的形象。佛教徒转经是修道行，而我们办事转经为了什么呢？

江淮一带有人不知"转经"的来历，错说成"转军"，那就难以解释了。

奘

小钱原先在一家服装厂当销售员，十几年前就辞职自个儿办起了专生产外贸服装的工厂。由于他懂行，为人又精，于是一天天地发了起来，成了当地名声不小的款爷。他走起路来，鹅行鸭步，趾高气扬；讲起话来，嗓门总比别人高，比别人粗，咄咄逼人，似乎什么都比别人强。穿衣自然一律名牌。一次在一家高级时装店，他看到一件西装上衣，是意大利产的，标价一万元，一青年男子想买，正讨价还价，小钱突然插了上去："这件上衣我要，一万就一万！"那青年男子感到莫名其妙，一步不让："我先买的，原价照给！"二人吵了起来，围了很多人在观看。认识小钱的人在帮他讲话，对那青年男子说："这位钱总是大名鼎鼎的款爷，他的胳膊也比别人的大腿奘，让他买吧。"一位老者则在一旁不紧不慢地说道："胳膊再奘毕竟还是胳膊，能当大腿使嘛！"财大气粗可不能，款爷也要讲理！小钱悻悻地被人拉走了。

奘，读zhuǎng（上声），指物体的粗大，一般的字典辞书都注明是地方方言。江淮一带是南北交汇的地方，随着人们政治、经济、文化等活动的交往以及移民等原因，自然也融入南北方的一些方言词语。奘，可以形容多种物体，其奘的程度也很有弹性。如某寺院有一棵银杏树，三人连抱也抱不住，奘得很。某菜民在拔萝卜时，发现一个大胡萝卜，直径达3厘米，看到的人都说："真是个大老奘！"有一小伙子身高1.9米，体重100公斤，人都说他长得身高腰奘。还有人用"粗奘"形容一个人的嗓音。奘，也可作动词。某小孩从小厌食，身体瘦弱，后经调养，膀子一天比一天奘了起来。

夸羡自己的胳膊比别人的大腿奘的人，其道德、修养、精神、品质大抵是瘦小的。

奘，又读zàng（去声），多用于人名，如三藏法师玄奘，俗称唐僧的即是。

怐

中央电视台曾播出专题节目《不打不成才》。台上坐着专访对象，是一位十来岁的小学生，头上留着一撮桃子状的头发，显得天真活泼。台下坐着来自中国、美国、英国、法国、瑞典、朝鲜、日本、越南等国的大人和小孩，济济一堂，畅开心扉，专题谈"打"。父母们总想自己的小孩出人头地，往往以他们的意愿和希望要求孩子，孩子的天性、兴趣、爱好受到了限制、压制乃至扼杀。父母的话倘有违拗，便遭到不同程度的打骂。来自不同国度的大人们回忆起童年时代被父母用皮鞋、皮带、棍棒毒打时的情景，至今仍心有余悸。小孩属于弱势群体，在瑞典国家明文规定，不准棒打小孩，否则以犯法论处。棍棒教育在有的小孩身上一时似乎会奏效，而在幼小的心灵中却留下了难以愈合的伤痕。有的小孩是不怕打的，他们不愿做不吃眼前亏的好汉，任你大人怎么打，哪怕是皮开肉绽，也不服软，以致大人们无奈，只好说："这个孩子真怐！"

怐，读zhòu（去声），江淮一带读成阳平，平舌。《新华字典》解释："性情固执，不易劝说。"张相的《诗词曲语汇释》中说："固执之意，转而为刚愎或凶狠之意。"如《董西厢》："奈老夫人情性怐，非草草。虽为个妇女，有丈夫节操。"在日常生活中，人们常说，某某脾气怐，某某是个怐精，某某是个怐种，某某怐头六怪的，意思是说，你要这样，他偏要那样，他要凭自己的想法、习性办事，不愿为别人所左右。

现在单位聘人往往要面试，这在中国早已就有了这种做法。清代的曾国藩用人一定要经他亲自面试，而且他总结出一成套的经验、理论，写成了一本书叫《冰鉴》。其实，以貌取人是很有其局限性的。有的人生来一脸恟相，但性情温顺；有的人看上去绵和，但实际上个性刚烈。当然，也有人面相与性情相一致。

我们还会遇到另一种"恟"。小强在工作中碰到困难时毫不退却，决不低头，迎战困难。法国的居里夫人有句名言，成了他的座右铭："我的毅力终于占了上风，我的最高原则是不论任何困难，都不屈服。"小强总是不断战胜困难，不断开拓新的业绩，同事们常常在背后褒扬他："小强真有一股恟劲！"这里的恟有坚韧不拔、不屈不挠之意。这种恟劲对事业、对人民、对社会都有好处，当应发扬之，光大之。

拽

年轻时我常到农村去工作、劳动，住在农民家里有三四年之久。

夏日傍晚，农民兄弟吃过晚饭就夹着小板凳到场上乘凉，好多青年人、中年人会围着我谈天，中外古今、天文地理、人世沧桑、民俗风情等无所不包。一些青年人会提出很多稀奇古怪的问题。中年人似乎更实际些，与他们谈的多半是生活中的事情。譬如他们会问，"土墼"怎么写，"戽掀"怎么写，"水铫子"怎么写，"两人抴绳子"的"抴"怎么写，"扁担拽子"怎么写，等等，常常问得我瞠目结舌。我抱着"知之为知之，不知为不知"的实事求是态度同他们交谈。自然，在闲谈中我也虚心地向他们学习，学到了不少关于农村、农业、农民的知识，丰富了我的经历、阅历。

就说"拽"吧。拽，读zhuài（去声），拉、拖、牵、引的意思。一个小小的扁担拽子却能经得住拉、牵，使得一二百斤的重担不往下滑。

办一件事，大势已去，当事者仍然幻想局势能够好转，拼命努力，甚至挣扎，农民兄弟这时会极富形象地说："大牛身子已经下水了，拽住牛尾巴还有什么用！"

某人犯了错误、违了法，大家根据惩前毖后、治病救人的原则苦口婆心地同他谈心，晓之以理，明之以法，动之以情，他仍执迷不悟地往后赖，往水里赖，同志们死拉活拽，结果他还是落水，自己毁掉了自己。

某人的表兄在县里当了个小官，但有实权。表弟请他帮助办一件事，而他是见利忘义、六亲不认的人。表弟只讲亲情，哪里有什么利，他自然拖办、不办。找到了舅舅及知情人，他们都说："太不像话了，死拽住他，单看他什么时候办！"

拽，又读zhuāi（阴平），用力扔的意思。某单位甲同乙有隙，不睦。甲为人阴鸷。一天甲发现乙有一小错，便想整之、惩之。甲不直接出面，找到了丙，将乙的错误情况如此这般地大说、细说了一通，希望丙一方面向领导打小报告，一方面在同事中传播。丙为人正直，当即回答道："你这是拾砖头给人拽啊，不干。"

夏日纳凉是信息交流的好机会，还可以促使自己冷静地深刻思考一些问题，寻求未知的知识以及解决问题的方法途径，有时还会更新一些观念。几十年过去了，那些在一起纳凉的农民兄弟的身影、神情有时还会浮现于我的脑际。

作

当今，吃喝之风仍盛行。

某刊载，一个100万人口的城市，有大小饭店2000家，全年消费总计十亿多元，年人均100元。来了亲戚吃，三朋四友吃，客人登门吃，上级视察吃，贵宾投资更要吃。动辄山珍海味，佳肴盈席，革故鼎新。有的菜上桌一筷子没有动就撤掉了，还是不断上菜，似乎菜不多就不够意思，不足以表示主人的大方热情。其实，表达主人热情的方式是多种多样的，决不止大吃大喝。结果吃坏了风气，吃坏了胃，有的人则吃出了高血压、高血脂、高血糖，几乎送了性命。

一位老农每天到某饭店挑恶水（指剩饭、剩菜、剩汤等），见到大块大块肉、整条整条鱼、成碗成碗饭都倒进了恶水缸，心疼地说："这么多的好东西都作掉了，真可惜，作孽啊！"

作，在江淮方言中有浪费、践踏、糟蹋等意思，读入声。

人离不开吃喝。吃喝是中外古今的话题。明朝隆庆年间，吃喝之风泛滥。高邮知府明文规定，来往宾客只准以"四豆一汤"招待，不得饮当时名酒五加皮。"四豆"即四个碟子，相当于现在的四个冷盘，再加一个汤，可以吃饱肚皮，也算不上寒碜。而官员们用各种方式变通，令行吃喝难止。

新加坡人治理国家有其独特的方略，在世界上算得上是经济发达的国家。在新加坡吃快餐要当心，你能吃多少就吃多少，多搛了菜，吃不下，要罚款。

吃喝问题是个永久性的话题。客人来了，贵宾来了，决不能酸啬，该招待的要招待，当吃喝的要吃喝，要得体有度，不能铺张无度。

现在种田大多施无机肥，施有机肥的人少了。兴旺村重视有机肥的积累，动员大人到河里、湖荡里捞水草，发动小学生放学回家寻旱草。水草、旱草放到猪圈里给猪作作，发酵后成了猪脚肥，庄稼长得好，又改变了土质。

小卢夫妻俩都在一家大型企业工作，每月收入有近两千元，这在小县城收入算不菲的。一个小孩读二年级，日子过得舒舒坦坦。可是小卢染上赌博的恶习以后，情况就大不一样了。人的一生都在反诱惑，小卢却抵挡不住赌博的诱惑。他成日带夜地赌，有时连班也不上了。他的赌运不佳，十赌九输，总不甘心。一个月工资拿到手，赶忙去赌，两天就输光了。去借钱赌，输光了，借不到了，就卖衣物赌。妻子一再劝说，总当耳边风，不得已离他而去，最后只剩小卢光棍一人，负债累累，悔恨不已。小卢的同事都说："好好的日子被他瞎作掉了。"

猪脚肥要作，越作越肥；好菜饭不可作，需爱惜；好日子不能作，要珍惜。

作兴

王家庄的王大爷去年冬天在他的一间矮小的屋子里孤凄地离开了人间，两天后才被邻居发现。

王大爷有三个儿子，老伴早逝，他含辛茹苦地将三个儿子拉扯大，成了家。可三个儿子对待他就不一样了。他一个人单住，有什么病啊痛的，连个倒水的人也没有。为他的口粮和很少的生活费，三个儿子常常推来推去，真是一个和尚挑水吃，两个和尚抬水吃，三个和尚没水吃。王大爷曾经几次寻短见，都被邻居救了下来。他去世后，门前热闹起来了。三个儿子请来了镇上的吹鼓手，还找来了一位妙龄女郎，她的职业就是专门替人家哭丧，又号又唱，断断续续地诉说着王大爷的身世、为人、功德，当然受的苦难是不唱的。有时那女子还流出几滴眼泪。就这样吹、拉、弹、唱，到第三天才火化。有人问他们为什么如此，他们说："现在作兴这样，不这样就好像显得儿孙们不孝顺。"有的邻居在一旁嘀咕道："王大爷生前无人问，这样的薄生厚死才不作兴呢！"

作兴，本为吴语，上海、苏州、无锡、常州及浙江一带常用到，有应该、按理、可能等意思。如茅盾《春蚕》中写道："你就先'窝'起来罢！这余杭种，作兴是慢一点的。阿四看着他老婆，勉强自家宽慰。"

作兴，还有时兴的意思。如小姐、女士们的穿着在不断变化，现在最作兴穿中短袖的上衣、衬衣，裤子不长，裤脚肥而大，什么小脚裤、喇叭裤又不作兴了。著名电影表演艺术家秦怡关于穿衣有个经验，她说服饰变来变去，无非在长短、肥瘦、领袖、纽扣等方面显示变化。她将不流行的衣服暂时收藏起来，过个一二十年又变成为时装了。赶时髦的人总是作兴穿什么就穿什么，而王大爷三个儿子的厚生薄死观倒是不作兴的。

存在的都是合理的。作兴的也许不合情，也不合理，但合时。

第二辑

江淮方言
趣话

抚水

　　江苏高邮市区有一条人民路，在这条路上有不少文物遗存和名人故居。路的中段有一救火会遗址，现仅存一间瓦房，有两扇大门，上为旋拱，在临街大门的右墙上嵌着一块长60厘米、宽40厘米的白石碑块，字迹斑驳缺损，仔细辨读，尚可略知大意。此碑立于道光二十七年（1847），是高邮州府出的告示。这里是水龙局，是由董事会的董事捐资、募化兴建的一座小楼，楼下除摆放两部水龙外，多余房屋出租，租金为水龙局收入，以作修缮房屋及作更夫佣金之用。楼上住着更夫。告示中还明确了水龙局建筑的界址，并注明该告示的文档存在当时的公安机关内。临街大门的左边墙上是掏空砌的惜字坊，可将一只手伸进去丢放字条，外有三道滴水，依稀可见。在民国年间改为救火会。

　　更夫打更的制度在汉魏时即有，北齐文学家颜之推《颜氏家训》中有记载，夜间分为五更，每更约为两个小时。更夫左手拿着竹梆，膀臂上吊着锣，右手拿竹板、锣槌。

　　定更：笃，镗。

　　二更：笃，笃；镗——镗。

　　三更：笃，笃，笃；镗镗——镗。

　　一般三更以后，就不打了，还有的继续打，因为在四更左右，人睡得最香、最沉、最死，盗贼常在这段时间活动。

　　到了农历腊月，更夫就添了一个新项目，提醒人们防火，边打更，边喊小心火烛：

岁尾年关——小心火烛——

屋上瓦响，莫疑猫狗，起来望望——

锅膛里火熄dā，水缸里抚满dā——

老头子老奶奶，铜炉子撂远些——

更夫腰间挂着一个灯笼，一边走，一边敲，一边喊，不论风多大，雨多大，雪多大。这一富有时代、地域、民俗特色的风景消失了，见到救火会墙上的那块石碑尚可以使人产生很多的联想。

我们的前辈、祖先很重视防火、防盗。冬天睡觉用铜炉取暖，睡着了，万一铜炉子翻了，容易引起火灾。万一发生火灾了，水缸里抚满水，免得措手不及。

抚，读ào，《集韵》："乌到切，量也。"江淮一带专指用容器来量液体或颗粒状固体的动作。譬如，现在几乎每家烧开水都用铝质的或者不锈钢的热水壶，而民间一般将热水壶称作水铫子，水铫子抚满水才好烧。农村烧大锅的人家还在用汤灌，可别忘记在汤灌中抚水，否则汤灌就会烧坏。

现在磨米粉、麦粉、豆粉一般都用机器了，农村称那机器为小钢磨。俗话说："世上有'三苦'，撑船、打铁、磨豆腐。"锡剧《双推磨》却将一对情侣双双推磨、拉磨的劳苦表演得极富生活情趣。男子推磨，女子抚磨。抚磨即是在磨盘上的磨眼中及时放进泡过的黄豆，放多了不行，放少了也不行；放早了不好，放迟了也不好。

六七十年前，稻、麦上场了，今年收成怎么样，常常用斛、斗、升来抚一下。今天，这些量具大概只有在博物馆才能见到，而"抚"这个字，人们倒还常用到。

摽

摽，读biào，在现代汉语中一般有三种解释：其一，紧紧地捆在器物上，如把口袋摽在车架子上；其二，用手、胳膊钩住，如母女俩摽着膀子走；其三，由于利害相关而互相亲近、依附或纠结，如他们老摽在一块儿。

在江淮方言中，"摽"有另外的意思。

小芳家住农村，二十世纪八十年代初在镇上一所中学高中毕业，高考时只差三分，未被高校录取，就在镇上的小学做代课教师。她的初中同学小华初中毕业以后考上了县里的师范学校，读了三年，与小芳同时到这所小学工作。小芳端庄大方，勤奋诚信，为人谦和，责任心强，她所在的那个村庄的年纪大的都说："我们庄的小芳，谁娶了她，都会幸福一辈子。"小芳经过几年的努力，由代课教师转为民办教师，不久，国家有政策规定，民办教师经过考试或到县师范学校脱产学习两年，可直接转为公办教师，小芳成绩优秀，直接成为公办教师，其时已经到了谈婚论嫁的年龄。小升是小芳高中时的同学，同学时小升就对小芳有好感。小升长得英俊魁梧，高中毕业后也未考上大学，就在家养鸡。他经过刻苦钻研，掌握了一整套养鸡的技术，养鸡场的规模从小到大，不断发展，终于建成了喂养10万只鸡的养鸡场，算得上事业有成。他决定对小芳发起"进攻"。小芳的家与小升的家同在一个庄上。小升先做小芳父母的工作，小芳父亲抽烟、喝酒，小升隔几天就带上烟、酒去拜访，还为小芳母亲带上奶粉、麦片等营养品。时间长了，小芳的父母对小升也渐渐有了好感。小升的父母登门将意思挑明，小升想与小芳建立恋爱关系。小芳父母表示："我们没有意见，要看小芳的意思哪！"小升就紧紧盯着小芳了。虽然他的养鸡场事情很多，但他每天在小芳上班前就在她家门口恭候，要用摩托车送她，小芳家离学校有五公里路，平时小芳为了锻炼身体，一直坚持步行。小升的好意，小芳总是婉言谢绝，可小升一直摽着她，小芳步行，小升就骑着摩托车同行。小芳下班，小升早就将摩托车在停学校门口了，小芳仍然步行，小升骑着摩托车，或者下车同行。小芳曾几次找小升谈心："谢谢你的一番美意，你工作忙，老同学不需要这样。"当小升坦陈自己的心愿时，小芳很有礼貌地说："我已经同学校的小华谈上了。"小升迫不及待地说："小华家里太困难了，父母都有病，兄弟姊妹多，他的经济条件怎么能同我相比。"小芳只是笑了笑，没有说什么。小升几乎每天晚上都要到小芳家坐坐，有时为小芳特地选上一两件时髦的衣服或者化妆品什么的，小芳总是婉言相拒，有时不得已也收下一两样，适当的时候买些东西送给小升的父母。小芳要忙备课、批改作业，二人总是见面时打个招呼，临走时说个再见。小升就同小芳父母闲聊。

小芳在学校里是位优秀教师，几乎每年都受到县里表彰。小华的教学成绩也很突出，二人在工作上建立了深厚的感情，由同学情、同事情而产生友情、爱情。小芳想过：论外貌，小华不及小升；论经济条件，小华家庭经济状况同小升不能相比。但小华品性好，品性是一个人的守护神。小华是一个可以终身相依相伴的人。

暑去冬来，小升摽着小芳已有一年，仍然紧摽不放。小芳与小华决定结婚了。举行婚礼前半个月，小芳登门给小升送去了请柬，小芳很动情地说："谢谢你这几年对我及父母的关照。人世间有的事是不能勉强的。我们是老同学、好朋友，好朋友不为难好朋友。我与小华结婚，我同你仍然是好朋友。财富并非永久的朋友，但朋友却是永久的财富。朋友之情使人们完善。"小芳的一席话，小升听了，先是沮丧，继而感动，最后愉快地接受小芳的邀请："我衷心祝愿你们快乐、幸福！"

小升摽着小芳的"摽"，在江淮方言中的意思是紧紧盯住一个人或一件事不放，有耐力，有毅力，锲而不舍。在日常生活中，一个人摽着你想办成某件事，从早摽到晚，三天五天，十天半个月，摽得也心烦，不当解决的事，只好违心地办了，这是摽的作用与力量。有时，因为那人摽劲大，摽得人心烦意乱，生活不得安宁，于是产生厌恶、怨恨之情，该当可以办的事也赌气不办了，这是摽的咎错与愆尤。

摽，可以成就一件事；摽，也可以坏掉一件事。把握分寸是十分重要的。

不管怎样，被摽者当应理智对待，不可感情用事。

槽道

小高今年上五年级，同爸爸、妈妈、爷爷、奶奶住在一起。爸爸、妈妈每天忙上班，爷爷、奶奶退休了，照顾小高的饮食起居，自然疼爱有加。小高从上幼儿园时起就养成一个不好的习惯，学习用具、生活用具、玩具等总是无序乱放。每逢此类情况发生，奶奶总是不声不响地替小高整理好、放置好，而且从来不批评他。爷爷对老伴的一味姑息孙子的做法常常看不惯，有时当着老伴的面教育小高："习惯是人的第二天性。一个人从小就应当培养自己的好习惯，不要养成坏习惯。什么是坏习惯？叶圣陶老先生说过，一是没有好习惯的习惯，二是影响他人的习惯。好习惯可以使人享用一辈子。"小高对爷爷的教育并不反感，点点头表示赞同。可是不好的习惯养成了，要想改正有些别扭。一天，奶奶不在家，到海南旅游去了。一放晚学，小高赶忙坐下来做作业，语文、数学各两张试卷，有的题目难得出奇，连教过中学数学的爷爷也做不出来。晚上10点钟小高准时睡觉，他的课本、作业本、试卷、钢笔、铅笔、三角尺、橡皮等胡乱地散放在多处。第二天大早起来迟了，急忙整理书包，突然发现《语文》不见了，小高慌慌张张地翻检书包，从里到外，从外到里地寻找，还是找不到，爷爷也帮着找，后来终于在书桌紧挨墙的角落里找到了，爷爷只说了一句话："以后什么东西都要归槽道。"

槽道，在江淮方言中是遵守规矩、遵守规律、有条理的意思。槽是槽，道是道，让事和物沿着槽和道有序地运行。

《金瓶梅》第五十一回，月娘向大妗子、孟玉楼说："你们昨日都在跟前看着，我又不曾说他什么，我便说，你二娘这里等着，怎没槽道，却不进来？论起来，也不伤他，怎的说我虔婆势，乔坐衙？"文中的"没槽道"是月娘责备李瓶儿处事没规矩。《金瓶梅》的作者笑笑生有的说是山东人，有的说是江苏人，有的说是浙江人，至今还不能确定是哪里人，小说中却有不少的江淮方言词语，"槽道"便是其一，而且在江淮一带起码已经使用几百年了。

小艾今年也上五年级，同小高是邻居，又是同学，他妈妈对他从小就训练有素，因此养成了较多好习惯。每天晚上做完作业，课本、作业本、文具等都整整齐齐放进书包，有条不紊。他书桌抽屉里放着剪子、刀子、尺子、本子、玩具等，只要手一伸进抽屉，一下子就能准确地拿到他所需要的东西，很少例外。他到外公、外婆家玩，看到一本他喜欢的新书，爱不释手，看了一会儿，因为要回家做作业，只好丢下，放回原处，下次再来看。外婆夸赞说："小艾做事真归槽道。"

小艾的奶奶每天到菜场买菜，小艾喜欢吃红烧排骨，奶奶每星期总要买一次。最近食品涨价幅度不小，几个月前排骨每斤12元，现在已经涨到14元。小排骨比较走俏，几个人拥在一起，前面一个人买4斤，每斤14元，到了小艾奶奶，卖肉的却要15元一斤了，小艾奶奶说："你这个人做生意怎么没有槽道？"卖肉的说："市场经济，随行就市。"小艾奶奶听了心想：这话倒也是。想到小艾吃红烧排骨时那副高兴的样子，只好买了两斤。

小艾的爸爸却是个生活上不归槽道的人。他平时不修边幅，东西乱丢乱放，晚上睡觉前脱下的衣服、鞋袜今天放这里，明天放那里，有时两只鞋都甩在床肚里。一天凌晨即起，要乘车去北京，可是袜子怎么也找不着，后来似乎找到了，不管三七二十一，穿上再说。坐到汽车上，不久天亮了，同座的人直往他脚上看：这人怎么穿着肉色的女袜呢？小艾的爸爸往自己脚上一看，真的把小艾妈妈的袜子穿上了。

人活在世上为人做事、待人接物都应当有槽道，归槽道。

寸

寸是长度单位，10分为1寸，10寸为1尺。但历代的寸与西制厘米相对照，长度不一。据有关专家考证，战国时一寸为2.25厘米，汉朝时一寸为2.31厘米，三国时一寸为2.4厘米，晋朝时一寸为2.45厘米，隋朝时一寸为2.96厘米，唐朝时一寸为3厘米，宋朝时一寸为3.12厘米，明清时一寸为3.2厘米，而当今的一寸为3.33厘米；加之有的朝代实行十二进制，有人身高八尺，张飞使丈八长矛，按照当今的标准，那就要短了许多。

二〇〇七年十二月，中国南方的广东、广西、云南、贵州、湖南、湖北、江西等地下了几场大雪，为五十年来所未见，灾害严重。在茫茫的原野里，分不清哪里是田，哪里是河，很多救灾人员冒着生命危险抢救灾民，抢修电网，有的人一不小心陷进泥沼，难以自拔。抢险救灾突击队的同志相互提醒，走路不能慌忙，要尽量寸着点走。这里的"寸"是江淮方言，意思是小步走，小步如寸，小心试探，择路前行，这个"寸"是动词。

小秦是一家大型服装厂的机工，因为出口任务重，时间紧，连续十天加班了，每晚要到凌晨一时方能回家。刚下班时她接到丈夫的电话："今天晚上8时，我们家所在的大巷路灯全坏了，巷里的几个窨井盖又被可恶的小偷撬走了，我在巷口等你。"小秦和她的丈夫在长长的巷子里搀扶着，寸着走，安全抵家。

在人生的道路上，出现在我们面前的不尽是平坦大道，有时也会出现崎岖艰险，谨防泥淖陷阱。小艾在省城的一所知名大学就读，学的是商贸英语。如今大学本科虽然要读四年，实际上最后半年就让学生自找单位实习，寻求就业岗位。小艾面容姣好，身材高挑，生性开朗、活泼，喜欢参加社会活动，是学校的"校花"，学习成绩也不错。她到一家中外合资公司考试应聘时，经过笔试以后，总经理要一个一个面试，小艾被总经理看中。一共招聘五人，各人的待遇互不通气。总经理私下对小艾说："你的月薪是其他人的两倍。"小艾当然很高兴，将这一情况告诉父亲，父亲在市教育局工作，对小艾说："人生旅途很长，在顺利的时候，也要谨慎小心，寸着点走，防止遇到坑穴和陷阱。"小艾心知肚明。小艾在那公司上班不久，发现总经理常常要小艾到办公室来，没话找话说。她想到在学校时有人写的一副对联：爱国爱家爱师妹，防火防盗防师兄。现在得防防总经理了。父亲的教导使小艾心中多了根弦，她一直提防着总经理。总经理的言行越来越出格了，小艾干了不到两个月就炒了公司的鱿鱼。

春天，杨大爷养了二十多只小鸡，到了秋天只剩下二十只，其中十五只是母鸡。杨大爷从小就看着爷爷养鸡，所以也积累了一些经验。初冬时小母鸡"咯咯咯"地叫，杨大爷知道快要下蛋了，他抓起一只，用中指与食指在母鸡屁股下面一"寸"，鸡的裆还没有两指宽，有两指宽就下蛋了。这里的"寸"也是江淮方言的独特用法，摸索、试探的意思。过了几天，杨大爷家里的十五只母鸡都先后下蛋了。

在人生的道路上不论是处于顺境还是逆境，当应寸着点走为好。当然，有时应当"大胆往前走，不回头"。

插嘴撂舌

小T是县实验小学的六年级学生，学习成绩在班上居中上，但他非常喜欢读课外书籍。老师布置的作业很多，他有时作业还没有完成，捞到一本书就看起来。每星期日下午，妈妈就带他到新华书店去看书、买书；暑假、寒假他常到新华书店，席地而坐，饶有兴致地、旁若无人地看书，看到精彩处，会情不自禁地发出"咯咯咯"的笑声，有时忘记了回家吃中饭，新华书店的工作人员都称小T是"小书虫"。

小T上课时喜欢发言。语文老师一个问题提出来，有的同学还没有反应过来，他已经一边高高地举起左手，一边嘴里叽里咕噜地回答了。见此情况，老师没有喊他回答问题。老师叫别的同学解答了，小T也在一边叽里吐噜地说，有时声音还相当大；倘若别人答不上来，或者答错了，他更肆无忌惮地大声替别人回答。

教语文的戎老师，是全县小学语文学科教学的带头人，三十多岁，连续三年被评为县优秀教师。他把小T上课的表现，看在眼里，记在心里，但上课时不理睬他。课后，戎老师将小T叫到办公室。小T低着头，戎老师请他到办公室里来的意思，他似乎已明白了几分。戎老师说："你今天上课时认真听讲，老师提出问题能立即互动，反应灵敏。你也知道先举手，后发言，当老师没有喊你发言时，你便更高地举起手，屁股离开了凳子，恨不得要站起来，这种踊跃发言的积极性是应当肯定的。但有时举手与发言几乎是同时并行，别人发言时，你又在插嘴撩舌，这就违反了课堂纪律，而且对发言的同学不尊重。"小T一直低着头听戎老师讲，不时地点点头。戎老师说："我相信小T同学今后一定会改掉课堂上插嘴撩舌的毛病。"

插嘴撩舌，这几乎成为江淮方言中约定俗成的词组。别人讲话，你插上几句，这叫"插嘴"；"撩舌"指，别人讲话时，你的舌头应当是蜷缩在嘴里的，只是用耳朵听，而你却不由自主地随意地将舌头撩出来了，打断别人的话，有时还会岔开话题，影响、干扰会议或讨论的效果。

小C是县政府某局的公务员，他也有插嘴撩舌的不良习惯。开会时，局长就某一议题先做中心发言，小C有不同意见，当即插起嘴来，局长心里有数，不能理他，你一搭他的腔，他会越插越多。别人都说小C犯嫌，局长虽然也有同感，但不便表述。小C插了几次嘴，不撩舌了，局长便停了下来说："小C同志还有什么话要插吗？"与会者的目光都盯着小C，小C这才觉察到插嘴撩舌的问题，红着脸不言语了。

插嘴撩舌者，一是对别的讲话者不礼貌，不尊敬。别人在行使着讲话的权利，集中注意力议论着某一问题，表述着自己的意见和建议，你有什么不同看法可以在别人发言结束后陈述，而不应该打断别人的讲话，这样做无异于"拦路抢劫"。二是炫耀自己的小聪明、小智慧，似乎发言者的见解、观点不如自己高明。即使你的见解如何如何高明，自我暴露道德修养的低下，再有什么高见，别人也自然难以听得进，甚至打折扣了。三是会扰乱课堂、会场秩序。课堂也好，会场也好，总要按部就班地依照程序地上课、开会，你一插嘴，他一撩舌，课堂、会场处于无序状态，成为鸭子吵堂，上课、开会就很难达到预期的目的。归根到底插嘴撩舌者是以自我为中心观察问题、处理问题，一事当先，只是先考虑自己的感受，而不考虑别人的感觉；自己则是盲目自信，过高地估计自己。盲目自信者无异于

"自残",目中无人,心理上有病了;心理上有病就难以同别人交流、沟通,也就很难做好本职工作。

小T以后在课堂上改掉了插嘴撂舌的不良习惯,尽管有时还有反复,但当他举手要发言时,老师没有喊他,舌头会在嘴里打几个滚,自控能力增强了。戎老师在全班同学面前表扬了他。

小C也在不断加强自我道德修养,他下决心改掉自己插嘴撂舌的不良习惯,他认真读了一本名叫《高效人士的七个习惯》的书,这是一本风靡全世界的书。书中提到七个习惯:第一,积极主动;第二,明确目标;第三,掌握重点;第四,利人利己;第五,设身处地;第六,集思广益;第七,综合平衡。这七个习惯小C牢记在心,而且时时对照自己的言行。开会时,他认真聆听别人的发言,之后再阐明自己的观点。同事们说小C同以前相比,判若两人。

习惯可以改变命运。每个人都应当以积极的心态去培养自己的良好习惯,创造美丽的人生。

骄

二十世纪七十年代初,我在高邮师范学校教书,学生都是知识青年,大部分是插队知青,他们来自北京、上海、南京、扬州、泰州等地,小部分是回乡知青。他们在农村中锻炼得很好,经本人申请,贫下中农推荐,人民公社负责人批准,再参加一下象征性的笔试、面试,学校复审后就被录取了。

同学们都十分珍惜失而复得的学习机会,父母们更是在欣慰之余关心备至。有一位女生,扬州人,在兴化农村插队六年,跌打滚爬得可以,母亲特地请亲戚在上海购制了一件黑色呢大衣。那个年代呢料很紧张,凭票供应也很难买到合适的。她穿在身上很风光,很气派,同学们都很羡慕,特别是刚从农村来到学校还没有来得及更换破旧衣服的同学经过她面前时，总要多看几眼。她对这件呢大衣更是非常爱护，先是做了一副护袖，后来母亲寄来了一件大褂，来信说："新呢大衣不要骣穿，外罩一件大褂可以护护脏。"

骣，读chǎn，原意是骑马不用鞍鞯。唐代诗人令狐楚《少年行》："少小边州惯放狂，骣骑蕃马射黄羊。"江淮一带一般读成càn。俗话说："人靠衣裳马靠鞍。"马鞍披在马上，人骑在上面会感到舒适，同时也起到装饰美化的作用。做料考究、做工精细的马鞍往往也是身份、地位的象征。古代的精美马鞍流传下来，而今成了珍贵的文物。倘所骑之马无鞍，那就叫"骣骑"。

在羽绒服流行之前，江淮一带人冬天穿棉袄，有小棉袄、大棉袄，大棉袄外面要加一件罩衣。倘若棉袄是黑色的，罩衣则可以用多种颜色做，男士用蓝色、栗色、米色、灰色等，女士则可以选择自己喜欢的各种花布做，五颜六色，绚丽多姿。二十世纪三四十年代不论男士还是女士作兴穿长衫，穿棉袍。穿长衫往往是有知识、有身份、有地位的人的标志，所以那时有句歇后语："乡下人穿大褂子上城——必有正事。"棉袄、棉袍外面有罩衣，一者即使在色彩单调的冬季，人们的穿着也可以变换着多种颜色（当时只有一件罩衣者也不乏其人），二者可以保护棉袄、棉袍。一件棉衣要穿好多年，棉花板了，撕撕碎再铺。高邮城区流行着一句民谚："牛头向西，早办棉衣。"寒露前后大批外地的农民牵着牛去东乡帮人割稻、打场、耕地、种麦，霜降前后他们又牵着牛回家，母亲们就忙着缝制棉衣了。

棉衣外面没有罩衣，就如同马无鞍一样，叫"骣穿"，有人写成"残穿"，实令人难解了。

我的祖父朱小芝先生在我出生前就去世了。父亲告诉我，祖父在四十岁左右染上了抽鸦片的恶习，家庭陷入严重的困境。父亲兄弟姐妹四人，中午放学回家，揭开锅盖一看，常常是一锅清水，祖母给父亲几文钱买两只烧饼，就又去上学。祖父大烟瘾发作时，难受至极，一次竟然将身上的棉袄加褂也当了，以解烟瘾。祖父骣穿着棉袄，连续几天祖母居然未能发现，因为祖父的棉袄同加褂是一种颜色。

从二十世纪八十年代开始流行羽绒服，而今风行了。早期的羽绒服都是骟穿，欧美人更是如此，他们似乎没有外加罩衣的习惯。在中国几千年的服饰文化中，罩衣似乎是少不了的，于是有的厂家研制出了外壳加内芯（或称内胆）的款式，外壳穿脏了，洗洗晾干再套。不过，比较起来，从审美的角度看，骟穿的羽绒服大方、美观。

抄掩显捂

"抄掩显捂"在江淮方言中经常会用到，意思是将掩藏着的事物抄示出来，将捂盖着的东西显现出来，声张、宣扬、张扬。

Y市希望工程办公室每年暑假总会收到署名"朱仁"汇来的人民币5000元，连续10年。汇单上的地址是：Y市幸福新村6幢603室。希望工程办公室主任按汇单上的地址去采访汇主，谁知跑遍全市都未找到幸福新村，地址是假的。去年，办公室负责人特地按汇单上的邮戳去访候邮政局的工作人员，请他们回忆，八月五日是谁来汇5000元的。邮政局人员说，这天上午9时，有一位四十岁左右穿着朴素的女子来汇款，收款人是市希望工程办公室主任。汇款人是谁？不认识。

二〇〇七年，从八月一日起，市希望工程办公室负责人每天8时整就来到邮政局大厅守望。一天过去了，未见朱仁；二日、三日、四日又过去了，还未见到朱仁。五日上午9时，一位衣着朴素、面容慈善的中年女子来汇款了，邮政局工作人员示意希望工程办公室主任，待那位女子办完汇5000元的手续后，主任很有礼貌地上前打招呼，询问有关情况，那女子很谦和地说："平生不喜欢抄掩显捂，做一些对社会有益的事是一个人应有的责任，而不应当带有任何私利和其他目的。"市希望工程办公室主任采访朱仁是为了将其长期做好事而不留姓名的优秀事迹进行广泛的宣传，希望有更多的人关心希望工程，投入慈善事业中来。朱仁的一番话给他以深刻的教育与启迪：一个人做了些对社会有益的事，应"掩"应"捂"，不需张扬，不必张扬，大爱是无声的。朱仁的这种精神、这种修养、这种境界本身就值得在全社会大力提倡，努力弘扬。朱仁的事迹及朴实隽永的话语在Y市传开了，关心希望工程、关心慈善事业的人更多了。

金先生今年七十岁了，他常说诸葛亮一生唯谨慎。金先生大半生大事、小事都是低调处理，小心谨慎。他同老伴从未做过寿。六十岁时四个子女要为他操办一下，他坚决阻止。他认为一个人降临到世界上，最痛苦、最快乐的是自己的母亲，生日这一天应当深深地怀念、感恩母亲，一家人在一起其乐融融地聚会一下，也就很好了。

金先生退休前即参加县老年门球队，十年来球艺多有长进，是门球队的主力。县门球队队长曹先生是一个喜爱热闹、抄掩显捂、热情大方的人，他知道今年金先生70岁，早在全队宣扬开了，一定要为金先生庆贺一下，人生七十古来稀嘛。金先生悄悄对曹先生说："莫要抄掩显捂的。"曹先生却大嗓门地嚷开了："有的事就是要抄掩显捂，一'抄'，一'显'，可以调动大家的积极性，激发热情，鼓舞士气，团结一心，同时也给自己增加压力、动力，逼着自己奋勇向前，把事情办得更好。"金先生觉得曹队长的话也不无道理，他的话是从办好门球队的角度讲的。曹队长将金先生过生日的事不仅在门球队宣了，还向金先生的老同学、老同事讲了，金先生做寿是势在必行。金先生在县报上刊登一条消息：某月某日是金某的七十岁生日，欢迎亲朋好友于18：00光临某某大酒店，特备薄酒招待。注：不发请柬；请勿送花篮等礼品；本人所欠新旧口水债之债主恕不一一通知。

金先生七十岁生日那天，某大酒店大厅里到了二百多人。这次生日宴会独特而别致，宾客用的是自助冷餐，酒水自便，敬酒不劝酒，大厅里又唱又跳，笑语欢声不绝于耳。

金先生七十岁生日之前十天，全省门球队云集该县城比赛，该县门球队从前年的第三名荣升为冠军。

铳

铳，读chòng。《新华字典》解释："旧时指枪一类的火器。"旧时究竟旧到何时？《清会典》："凡火器之小者曰铳。"明代邱浚《大学衍义补》："近世以火药实铜、铁器中，亦谓之炮，亦谓之铳。"随着考古的不断发现，铳的发明时间也在提前。中国军事博物馆陈列着一杆火铳，是元朝至正十一年（1351）制造的。《鉴宝》栏目有一藏宝者收有元朝至正二年（1342）造的火铳，品相很好，经专家鉴定，市场价十万元。铳的发明时间是不是还要提前呢？很难说。

江淮一带称自制的土枪叫"土铳子"。在抗日战争时期，一些地方武装经费困难，加上日伪的封锁，很难弄到枪，于是请一些能工巧匠来制作。由于造枪的设备简陋，所以只能做一些土铳。百十人的武装部队有几十条枪，再加上几十支土铳，实力就算不错了。日伪军队对活跃在江淮一带的新四军及地方武装是不大瞧得起的，尤其是地方武装，他们的武器装备不先进，日伪军倘与他们交火时会轻蔑地称他们为"土铳子"。"土铳子"由武器而代人了，这是修辞手法中的借代。可是，就是这些"土铳子"发扬了延安的"小米加步枪"的革命精神，配合正规部队打了一个又一个胜仗，使日伪军胆战心惊。

在生活中还有另一种"铳人"。W与Y从小同学，高中毕业后二人同时考入某局工作，两人相处如同一人，无话不谈。有关部门来考察W了，准备提他任副局长。干部升迁的考察是一必需的过程、重要的形式，而局里的一把手的意见至关重要。在这节骨眼上，W为了实现自己的愿望，特意去讨好局长，置与Y的多年友情于不顾，以向局长汇报思想为名，添油加醋地大谈Y在背后及在局里工作人员中如何散布对局长的不满及怨恨。W如愿以偿。局长对Y怀恨在心，耿耿于怀，工作中常常给他小鞋穿。W见不得人的勾当被Y知道了。一天W忽然良心发现，登门访候Y，想重叙友情。Y隔着防盗门，大声斥责："你来干什么！只当你这个老同学死掉了，我没有你这个同学、朋友！""哐当"一声狠狠地将门关上。Y的几句话好比炮弹、子弹，将W铳得远远的。回家的路上，W想："Y的话铳头铳脑，铳人也铳得太厉害了。"后来有人问Y，为什么铳W那么厉害。Y说："我对W长时间付出了真挚的友情，得到的回报却是损害我自己。如果原谅他，就是纵容他，就是自认是傻子、白痴。铳他是希望他猛醒。"这里的"铳人"，是指说话直来直去，冲着一股气，而且火力很猛。

现在，工厂里有铳床。日常生活中会用到以金属做成的铳子打眼或除眼。

农村、山区还有人用火铳打野鸡、野兔、獐子，因为火铳有杀伤力，能打伤人或致人死亡，持有火铳者必须到公安机关登记，否则就违反了枪支管理法，那就是犯法了。

抽牵

"抽牵"这个词似乎是江淮方言所特有的，意思是指求学、工作、办事、过日子等不顺当、不如意，结结巴巴，折折皱皱，坎坎坷坷。

小迁十七岁，明年暑假初中毕业，可他走过的求学路却是坎坷。小迁的智商不低，在小学养成了良好的读书习惯，五年级时就读完了《三国演义》《水浒传》《西游记》《红楼梦》等中国古典名著，写的小文章也在省、市报刊上发表过。上初二时，他听说也见到邻居一位上高一的女孩写小说，而且在市报上连载。小迁对爸爸说："我也要写长篇小说。"爸爸冷冷回答："你试试吧。"小迁上课时不听讲了，常常想到小说中人物的故事。他的学习成绩直往下掉。他想到了韩寒，上高中时就出版了小说《三重门》，以后干脆辍学闭门写作了。他向爸爸提出休学。爸爸坚决不同意，小迁不管爸爸如何劝说，自己就是不去学校了，在家日夜写作。几个月下来，小迁写了二十几万字，与几个出版社联系，有的如石沉大海，有的很礼貌地回复：今年出版计划已满。小迁见到同学们每天背着书包上学，他非常羡慕，他复学了。不久，他又迷上了诗歌，尤其喜欢读法国波特莱尔、中国的戴望舒与李金发等人的诗,也试着写,有时一人关在屋里大声朗诵,邻居老郑窃议:"简直像个疯子。"小迁不知怎么知道了,对老郑说:"诗翁莎士比亚有句名言'诗人就是疯子',我还疯得不够呢!"小迁的正常学习跟不上趟了,老师劝他休学一学期,今年暑假后上初三。老郑惋惜地说道:"小迁上学真是抽牵了。"老师、同学以及小迁的爸爸都有同感。

"抽牵"这个词很形象。一个人办事倘若好像丝绳一样,才被抽出来,又被牵回去;才被牵回去,又被抽出来,来来去去,反复无常受折磨。老游就是这样的人。一家外国贸易公司驻中国办事处拟向中国的Q服饰公司订购价值几亿元人民币的羽绒服。Q公司的总经理派老游去北京洽谈此项业务。谈判需要精通业务,掌握政策,把握时机,有时更需要耐心。老游谈了几天,感到这项业务是个烫手的热山芋,因为对方设置了一层一层障碍,要排除障碍,很难。老游经请示回公司了。Q公司总经理改派了老盛接着谈。老盛谈了几天,渐显端倪。不巧老盛的母亲病危了。老游时时关注着这项业务的谈判,他向总经理请缨了。总经理认为他熟悉情况,又派他去了。谈了几天,陷入僵局。老盛刚处理好母亲的丧事,老游向总经理告急,不得已总经理还请老盛出马。谈判渐入佳境,老盛需要助手,老游自告奋勇。总经理心想:老游办事游移不定,真是活抽牵了。考虑到老游有一定的办事能力与经验,又好气又好笑地派老游去当老盛的助手,那项业务终于谈成了。事后,有人给老游起了个绰号"老抽"。老游晓得了,一点不生气,反而辩解道:"办事抽牵是深思熟虑的表现之一。"总经理听了,哑然失笑。

俗话说:"穿不穷,吃不穷,不会过日子一世穷。"老霍夫妻俩在一家机械厂做工,有一个男孩,上三年级。厂里每月10日发工资。工资到手,老霍照例连续3天晚上去酒馆,请三朋四友大啖几顿。自己在家呢,中午吃肉,晚上还吃鱼;中午有只鸡,晚上还买只鸭。还有,赊的账结结,欠的债还还,到了20日,一个月的工资已经所剩无几,于是东挪西借,东拉西赊。到了月底、下月头,有时一天三顿甚至都难糊了,老霍仍然到街头的小店赊烟、赊酒;那小店不赊欠了,他就再换一家。老师布置孩子阅读的课外书籍哪有钱买,孩子只好每星期日到新华书店坐在地上看上一天;文具也是破损不齐。老霍家好不容易熬到下月10日，工资到手，连续啖三日，鸡鸭鱼肉不断，一切如旧，困顿日子也是一切如旧。对门的管奶奶早就发觉，提醒老霍："过日子要有计划，不能今朝有酒今朝醉，这样活抽牵的日子应该有个了时。"老霍嘴上感谢管奶奶，过日子还是我行我素。管奶奶颇有感慨地说："老霍家抽牵、活抽牵、活抽大头牵的日子不知到何时！"

初

一个人从幼儿园时就养成的好习惯，往往影响他的一生，使他的一生受益多多。但是那好习惯必须经常强化与巩固，否则那坏习惯会偷偷袭来，挤掉好习惯，或使好习惯淡化、丢失。上幼儿园时，老师教育孩子吃饭前必须洗手，洗手要认真，要用肥皂仔细擦洗，再冲洗，按照医生的要求，洗手需用五分钟才能算洗好。孩子上了小学，作业多，负担重，童年的快乐逐渐远离。小雄就是这样。他才上三年级，幼儿园时的良好习惯似乎常常忘记。每天中午放学回家，书包一放就忙吃饭，有时见到好的菜肴，连筷子都来不及拿，直接用手拈了。妈妈见此情况总是强迫小雄先洗手，再吃饭。有时小雄勉强就范了，只是三划两绕就算洗过。妈妈便抓着他的小手用肥皂液搓洗，用毛巾左初右初。妈妈又讲起吃饭前不洗手的害处，小雄都知道，饿极了那些道理就丢到脑勺后了。

初，《说文解字》："从刀衣，裁衣之始也。"这是个会意字，是中国汉字造字的"六书"之一，即利用已有的字依据事理加以组合，表示出一个新的意义的造字方法，如"日""月"为"明"，"人""木"为"休"等。裁制衣服的第一刀就是"初"，由此而引发出较多意义，如起头、刚开始、第一次，当初、本来，最初的，等等。在江淮方言中，"初"可以当动词用，用毛巾、揩布、棉花等揩擦物件叫"初"。桌面上落了些灰尘，用毛巾、揩布、棉花等将灰尘揩去，使桌面显露出本来面目，这一揩擦的动作就叫"初"。

郑奶奶八十五岁了，是一个爱整洁的人，屋里打扫得干干净净，衣服穿得整整齐齐，二十世纪五六十年代，棉布计划供应，衣服坏了就打补丁穿，郑奶奶衣服上的补丁光光滑滑。她每年农历除夕，有一个习惯，必须将家里的所有家具初一遍。她同儿子、儿媳、孙子、孙女一起吃过团圆饭后，其他人都去看中央电视台播放的春节联欢晚会节目，她便开始了一年一次的必做事项，初大床、小床的边框，初桌面、桌腿、椅面、椅腿、凳面、凳腿，初大门、客厅门、房门，初窗框，然后将每一个房间、天井打扫一遍，独自将垃圾倒出，这许多事情做下来，东方已经显露出鱼肚色，郑奶奶很满足地、舒坦地上床休息，美美地睡一个“元宝觉”。每年如此，从不要其他人帮忙，也不允许其他人插手。几十年来郑奶奶有个理念，走进一个人家，地面、家具亮堂堂，照得人发亮，这个人家才兴旺，才发达，才有生气，才有活力。除夕除夕，一切不净的东西都要除掉，新年显出新气象；大洁大吉，吉祥如意。几十年来郑奶奶坚信这一理念，她家的生活实践也应验了这一理念，一家人的日子年年向上，和谐安康。郑奶奶关照她的儿子、儿媳，总有一年除夕夜，她实在初不动、扫不动了，子子孙孙必须继承她的美好习惯，传承美好家风，祈求美好祝福，美好的日子万年长。

郑奶奶的话有道理。一个人家房屋再大，家具陈设再好，倘若走进去不干不净，灰毛鼠狼，能有精神吗？能提精神吗？

老楚在家具城开了一个家具店，规模不大，式样较新潮，质量算上乘。他和妻子每天必做的一项工作就是将大厅里的所有家具一样不冇，一丝不苟地初一遍，顾客任何时候来看，所有家具都是一尘不染，光亮如新，加上良好的售后服务，即使在家具业不景气的时候，他家的生意仍然很好。隔壁一家家具店，式样更新潮，质量更上乘，但是家具上常常落上些灰尘，不光不亮，因此生意不及老楚家。

郑奶奶的话，令其他行业的人也会受到启迪。

俶诡

小徐上三年级，喜欢读课外书，什么宇宙星球、动物世界、植物世界、枪炮兵器、星外来客等等都喜欢看，遇到不懂的事就问，常常将爸爸妈妈问得答不上来，他们只好说："等你长大了，就懂得了。"

高邮的双黄鸭蛋举世闻名。春节刚过，小徐养的几只老母鸡有一只抱了，他拿了几枚鸡蛋给抱鸡孵。他家养了几只高邮麻鸭，偶尔生双黄蛋，他想，双黄鸭蛋抱出来的小鸭是什么样呢？他选了一枚最大的双黄蛋给老母鸡抱了。老母鸡忠于职守，每天不离窝，很少吃喝，小徐每天放晚学回来总要往鸡窝里看看，很舍不得那老母鸡，有时特地抓一大把稻放在它面前，它啄上几粒就不动了。爷爷说："老母鸡孵小鸡一般21天就出窝了。"小徐一天一天地看，一天一天地盼，到了第21天，有3只小鸡啄破蛋壳出来了；到了第25天，小鸭也啄破蛋壳出来了。小徐特别关注双黄鸭蛋，小鸭出壳后，小徐大声惊呼："俶诡，俶诡，爷爷快来看啊，这小鸭两个头！"鸭子一般一次生一枚蛋，倘若生一枚双黄蛋，那就是不正常了，双黄蛋孵出的小鸭就成了怪胎。爷爷还告诉小徐一句民谚："鸡抱鸭，没办法；鸡抱鹅，没奈何。"老母鸡经过21天的辛劳孵育后，一般就不再恋窝，而孵出小鸭则需要25天，孵鹅呢，需要的时间就更长了。

俶诡，读chù。诡，奇异也。《庄子·德充符》："无趾语老聃曰：孔丘之于至人，其未邪，彼何宾宾以学子为？彼且薪以俶诡幻怪之名闻，不知至人之以是为己桎梏邪！"意思是，叔山无趾对老子说："孔子还没有到达至人的境地吧，他为什么不停地来向你求教呢？而他还要企求奇异的声望传扬天下，难道不知道至人把声望当作是束缚自己的枷锁吗？"又《天下》："其辞虽参差，而俶诡可观。"

俶，在宋代《集韵》中出现过，《说文解字》未见。"俶诡"在江淮方言中常常用到，不过一般写"出鬼"，还有人则说成"lù（禄）诡"了。"俶诡"一词最早似乎只是在《庄子》中出现过。庄子是今安徽人，安徽属江淮方言区，江淮一带人经常用到这词那就不奇怪了。这样看来，"俶诡"这词已经用了两千多年，是老古董了。

有这样一个真实的诚诡的故事。

有一位安徽人S，在河北省唐山市当兵，后转业到当地水利局工作。年龄大了，负责看守水库，于是学会了垂钓，钓技日精，鱼多得吃不了，就放在厨房里的大水缸中养着。连续几天发现鱼日渐稀少，S想：真的诚诡了。一日半夜，"嗵"一声，S立即起来看望，到了大水缸边，用手电一照，一只野狐落在水缸中，目光恐惧而哀怜。S这才明白养在水缸中的鱼日渐稀少的原因，本想用棍棒教训野狐一顿，转而又见到野狐那别样的目光，似乎还流着泪，他就用木棍将野狐救起，野狐出门直奔门外大山而去。从此，水缸中的鱼再也没有少过。有几次，S清晨起来，一开门会见到咬死的野兔、山鸡。S想：又诚诡了，在这荒山僻野，谁会送这野味呢？可能是野狐，小时候就听爷爷说过，狐狸通人性，会感恩。

一九七六年七月二十八日凌晨，S忽然听到急促的撞门声及野狐的鸣叫声，开门一看，那只放生的野狐在S的脚前不停地绕圈，像有什么急事要诉说。S以为野狐想吃鱼了，转身往大水缸边走。野狐更急了，赶忙咬住S的鞋直往门外跑，当S还没有悟到什么原因时，"轰"的一声巨响，房屋全部倒塌，震惊世界的7.8级唐山大地震发生了。S惊魂未定，嘴里不停地说："真的诚诡了，真的诚诡了！"野狐的身影消失在夜幕中。

唐山大地震过去已经三十余年。S常常将放生野狐、野狐报恩救命的故事讲给别人听，不少人似乎有所感悟：人与人之间、人与自然之间、人与环境之间、人与动植物之间应当和谐相处；有的动物有灵性，甚至有良心，只要它们不严重伤害人类，都应该好好保护它们。

野狐尚知感恩、报恩，何况人乎！

趾

夏日炎炎，骄阳似火，人们常常吃西瓜来清凉去暑。卖西瓜的或沿街叫卖，或在闹市口摆摊设点，有口渴者在路边就大口大口地啃起来，西瓜皮则随手一扔。有年老者路过此地，一不小心，一趿一滑，重重地跌了一跤，到医院检查，股骨颈骨折，需手术治疗，且要卧床休息120天。一块西瓜皮给一个人甚至一家人带来灾难。

趿，读cī，脚下滑动的意思。这里的"滑"，是指在光滑的物体表面上溜动。

一年夏天，韩国36位小学生到中国的一个历史文化名城旅游，发现地面上有不少西瓜皮、塑料袋等杂物，大家不约而同地停止参观，一个个不停地弯腰将地面上的垃圾拾起放入垃圾桶内。有的行人见此情状也主动加入他们的行列，而有的人则在路边观看，从目光看，有的佩服，有的惊奇，有的感叹。

有一位70岁的美国男士，在网上与中国南方一城市五十多岁的女子相爱，不久，那美国男士来到中国与女子结婚。他有一个习惯，每天必用一小时上街捡垃圾。妻子先是不理解，继而坚决阻止，再而积极支持，最后她每天同丈夫一起上街捡垃圾一小时，这成了他们俩每天的必修课，风雨无阻。他们俩的行动是无声的示范，那个社区的居民乱丢垃圾的少了，渐渐地也养成见到地面杂物就捡起而放入垃圾桶的习惯。

36位韩国小学生以及那位美国老人的公益行为得到中国人的赞许，而且产生了良好的社会影响。什么是公益行为？有位经济学家这样通俗地解答道："花自己的成本，让别人得好处。"自己的成本有可能是金钱，譬如向慈善机构捐款、出钱修桥铺路、在落后的山区建学校、资助贫困的学生完成学业等等。那韩国的36位小学生及那位美国老人，他们没有花去自己的金钱，他们花去的是自己的时间、体力，同样使别人受益，这当然也是一种公益行为，应当大力弘扬的公益行为。

什么是文化？世界上许多国家的许多专家、学者从不同层面、不同角度来诠释它，至今为止，已经有两百多种含义。中国台湾有一位作家这样通俗地来揭示文化的内涵：文化就是如何对待别人。仔细想来，不无道理。你吃了西瓜，针对西瓜皮应该放在什么地方的问题，你应该想到别人，应该方便别人，而不应该影响别人，损害别人，这里面有文化，从特定意义上说，这就是文化。不乱扔西瓜皮的人是有文化素养的人，是讲文明的人。中国有句俗话："与人方便，与己方便。"为了自己的方便，首先要想到别人的方便。倘若人人都是这样，别人方便了，自己自然也会方便。

江淮一带有一句俗话："一头跐，一头滑。"意思是，A去造访B，事先没有电话预约，A到了B家，B在A到之前刚刚离开家，B前脚走，A后脚来，只差一脚。"跐""滑"表示动作之快，时间之短。

"一头跐，一头滑"，这句话在江淮方言中还有另一层意思。C小姐面容清秀，气质高雅，大学毕业以后经过几次考试，应聘到一家公司。由于工作上的关系，产业战略发展部经理同她接触较多，逐渐对她产生好感。C对那位经理的精明、干练由欣赏而到爱慕，不到一年，二人的感情不断发展，不断升温。C在大学四年级时，有一位研究生在追求她，她虽没有表示接受那研究生的爱，但也没有明显拒绝。在一般男性看来，没有拒绝十有八九就是接受。C到一家公司工作以后，同那研究生一直有往来，有时还约会，但没有将自己同产业战略发展部经理的关系告诉他，C也没有将自己同那研究生的相处情况告诉那经理。其实，C心里很矛盾，甚至很痛苦，她同两位男友都有一定感情，倘要决定取舍，舍弃掉任何一位总是有些为难，真是两难选择啊。C将自己的苦闷与矛盾向好友倾诉。那好友认真听了以后，似乎也很难舍谁取谁，但她严肃地告诉C："不能脚踩两只船，否则一头跐，一头滑。"这里的"一头跐，一头滑"，是驼子跌跟头——两头不着实的意思。恋情经常以苦为伴。C经受了感情的煎熬，决定同那研究生继续保持并发展恋爱关系。不久，她到了另一家公司工作。

普天之下，德、才、貌三方面俱优者多如牛毛，择偶时有人将德放在第一位。不管你将这三方面如何排列，按照中国传统的爱情观，爱情应当专一。"一心一意"者高尚，"心猿意马"者糊涂，"左右逢源"者轻薄，"游龙戏凤"者堕落。

跐，又读 $cǐ$，踩、踏也。

搭浆

古代人防蚊虫叮咬用罗帐，宋蒋捷《虞美人·听雨》中有"少年听雨歌楼上，红烛昏罗帐"的词句。二十世纪四五十年代，人们用夏布帐、白足布帐。帐子洗过以后都用小粉浆（麦面粉的浆）浆一下，晒干，帐子就很挺括美观了。浆的时候必须将帐子的每个地方全部浆到，如果这里一块，那里一块，有一块，没一块，这就叫"搭浆"。江淮一带将做事不认真、马马虎虎叫"搭浆"，称东西质量不好也叫"搭浆"。

某单位每两年给退休人员检查一次身体。现在的医院都是企业化经营，每人每次体检必须付费。清晨六点半，近百位老头、老太都空腹来到医院，抽血检查血糖、血脂、胆固醇、肝功能，内科、外科医生这里听听，那里看看，量量血压，做一下心电图，五官科再查查，最后X光透视，体检结束。这次体检下来，在近百人中没有发现一人生重病的，老干部科科长很高兴地向领导报告："我们的退休人员身体都很健康。"就在体检以后不到一个月，有两人得了不治之症。几位退休老人在一起闲谈时，都认为两年一次的体检太搭浆了，检查的项目一般，医生的服务也很搭浆，有的板着面孔，冷冷冰冰不耐烦；有的大而化之，嘻嘻哈哈走过场。

周老师的儿子要结婚了，他省吃俭用在城乡接合地段买了一套四楼的两居室新房。他拿到新房钥匙的那天，特地在门口放了一挂鞭炮，以兆吉利。经过简单的装修以后，又隔了个把月，让油漆中对人体有害的成分挥发挥发，儿子与儿媳住进去了。过不了几天，地板翘起来了，再过几天，楼下的户主上来了：四楼经常有水泥、沙粒往下撒，有时还滴水。周老师的儿子不相信，才买不久的新房怎么质量这样差？他到三楼一看，三楼户主反映的情况属实。又过几天，周老师儿子的房子地板裂了一条很大的缝，可以看到楼下人家的客厅。周老师请来建筑质量检查与监理的专业人员，楼板中的钢筋、水泥等离规定的标准差远了，太搭浆了。周老师带着检测报告走访房屋销售商，房屋销售商推到房屋开发商，连去5次房屋开发公司，都说负责人不在，或出差，或开会，或没有时间，最后投诉到消费者协会，经过多次交涉，只同意维修，不退房，不补偿。房屋开发与售后服务竟如此搭浆，令人气愤。

在学校中也会遇到工作搭浆的老师。米老师教小学四年级语文，他平时凡事不顶真，课堂纪律差，有说话的学生，有下位走动的学生，有回答问题时做鬼脸的学生，有出教室的学生，他一概视而不见，只顾自己埋头讲课，学生听不听他不管，学生听懂听不懂他更不问。学生的作业做错了，他打对的符号；学生的作业做对了，他却打上错的符号。现在的家长对自己孩子的学习抓得很紧，孩子就是他家的财富，孩子就是他们家的希望。开家长会时，许多家长一致反映，米老师的工作太搭浆了，搭浆得令家长难以忍受。不久，米老师调到学校图书馆工作。当前在一些学校流行一种做法，不能教书的就到图书馆当职员。其实，图书馆是学校的一个重要工作部门，工作容不得半点搭浆。米老师的服务理念不好好端正一下，图书馆工作肯定是搞不好的。

医生工作搭浆要害人，房屋搭浆要伤人，教师工作搭浆要误人。

《易·系辞》："举而措之天下之民，是谓事业。"即做对全社会有贡献的事，是谓事业，等而下之为职业。作为一个堂堂正正的人，你所从事的不论是事业，还是职业，都不应当搭浆。

打发

在江淮方言中，"打发"有一种特殊的用法。

老何的侄子明天要结婚了，对象是本村的姑娘。老何当然要出人情。现在农村的人情真多啊！结婚、过生日、生小孩、迁新居、开学、开业、生病、出院、办丧事等等都要出人情。"人情逼似债，锅顶头上卖。"不管怎样，人情是要出的，人情人情，人之常情，人之情面、情意也。以前每份人情50元，现在起码100元，老何这次要出200元。晚上，老何夫妻俩、儿子夫妻俩及孙子全家就到侄子家吃"暖房酒"。第二天要吃一天，到第三天吃过中饭才打散，这是当地若干年的风俗。

老何去侄子家吃酒时，见到新娘要打发，起码100元，老何事先用红纸包好，第一次见到新娘就要送给她，新娘很礼貌地收下，同时鞠躬："谢谢三爷。"

"打发"有讲究，只有长辈才有资格打发新娘，平辈的亲戚朋友是没有资格的，他们只是送人情。新郎、新娘家的爷爷、奶奶、外公、外婆、伯父母、姑父母、舅父母、叔父母等都可以而且应当、必须打发，否则就有失长辈的身份。有时打发的人年龄比新郎、新娘小得多，却是他们的父辈，甚至是祖辈，也必须打发。老何东边的沈庄曾经闹过一个笑话，一个男青年结婚，新娘的一班高中同学纷纷来祝贺，酒过三巡，有一位同学闹着要打发新娘，别人说他酒喝多了，脑子进水了，他怎么有资格打发新娘，他大声说："我是新娘父亲的叔祖父。"论起辈分来，确实是，别人服了。

现在农村还流行一个风俗，同新郎、新娘平辈的人也可以打发，为讨吉兆，以新郎新娘未来孩子的身份称他们为长辈。

打发新娘的"打发"是赏赐、赠送的意思。

又有一种"打发"。A刚当上某局的局长，远亲近邻都知道了，有的登门，有的打电话来祝贺。某日一位不常交往的堂房叔父到县政府来见他。他知道此人生活很困窘，不想见，不能见，于是他请一位秘书去接待，可那堂叔高低不肯离开，在中午下班时也不走。秘书按照局长命令请那堂叔吃了饭，又给了些钱，好不容易把他打发走。这"打发"是使人离去，有应付、对付的意思。

大

在江淮方言中，"大"的意义和用法与其他地区的方言相比，有其独特的地方。

大话。江淮一带俗语云："说大话，啃瓜皮。"这里的大话是自吹自擂，言过其实，吹大牛。B镇有一专喜说大话者，姓冯，人称"冯大话"。一日，冯大话来到镇东头，见几个青年玩石锁、石担子。冯大话吹开了："年轻时专门拜师练过武功，一副石担子400斤重，轻轻一抓就举起来了。"一个青年说："冯叔，这副石担子只有200斤重，请您举举看。"七八个青年人围着冯大话，等着他，看来不举不行。只见冯大话一边说着"这算什么"，一边搓搓手，晃晃腰，摆开架势，抓起石担，大声吼叫，石担子刚提起又放下，连续三次举不起来，响起了一片嘘叫声。冯大话说："唉，昨天一手各提一大桶水，走了百米，今天腰有点不舒服，不然笃笃定定。"

大话，在江淮方言中还有一种意思，即"春话"，述说男女之间的事，过分露骨，就成了淫秽的话。

大菜。在东北地区，入冬之前，家家都腌酸菜。在江淮一带家家都要在交"小雪"的节令后（一般在十一月二十二日以后）腌大菜、腌萝卜干，交了"小雪"，腌制的大菜、萝卜干就不易坏了。大菜，在《现代汉语词典》中有两种解释，一是指酒席上的大碗的菜，二是指西餐。江淮一带生长着一种有近一米高的大白菜，菜梗长、叶少，腌制个把月后即可食用，咸菜梗透亮，吃起来脆嫩。冬天下雪，不少人家都以咸菜慈姑汤下饭。高邮籍著名作家汪曾祺久居京城，思念家乡，在《故乡的食物》中写道："我很想喝一碗咸菜慈姑汤。我想念家乡的雪。"

大钱。陈毅元帅有"飞来捷报当纸钱"的诗句。江淮一带也有烧纸钱祭祖、祭亡人的习俗，一般在清明、农历七月十五、冬至（人称大冬）都要烧纸钱，纸钱亦称大钱。"烧纸叹人心。"不能忘记先人的恩德啊。一般百姓都记住烧的时间：早清明，晚大冬，七月半的亡人等不到中。其实，烧大钱祭祖只是一种形式，心里记着前辈的传统、精神、恩德，光大之、发扬之，那才是重要的。

江淮一带还有人称花很多的钱为"花大钱"。如，这幅画是花大钱买来的。

大势人。一个人长得不漂亮，也不难看，这样的人被称作"大势人"。小周大学毕业后去北京闯荡了十多年，自己开了一家公司，颇有些积蓄了。十多年一直忙于自己的事业，三十五岁还没有成家。一天他去访候老同学小沈："我现在想结婚了。"小沈说："人家是成家立业两不误，你是先立业后成家啊。找对象有什么要求？"小周答道："长相只要大势人就行，漂亮不能当饭吃，但人要诚实、善良、关心体贴人，好好过日子。"小沈觉得小周的择偶观务实、现实，注重心灵美。几个老同学一齐帮忙，小周在不长的时间内就找到了意中人。

我们在看电影、电视剧时，见到某演员演出很成功，论长相他们只算是大势人，但他们以其独特的个性、内蕴的气质、高超的演艺塑造了鲜明的人物形象，深深地感染了观众。因此，从某种层面上看，大势人也会创造美，大势人也美。

大小，有"不管怎么说"的意思。W中心小学的教导主任卞某是一个平时喜欢拿大的人。他做班主任时就喜欢人家称他"主任"。跟他同办公室的柏老师听到一农民模样的家长喊他"卞主任"，私下问他："你是什么'主任'？"卞老师理直气壮地说："班主任不是'主任'吗？"卞老师好不容易升到教导主任了，有一喜奉承者称他"卞大主任"，他心里真高兴。有的老教师喊他"老卞"，他的脸就拉长了，背地里跟老师说："大小我还是个教导主任呢，怎么就喊我'老卞'！"卞主任在同老师研究、布置工作时，有的意见主观、片面，老师们难以贯彻执行，年轻气盛的老师当场就同他争辩、顶牛。卞主任说服不了他们，于是大声说："大小我是个主任，就按照我讲的办。"老师不欢而散。任何单位的"主任"都应当倾听民声，关切民情，吃透民意，所做出的决策就会深得民心，这样的"主任"是"好主任""大主任"，否则民众就无视你这个"主任"，即使官阶再高的"主任"，也是"小主任"。

大起来。大，一般作形容词、名词、副词用，而在江淮方言中，可以作动词用，有长大的意思。小万三十岁才结婚，结婚后与丈夫又一起忙事业，两年了还没有小孩，公公、婆婆都急切地盼望有个孙子。到了小万结婚后的第三年，公公、婆婆看到小万的肚子一天天大起来，他们见到亲戚、朋友就笑得合不拢嘴："快添孙子了。"

小帅好不容易在单位里当了个小官，谁知宣布的第二天，他架子就大起来了，走路时"盈盈公府步，冉冉府中趋"，八字官步，一摇二摆。说话的口气也大起来了，对于平级的同事直呼其名，对于退休的老领导也"老王""老李"地叫了起来。对小帅如此变化，有人暗暗发笑。

大发

老范是某局的公务员，他和妻子都是当地人，为人都随和，乐于助人，人缘好，平时的饭局也多。谁家有什么人结婚、过生日请他们赴宴，他们干脆不出人情，也不送花篮。这个县城流行送花篮，什么精美的铁艺仿真花篮、盛开的鲜花花篮，往往在饭店的大厅里、走廊里排得长长的，事后成为一大负担，或三文不值二文地让花店回收，或直接扔弃掉，真是一种资源的浪费。

老范夫妇的儿子在外地结婚，要回老家办喜宴了。老范在请柬上特别写明：请勿送花篮、礼品，您的光临就是最好的礼物。

老范儿子的婚宴是请好友老郭经办的。老郭在局里负责行政、接待工作，有经验。老范同老郭一起商量办酒的原则是：节俭而不寒碜，体面而不挥霍。初步排了一下请客的名单，从紧匡算要办30桌，每桌450元，烟酒除外。

老范夫妇的同学、同事、亲友知道他们的儿子要结婚了，见面打招呼时就说："到时候我一定来祝贺！"老范笑呵呵地直点头："欢迎，欢迎，热忱欢迎！"这样一来，老范就同老郭重新议排请客名单了。

办酒容易请客难，首先就难在请谁不请谁。老范是个怕得罪人的人，想了一夜以后，他爽朗地对老郭说："放开！"本着放开的原则，老郭认认真真、仔仔细细排了起来，客人由30桌变成50桌。由于物价上涨幅度较大，每桌标准由 450 元改为 550 元，自然另外自备烟酒，烟要名牌，酒要好酒，不能寒碜，不能失去体面，况且就只有一个儿子啊！当老郭将请客的规模、标准等情况向老范报告时，老范沉默了片刻，说："这下子大发啦！"

老范所说的"大发"，江淮一带有的地方时而用到，其意思是：事情做大了，或者发展到令人出乎意料之外。老范心想，要放开，放开，似乎放开得过了些。想到平时欠了人家很多的口水债，他咬了一下嘴唇："照办，坚决办！"老郭在一旁附和："人生能有几次大发！"老范回答："对！大发，大发，大方才能发！"老郭听得出，这是老范自我解嘲、自我安慰的话。

泰州、兴化一带常说"大发"。

呆·望呆

呆，古音读 bǎo，这个读音竟然在江淮方言中还保留着。一个人如果头脑迟钝不灵敏，糊涂或者样子傻乎乎的，别人会叫他"呆子"，或者"大呆子"，呆都读 bǎo，青年人大概很少知道"呆"的这个古音了。

呆，现在的读音是 dāi，有人称"呆子""大呆子"为"大呆鹅"。在越剧《梁山伯与祝英台》"十八相送"中，祝英台见到路边池塘一对白鹅游来游去，相亲相爱，自由自在，祝英台以前曾几次启发梁山伯的情爱，梁山伯纯然不知，不动声色，于是祝英台就旁敲侧击说梁山伯是"呆头鹅"了。

《红楼梦》第二十八回："原来是个呆雁。""大呆鹅""呆头鹅""呆雁"都是说人的行动迟钝、不灵敏，像鹅、像雁一样。

江淮一带还有"呆巴楞痴""呆里呆气"的说法。

在江淮方言中有一个词组很特别，那就是"望呆"。

"呆"怎么可以望？"望呆"是指傻呼呼地、漫无目的地、较长时间地盯着一处望。"望呆"实是"呆望"也。

小强上课喜欢望呆，教生物的王老师在有声有色地讲着脊椎动物，小强却盯着墙上望呆。老师知道小强平时喜爱捉小昆虫、养小昆虫，现在思想开小差了，便向小强提问："蜘蛛是昆虫吗？"小强答："不是，昆虫应该有翅膀。"王老师又问："你知道蟋蟀二尾子是公的，还是三尾子是公的？"小强答道："二尾子是公的，公的会叫，会斗，人们一般都以为三尾子是公的，错了。"王老师大大地夸赞了小强一番，同时指出："刚才你在望呆，你的'神'大概已经飞到郊外捉蟋蟀了。"小强不好意思地笑了笑。

有学生上课时或往桌上望呆，或往墙上望呆，或往窗外望呆，这是常见的事，有的老师见到这类情况就恼火，心想，我讲得多认真，多投入，多生动，你却望呆，不是对我的辛勤劳动不尊重吗？还有的学生既调皮又捣蛋，老师于是训斥、挖苦、中伤学生，让学生或罚款，或在办公室面壁，或责令停课，这只能表明为师者的无能和不称职。任何一个孩子都有其向阳性，即向着光明、美好的方向成长、发展，为师者的责任就是要赞美和鼓励他们乐观上进，觉悟向善，相信阳光，明辨方向，承担责任，充满自信，发挥潜能，成为一个有用的人、有益于社会的人。

王老师根据学生的个性擅长赞美和鼓励学生，这是一种本领、美德、境界。

年纪大者，退休了，小孩成家了，首尾了了，孙子上学了，有的人常常优哉游哉地在街上信步闲逛，他们常常望呆。这里卖特价皮鞋，老戴根本不想买，儿子给他买的新皮鞋还有几双呢，一辈子也穿不完，他要站下来望呆，一望就是个把小时。那个地方在推销新产品节能煤气灶，他家仍然是在烧煤炉，根本用不上那玩意儿，也要站下来望呆，一望又是个把小时。路边有个中学生模样、戴着眼镜的女孩跪在一张大白纸前面，上面密密麻麻写着她的不幸遭遇，请求人捐助。老戴又有了望呆的机会了，他蹲下来慢慢地一个字一个字地看，看完了站起来还是不离开。不少人来看那小女孩，老戴又一个个地看着那些来看小女孩的人。在一个大广场的台阶上，坐着几十个七八十岁的老汉、老太，有的在闲聊，有的什么话不说，眼睛直楞楞地望着远方。戴老汉看到他们，也一个个地盯着他们看。

学生上课时望呆，那是思想开小差。

老年人望呆，除了老年痴呆症患者、神经不正常者以外，无可厚非。

你直楞楞地仰望天空，凝视远方，良久良久，这也是一种休息。

你上班时，还不能过分地用心去欣赏人生舞台上的各种风光；退休了，卸妆了，成了一名真正的人世间的看客。上班时什么可笑可悲可取的事还在发生着，你呆望着。

人生有轰轰烈烈大干一场者，也有平平淡淡安度一生者。在退休的群体中，在一个个望呆的人员中，岂无轰轰烈烈者？岂无平平淡淡者？人老了，绚烂归于平淡。

在望呆的老年人中，你或许有一天会在他们身上发现什么。

倒头

倒头，在江淮方言中是骂人的话。倒头，即是一个人头倒下了，死了。

江淮一带，一个人快死了，赶快抬到堂屋中，停尸床是南北向，遗体头南脚北地躺着。在离遗体头部的不远处，放上一张小桌子，供着一碗饭，那饭是专门请人做的，这人一般是男性光棍，他将生米放在热锅中煮成夹生饭，装入碗中，做成馒头状，这饭有个专门的名词叫"倒头饭"；另外还陈放着几碗菜，点着长明灯。

清代乾隆、嘉庆年间上海才子张南庄写了一本讽刺性滑稽体章回小说《何典》，全文基本上用吴语的俚言土话，有人认为还夹带着其他地区的方言。鲁迅为《何典》写的题记中写道："谈鬼物正像人间，用新典一如古典。"《何典》第三回："棺材头边放下一张拧座台，供好活牌位，摆上老八样头素菜来：不过是吊长丝瓜、丫叉萝葡、老茄子、拖根葱、香菜头、无皮果子、闷壶卢、大碗勃酸齑之类。做过了倒头羹饭，请送入殓的朋友亲眷吃了丧家饭，大家散场。"

江淮一带，人们遇到坏的、不好的、不顺心的、不心甘情愿的人、物、事，会冠之以"倒头"。

小万在放晚学后，喜欢与同学在公园草地游玩，有一天已经晚上8点了，他还没有回家，妈妈一定要等他回来吃晚饭，在焦急中等待，在等待中焦急，说道："这倒头伢子，有什么事也不事先说一声。"

小万爸爸在地摊上买了一双价廉的皮鞋，穿了几天，前边张嘴了，愤愤地说："这倒头鞋子太坑人了，真是便宜没好货，好货不便宜。"

两位家长带着各自的小孩在广场上散步。家长站下来谈心了，谈兴很浓，两个小孩与几个小朋友玩去了。不久，小孩A哭着来到家长面前，刚才跌了一个跟头，已换过的一颗门牙跌断了，指着小孩B说："是他推的。"B坚决否认。问一起玩的小孩，都说没有看到。两位家长都说："这个倒头事情难办啦！"双方协商，医疗费用各自承担一半，才把这个倒头事情处理好。

"倒头"是詈人之词，不能随意、轻易说。

点卯

旧时官署于卯时（5时至7时）开始办公，长官按册呼名为"点卯"，其名册为"卯册"。吏役按时到衙门签到叫"画卯"，或叫"应卯"。

古代将一昼夜分为12个时辰，即：子、丑、寅、卯、辰、巳、午、未、申、酉、戌、亥，每个时辰为2小时（清代才有时钟，以前则以铜漏计时，将一昼夜分为100刻）。前一天的23时起为子时，第二天的5时至7时为卯时。这期间太阳出来了，人们常说"日出卯时"。至于是5时、6时开始办公，还是7时开始办公，各个朝代、各地的长官就根据季节及地域等情况而定了。明代抗倭英雄戚继光在《练兵实纪·凡例》中写道："寻常比较武艺，点卯不到，小有过失，事干人众，应责治者，即以条约为赏罚。"由此可见戚继光治军是很严的。贺仲轼《两宫鼎建记下》："于是每日五鼓点卯，夫匠各带三十斤一石，不数日而成山矣。"那时的点卯是以敲五鼓为号，工匠上班了。

吏役必须每日准时到衙门内去画卯。李存《义役谣》："五更饭罢去画卯，水潦载道走来晡。"晡，申时，下午3时到5时，也泛指晚间。义役从早做到晚，很辛苦的。《水浒传》第二十四回："武松每日自去县里画卯，承应差使。"这"画卯"相当于当今的签到。

画卯也叫"应卯"。《红楼梦》第九回："妙在薛蟠如今不大上学应卯了。"

随着时间的推移、社会的变化，词义也在变化、发展，其意义或扩大，或缩小，或改变。

点卯，本来是指衙门长官按册呼名，长官喊张三，"到"；喊李四，"到"。可是在今天其用法却颠倒过来了。政府或单位工作人员按时上班，在花名册上签到，而且这种签到是循例到场，应付了事的，这才被称为"点卯"。

刘先生在某公司任科长。这个公司经过改制（这是特定时期的一个专门词语）以后，下属企业的设备、房产等能变卖的都变卖了，工人退休的退休，买断（这又是特定时期一个专门词语）的买断，只剩下几个人留守，但公司负责人规定，必须每天来上班。刘先生在乡下独自办了一个有200人做工的服装厂，每天上班前他都到单位点个卯，以后就到自己的工厂忙了。刘先生每天必须去公司点卯，否则就要扣出勤奖。

有的单位点卯情况不一样。张三准时上班了，李四未到，张三可以代李四签到，领导睁一只眼，闭一只眼，算了。

有的单位对签到很认真，工作人员在电子指纹识别器上按指纹签到。世界上几十亿人口，各人的每个指头的指纹都不相同。譬如，张三用右手食指指纹签到，他在指纹识别器上用右手食指一按，电脑就记下来了，第二天必须仍用右手食指一按，指纹相符，才算签到。这种签到方式难不住李四，他一天到晚忙根本没有时间去点卯，于是请张三代劳，张三用右手中指代李四报到，电脑就承认了。电脑是人脑造出来的，电脑赶不上人脑啊！

二闪

扬州一带有"二闪"一词，有时指事，有时还可以指人，说这个人是"二闪子"，这个人做出来的事是"二大不闪"。"二闪"是说这人一会儿这样一"闪"，一会儿那样一"闪"，形态不定，主张不定，做出来的事往往不符常理，不合人情。"闪"，扬州一带读成xiǎn，普通话读shǎn。在江淮一带，一些普通话的声母是zh、ch、sh的字，当地却读成j、q、x，如：战、缠、善等。

小单是省重点中学高中二年级学生，从上幼儿园起，他的祖父就培养他打乒乓球。起初小单对打乒乓球没有什么兴趣，后来渐渐喜欢上了，有一天不练球就不舒服，祖父很高兴。兴趣是成功的先导。小单的球艺一天天进步。小单五年级时，是全县少年组冠军，初中二年级时，代表县里参加全省少年乒乓赛，他又获得了冠军，全省重点中学乒乓球赛在他所读书的县城举行，按理他稳操胜券。在比赛前，他的思想轻"敌"了，心想，已经是身经百战的"老"将了，跟中学生打，还不是轻而易举拿冠军。

正式比赛了。他在初赛、复赛时都获胜，决赛时"二闪"的样子来了，一会儿跳起来打，一会转起来接球，连输了8球，当他想奋起追赶时，已经来不及了，结果连输3局，只获得第四名。教练批评他："你打球时的那种二大不闪的样子，真要人着急，我恨不得要上去敲你两下子。你今天输掉球，既不合情，也不合理，都是'二闪'惹的祸！"

老苏在镇卫生院工作，效益不好，因为镇上人有毛病都往县城跑了。去年妻子下了岗，儿子读高中，经济有些拮据，逢年过节，医院领导关心他，把他当作困难户去慰问。今年春天，院长找他谈心："你妻子闲在家也不是个事，明年孩子要考大学了，要钱用，医院的消毒工退休了，让你妻子来干吧。"老苏说："没关系，人家夫妻俩都下岗，日子还不是照样过。我妻子来医院上班，一天三餐哪个来做啊？那不影响我的工作嘛！"院长心想："逢年过节去慰问你，你孩子开学时有困难，医院及时补助你，医院的消毒工几个人想来干，医院照顾你，你不但一点不领情，还说二闪话，真是个二闪子。"

"二闪"的思维是闪动的思维。如果换一个位置，多从别人的角度冷静地想想，或许能治好"二闪"病，"二闪"成"一闪"，多为别人"闪"。

㧻鸡毛·㧻胡子

㧻，读dí，在江淮方言中读入声。《广韵》："陟栗切，手拔物也。"《集韵》："徒结切，音耋。"

二十世纪四五十年代，中小学时兴着一种体育运动——踢毽子，学校不时举行踢毽子比赛，冬天尤盛。毽子的下面是铜钱，上面飘着几根金帚白绒的美丽的公鸡毛。谁家要是杀公鸡了，几个小朋友就会拥去先㧻上几根公鸡尾部的带绒（约2寸长）的毛，请妈妈用布将铜钱缝好，然后将公鸡毛一根根缝在钱兜上，根部一扎，就成了。死公鸡毛抹在墙上会掉下，活公鸡毛抹在墙上就贴住了，做起毽子来，公鸡毛挺拔而耐踢。

踢毽子有小五、中五、大五、草五等套数。小五有：扬、拐、尖、托、笃。中五有：偷、跳、舞、环、踩。大五有：对、岔、绕、掼、挝（这里读zhuā）。草五有：绷、顺、滚、尖、托等。小五、草五一般是女生踢的，中五难度较大，大五难度就更大了。比赛时可以成套，也可以单项。踢毽子的这几套数很难描述，现在六七十岁的人还知道如何跳，再过些年恐怕就要失传了。

老王是一个注意仪表修饰的人，他的络腮胡子长得特别快，两三天就要到剃头店刮一次，既不节约，又烦人。于是他改变了主意，每天的一项重要任务就是㧻胡子，在办公室、在会议室总是看到他用手捻着胡子猛然一㧻，一次不行，两次、三次……

老王五十多岁时发现头上长了几根白发，他很惊讶，老之将至了。自己照着镜子抓住白发㧻，请妻子㧻，要儿子㧻；再过几年，白发更多了，他不㧻了，就个把月染一次。

随着科学的发达与不断进步，从一根头发中可以知道许多事情。一根头发可以测出一个人的DNA，公安人员据此侦破了许多大案、要案。一根头发可以测出此人是否患了癌症，等等。

老王忽然发现眉毛有几根变白了，他对着镜子自己动手攲了起来，几根白眉毛好对付，攲了以后要几个月才能长起来。有一个朋友告诉他，眉毛不能攲，攲了会影响视力；你要白眉毛，还是要视力，二者由老王选择，老王只好选择要视力了。老王的白眉毛越长越多，而且长得长，别人见了说是"寿眉"，老王也就心安理得了。

小钱上小学二年级，他做作业时有个不好的习惯，只要错写了一个字，立即将这一页纸攲掉。100页的练习本，不到一个月，就只剩下薄薄的几页了。

毛发、簿本可以攲，人也可以攲。小钱在班上是个活跃分子。学校组织春游踏青时，他异常兴奋，在队伍中窜来窜去，影响队伍的行进，班主任不得已将他从队伍中攲了出来，站在路边谈话以后，这才安稳了许多。

《广韵》为宋代陈彭年奉诏重修，收字二万六千余，是汉语音韵学中重要的一部韵书。《集韵》是宋代丁度奉命重修的一部韵书，注重文字形体与训诂，收字五万三千五百二十五，成书在《广韵》之后。攲，《广韵》《集韵》均收入。这个字人们使用它已有一千多年历史，而当今的字典、辞书中均未收入。江淮一带，人们在口头语言中常用到这个字，这大约是民间有活力的原生态的字了。

泹嘴棒

A是县实验小学副校长。按照部队规矩应当称他为A副校长，这个"副"字是不能丢、不能省的。而江淮一带，这个"副"字就去掉了，带上"副"字似乎对人不尊敬。要知道，有的人一心想去掉"副"字，可一辈子也去不掉，甚至见到"副"字就烦燥，厌恶别人称呼他时带上"副"字。我们还是按照江淮一带习俗称A校长吧。A校长分管学校里教师的思想政治工作、教育科学研究、学生的德育工作等。

《世说新语·贤媛》："百行以德为首。"道德是凝聚国家、社会、家庭的精神力量，是凝聚民族、历史和人类的巨大力量。德育的根本任务在于影响人格，形成德行，培养主体精神。A校长对于学校的德育工作抓得很紧、很实、很活，他提出，寓德育于各科教学之中，寓德育于各项活动之中，寓德育于学生的生活之中。在学校各个部门及各位老师的大力配合、支持下，学校的德育工作开展得有声有色，实验小学成为省级德育先进学校，远近的一些同行都来参观取经。

A校长有个儿子在县城一所中学读初一，天资聪明，但不肯学习，尤其是迷恋上网以后，老师布置的作业他根本不做，他说："这些我都会，何必浪费时间。"A校长的太太与A校长同在一所学校工作，工作认真负责，平时二人很少有时间管教孩子。他们也挤出时间检查督促孩子的学习，甚至把孩子锁在房间里，可那孩子半夜会打开门偷偷到网吧上网，天亮前偷偷回到家，清晨起来，好像夜间什么事也没有发生一样。A校长限制给孩子的零花钱，那小孩为了上网，偶尔会有小偷小摸行为。孩子的班主任将有关情况向A校长反映，A校长既难受，又焦急，还有几分难为情，用江淮方言说，A校长孩子的表现成了他的汒嘴棒。

汒，读tuō（音托），江淮一带声母不送气，读入声，读成duǒ（去声）。《玉篇》："落也，捶也。"《集韵》："滴也。""汒嘴棒"犹如一根棒棒落在一个人的嘴上，挡住他的嘴，不好讲话，难以讲话或不能理直气壮地多讲话了。A校长儿子在学校的不良表现为什么成了他的汒嘴棒呢？A校长在学校负责学生的德育工作，在台上讲话时慷慨激昂，声情并茂，委实感人、动人。这时会有人在台下暗暗地议论："连自己的孩子都教育不好，还有资格批评别人嘛！""孩子成了他的汒嘴棒，他批评别人时就会影响效果喽！""你先回家把自己的孩子管管好，再来教育别人。"这些议论者的话乍听起来似有些道理，仔细一想，不无偏颇。"己不正焉能正人！"A校长自己正，当然能正人。A校长之子有点不正，"养不教，父之过"。A

校长没有"不教",有一定的"过",有一定的责任,但不等于他就不能"正人"。他胸中之正气可以吹开氿嘴棒,去正人,去熏人,去化人,去育人,其成功之范例亦可以拿来教育其子。在其子学校的关怀下,在社会力量和其家长的协同努力下,A校长孩子的表现完全能够转化,这根氿嘴棒肯定会掉下。人非圣贤,孰能无过。"过"有"大"过、"小"过、"重"过、"轻"过之分,倘若一个人有了"小"过、"轻"过,就不能正人,这个世界不就乱了套!况且,一个人在正人的过程中,会自己教育自己,无形中也会化掉自己的过失。

A校长学校的五六年级学生也有上网成瘾的,公安、文化、教育、广播电视等部门将青少年迷恋网吧当作顽症来进行专项治理,各个学校紧密配合,挽救了一批青少年。A校长乘势对其孩子加强"攻势",这孩子渐渐改掉每天长时间玩电脑游戏的坏习惯,注意力慢慢转到学习上来。一旦好习惯占了上风,坏习惯就会如潮退走,A校长嘴上的那根氿嘴棒脱落了,从此,A校长讲话理更直,气更壮,而且会以曾经在自己嘴上的那根氿嘴棒为例,教育别人,讲起来更鲜活,更生动,更深刻,更有说服力。

法水

老D与老F吵起来了,吵得很厉害。老D说:"我只欠你6000元,怎么欠15000元呢?"老F指着老D的鼻子说:"我上你两口法水呢,你良心哪里去了!明明是欠15000元,怎能是6000元呢?"老F一点也不示弱:"呸,这块哪,我上你三口法水!你才没良心哪,你的良心被狗吃掉了!"

老D同老F是紧隔壁邻居,平时一直相处得比较融洽。老F近几年承包了村里的一块地,专门育树苗,每年3月12日植树节前,常有不少外地人上门买树苗,你买几十棵,他买几百棵,零零星星很是麻烦。老D以前长途贩运过雏鸡、雏鸭、雏鹅,做生意有经验,于是两家商定,老F家的树苗包给老D运到100公里外的某地销售,先少量付款,待树苗销售完后还清。二〇〇六年三月一日，老D向老F购买树苗，应付款21000元，老D写了张欠条，上面写明"二〇〇六年三月一日共欠树苗款贰万壹仟元整，二〇〇六年三月一日还欠款陆仟元整。"过了很长一段时间，经过多次催要，老D仍然没有归还欠款，老F便一纸诉状将老D告上法庭，要求老D立即归还欠款15000元。老D却辩称，欠条上的"还"，应读hái，"还（hái）欠款6000元整"，就说明已经给了老F15000元，因此只能再付给老F6000元。猛一听，真是公说公有理，婆说婆有理。

法院审理认为，欠条中"二〇〇六年三月一日还欠款陆仟元整"加注的内容是被告老D所写，老D是用语提供人，因此语义不明的责任应当由老D承担；法院审判对"还"字的读音和理解应选择不利于他的读音和理解，即将"还"读成"huán"，当"归还"解释。最终法院判决被告老D给付原告老F 15000元。老D本来想以"还"字的不同读音、不同词义图谋赖账，法院的公正判决戳穿了他的鬼把戏。法院判决后的第二天，老D就带着15000元，还有两瓶酒到老F家打招呼，赔不是，两家重归于好。

俗话说相骂无好言。老D与老F吵架时互骂上"法水"，"法水"是什么意思呢？江淮一带年龄稍大者有时会用到它。

法水，本为佛家语，佛法能除烦恼尘俗，如水之洗涤污秽，故云"法水"。《无量义经》："法譬如水，能洗垢秽，……其法水者，亦复如是，能洗众生诸烦恼垢。"《圣无动经》："以智慧火烧诸障碍，亦以法水澍诸尘垢。"佛法即佛教教义。一个人心灵上有烦恼、尘埃、污垢、浊秽，佛法如水，可以洗涤清除。对人上法水，表明对方心灵有污垢浊秽，需用法水清洗除净。

小X上小学五年级。刚放寒假，他就夜以继日地做寒假作业。花10天时间，寒假作业完成了，他就到同学家去看上网，那同学的网瘾大，只让小X看，不让他动手。过春节了，奶奶给小X 50元压岁钱，奶奶说："把压岁钱放在贴身口袋里，非用不可时再用。"小X拿了压岁钱到网吧里上网玩游戏了。在那虚拟的网络世界里，小X可以做将军，可以做国王，可以驾驶坦克，可以驾驶飞机，真风光啊！没几天压岁钱花光了。他上网有些瘾了，于是非常不愿意、非常不好意思地向奶奶要10元钱。在一旁的妈妈厉声道："上你两口法水呢，奶奶给你的50元倒用光了！"小X低着头走开了。小X对网络的迷恋还不那么深，妈妈的"法水"对于他心灵深处刚要形成似乎尚未形成的坏癖还能管用。

佛教自从东汉传入中国以后，与道教、儒教相互交融、互为补充。佛教文化悠久深厚，成为中国文化不可或缺的重要组成部分。语言是最普遍、最直接的文化，我们工作、生活中常用的许多词语，如世界、实际、平等、刹那、相对、绝对、妄想、虚头、机缘、执着、翻译、境界、前因后果、清规戒律、梦幻泡影、天花乱坠、一刀两断等等，都来自佛教语汇。倘若离开了它们，我们的话恐怕就要说不周全了。谁要是想摒弃佛教文化，我们真要向他上法水了。

生古

B老板在市区开了一家酒店，规模不大，一次可开席二三十桌，生意相当好。今年，他高薪聘请了两位名厨，每月推出本店的特色菜，每季打出本店的时令菜，加上他的活络经营、广交朋友，生意红火了。

到了年终，B老板为缴税的事心里有些犯嘀咕，按国家规定，他要缴营业税、城市建设税、教育附加费、所得税等等，今年的生意比去年好，营业额差不多翻了一番，那就得缴纳更多。B先生有些舍不得，赚钱不容易啊，他想瞒报营业额。于是他东寻西找、东请西托联系上负责征收他的酒店税金的G先生。

G先生四十来岁，头发梳得一丝不苟，衣服的式样虽不时髦，但干干净净、整整齐齐，皮鞋擦得锃亮锃亮。一天G先生来到B老板的酒店，B老板笑脸相迎，到雅室入坐以后，一边沏上等茶，一边递名牌烟。G先生不抽烟，也不饮B老板的茶，从手提包里取出泡好茶的茶杯。B先生知道G先生是上门来谈纳税的事，他先叹了口气，接着大谈今年开饭店的苦情，说什么今年的生意不如去年，各种原材料价格上涨，厨师、服务员的工资提高了不少，等等，然后捧出他精心准备的几本账簿。G先生从税务学校毕业后工作了二十多年，税务的征收、稽查都干过，敬业精神强，工作经验丰富。他粗略地翻了几本账簿，从几个细节问题推算B老板今年的营业金额，发现一些不符合账理的地方，便问："还有账簿吗？"B老板回答："没有了，要有能不拿给您看嘛！"这时酒店已上客了，B老板真心实意请G先生留下吃便饭，G先生执意不肯，说家里人等着他吃午饭呢。

下午4时，G先生又来到B老板的酒店，认真详细地查看了有关酒店营业的资料，认为该酒店今年的营业额在600万元左右，而账面上只有300万元。近晚，B老板邀G先生到对面的桑拿浴池洗澡，G先生说："我从没有在外面浴室洗澡的习惯，一个个光着身子赤条条相见，成何体统！"当晚B老板带着红包到G先生家拜访，G先生不开门："有事明日到办公室谈。"B老板在回家的路上自言自语："这G先生脾气真乍古！"

"乍古"的"乍"读gǎ，江淮一带指脾气古怪、乖僻，不好说话。

B老板向G先生的朋友、同学打听，G先生从小性格就乍古，他与一位女生同桌三年没有说过一句话，那女生逗他说，他就是不开口；在长桌中画一条粉笔线，谁要是过了线就打谁，小G总是紧缩着身子上课，从不越界线半点。

过了两天，B老板只好拿出记录真实的账本。

G先生的脾性乍古，这乍古是坚持原则，作风正派，为政清廉，他连续四年被评为省级先进工作者。

一个人的脾性乍古，固然有其有利的一面，另一方面他与人缺少交流、沟通，也有其不足的一面。联合国教科文组织提出二十一世纪培养人才的五个方面：认知、做事、交际、发展能力（迁移、创新）等，其中交际能力是一个不可或缺的方面。乍古的G先生如果再有意识地培养锻炼自己的交际能力，他的工作定会有新的进步。

亢伤吵劳

有专家统计，在凶杀案中有百分之七十是因为口角引起的。日前扬州发生了一起恶性杀人案件。有一对从湖南某县来扬州打工的青年夫妻，一天晚上到一火锅店改善一下伙食，邻桌一男子正在旁若无人地大啖，不注意将汤汁甩到了旁边的青年夫妻身上，丈夫便上前理论，不料那男子毫无认错、道歉之意，还强词夺理地辩解。这一对青年夫妻赶到住处，拿了一把大砍刀，急匆匆来到火锅店，连续向那男子腹部猛捅十几刀，那男子不治身亡，那对青年夫妻自然进了班房，不免要偿命。

口角，在江淮一带称"亢伤"。亢，在《新华字典》《现代汉语词典》中只有一个注音，即 kàng，而在《康熙字典》《辞源》《辞海》等字典辞书中第一注音均为 gāng。《说文解字注》："人颈也，咽也，喉咙也，引申为高也。"《尔雅·释鸟》："鸟之喉咙。"人们在吵架时，在某些人看来，似乎嗓门子越高越有理、有利，以至于伤了喉咙也在所不惜。"亢伤"的"亢"成了动词。于是有人将"亢伤"与"吵劳""吵死"连用。"吵劳"的"劳"，苦也；"吵死"的"死"，表示吵到极点也。

人们在家庭生活中、社会交往中，难免发生什么矛盾，难免遇到什么磕磕绊绊的事，有的人便以亢亢吵吵来解决，而且乐于此道，善于此道，只要有一天不与人亢吵，心里就不自在，嘴就闲得难受，真是小吵天天有，大亢三六九。

有志不在年高，有理不在声高。国际社会中很多重大事情都可以通过谈判方式来解决，在家庭生活中、人与人的交往中还有什么事不能坐下来心平气和地叙叙情、说说理呢？亢伤、亢伤，双方俱伤，既伤了感情，伤了和气，有碍文明，又不利于解决问题；而且会使积怨越来越深，本来只是芝麻大的事情，掺进了感情的因素，便会放大成西瓜。亢伤成了斗气，越亢越气，越气越斗，更有甚者发展到了斗力，发展到了凶杀，真是小不忍则乱大谋也。

民间还有一句俗语："穷亢伤，富吵劳。"这是说，家里贫困了，心里不免烦燥、焦躁、急躁，就容易亢伤了；家里富了，一家人也就容易为钱财的使用、分配等问题吵劳。其实大可不必。

印度的大诗人泰戈尔说得好："我们既活着做人，就必须迁就我们所处的实际环境，凡事忍耐些。"知足者常乐，能忍者自安；三思有益，一忍为高；忍一言风平浪静，退一步海阔天空。这些有益的中国格言对那些好亢吵者也可以算是一剂清醒的良药。

构建和谐社会的一个重要方面就是建立人际关系的和谐。人与人之间的关系和谐了，那么家庭就会和谐，单位就会和谐，社会就会和谐。在全国人民高歌和谐的大合唱中，亢亢吵吵的杂音显得是何等的苍白、何等的卑微、何等的猥琐。

亢伤吵死，人人为耻。

亢，又读 kàng，高的意思；二十八星宿之一。

扛

扛，在《现代汉语词典》中有两种读音，一读 káng，有两种解释：其中一种，用肩膀承担物体，如扛米、扛枪。在江淮方言中，责任、金钱等也可以"扛"，在其他方言中似尚罕见。有人怕承担责任，推卸责任，外国人也有这种毛病，甚至嫁祸于人。比如性病，英国人叫"西班牙痘"，法国人称"意大利病（尼亚波利特病）"，在东欧则叫"法国病"，祸害的责任推卸掉了，好像得理了。国人中很多人是勇于承担责任的。某化工厂一天夜间排放大量污水，经过一条小河，第二天小河旁鱼塘中千万条鱼浮起，不久，小河下游边有人举报，几个养鱼大户损失惨重。县环境保护部门执法大队来调查处理，发现污水是从某工厂排出的。生产部主任来到厂长办公室引咎自责："昨天夜里是我擅自决定排放污水的，因为最近生产任务紧，厂里的污水处理池已经来不及处理了。"厂长说："这个事故责任重大，不仅要大额罚款，还可能要负刑事责任，你扛不动，应当我来扛。"看来，在重大事故发生以后，生产部主任与厂长能够敢于扛起责任的精神还是应当肯定的。

甲向乙借 10 万元，乙向丙借 10 万元，两个月以后偿还。时间到了，丙向乙要债，乙向甲要钱，甲对乙说："我目前实在拿不出这么多钱，欠我债的人尚没有还钱来，无论如何请你再扛两个月。"乙说："扛这么多钱，是要用大力气的。"乙只好想方设法还清了丙的 10 万元债务。

有人天生一副扛肩膀，两肩高高的、平平的，像扮曹操的架子花面一样；倘穿西装时，是不需要垫肩的。

扛，在江淮方言中另有一种读音，gáng。有些"小纰漏"见到漂亮的小姑娘，寻衅挑逗，故意斜着身子用肩膀对着小姑娘扛。有的小姑娘不理他，有的小姑娘会不甘示弱地责问他："你这个人路怎么走的？"那"小纰漏"接着又是一扛。这"扛"是指用肩膀撞人。

剧团送戏下乡，在广场上搭了一个戏台。晚上有人站着看，有人坐着看，几个调皮的小孩在人缝中擦进擦出，碰你碰他，穿来穿去，江淮方言称作"扛来扛去""扛扛的"。这"扛"是"挤"的意思，上海话也有这种用法。

扛，在江淮方言中还有一种读音 gàng。老夏家经过几次申请，相关部门才批下一块宅基地，但地势低洼，于是全家出动从别处取土，将地基扛高，即人为地抬高。

《西游记》第八十六回："想是把那个人头认作唐僧的头葬下，扛着坟哭哩。"坟是人造土堆，也说"扛"。

小戴每天晚上做完作业，已经是十点半了，他习惯地洗脸、洗脚、漱漱嘴，上床倒下就着，可今天奇怪了，妈妈发现他在床上翻来覆去，便问小戴，小戴说："床上扛人。"妈妈掀开被一看，是两只玻璃球。小戴白天玩过玻璃球后放在口袋里撒到了床上。这"扛"，也是"抬高"的意思，因为两只玻璃球将床的某些部位抬高，当然不舒服了。也有人认为，这里的"扛"应当写作"硌"，意思倒相近，不过，硌，读 gè，与江淮一带 gàng 的读音相差甚远了。

骨子

现在的青年人大概不知道二十世纪五十年代左右，曾经有以糊骨子为职业的人，还开设了专门店铺，人称"骨子店"。人工做单鞋、棉鞋总要用到骨子，鞋面子用哔叽、织贡呢、华达呢做，中间必须用一层骨子，里子一般用白大粗做。中间有了一层骨子，鞋子就挺括，穿起来有样子，不容易起皱。旧布、破布、碎布洗净后用稀面糊将它们平平地刷在门板上，晒干，就成了做鞋用的骨子了。北京人称"骨子"为"袼褙"。因为现在很少有人穿布鞋，就是农民大多也穿皮鞋、旅游鞋、球鞋了，有些年纪大的认为穿布鞋舒服，他们就自己动手糊骨子做。

物体里起支撑作用的架子也叫"骨子"。有些货真价实的名牌布伞，即使伞布坏了，骨子仍然是硬铮铮的。

老周家里有一套清代中期祖传下来的大床、柜子、八仙桌、迎桌等，表面漆已经脱落了不少，但骨子很好，一点不摇摇晃晃。

老周近八十岁的人了，他几十年来，注意膳食，不抽烟，少饮酒，每天坚持走路一小时，更重要的是他的心态好，他的上代做过大官，到了他的父亲时，家道中落，到了他，高中毕业以后就当了小学教师，后来他不当老师了，他就自家开了个家用电器配件维修店，生意不错。遇到穷苦的人来，有钱就给，没钱拉倒。他每个月总要与高中同学到茶馆里聚会一次，他常常向老同学吟诵唐伯虎的《叹世》诗："富贵荣华莫强求，强求不成反成羞。有脚伸处且伸脚，得缩头时且缩头。地宅方圆人不在，儿孙长大我难留。皇天老早安排定，不用成忧不用愁。"老周走在大街上，满面红光，昂首挺胸，路人见了，忍不住说："这年纪大的老骨子好哪！"在江淮一带，"骨子"也用来形容人的身体硬朗、健康。

江淮方言中，一个人讲的话有分量，内含丰富，人们便说"有骨子"。

老周弟兄三个，他是老大。祖上遗有12间瓦房，对于应分给他的一份遗产，他说："谁要谁买走，钱，捐给'希望工程'。"老二、老三为房屋的面积、质量、朝向等争得面红耳赤，差点伤了和气。老周给他的弟弟及家人转述了香港中文大学校长刘遵义讲的故事。

十九世纪末，美国纽约有一位大富翁，雇佣一名华仆，名丁龙。数年后将其辞退。一日该富翁居处失火，富翁幸免于难。丁龙闻信后自动赶来侍候他，他不胜感动，问丁龙："我早将你辞退，你为什么自愿重返？"丁龙说："从小家父就教育我，亲邻有难，必往助之。"富翁问："你父亲是否读过孔孟圣贤的书，用孔孟之道来教育你的？"丁龙说："家父乃草莽农夫不识字。"富翁又问："你的祖父一定读过书？"丁龙又回答："我家世世代代都没有读过书，不是书香子弟。"那富翁惊叹不已。丁龙在富翁处又工作多年，辛劳致富，临终前对富翁说："我多年劳动获得的薪水没有多用，全部积存在此，奉还给您。"富翁大为悲恸，于是又自己捐赠，在哥伦比亚大学设立了"丁龙汉学讲座"以纪念这位目不识丁但集中国伦理道德于一身的华工。老周讲完了这个有骨子的故事后，说："一个人不识字，但要识理；一个人识字了，更要识理、达理。钱，这东西，是试金石，在它面前，人格的高下、善恶、良莠，分毫毕现。人生在世，不能在金钱面前迷失方向，迷失自己啊！"

老二、老三在听了老大的一番话后，相互谦让起来，有骨子的话起了作用。

剐人 · 剐话 · 剐话獠

曹大爷喜欢吃辛辣的东西，一天他饭前吃了几角萝卜，午饭时吃了不少鲜辣椒，过了一会儿，感到肠胃剐人，很难受，躺下休息了一阵子，才舒服了一些。

剐，在汉语中有两种意思，一是中国古代的凌迟刑，割肉离骨。现在对犯人已经废除了这种刑罚，而在江淮一带，人们对动物有时会施之以

"剐刑"。如买了一条大青鱼回来，将鱼割肉离骨，剐成薄薄的片，做成一道鲜嫩的炒鱼片。二是被尖锐的东西划破。如剐鱼片时，不小心手上剐了一个口子。

剐人，在江淮方言中有其特有的意思，即人的肠胃受到某种刺激或者发炎，好像被尖锐的东西划破一样难受，有人说成"嘈人""嘈心""嘈心剐辣"。《西游记》中的猪八戒随唐僧西域取经历经艰险，生活艰苦，而他喜吃，偏没有什么好东西吃，所以经常喊"嘈心"，"嘈心"即"剐人"也。

秋天，葡萄熟了，浦大妈家门口的葡萄架下挂着一串串亮晶晶的葡萄，如同一串串紫色的明珠，煞是诱人。村里的小朋友常常聚集在葡萄架下纳凉，熟透了的葡萄落在地上，有的小朋友会捡起来吃，还有的踮起足跟，猛然一跳，会摘到一串。小桂是个老老实实、规规矩矩的孩子，别人怂恿他跳起来摘上一串，他说："偷摘别人家的葡萄是不道德的行为，而且浦大妈会说剐话的。"他这句话也提醒了几位小朋友，他们都到别处玩耍了。

剐话，江淮一带意指批评别人的话，别人被批评也会像皮肉被尖锐的东西划破一样难受。一些农村的年长者会用到"剐话"。

于老师原来在县城一所初级中学教生物，因为得了神经衰弱症，甚至彻夜不眠，而被调到学校图书馆工作。学校图书馆藏书几万册，一共只有两个工作人员，另一位也是女老师。全校师生整日都在忙于各种各样名目繁多的考试，很少有人到图书馆来。于老师平时喜欢交际，喜欢没话找话说。到图书馆工作以后，整日感到孤寂、无聊，偶尔来了一位老师，她就拖住别人谈，最近社会上发生了什么新闻，尤其是绯闻，校园里有过什么新鲜事，张三怎么样，李四怎么样，王五怎么样，又从张三、李四王五说到他们的儿子、孙子，一张嘴专门搁在别人身上。于老师说得口漫白沫，唾星四溅，谈势方兴未艾。那位老师要上课了，于老师说："还有几句话。"说了几十句话了，于老师拉着那位老师的手："还有几句话，就几句话。"上课的预备铃响了，于老师才让那位老师匆忙离开图书馆。不久，于老师开始串门了，她不是到这个办公室，就是到那个办公室，哪位老师没课，她就拖住他（她）谈，也不管别人忙不忙。有人回不起她的面子，只好听她说，有时不知道她说的什么，还是装着认真听的样子，"嗯、嗯、嗯"地应答。当于老师离开某办公室时，有一位调皮的青年老师指着她远去的背影："真是个剐话獠！"

"剐话獠"的"獠"读音如"劳"，原是古代骂人的词，江淮一带至今还保留着骂人的词义，如骂人毫无节制地贪吃叫"馋獠"等。于老师毫无节制地不停地说张三不是，李四不对，王五不好，这也是一种病，如同"馋獠"病者要不停地进食一样。

得了"馋獠"的人，吃下大量的食物可以治。得了"剐话獠"的人应当定下心来，反省自己。韩愈在《原毁》中说："其责己也重以周，其待人也轻以约。"鲁迅在《而已集·答有恒先生》中写道："我知道我自己，我解剖自己并不比解剖别人留情面。"韩愈的古训，鲁迅的教导大概可以治愈于老师的"剐话獠"，起码可以减轻一些症状。

颐

颐，读 gèn，《广韵》："古恨切。"《说文》："颊后也。"清翟灏《通俗编·杂字》："俚俗以俯首为颐。"因为人要低下头来，才能见到脸颊后面的颐，所以江淮一带把低头说成"颐头"，不过将"颐"读成 gēn（音根）了。

小强去年高中毕业，参加了高考。平时学校多次进行模拟测验，他的总分有时达"二本"，有时达"一本"，可是当正式参加高考时，作文走了题，一道数学题忘记做了，总分只能达到前年的大专分数线。

小强连续在家睡了三天，偶尔上街也是颐着头沿街边走。班主任是一位优秀的老师，他知道小强平时是一个品德好、有自尊心、上进心很强的青年，高考时他的能力没有能够得到充分的发挥，心情自然不好。班主任特地登门看望他。小强一直颐着头不语。班主任说："你这次高考成绩不理想，只是临场时精神状态不佳，非智力因素影响了你的智力因素。挫折往往使人明智，使人坚强。一位哲人说过：'人最凶恶的敌人就是他的意志力的薄弱；意志的怯弱，是一个人最大的怯弱；经过磨难的好事，会显得分外甘甜。'"班主任的一番话如同甘露滋润着小强的心田，化解了小强心中的郁闷，小强渐渐抬起了头，脸上露出了微笑。第二年小强以高分考取了一所理想的大学。

小宁在一所小学读五年级，是学校篮球队预备队员，妈妈特地给他买了一个小篮球，他在课外活动时常常与同学们学着运球、争球、上篮。一次传球时，他用力过猛，篮球撞坏了操场边教室的窗玻璃。小宁立即停止了玩球，快步走到办公室，往班主任面前一站，颐着头，不说话。小宁在班主任心目中是一个讲诚信、团结人、学习好的学生，看到他大汗淋漓的样子，赶忙先用毛巾纸为他擦汗，然后再问起原委。小宁仍颐着头，说："老师，我犯了一个错误，不小心将教室的窗玻璃撞坏了，我愿意赔偿。"老师一面表扬小宁的诚实，一面告诫他以后多加注意就行了。小宁还向班主任提出一个请求：请老师先给他暂垫买一块玻璃的钱。老师问他为什么。小宁说："最近从报纸上看到，一个美国小学生一不留心打破了教室的一面窗玻璃，回家向爸爸要钱赔偿，爸爸不给钱，要他利用业余时间上街卖报挣钱赔偿，通过自己的劳动来弥补自己的过失。"老师答应了小宁的请求，还在班会上讲述了小宁从小培养自己自立精神的决心和勇气，这时小宁又颐下了头。

小强因挫折而颐头，小宁因过失而颐头。一个人在难过、难为情、惭愧时会颐下头。颐头，有时是对真理的折服，有时是内心活动的表现，有时则是重新积集力量而奋发的开始。

贡脓

数九寒天，小洪走路时臀部经常感到好像有一根针在一刺刺地疼，奶奶拉下他裤子一看，右屁股尖上有一大块红肿，正在贡脓，害的是冷疖子。小洪问："什么叫冷疖子？"奶奶说："害疖子一般在夏天，中了暑气了；

冷天害疖子就叫冷疖子。你屁股上的冷疖子还没有看见白头，就是没有结熟。"过了两天，白头显出来了，奶奶用缝衣服的针在火上烧了烧，又用白酒擦了擦，在疖子旁边一刺一挑，黄脓直往外流，并不觉得疼。小洪告诉奶奶："贡脓的时候最疼，有时感到一跳一跳地疼。"

二十世纪三十年代，中山大学教授罗蔼其由上海中华书局出版过一本《客方言》，书中说："肿血内溃曰贡脓。"贡当为虹。《尔雅·释言》："虹，溃也。"郭璞认为，溃败虹者，江之借。《集韵》："虹，古送切，音贡。"《诗经·大雅·抑》："彼童而角，实虹小子。"贡脓的贡，原为虹。虹，一读"红"，又读"贡"。晋代的郭璞曾为《尔雅》作注，他认为贡脓的贡，本为江，在现代汉语中有"内讧"一词，内讧犹内乱、内溃也。溃，指股肉组织腐烂。当今，一般人不会将"虹""讧"读成"贡"的，所以"讧脓"或"虹脓"就写成"贡脓"了。

相传西晋末永嘉年间（四世纪初）中州的一部分汉人因避乱南徙，其中不少人来到扬州。唐末（九世纪末）以及南宋末（十三世纪末）又渡江南下至闽、赣、粤东、粤北等地，被称为"客家"，以别于当地的原住居民，但仍然保留着中州一带的礼俗、语言，其语言被称作"客家话""客方言"。宋王室南渡前曾留住扬州一年半。如此看来，客方言、江淮方言都会受到中州古音韵的影响，"贡脓"这一词组，在客方言中有，在江淮方言中也有，就是其中一例。在江淮方言中，将肌肉组织腐烂但尚未成脓的过程叫作"贡"。"贡"可以单用，如他害了一个大疖子，正在贡着呢。

在日常生活中，江淮一带对一些正在发展的事物将要产生不好后果的酝酿过程也叫作"贡"。

赵家庄的老戴与老韩是邻居，但两家隔着一条大巷子。老韩的儿子在外面做生意，赚了一笔钱，决定将4间平房翻建成三层楼房。老韩平时与人相处不厚道，总想占点小便宜才舒服。老韩的三层楼房基础向大巷延扩近一米。巷里的村民当然很有意见，老戴曾经前去劝说过，老韩不听。第二天镇上的村镇建设助理来制止了，老韩只好将楼基础后缩到原处，但老韩的家人心里记上一笔账：这肯定是老戴家搞的鬼。老戴家心里也很有数，老韩家的报复心很强，要时时小心提防。从此，老韩与老戴对面撞个跟头也不讲话。戴大妈对家里的人说："就好像人生了疖子一样，贡到这块哪，不知道什么时候出头呢。"老戴家养了近百只高邮麻鸭，鸭棚紧靠着老韩家的菜地。有几只调皮的鸭子有时会爬过不高的栅栏到老韩家的菜园里饱餐一顿。老韩看在眼里，恨在心里，于是在菜地上隔三岔五就重重地喷洒一次农药，反正不吃这块地的菜了。一天，老戴家的鸭栏坏了，近百只鸭子全部拥到了老韩家的菜地上。不一会儿，老韩家不大的菜地成了光秃秃的一片；再过一会儿，老戴家的鸭子全倒在地上抽搐，不动了。两家都知道了这件事，老韩来个恶人先告状，请来了村民委员会主任，要老戴家赔菜钱。村主任调解说："老戴家的几只鸭就可以抵上你的菜钱了。老戴没有管好自己的鸭有责任；而你家菜地上的农药也喷洒得太多了，人吃了也会中毒身亡的，何况家禽呢。老戴家要你赔偿被毒死鸭的损失不是没有理由的，人家没有这样做，自认倒霉。"老戴顺势说："这件事我家有责任，老韩家的损失我来赔。"老韩满以为老戴家要大闹一场，东边王家庄前几天就发生过类似的事，两家人闹得不可开交。想不到老戴如此高姿态，老韩的心态也被抬高了："菜钱就不要赔了，我家也养了几十只鸭，先匀一半给老戴家养吧。"村主任高兴了："双方都高姿态，事情就好办了。我知道为老韩建楼的事，你们两家结怨了，一直贡到现在。现在脓放掉了，疖子好了。俗话说，邻居好，赛金宝；隔壁邻居低头不见，抬头见；远亲不抵近邻；邻里之间和为贵啊！"当着村主任的面，老戴与老韩紧握双手。

关脉·关脉三

Y城胡大妈家最近发生了一件事。

胡大妈吃过早饭从二楼下来到菜场去买菜，在一楼楼梯口处遇到两个五十岁左右的男子，其中一男子神秘兮兮地小声对胡大妈说："大妈，今天你家里要出大事了，你儿子要遭血光之灾！"胡大妈先是大吃一惊，接着问那两人的相关情况。另一男子说："你的丈夫早已去世，只有一个儿子开出租车，对吧！"胡大妈一听，玄了，服了。那二人相继说："我们是天上两位守护神下凡的，要为百姓消灾。我俩为你家做个关脉，你儿子的血灾就可以消除。只要你将家里的所有金银首饰、全部存款放在一起敬一下玉皇大帝，虔诚地烧香、磕头就行了。"胡大妈答应照办，请求他们做做关脉。她回到家里取出仅有的6万元存单，到银行拿到现款，那两个男子一直在楼梯口等候，便随同进入胡大妈家。胡大妈又翻出准备给儿子结婚用的两枚金戒指。那两男子小心谨慎地将6万元及两枚金戒指用他们带来的红布裹好放在香炉前，点起几股香，烧掉两道符，胡大妈闭着双眼，跪拜。一男子嘴里叽里咕噜地念着什么，另一男子飞快地将事先准备好的另一红包同香炉前的红包对调了。胡大妈三跪九叩首完毕，其中一男子对胡大妈说："关脉做过了，你放心吧，你儿子没事了。"胡大妈对那两男子很是感激，要给他们50元，那二人坚决不要，并说："我们是为百姓消灾避祸的，不能收钱。"胡大妈径直将二人送到一楼，目送他们远去。回家后，她想想刚才发生的一切觉得有些蹊跷，赶快打开红包一看，6万元现金及两枚金戒指变成了一摞报纸。胡大妈急忙跑到楼梯口，那二人早已不见踪影。胡大妈立即报警，过了两天破了案，那两人原来是走了二十多个城市的骗子。事后，胡大妈想，那两个骗子怎么知道她家里情况的呢？原来两个骗子昨天就来踩点，打听到二楼胡大妈家的相关情况。吃一堑，长一智，胡大妈遇到类似的骗子，不仅不会上当受骗，而且会机智地协助公安机关将骗子抓获。

关脉，手掌后高骨上之动脉，是手脉的一部分。其前为寸，其后为尺，阴阳气血，由此分界，故名。在中医理论中，关脉对人体的健康是非常重要的。

江淮方言中的"关脉"，是指关系到一个人生命的安与危、前途的顺和逆、命运的好和坏等方面的关键。那两个骗子为胡大妈的儿子做了关脉，使胡大妈相信，他儿子在生与死、安与危的关键上已经化解了死与危。在江淮一带民间，流行着一个习俗，即有人相信一切凶恶、乖舛、劣坏的境遇都可以通过做关脉来驱除、消解。现在民众的日子一天好似一天，算命打卦的人也多了起来。有的算命打卦者用一些巫术做关脉，以驱凶化灾。去算命打卦者在做了关脉以后，似乎心安了许多。当然，也有的人在做了几次关脉以后，不灵验，以后就不再做了。

在江淮方言中还有"关脉三"一词。中医诊脉时，将关脉分为寸、关、尺三部。正对桡骨茎突处为关，关之前（腕端）为寸，关之后（肘端）为尺。

中国G市的一所实验小学与外国某市的一所小学建立了友好学校的关系，外国某市的小学校长带领十几名教师来到G市的实验小学访问交流。在欢迎大会上，双方互赠纪念品。G市的实验小学校长送给外国某市小学校长一座用黄杨木雕刻成的当地名胜古迹的模型，外面用玻璃罩罩上。外国某市的小学校长送给G市实验小学校长的是一个20厘米见方的东西，外面用漂亮的彩色纸包着，又用红绸扎着。中国人的礼仪习俗同有些国家的礼仪习俗不同。在西方国家，接受礼品者会当着送礼者的面对着礼品欣赏、赞赏，中国人却不会这样做，一定要等送礼者离开，才会看看送的什么东西。

外国某市小学的代表团离开G市的实验小学，该校的校长、副校长、教导主任等在校长办公室要打开那方形的盒子，看个究竟。副校长动手，解掉了红绸子，剥掉了彩色纸，里面还是一层彩色纸，又是一层白色纸，剥到第六层，仍然不见"庐山真面目"，校长在一旁说："这搞的什么关脉三。"副校长又剥，大家都用好奇的目光看着那方形盒。剥到第十层，看到一个透明塑料盒里放着一个削铅笔的大刨子。大家几乎是不约而同地说："原来如此！"校长说的"关脉三"是"名堂""关子""花样"的意思。江淮一带常说"玩的什么关脉三""其中一定有什么关脉三""这个人有关脉三哪"等等。

带有迷信色彩的关脉不能做。

智者有时搞关脉三，那是一种谋略。当然，也有的人是在故弄玄虚。

睺

中山大学教授罗蔼其所著《客方言》中"目注所欲曰眼睺睺"条中写道:"《广韵》:'睺瞜,贪财之貌'。"章太炎说:"睺即觎之变,《说文》:'觎,欲也'。吴越谓渴欲觎,今如侯,古韵俞本如侯也(《新方言》)。"按:今状渴欲之貌曰睺睺,即两目有所觊觎。觊觎,指非分的希望或企图。章太炎从音韵角度考证了"睺"的来由和本义。江淮方言中"睺"读第三声,音同"吼",还有的地方读 gé,"哥"的第二声。意思是渴望得到某种东西,尽管是非分的如财物、官职等等。

小方十四岁,身高1.55米,体重70公斤,每天都跟妈妈说:"我要减肥了,太胖了,在学校里有人用异样的眼光看我,太伤自尊了。"小方特别喜欢吃猪肉。妈妈有时带他去赴宴,桌上的鱼呀、虾呀、鸡呀、鸭呀等美味,他似乎视而不见,对红烧肉、肉圆、椒盐排骨等情有独钟,眼睛睺睺的。赴宴前妈妈就打了"预防针",在酒席上要有绅士风度,见到你最喜欢吃的猪肉,也要忍住些。可小方忍不住了,他不愿意将大块大块的红烧肉往自己碗里搛,那样做太有失体面,他想了个办法,站起来,将肉块、肉圆等先夹着送到邻座的王阿姨碗里,王阿姨一边说"小方真有礼貌",一边将大块大块红烧肉夹到小方碗里,小方妈妈向小方睺睺,这"睺睺"有不满的意思。小方哪里顾得,美滋滋地饱餐了一顿。回家的路上,妈妈对小方说:"你天天起来都喊减肥,是喊给别人听的,自己却不去行动。"小方难为情地说:"咳!下次一定注意,一定注意。"

睺,是人性的不善的一面,是一种贪婪的心灵的外露。小方妈妈的"睺睺",却是江淮方言中特有的意思。

鬼马刀

马刀是骑兵使用的刀,长约一米,可用于马上的斩劈,也可用于徒步的格斗。骑兵在汉代司马迁的《史记》中就出现过。在现在播放的关于古代题材的电影、电视剧中，武官、骑兵一般使用大刀，像关云长使用的青龙偃月刀模样，一直到清代，武将还在舞弄大刀，吴三桂是江苏高邮马棚湾人，他的后代一直珍藏着他使过的一把大刀，重约六十公斤。后来有人设计出了马刀，既能乘马作战，又能徒步作战，因为徒步作战时，舞动大刀就不大方便了。骑兵在执行追击、截击、奔袭、侦察、警戒等任务时，佩戴着马刀，轻快而便捷；后来还有佩戴马枪的，马枪的枪身较步枪稍短。

江淮一带，有一定的专长、本领、技能、技巧者，常称之为有"鬼马刀"。之所以说"马刀"，似乎与马刀的兼有功能有关。在"马刀"前面冠之以"鬼"为何？"鬼"有多种解释，其中有一种作"敏慧"讲。汉代扬雄《方言》："赵魏之间谓之黠，或谓之鬼。"黠者，聪明而狡也。当今有人称著名画家、书法家、诗人、剧作家黄永玉为"鬼才"，著名画家范曾也被称作"鬼才"。这样看来，被称作有鬼马刀就不一定是贬义了。

W老师在一所初级中学教语文，教学业绩在县里相当有名气。一天办公室电脑坏了，老师们都很着急，若请电脑公司的人来修，说不定一天都使用不成电脑，会给工作带来诸多不便。W老师微笑着说："我来试试。"只见W这里捣捣，那里摸摸，不到半小时，电脑修好了。同事Y说："想不到W老师还有这一手，真是有些鬼马刀。"W家的家用电器都是自己动手维修，他没有专门学过，只是买了几本有关的书回来看看，可谓无师自通。

W老师的父亲是县城有名的中医，父亲的医道、医术他从小就耳濡目染，但高中毕业后他报考了师范学院。

数学老师X一天早晨上班时，满脸通红且肿，肿得两眼已经合起来了，同事们劝他不要上班，赶快到医院诊治。X老师跑了几家医院，医师说："患了接触性皮炎。接触什么了呢？只有你自己知道。"X上网查阅相关资料，可能接触强碱、强酸之类的肥皂、洗发液等物，究竟什么是过敏源，不知道。医师让X老师服药、打吊针、搽药膏，症状似乎减轻了些，过了几天又红了、肿了，X老师苦恼得很。一天在办公室里老师们谈论起X老师的病情与苦恼，W老师当时没有说什么。晚上下班后，他特地到了X老师家，看到X老师又肿得眼睛不开了，W老师当即开了一张中药方，只有五味药，对X老师说："先配五剂，试试看吧。"X老师将信将疑地接过了药方。中药才服三剂，脸不红了，肿也消了。三天后X老师上班了。同事们见此情状都佩服W老师真有些鬼马刀。原来W老师用的是他父亲的秘方，俗话说："秘方气死名医哩！"

寒五六受

老韩是一个生活很节俭的人。他五岁时父母双亡，同爷爷一道生活。爷爷年老多病，常常吃上顿没下顿。十三岁时老韩就到表叔那里学木匠，三十岁时才成家。他吃东西不讲究，只要能填饱肚子就行，家里的剩饭剩菜他一人包了，有的已经生"白毛"了，他照吃没事，妻子同他开玩笑："你肚子里有化毒丹哪！"他说："粥饭放馊了，做竖头饼不是一样好吃嘛！"他穿衣也不讲究，新三年，旧三年，缝缝补补又三年，加起来九年，他一件衣裳要穿六个三年也不止。他已经连续十个春节没有买过一件新衣裳了。他对妻子、儿子、孙子倒是特别大方，每年都给他们买一套时髦服装过春节，哪怕价格高些也在所不惜。

今年春节前，老韩妻子同他激烈地辩论了一场，辩论的中心议题是今年春节前要不要为自己购买新衣服。辩论结果是老韩输了，老韩必须买一件羽绒服过春节。老韩抽空到几家大商场考察，货比三家不吃亏嘛。那几家大商场没有一家搞特价销售的。他来到几家羽绒服专卖店瞧瞧，也没有一家搞降价销售的。一个上午老韩毫无收获。下午，妻子要同他一起去，他坚决不同意，说快过春节了，街上人多不方便。于是老韩饭碗一丢，又开始了他的艰难的购衣之旅。

老韩终于来到了一家档次不高的专卖店。他问售货员有没有式样老一点的羽绒服卖。售货员感到奇怪，上门的顾客都是要买款式新的，这人却要式样老的，不管怎样还是到仓库里给老韩翻到了前几年流行的款式。老韩一看，还比较合适。谈价钱了。老韩认为，式样已经过时，应该三折销售。售货员请示老板后，说至少六折出售。老韩坚持自己的理由："我不来买，衣服不是老积压在仓库里吗？"老韩还玩起了"以退为进"的战术，一边佯装着要走出店门，一边说着"不买了，不买了"。售货员赶忙叫住他："生意不成仁义在，价钱好谈嘛。"老韩回头了。

就这样来来去去，增增减减，磨磨蹭蹭大半个小时过去了。售货员真的把老韩当"上帝"，态度始终谦谦和和，耐着性子与老韩谈价格，最后成交了。售货员仿佛轻松了许多，老韩却满意了不少，暗思道：今天买的这件羽绒服应该是全城价格最低的。老韩拎着衣服出了店门，老板不紧不慢地对那售货员说："这个人买东西真是寒五六受的。"稍长一点的女售货员则说："真是寒货。"

"寒五六受"是江淮一带尤其是扬州一带的方言。"寒"是寒酸、小气，"五、六"是虚指，即一会儿这样，一会儿那样，造成的结果自己承受了。扬州一带也有的称"寒五六受"者为"寒货"。

老刁在吴庄是一个既啬且苛的人，但因为他能说会道，全庄的人都不敢得罪他。他六十岁了，他的子女要为他做生日祝寿，老刁自然很高兴。吴庄有个老规矩，谁家要有什么婚丧喜事，每户都要出份人情，主办者请吃一顿，每户出一人。前几年一份人情50元，而今起码100元，感情深者200元以上。吴庄有100户人家，加上外庄的亲友，老刁决定办12桌。现在农村办酒方便多了，厨师可以提供餐具、桌凳、帐篷、照明、音响，主办者开上菜谱，厨师按照菜谱将所需原料及分量写在一张红纸帖上，老刁家的人便按帖采购。这次办酒，老刁的心里打着个算盘：别人家办酒总要贴些钱，我家不仅不能贴，还要落一些。他开的菜谱是8个冷盘、6个热炒、4个大菜，以素为主，荤菜则是"肉打滚"。开席前，老刁讲话了："今天我满了一个花甲，承蒙大家来祝寿。我招待大家的是以素为主，荤素搭配。要长寿，长吃素嘛。酒是自家做的大麦烧，请大家畅饮！"每桌酒席，蔬菜居多，不多久如风卷残云，被一扫而光。酒怎么样呢？常喝酒的人说是掺了水的，寡淡无味。散席后，有谐谑者说，今天吃的是"寒国"酒席；有的说，老刁今天是刁刁家，寒到家了，还有的说，真是寒五六受！

有时候失就是得，有时候得就是失。老刁一场生日宴会办下来净落6000元，而他失去的似乎更多。

夯

夯，这个字最早见于《中原音韵》，《广韵》《集韵》都未收。《康熙字典》引《字汇》："呼讲切"，读hǎng，就此一音。

《现代汉语词典》中，夯有两个读音。一读hāng，与《康熙字典》声调有别，意思是指打夯的工具或机械，有木夯、石夯、铁夯等；再一个意思是用夯砸、用力打、用力扛。还有个读音bèn。《现代汉语词典》：同"笨"（见于《西游记》《红楼梦》等书）。

《西游记》第十九回："（孙悟空）口里骂道：'那馕糠的夯货，快出来与老孙打么！'"这一回是"云栈洞悟空收八戒"在答文中孙悟空又多次称八戒为"呆子"，从八戒当时的表现以及后来的表现看，他并不笨，只是言语举止有些粗鲁莽撞、傻里傻气，处理事情有时不能掌握好分寸。如此看来，《现代汉语词典》中说《西游记》中的"夯"同"笨"是不准确的。

江淮一带"夯"读hāng时，除了《现代汉语词典》中的解释以外，还有一层意思，即言语举止无度、傻里傻气、粗鲁莽撞，有"发夯""夯货""夯瓜""夯里夯气""夯里不当"等词语和词组，扬州一带用得较多。

春天到了，桃红柳绿，青草如茵，到处呈现出一派生气勃勃的景象。某中学组织初中部学生到15公里外的湖边远足，来回30公里。小健前一天晚上就兴奋得睡不着觉了，妈妈给他准备了面包、火腿肠、茶叶蛋、矿泉水等。到了目的地，小健与同学们在湖边嬉戏耍闹，有时又几人围在一起比背诵古诗词，并以此打赌，谁赌输了就拿出面包、茶叶蛋及自己所携带的食物。二十几首诗词背下来，几个人旅行包里的东西罄尽了。小健从幼儿园、小学时就背诵唐诗宋词，熟记三百多首，赌背时，他都是赢家，没有被罚过，所以食物就吃得多了。小健一到家看到妈妈早已放在桌上的美味，忍不住又大吃一顿，躺在床上不能动弹，直喊难受。妈妈责怪他："你发夯了，不能夯吃唉！暴食暴饮伤身啊！下次记住了。"

小健是个小胖墩儿，因平时少锻炼，体质不算强，力气也不算大。一天几个同学在一起打赌，有块大石头，看谁能将它搬到10米远的地方去。有个同学用双手试试，摇摇头离开了。有个同学是班上的大力士，只见他摩拳擦掌，将大石头捧起，走了约五米远，把石头放下了。几个人的目光都投向小健，好像在说：就看你了！小健是个好强、要脸面的人，他沉稳地走到石头前，搓搓手，呵呵气，猛然将石头一捧，一鼓作气直跑，说时迟，那时快，石头落在了目的地，周围几个同学齐声喊"好！好！好！"奇怪得很，连小健自己也不清楚哪儿来的大力气。从生物学、生理学角度看，人在特定的时间里、特殊的场合下，有时会爆发出超常的智慧和力量。这件事传到了小健妈妈耳里，妈妈嗔怪小健："你从哪块来的这么大的夯劲！夯里夯气的。"外公将小健喊到身边，给他讲了一个"杀骏马者道旁"的故事。从前有一匹远近有名的好马，在它调动全身力气很快地跑完了一段路程以后，它已经精疲力竭了，这时道旁站着很多小孩，小孩大声喊叫"加油！加油！"并用力鼓掌，那骏马为了不辜负众小孩的一片热情与希望，只好抖擞精神拼命地往前奔，跑了一段，它倒下了，永远地倒下了。小健在一旁点点头，似乎领悟了外公所讲故事的道理。

夯，在江淮一带方言中其运用的范围有所扩大延伸。

上海人用"夯不锒铛"表达"总共""合计"的意思。

核

核，读hé，江淮一带读入声，本义指果实中坚硬并包含果仁的部分。

核，古文作檽，《集韵》《正韵》："胡骨切，入声，果核也。"镇江、扬州一带读音如"忽"，"桃核"的"核"，古读音如"忽"。这一读音起码自宋代就有了。

人体的某些部位有时会生核子，尤其是颈部、腹股沟部。倘若你不小心着凉了，颈部或腹股沟就会摸触到圆圆的肿块，有的地方叫做"脊阳核"。肿块如果能够滑动，医生会告诉你，那是淋巴结肿大，有炎症，没问题，等到你不发烧了，核子就自然消失。那个核子如果推不动，边缘不清，无疼痛，且硬实，那东西就不是好东西；其他部位的癌症患者遇到这种情况，癌细胞可能已经转移了。全身淋巴系统遍布，癌细胞一进入，极易转移。医生在检查身体时，总是要摸摸颈部，看有没有核子。

人与人相处时，有时也会出现核子。小杜同几个朋友闲暇时喜欢打麻将，哪知上了瘾，有时就通宵达旦地打。他们玩麻将起初是几元、几十元的小赌注，寻求刺激而已，后来发展到有几百元、几千元的输赢。夜里打麻将浑身来劲，白天上班时没精打采。小杜的妻子为此同他争吵了多次，见他听不进，干脆就与孩子住到娘家去了。某天凌晨三点，突然几位警察来到小杜聚赌的地方，他们的赌资全部被没收，还要罚款，行政拘留7天。小杜苦思冥想想不出举报人是谁，但他怀疑正对面四楼人家，小杜赌的地方在三楼，四楼居高临下就能看到。对面的四楼住的是刚搬来的鲍家，小鲍与小杜同在一个单位工作，白天为一件工作上的事激烈争辩了一下。小杜越想越像，越像越想，最后认定举报人便是小鲍。从此，小杜与小鲍之间就埋下了个核子。小鲍工作上有什么事找小杜，小杜不是不予配合，就是不理不睬，小鲍感到有点莫名其妙。小鲍是个爽直人，肚里藏不住话，某日特地到小杜办公室谈心，小杜说出了闷在心里的疑核。小鲍说："那几天我为申报某一项目到南京去了，妻子带孩子住到娘家，家里根本没有人住，怎么能谈得上什么举报呢！"小杜恍然大悟。此后小杜、小鲍二人之间因误会而生的核子化解了。

江淮一带常听到人说，某某总是想没核枣子吃。这句话的意思是，某某总是想不费力气、轻而易举地获得某种东西或者做成功一件事。小陶就是这样的人。他想报考某局公务员，必须本科毕业，而他只有大专毕业文凭。街上的居民区墙上到处写着"办证"的广告，有的路面上也写着如何办证的信息。他按广告上的手机号码联系上了，对方保证，要什么大学的文凭就有什么大学的文凭，而且是经过省教育行政部门验证的，需要先缴手续费，等等。小陶将这一情况告诉好友小秦，小秦说："你又想没核枣子吃了！我们单位里几个人上过当了，那证全是假的。"

吃枣子，吐核子，是天经地义的事，很多年前，我们的祖先采野果吃时就是这样。一个人想吃没有核的枣子，那真是异想天开。如今超市里真的有没核枣子卖了，那是经过机器加工的。随着科学技术的进步，以前不能办到的事也能办到，这是人本精神的力量。可是，当人们一边饮茶，一边吃着没核枣子的时候，仍然会说那些异想天开的人是想没核枣子吃，这是语言习惯传承的力量。

熇

熇，读hú。《广韵》《集韵》："胡谷切，音斛，火貌。"江淮一带读入声，音同"或"。

二十世纪六十年代至八十年代，煤炭都是按户、按人口定量供应，相当紧张。今日，卖煤的用板车拖着煤墼在大街上、在社区叫卖，送货上门，因为不少人家都用煤气了。最近，煤气价格上涨很快，15公斤的煤气罐每罐在100元以上，有的低收入家庭或者长期养成节俭习惯的家庭又烧起了煤炉。每天大早生煤炉，用小木块、马粪纸垫在下面，上面放着煤墼，用坏芭蕉扇不停地扇，火熇熇地上来了，江淮一带将用芭蕉扇扇的动作称作"熇"。倘若火头不大，再用扇子熇几下。

熇，有扇动、鼓动的意思，可以作动词用。

小许骑自行车在街道的右边前行，对面有一驾摩托车者反其道而行，速度很快，碰到小许，小许连人带车倒下。驾驶摩托车的人赶快停下，将小许扶起。小许伸伸腿，甩甩胳膊，弯弯腰，一切活动自如，摩托车驾驶员连声道歉。本来事情可以就此了结，就在这时小许的同事小胡到了，他是个善于扇风点火的人，赶忙叫住驾驶摩托车的，小声对小许说："你不要看现在好像没有什么问题，有人要过几天、过十几天毛病才能显示出来，到时候找谁去！应当到医院进行全面检查，说不定脑部有内伤呢！"经小胡这么一焆，小许由放心到狐疑乃至慌张起来，慌张的火点燃起来，火势还不小。小许坚决要求摩托车驾驶员带他到医院进行全身检查，头部要做核磁共振，还要谈其他条件，写承诺书，等等，驾驶摩托车的用了几千元才算将小胡焆起的火熄灭。

小吴是个不大安守己且不走正道的人，前些日子他打起了非法集资的主意，说是钞票存在他那里安全、可靠，每月利率高达百分之二十。他城里焆，乡下焆，焆同学，焆亲友，他妄图通过非法渠道而致富的火始终没有焆起来，因为有人已经有过被骗的经历，决不能吃二遍苦、受二茬罪了。有一位老人说得好："第一次受骗是你的羞耻，第二次受骗就是我的羞耻了。"

某国有机械厂有三千多工人，有过辉煌的历史，由于经营管理不善而面临倒闭的危险。上级决定派老洪去当厂长，老洪真是受命于危难之时。老洪当过县委宣传部副部长，是一个能说会道、善于鼓动、很有焆劲的人。他经过认真调查研究，分析全厂存在的各种弊端，更多的是大摆上上下下重振雄风的有利条件与积极因素，只要全厂干部、职工勠力同心，协作同焆，定能渡过难关，再现昔日的辉煌，实现未来的发展。全厂干部职工心中的希望之火，本只剩下几点火星，在洪厂长很有感召力、影响力、鼓动力的几次讲话以后，星星点点的火焆起来了，火势烺烺而旺盛，且呈燎原之势。

一个人出于善意而敢焆、会焆，不仅是一种艺术，更是一种胆识、胸襟和气度。焆后面紧跟着的应当是行动。重新燃起的火倘又熄灭了，再焆起来就更难了。当然，对于不怀好意的焆，被焆者就得当心了。

黄

　　"黄"在江淮一带，有字典辞书中没有收进的意思与用法。

　　小于在某局下属的一个事业单位工作，喜欢唱歌、跳舞。如果外地有什么合他口味的演出，他总要想办法去看，哪怕是在北京或在更远的地方。一次他利用双休日到外省省会去看一个少数民族歌舞团演出的新舞剧。在正常情况下，他肯定能赶回来上班。可那天夜里下起了大雪，第二天又下了一天，飞机、火车、汽车都停开了。他焦急万分，到了第四天，他绕道从另外一个地方乘汽车回到了家。他无故旷职三天，尽管他在外地已经向单位领导报告情况，要求请假，但按照单位的规定仍属旷职。无故旷职者取消当年奖金，这对小于倒也无所谓，不过少拿几千元罢了，但还要在全体职工大会上检讨并受通报批评，这样小于的脸就难看了。小于将有关情况告诉父母，父母心急如焚。小于三十岁了，好不容易在邻县县城谈了个对象，再过两天那姑娘就随父母来相亲。不得已小于的父亲决定去拜访老局长，请老局长卖个老面子向现任局长说说情，小于就不要在全体职工大会上检讨，单位也不要通报批评，哪怕罚几个钱也行。老局长对小于的父亲说："现在不少单位是人一走茶就凉，我去说情未必有用，现任局长是不是把我的面子黄下来也很难说。"小于父亲同老局长是中学同学，他一再请求老局长卖个面子，去为儿子的事说情。老局长终于去了。新任局长对老局长说："请老局长体谅我的苦衷，小于的那个单位制定的有关条例，今天才正式执行，执行之日就是废除之时，以后的工作怎么做？这绝不是我有意黄老局长的面子，这事真的不好办，无论如何请包涵、谅解。"

　　"黄面子"是失去面子的意思。江淮一带，有事情没有办好或计划没有能实现而称"黄"掉的说法。秋天到了，树叶黄了，树叶黄就会败落。因此"黄面子""事情黄掉了"的"黄"，与树叶黄而败落，在意义上都是一脉相连的。

　　江淮一带"黄"还有一种意思。小于爱好唱歌、跳舞，他的舞的确跳得不错，什么华尔兹、探戈、踢踏舞以及民间舞他都跳得很熟练，且舞姿优美，可歌唱得不怎么样，他常常唱得黄调。"黄调"就是走调。他请有名的音乐老师指导，老师说他唱歌走调是因为听音不准，音听不准就会唱不准。他下苦功学视唱练耳，有了不小进步。

活青菜·活死人

江淮一带的酒席上，一般是猪、牛、羊、鸡、鸭、鹅、鱼、虾、蟹等荤菜上在前，当然一桌菜里，这些不可能全有。荤菜吃多了，你或许已经感到有些腻嘴了，当服务员搬上一盘碧绿的青菜时，众客齐声夸赞："活青菜，活青菜！好！"

青枝绿叶的小青菜，洗净以后在开水锅里很快走一下即捞起，放在冷开水中，吃时放在有调料的清汤中，即成。

活青菜因为保持着青菜的鲜活、鲜嫩的模样而受宾客欢迎，青菜的其他做法都不可能如此。因为其他做法会使青菜失去水分，失去水分就失去原生的活的形态。

"活"同水有关。活，又读 guō，指水流声。《诗经·卫风·硕人》："河水洋洋，水流活活。"碗中一颗颗活青菜，就好像不停地有水从它们身上流过一样，所以就鲜活、鲜嫩了，人们都说"活"青菜，而不读"锅"青菜。读"锅"的时代离我们太远了。

"活青菜"的"活"的用法无独有偶。昆明、贵阳一带有一只菜叫"干牛巴活"，选上等部位的牛肉，腌一下，加作料煮熟，再烟熏一下，后干切吃，鲜嫩、味美，咀嚼时风味更佳。"干牛巴活"的"活"是什么意思呢？这"活"表明干牛肉中保留着适宜的水分，烟熏也是保持水分的一种制作方法。

"干牛巴活"这个名字取得太好了，干牛肉仍然保留着适宜的水分，就如同新鲜的活牛肉一样。是"干牛巴"，但是"活"的，真诱人啊！"活青菜""干牛巴活"都因为有"活"而传神。"活"有古意,吃到这两道菜时,会使人自然想起中国古代的文明。

江淮一带有"活死人"的说法。这种说法古代就有,是指那些生活屏绝人事、以死自比者,后又以此嘲笑老朽无用者,活着如同死了一样。宋代《郑之佑集》中载有为番阳胡道之赋《活死人寓歌》,清代赵翼《瓯北诗钞》中有《戏老》诗一首:"虽尚廉颇健,已同伯有厉。应号活死人,谰语聊自戏。"

江淮方言中的"活死人",同宋代、清代讲的"活死人"有区别,一般是指刻板、呆死、自己身外的事一概与己无关的人。

施某,背后人称"活死人"。他每天上班经过闹市口,那里偶有车祸发生。一日,一骑摩托车者将一老太撞倒,当即飞驰逃逸,后面一男青年特地停下自行车,将老太扶起,问长问短。家里人来了,老太年高有点糊涂,指着那男青年:"就是他撞的。"施某在旁边目睹一切,他却不上前澄清事实真相,扬长而去。一天在公共汽车上,几个小偷已经盯上一位青年女子,将她围定,其中一个下手了,取出了钱包,施某看得一清二楚。一个小伙子上前抓住小偷的手,几个小偷一哄而上,乱打了起来,施某赶快避开。司机将汽车开到派出所,几个小偷跑不掉了,但死活抵赖。警察问到施某,他说没有看到。别人说事情就发生在他座位旁边,而他高低说不知道。

一日,施某调休在家。上午9时左右,前面四楼直冒青烟,烟愈来愈浓,变成了火,一层楼着火了,一座楼烧起来了,施某一直在家望着,"隔空观火"。妻子下班了,他告诉妻子前面一座楼上午发生的火灾情况,妻子说:"为什么不报警?为什么不喊人救火?你为什么不去救火?"施某说:"关我什么事!"妻子愤愤地说:"真是个活死人!"

架势

在现代汉语的词典中,"架势"的解释一般有二。其一,姿势、姿态,如：双方摆开架势，准备较量一场；看他走路的架势像个军人。其二，势头、形势，如：看他那架势，是病得不轻了；看看今秋水稻的架势，每亩1600斤少不了。

在江淮一带的方言中，"架势"还有帮忙、助威的意思，有的说成"架架势""架个势"等。

小C读高中二年级，父母对他的学习要求很严，望子成龙的期望值很高。当今的一些学校，素质教育搞得轰轰烈烈，应试教育搞得扎扎实实。学校领导与老师身心的压力很大，升学率的高低同他们的名与利紧紧连在一起，考考考是学校与老师的法宝，除了期中、期终考试外，几乎每周一小考。一次小考小C的数学成绩为79分（满分100分）。小C到办公室悄悄地对数学老师说："请老师架个势，给我加一分，我的父母规定，任何考试不能少于80分，否则我回家要挨整了。"老师见小C那副可怜相，动起了恻隐之心，但很严肃地对小C说："加一分是小事，但你必须总结经验，接受教训。建议你准备个错题集，将每次考试做错的题目，一一订正，分析原因，以保证今后不重犯同类的错误。"小C直点头。老师真的架势了，将小C的数学试卷成绩改为80分。事后小C准备了一个练习本，专抄错题并订正，以后的数学成绩逐步提高。数学老师的"架势""架个势"是帮忙、帮帮忙的意思。

鳜花鱼

唐代有一位词人叫张志和，16岁就举明经，肃宗时为待诏翰林，后隐居江湖间，自称烟波钓徒。他的词仅存五首《渔父》，其中有一首："西塞山前白鹭飞，桃花流水鳜鱼肥。青箬笠，绿蓑衣，斜风细雨不须归。"且不说这首词的意境清远，语言清丽，其中的"桃花流水鳜鱼肥"已成为千古名句。

鳜鱼是一种野生鱼，大口细鳞，鱼身紫黑与淡黄杂色，背部呈现不规则的黑斑纹。鳜鱼俗称鳜花鱼。鳜读ji。为什么叫鳜花鱼？有人说，它腹中有一似花的东西，最好吃，最有营养。其实，这似花的东西是雄性鱼的生殖器官，雌性鱼是没有的。这种说法太牵强附会了。

我国有一部最早解释词义的专著叫《尔雅》，是汉代初期的学者搜集秦汉文章，不断增加，编辑而成。《尔雅·释诂》："鳜，氀鳜也。"氀和鳜都是一种毛织的毡子，地毯古代也叫氍毹，古乐府《陇西行》有"请客北堂上，坐客毡氍毹"的诗句。在西域有一个叫"罽宾"的国家（在今克什米尔一带）手工业以产毛织品而著名，在西汉时首都长安已经用罽宾产的地毯了。罽宾它产的地毯色彩是紫黑与淡黄杂色，远近而闻名。鳜鱼身上的花纹如同毛织的罽纹，所以得到个"罽花"名了。

现在有人将"罽"写成"鱼"旁加"季"，《新华字典》《现代汉语词典》未收这个字，一九七九年版《辞海》收入了。"鳜鱼"可以写作"桂鱼"，《新华字典》《现代汉语词典》都收进了。海里的石斑鱼同鳜鱼有些相似。

春雨潇潇，河水淙淙，桃花灼灼，白鹭飞翔，经过一冬的养精蓄锐，鳜鱼确实肥了。水乡好客的主人常常献上一盘清蒸鳜鱼或醋熘鳜鱼，大家一边品尝其味道的鲜美，一边吟哦着张志和的千古名句，席间呈现出诗般的氛围；如果再讲讲鳜花鱼名字的由来，那更平添了几分情趣。

见笑·见怪

S是个命苦的孩子，也是个幸运的孩子。他出生在某县农村，家里世世代代务农，四岁时父亲在田间劳作，突发心脏病而亡，母亲弃他去远乡，S与奶奶二人相依为命。奶奶决心要让S上学，哪怕要饭也要供他上学。S的禀赋不差，加之学习认真刻苦，从小学到初中，学习成绩总是全年级第一名。一所省重点中学提前录取了S，而且学杂费全免。他的生活可困难了，每天的伙食费不能超过3元，中午、晚上只能在食堂舀一些不要钱的青菜汤之类的下饭，有时奶奶会送些咸菜、萝卜干给他。三年总算熬下来了，高考时他以高分获得全县理科第一名，被东北的一所著名大学录取。一些报纸、电视台都迅速报道了这一消息。S的奶奶既高兴又发愁，高兴的是她与孙子十几年的辛苦终究没有白费；发愁的是上学的费用分文无着落。县慈善总会及好几家企业的老板都登门祝贺、慰问。慈善总会负责人送来了5000元。有一老板当即表示："S上大学的4年费用全包了。"另一位老板问S的奶奶，还有什么困难，S的奶奶只是连声感谢，不说什么。S的大姑妈在一旁忍不住对那位老板说："不怕老板见笑，我侄子到冬天只穿两条裤子，内衣内裤就只一套，棉衣也破旧了，到北方怎么过！"那老板开了一家规模不小的服装厂，立即表态："S的四季服装都由我来供给。"S的姑妈与奶奶连连打拱作揖，感激涕零。

县实验小学面向本县和外县开了一次语文教学公开课。A老师面对新课程改革，设计了一套全新的教学方案，创造了一些新的教学方法，相当成功地上了一课。评议时，本县、外县的老师给予很好的评价，都说这堂课理念新、教法活，充分调动了学生的积极性，师生互动好。本校的B老师平素说话尖刻，专爱挑刺，他发言时抽象肯定几句，具体否定就多了，对A老师的小疵微瑕，夸张放大。事后，一位老教师对B老师说："说句莫见怪的话，你的发言过分了，过激了；讲话要注意场合啊！"B老师无言以对。

某局局长刚从外地调任，上任第三天就来到H镇进行调查研究。基层所长忙坏了，前一天就忙工作汇报材料，又准备座谈会的发言，还忙办好接风的酒席。第二天新局长到了，看看，听听，说说，不觉吃中饭了，新局长坚持不去饭店，就在所里食堂就餐，而且只准许四菜一汤，不喝酒。所长只好照办。饭后新局长坚持要留下伙食费，所长着急了："局长，这样您就见外了，到基层所检查工作就如同到家一样。"新局长仍坚持要给，所长说："行了，行了，我先给您垫付，以后到局里向您报销。"新局长这才作罢。

"见笑""见怪""见外"等是古代汉语的词组，其中的"见"如何解释，当今一些大学的古汉语教材中说法不一，有的说"见"是助动词，是表示对他人的动作行为的接受；有的认为是表称代性的副词等，但一般均可译成"我""自己"，"见笑"犹"笑我"，"见怪"犹"怪我"，"见外"犹"外我"。这样的词组在《史记》《昭明文选》中出现的不少，如"见德""见骄""见背"等。

"见"在古代汉语中还有一种用法，用于被动句式中，表示动作行为发于他人而及于自身，可译为"被""受""得到""经受得住"等。

王大妈同李大妈拉家常，王大妈说："我家的米真见吃，一家五口人，100斤大米要吃40天。"现在生活水平提高了，要讲究生活质量，每天要吃杂粮，什么黄豆、黑豆、玉米、荞麦、薏仁、小米等，还有牛奶、肉类食物，油水也多了，主食当然就吃得少了。李大妈说："我们家也是这样，但今年以来，钱不见用了，物价涨得不少，尤其是食品。"王大妈也很关心时事："穿的衣服价钱倒涨得少，衣裳见穿得很，特别是化纤的，八年、十年穿不坏，撂掉又可惜，昨天翻出一大包，捐给灾民了。"李大妈又拉开了："现在的皮鞋底见磨得很，叫什么牛筋底，底的颜色真像牛筋呢！"

王大妈、李大妈对话中的"见吃""见用""见穿""见磨"等也是古代汉语的词组。"见吃"犹"经受得住吃"，"见磨"犹"经受得住磨"。这样的词组在《韩非子》《荀子》《史记》《汉书》等古籍中也早已出现，如"见贤""见杀""见逐""见伤"等，其中的"见"都可译成"被""受""得到"等。

江淮方言中有两千多年前的词语，从此也可见江淮方言的古老了。

捄捄拢

捄，读jū。《诗经·大雅·绵》："捄之陾陾，度之薨薨。"《绵》是一首周公戒成王的诗，追述大王开始搬到岐这个地方，百姓都归附他，帮助他造房屋，后来成就了王业。这两句诗是写众多的劳动者将泥土聚集在筐里，投入夹板中，筑墙，众人发出"薨薨"的声音。

根据清代段玉裁《说文解字注》中引用的资料，可以知道，捄，累也，聚也。朱骏声《说文通训定声》："手引物使聚也。"在《诗经》创作的年代，捄，似乎只有将泥土聚集的用法，而在当今的江淮方言中，捄，不仅可以聚集物，也可以聚集事，还可以聚集人，其用法较之《诗经》创作的年代，范围广泛多了。

M在幼儿园时喜欢玩积沙成塔的游戏。在假期中跟着妈妈上街，只要见到路边有沙堆，就闹着不走了。M会找个不影响交通的地方坐下，将散落的沙粒慢慢捄起来，堆成宝塔，越高越好，塔顶上还安上一块鹅卵石。沙塔堆好以后，便用右手比作一架带导弹的飞机，慢慢移动，嘴里学着飞机声"呜呜"作响，突然一枚"导弹"向沙塔射击，沙塔被削了一半，接着再捄沙，堆塔，一而再，再而三，不觉疲倦。路过的小朋友见M玩得高兴，或站立观看，或坐下与M开展堆塔比赛，看谁的沙塔高。M是班上的"礼仪之星"，玩过积沙成塔的游戏以后，请妈妈用大锹将铺开的沙捄捄拢，免得给建筑工人添麻烦，或者影响行人走路。

小于大学毕业五年了，在县电视台工作，好不容易谈了个对象。要买房子了，五年来自己刮肚肠般省吃俭用积攒了几万元。房价噌噌地涨，再不买就又要涨了。不得已回家向种田的父母求援。母亲对小于说："家里捄捄刮刮只有4万元，但是想天法也要帮你买房子。"小于低下了头，流下了眼泪，心想：这就是母亲，伟大的母亲。"捄捄"也可与"刮刮"搭配用。

捴

捴，读jué，在江淮方言中，泰州一带的读音与普通话读音相近，不过是读入声；扬州一带读cuǐ。《集韵》："断也。"

F大早就来到菜场，今天有几位亲戚从外地来，他要准备午饭菜。亲戚中的一位大表兄特别喜欢吃高邮湖产的鳊鱼，当地人称作雀鳊，因其头小，像麻雀的头一样，故名。他来到一家水产品商店，谈好价钱，每斤8元，涨价了。F对卖鱼的说：价钱归你个价钱，但不能短斤少两。卖鱼的说："讲诚信是生意人的根本，肯定不可能少你的秤，少一两，你把秤捣掉！"卖鱼者的承诺铮铮有声。F买了两条雀鳊，共计2.5斤，付过钱以后，他有点不放心，就到工商局设立的较秤处秤了一下，少了3两。立即找那卖鱼的，卖鱼的赶忙迎了上去："对不起，刚才秤花子看错了，照补，照补。"F有些气恼了："两斤半鱼就少了3两，真不像话，秤杆给我捣！"卖鱼的连连打招呼，将一条稍小一点的鱼换成一条大的，有几个人帮着圆关，才算了事。

K老汉有四个儿子，老伴前几年去世后，他就轮流着在四个儿子家生活，在每个儿子家吃住一个月。这个月应该在小儿子家吃住，可小儿子突然得了急病住进医院，小儿媳妇在医院照料她的丈夫，已经几天不回家了。一天中午K老汉来到大儿子家，大儿媳妇已将饭菜上桌，就等她的丈夫回来。K老汉的大儿子一进门，看见父亲来了，心想：咦！怎么老头子到我家来了，这个月不是应该在老四家吗？他大声说："请你今天不要坐在这块，再在这块，我就把筷子捣了！"K老汉一句话没有说就离开了大儿子家。原来分家时，K老汉多分了一间房给小儿子，因为他的岳父母跟他同住；大儿子认为父亲袒护小儿子了，一直耿耿于怀，所以发生了上面的一幕。

中国是一个文明古国，中华民族的优秀道德传统应该发扬光大。"孝之至，莫大于尊亲。"（《孟子·万章上》）这一至理名言至今仍然闪耀着人性的光辉。我们应当孝亲而返本原，感恩报恩，即为孝道。感恩报恩是做人的起码道德修养与准则。孝亲，既是我们的法律义务，更是我们的道德责任；不仅要有物质供养，更要有精神关爱与心灵抚慰。

K老汉大儿子的不孝行径遭到村里人的批评与斥责。第二天他主动请父亲到他家吃住了。

又过了几年，K老汉八十四岁了，一场病后身体每况愈下。临终前，他将4个儿子以及孙子、孙女叫到床前，断断续续地说："一根筷子易断，十根筷子难捣。一人一条心，穷断骨头筋；万众一条心，黄土变成金。"儿孙们会意地点点头，老人安详地闭上了眼。

哭穷

"哭"的原意是说一个人因病苦悲哀而流泪发声。哭穷，在江淮方言中是说一种人装模作样向别人苦诉自己的穷，有时也会流下几滴眼泪。

小熊高中毕业后参加高考，差4分就达到大专分数线，那时还没有民办大学，他不想复读，只身到上海打工，两年后遇到一位云南妹子，相爱成家。小熊打工之余很留心福利彩票，不时花2元买一张，并专心研究。一天，他中了大奖，奖金200万元，他一点不声张，回到家乡后，只让父母知道。小熊及妻子生活仍然很低调，衣服全是在地摊上买的，吃的很简单，常常以几元快餐充饥，高档享受与他们无缘。小熊妈妈是一个喜欢哭穷的人。没有不透风的墙。村里人风传小熊得了大奖，发大财了，可小熊妈妈逢人就说："根本没有那回事，那是谣言，我们家房子坏了没有钱修，家具是祖上留下来的，有的倒快散了。"

大凡哭穷的人，其心理状态一般有三种。

其一，怕露富。李庄有个小伙子做生意才赚了一点钱，就敞开了，说自己如何如何有钱，穿名牌，抽名烟，喝名酒，结果引来了盗贼，乘他家无人时，将他家的现金、存折、首饰、值钱的东西洗劫一空。那天小熊妈妈特地去李庄看过。

其二，怕别人来沾光。俗话说："穷在街头无人问，富在深山有远亲。"隔壁邻居老傅家，过去穷得叮当响的时候，一些至亲都很少来往。他决心自力更生，艰苦奋斗，贷款养罗氏沼虾，连续三年大丰收，家庭经济状况变了样，三姨娘、六舅母、八大姑及一些沾亲搭故的都来找他了。老傅为人热情、大方，只要有可能，他都相帮。小熊妈妈是小气得出了名的，平时总喜欢沾别人的光，别人沾不到她一点光。

其三，怕缴纳应当承担的费用。以前农民的负担不轻，要缴农业税、乡统筹（有5项公益事业费）、村提留（有公积金、公益金、管理费）、公益集资、服务性代办费等名目繁多的费用，村干部每到小熊家催缴费用时，小熊妈妈哭穷哭得更厉害，简直是抖得下来的穷，结果总要减免一些。

哭穷者往往言过其实，其良苦用心是可以理解的。家有黄金外有秤。如果使人引起由此及彼的联想，他在别人心目中的诚信度就会降低，他所讲的话、所做的事，别人就会考虑考虑其中的水分了。

老焦家境殷实，但他常向别人说穷："我穷虽穷，还有三担铜。"这不是哭穷，这是骄傲自负式的逞富。

殷殷篮子卖生姜

"小K考上北京的名牌大学了！""他是我们县文科考生的第一名！""他是我们村第一个到北京上大学的伢子！"周家庄的男女老少都为小K考上北京的名牌大学欢欣鼓舞，大人们都用小K勤奋刻苦学习的精神和成绩教育、鼓励孩子；有的孩子暗下决心，一定要向小K哥学习，考上名牌大学，做一个对社会多做贡献的人。

小K的命很苦。三岁时小K就同爷爷两人相依为命。爷爷种着三亩地维持生计，他还有个手艺，会编竹篮子、淘米箩等，就这样一年复一年供小K上小学、上初中、上高中。从上初中时起，村里、乡里、学校里知道他家的困难，都主动地帮助他，或补助小K的生活费，或减免他的学杂费、书籍簿本费。穷人的孩子早当家。从小学四年级起，小K就同爷爷一块下田割麦、栽秧，上初中时就学会编竹篮，上高中时利用寒暑假到建筑工地做工。痛苦和磨难可以锤炼一个人。从小学到高中小K的学习成绩总是出类拔萃的。如今考上大学了，爷爷高兴得合不拢嘴，十多年的辛劳总算没有白费，多少年来揪着的心舒坦了许多。但是一万多元的费用从哪里来？爷爷对小K说："我殷殷篮子卖生姜，总共只有1500元。"县里的一个不愿透露姓名的老板知道了小K的困难，主动登门，愿意承担小K上大学的一切费用。小K与爷爷心上的石头落地了，爷爷差一点跪下向那老板表示感谢，那老板搀扶着爷爷说："富了是个人的事，慈善是社会大家庭的事。"

殼，江淮方言读kā，《广韵》："苦角切。"《集韵》："克角切。"《说文解字》："从上击下也。"江淮一带读入声，从上向下击打叫"殼"。"殼殼篮子卖生姜"乃江淮人常说的一句话，是尽其所有的意思。有的大人拿着一根木棍吓唬孩子："再闹，我殼死你呢！"这也是人们常会遇到的事。

小红要考高中了，奶奶特地到超市买回两斤核桃，核桃仁安神健脑啊！每天晚上小红读书、做作业时，奶奶就在灯下用小铁榔头殼上几个核桃给小红吃，奶奶一个也舍不得吃，小红往往硬朝奶奶嘴里塞上两个核桃仁。这是一幅朴实、逼真而动人的祖孙情深的图画。

殼，在江淮方言中是使用频率相当高的一个字，《辞源》《辞海》等字典辞书中均未收入。

辣嘴子

辣，酸、甜、苦、辣、咸五味之一，在贵州、湖南、四川、重庆一带，人们更是无辣不成餐。这几个省、市的人在一起，有的说，不怕辣；有的说，辣不怕；有的说，怕不辣。其实，他们个个都是吃辣的好汉。

汪曾祺曾经跟我讲过一个故事：一位苏州姑娘到成都旅游，要多尝一些成都的小吃。成都"赖汤圆"的汤圆很有名，她去了。这位姑娘怕吃辣，一进门就关照服务员不要放辣椒。服务员笑答道："我们这里从不做辣汤圆。"那姑娘也笑了。全国各地的汤圆馅心一般都是甜的，用糖拌之以芝麻、豆沙、花生、核桃仁等，但扬州一带也有咸汤圆，馅心是肉丝、荠菜、雪里蕻等。

辣，《通俗文》："辛甚曰辣。""辛"是什么？《玉篇》："辣也。"《楚辞·招魂》："辛甘行些。"注："辛谓椒姜也，指椒姜之辣味也。"这里的"辣"不是现今辣椒之"辣"。现今的辣椒原产地在南美洲热带，明朝末年才传入中国，最初叫"番椒"，因其味与原产中国的椒相似，所以俗称辣椒、大椒、辣子。

辣椒可以开味。当你味口不大好的时候，一碗米饭、一碗面条、几只馒头都很难下咽，如果在米饭上、面条上、馒头上放上一两勺辣椒酱，你会哧溜哧溜地一边倒吸着气，一边很快地下咽，一碗米饭或一碗面条或几只馒头就很快地下肚了，因为辣椒会全面刺激你的味蕾，调动你的疲软的味觉神经。

辣椒可以驱寒。数九寒天吃点辣椒，浑身暖和，因为辣椒可以促进血液循环，血液加快流动了，你就如同身临九九艳阳天的朗照。鲁迅在南京矿路学堂读书时，夜晚宿舍寒气逼人，他硬是多吃辣椒来取暖。

辣椒可以治病。一次我出差外地，未带雨具，淋湿了衣衫，回到住处浑身发寒，心想：坏了，感冒了。晚饭时炒上一盘红辣椒，吃得满头大汗，睡上一觉，第二天康健如初。最近有的制药厂研制出一种辣椒风湿膏，专治神经痛、关节痛、肌肉痛，效果不错。

辣椒可以养身。有人说，辣子没补，两头受苦。其实辣椒中有大量的维生素，其中维C含量尤高，维C又称抗坏血酸，为维护人的身体健康，适当吃点辣椒很有助益。

辣椒可以喻人。《红楼梦》第三回："他是我们这里有名的一个泼辣货，南京所谓辣子，你只叫他凤辣子就是了。"这凤辣子就是贾府中的王熙凤。王熙凤处事果断、大胆、麻利，有时不免凶悍，甚至不太讲理。

江淮一带称直言、敢言、坦言甚至不当言而言的人为"辣嘴子。"辣嘴子能说会道，得理不让人，说话不留情面，有时还会强词夺理。小周在社区里是有名的辣嘴子，她爱管闲事，谁家的婆媳不和，谁家的父子关系不融洽，谁家丢失了东西，谁家来了什么亲戚等等，她总要问问，有人戏称她是五号楼民选的"楼长"。在干干净净的水泥大道上，过两三天就会发现用塑料袋包着的垃圾，小周接连观察了几天，终于在一天晚上发现601室的窗子突然开了，一大包垃圾往外一扔，落在水泥道上。小周赶忙上前拎起垃圾包，噔噔噔地上了六楼。601室主人小王开门笑嘻嘻地相迎，小周却板着面孔，一本正经地指着手上的垃圾袋问道："这是你扔的吗？"小王笑嘻嘻地说："我怎么会干这种事呢？"垃圾袋里装的是西瓜皮、毛豆壳，小周指着小王刚剜好放在碗里的西瓜，摊开垃圾袋里的西瓜皮说："黄瓤黑子，西瓜不错啊，这是巧合吗？老人踩着西瓜皮跌跤的事，其他社区时有发生，这是损人不利己的事，要讲社会公德啊！"小王支支吾吾地说："下不为例，下不为例。"小王又笑嘻嘻地将小周送出门。小王被小周"辣"了一下，真的，社区的水泥大道上再也没有出现过乱扔的垃圾袋。

小李在某公司担任销售员，与人相处凶得很，她有理不让人，少理、无理也不让人，人们背后都喊她"小辣嘴子"，同事们平时都不敢招惹她。倘若一惹她，就会被她重重地"辣"一下，因为她有时候什么话都敢说，连别人的隐私也会揭。

某社区的顾主任在全县社区主任中是有名的"辣"主任，你当面喊她"辣主任"，她也不生气。她说话泼辣，处事泼辣，待人接物也泼辣，社区的居民都认为她"辣"得公正、"辣"得公平、"辣"得合情，"辣"得在理，社区工作需要这样的"辣"主任。她说的话、做的事难得处处使人满意。有人对她不满时，背后就称她"辣嘴子"。

"辣嘴子"一般都指女性，这似乎不大公平、不大合情理，但这是传统的语言环境、语言习惯所致，大概与王熙凤有关吧。

来

小C今年上六年级，学习较认真，兴趣也广泛，与同学相处讲诚信，讲礼让，但从上幼儿园时起就有粗心大意、丢三落四的毛病，家长、老师常常提醒他，他自己也暗下决心改，总是难以根除。

一日，陈老师布置抄一段短文，那短文只有二百多字，他在做完数学作业以后，抄写了一阵子英语单词，最后抄短文时上下眼皮已经要打架了，不知怎么来掉三个字。第二天陈老师改作业时发现了，将小C叫到办公室，指出他的毛病。小C不好意思地摸摸后脑勺，自言自语地说："老毛病怎么又犯了？"陈老师动用惩戒手段了："每来掉一个字，自己揪一次耳朵。"小C很快照办。老师又说："中午放学后留下，来掉的字每个抄100遍。"中午放学了，留在教室里的同学连小C共有8个，陈老师坐在前面陪他们。小C认认真真、仔仔细细抄写来掉的字，抄着抄着，眼糊了，心烦了，字也写得差了，但总算抄好了。陈老师一直等小C和其他7个同学订正好作业才去吃快餐。在放学的路上小C与几个同学议论道："这样的罚抄字词究竟有什么作用？"一位同学愤愤说道："越罚越坏！下次还是来掉字，下次还是写错字！"小C也有同感。

最近，教育界对于某些有缺点、有错误的学生是否能进行惩戒、如何运用惩戒等问题进行讨论，有几点大概是可以认同的：适当运用惩戒手段有助于增强教育效果，但要讲究方式、方法，甚至要讲究艺术，要得体、有度；惩戒与体罚无缘。

小E小学毕业后到离家十公里的镇上读初中，他从小就有个来尿的病，在家里每天晚上妈妈总让他吃干饭，而且夜里总要喊他两次起来解小便，因此很少来尿。离开家了，夜里没人喊他，来尿的病自然又犯了。被褥湿漉漉，不好意思拿出去晒，晚上再睡，小E患了感冒。学校生活辅导员王老师发现了小E的隐私，一点不声张，悄悄地要小E搬到他的卧室里同住，夜里按时按点地叫醒他，还寻来秘方用桑螵蛸等中药配制，给小E服用，小E来尿的顽症神奇般地治好了，王老师仍然不声张。校长知道了这件事，称王老师为爱生如子的优秀生活辅导员。

来，这个字的意思和作用在现代汉语与古代汉语中有近十种，而"来字""来尿""来屎"的"来"，在江淮方言中是遗、漏的意思。中山大学罗蔼其教授《客方言》中谓"小儿遗尿曰来尿"条中写道："来者，漏声之变。遗、漏同义。雅言遗矢（屎）、遗尿俗言。漏屎漏尿，语来一系，特音变而来，遂茫然不解所谓矣。来漏亦正纽音和。"最后一句话的意思是：来、漏二字的声母相同，"来"是由"漏"音变而来的。

全世界有六千多万人讲客家话，客家源自中原，与江淮方言自有相通之处。

罚小C抄写来掉的字100遍的老师观念要改变；热心帮助小E治好来尿病的王老师精神实可嘉。

烂板凳

蓝先生在县教育局里是个有名的"烂板凳"。他常到局长那里汇报工作，局长既希望他来，又有点害怕他来。他一坐下来报告时，从头到尾慢慢地说，每个细节都不会放过。办事过程中，遇到了某人，他就打起了岔头官司，大讲某人的经历、兴趣、爱好，怎么与他认识、交往的等等。一天上午刚上班，蓝先生就来到了局长办公室，局长说："半小时后，我要处理一件急事，请你在十分钟内把话说完。"事情是这样的：S镇中心小学发生了一起老师体罚、殴打学生使学生致伤的重大事故，蓝先生去S镇调查了一天。一个六年级的男生因为数学作业没有按时按量完成，老师找那学生到办公室谈话，那学生说："现在的作业太多了，一天做三份卷子，昨天晚上做到半夜也没有全部做好，老师的心真狠啊，再这样下去老师就没良心喽。"老师强忍着怒火，要那学生放晚学时留在教室里。放晚学时，老师先要那学生面壁认错，那学生高低不认错。老师说："你顶撞老师，在众多的老师面前辱骂老师还没有错？"说着拿起拖把就要打那学生。说时迟，那时快，那学生机灵地飞快地隔着讲台避让，老师与那学生围着讲台绕了几圈，老师最终一下子重重地打到那学生的胫骨，只听见那学生"啊"的一声倒在地上起不来了。事后校方及时将那学生送到医院，胫骨折了。学生的爸爸带着众亲友将校门封了一天，要惩办那老师。蓝先生说得口若悬河，滔滔不绝，唇干舌燥，口吐白沫。局长示意，时间到了。蓝先生说："还有几句话，请等一等。"过了三分钟，局长离开了椅子，蓝先生着急了："请再等几分钟。"局长又坐下，蓝先生又慢条斯理地说了起来，谈到当今世界上只有英国等少数几个国家明文规定可以体罚学生等等。办公室主任来喊局长上车，局长有点不耐烦了："明天再谈吧。"蓝先生恳求道："没有几句话了，请您再稍坐一下。"局长不得已又坐下，办公室主任再次来催，蓝先生对那主任说："请你在外面坐一会儿，我汇报的事情很重要，要局长立即指示处理。"局长只好告诉办公室主任，上午要急办的事请李副局长去。局长坐下来，漫不经心地耐着性子听蓝先生讲。蓝先生整整说了两个小时。局长笑嘻嘻地对他说："你这个'烂板凳'，要看看时机'烂'呀，平时，你'烂'个一两小时也就算了，今天我有急事哪。"蓝先生辩解道："我汇报的事也是急事啊。"

烂板凳，在江淮方言中从字面上讲是坐烂了板凳。将板凳坐烂要多长时间啊，这是极度夸张，更是形象地比喻在某处时间待得很长，且浪费了别人的时间，自己还不觉得。

原来蓝先生是跟孙悟空学的，但没有学到家。孙悟空就是个烂板凳。《西游记》第十六回中，唐僧与孙悟空来到观音禅院，众僧想得到唐僧的宝袈裟，阴谋将师徒二人烧死。孙悟空识破了诡计，上南天门向广目天王借辟火罩保护唐僧。事后孙悟空去南天门归还，天王道："许久不面，请到宫少坐一时何如？"行者道："老孙比在前不同，烂板凳，高谈阔论了；如今保唐僧，不得身闲，容叙！容叙！"孙悟空经常到天宫去的，少不得要坐上半天，人家也知道他是个"烂板凳"。老孙是识时务、识大体的，什么时候该"烂"，什么时候不该"烂"，不该"烂"的时候而"烂"，那就要误大事啊！

"烂板凳"往往是慢性子，他们常常只顾及自己，很少甚至根本想不到别人。鲁迅说过，浪费别人的时间无异于谋财害命。"烂板凳"当戒。

老距

距，专指鸡腿后突出像脚趾的部分，鸡相斗时，可用距来刺伤对方，中国的古代有斗鸡的习俗，一直到现在，有的国家仍然专设斗鸡场，以斗鸡的胜负进行赌博。有经验的人从距的大小、距皮的厚薄、距纹的粗细等来判断鸡的年龄以及斗鸡时的强与弱。喂养有十年的鸡，它的爪粗，距大、粗、厚，有经验者见此情状会说："老距，老距。"

江淮方言中称在某一方面技艺高明、高超的老手、能手为"老距"，而且将"距"读成jǔ。

老沈在孩提时代就喜欢看挑糖担的捏糖人。每天放学归来，他能在一旁看上一两个小时。家里人包饺子时，他会用面粉捏小动物玩，什么马、牛、羊、鼠、兔、狗等，只要大体像，就非常高兴。长大了，工作了，这兴趣爱好就丢在一旁。退休了，他有的是时间，旧兴复燃，他开始捏起了泥人。他买了几本图谱学着捏。专门到无锡泥人厂去参观，连续四次，每次都有收获，有两次还把自己的习作带到无锡请老师傅指点。但有一个问题困扰着他，他捏的泥人，初捏起来光光滑滑，过不了几天就起裂纹了。他到民间走访，有的老人说在泥土里加适量的食盐可以防裂。老沈回家试了，裂纹小了些，少了些。一天他在一超市门口看到一老艺人当场捏泥人，当场卖，老沈在旁边看了半天，知道那老艺人是安徽人，住在某小旅馆里，当晚去拜访求教，尤其是泥土怎样才能防裂。那人说："那是祖传秘方，无可奉告。"老沈磨蹭了两个多小时，没有结果。第二天晚、第三天晚老沈又去了，仍然无果而终。到了第四天，那老艺人问清了原委，被老沈的专一不渝的热情、锲而不舍的意志所感动，同意老沈付一千元将五代私传泥土防裂的秘方传授给他。第五天那老艺人就离开了这座城市，不知去向。老沈如获至宝，按老艺人的配方和好泥土，夜以继日地捏了起来。灵验得很，老沈捏的泥人没有一个有裂纹。老伴起初反对老沈捏泥人，后来觉得有意思了，就拜老沈为师，二人切磋技艺，水平不断提高，于是共同合作，将《三国演义》《水浒传》《西游记》《红楼梦》等小说中的人物有选择地捏了起来，捏了两年，客厅里陈列着五颜六色、大大小小的泥人几百尊，姿态各异，惟妙惟肖、栩栩如生，俨然是一个泥人博物馆，经常请老朋友、老同事来参观，大家都不约而同地竖起大拇指，齐声说："老距，老距！"

B市有一青年W，幼年时不慎触上高压电网，幸抢救及时，保住了性命，但失去了双臂。二十岁了，还靠父母养着。当地的残疾人联合会很关心他，鼓励他创业："残疾人身残志不残，完全可以干一番事业。"他到了一家钟表店学修钟表，别人用双手，他用双脚，学了六个月，他就能用双脚将一块瑞士的女式手表拆卸、装配得很好。他修手表时引来很多人透着玻璃看，都赞叹他的脚比别人的手还巧。时间长了，他修手表的速度也加快了，他修手表准中求快。一块有毛病的手表，他接到"手"，这里看看，那里瞧瞧，很快就能准确地判断毛病之所在，立即对症下"手"，"手"到病除，最快时他能在10分钟内修好7块表。这个城市里的很多人慕名找他修表，一些外国人也特地找到他修表。W修表修得好，价格合理，讲诚信，不蒙人。还有一点，人们到他这里修表，似乎从他身上感受到一种精神、一种力量。

一个人只要立下志向，充满自信，勤奋刻苦，持之以恒，定有所成。

在B市，只要提到修钟表的W，人们都会情不自禁地竖起大拇指："老距，老距！"

S市的Q，六十五岁，有四十年光阴是在牢狱中度过的。他童年失去父母，随伯父生活，从上小学时起就染上小偷小摸的毛病，初中毕业时因在公共汽车上偷一老太的钱包而被送去劳动教养，出来以后，伯父不要他了，他到处流浪，到处扒窃，曾经几次加入盗窃团伙。在盗窃团伙中他的盗窃技术日精。魔高一尺，道高一丈。不论他的偷技如何高明，还是常常被警察当场抓获。就这样抓获、判刑、坐牢、释放，轮回了几次，四十年大好时光消逝了。去年农历除夕前他回到S市，已经举目无亲。当地公安机关与社区为他安排了住处，给他临时生活费，春节后介绍到社区当保安员。四十年的流浪、铁窗生活使他顿悟，他决心"立地成佛"。他自告奋勇地提出要协助警察抓小偷。四十年来，老Q对小偷的表情变化、穿着扮相、心理特征、偷窃过程等诸方面都有深刻的把握和深切的体悟。一个外地人来到他管辖的社区，从面部的特征、走路的姿势等方面，能七不离八地判断这人是不是小偷。一年下来，老Q协助警察抓获78个偷窃者，这个社区成为全市的文明社区。社区的居民提到老Q，都会竖起大拇指："真是抓小偷的老距！"

人的心或为地狱，或为天堂，关键在于修炼。

老、小、细

在江淮方言中，"老""小""细"三个字可以共同表示一个意思，也可变换说法表示相同或不同的意思。有的地方还要加一个"幺"。

譬如，他是你的老儿子（或称老巴子），她是你的老女儿。"老儿子""老女儿"也可以说成"小儿子""小女儿"，或者"细儿子""细女儿"。这里的"老""小""细"都表示子女的排行最末。在古代则称之为"少子"。《战国策·触龙说赵太后》中，赵太后是很溺爱她的老儿子的。

"老东西""老家伙""老甲鱼""老不死"都是骂年龄大者的话。

"老油条""老油老油""老三老四""老滋老味""老而三、八而四"等都是指一些自以为处世经验丰富而显出油滑的人。对于年龄不大者，则称之为"小老油条"。

某人虽然年龄不小，但仍然保留着一颗纯真的童心，像小孩子一样玩着一些游戏，言语、动作似与其年龄不相称，人便称之为"老伢子"。

江淮一带称最小的叔叔为"小爷"。汪曾祺回故乡高邮时，见到阔别几十年的小爷，很是高兴，当即赋诗一首赠小爷。小爷的配偶就不能叫作"小妈"了，因为江淮一带"小妈"就是"小妈妈"，是父之妾也。江淮人真聪明，这时"老"字起作用了，小爷的配偶叫"老妈"，太好了，但一般不类推而改称小爷为老爷。

江淮一带称没有结过婚的青年男子为"小伙头子"。提起某人，精力充沛，浑身是劲，办事干练而麻利，有人称赞道："到底是个小伙头子，做起事来就是跟半百老头子不一样！"

江淮一带有时称不上进的孩子为"小老爹"。"你这个小老爹，一天到晚只知道玩游戏机，不学好，从小定八十。"

江淮一带称不知天高地厚、少不更事的青年人为"小麻木虫子"或

"细麻木虫子"。

在称谓中冠之以"细"者，其感情色彩一般是嫌恶或鄙视的。如"细丫头""细讨债鬼""细函子""细老子""细东西"（有时也表示亲切、赞扬、喜爱等意思）。郑板桥的家乡兴化称小孩为"细大爷"。

称小孩为"小家伙""小东西""小炮子子"时是讨厌、犯嫌，有时则是高兴、自豪、夸赞的谐称。

江淮一带称结婚不久的女子为"小大娘"。如：她上个月还是个姑娘（未结婚的青年女性），这个月倒成了个小大娘了。在汪曾祺的小说《大淖记事》中，刻画了一些搬运工人的形象，他们的生活有时似乎不免粗俗，挑担子打起号子时"小大娘唉，歪歪子哪"，而性格是质朴而善良的。还有的地方称刚结婚不久的女子为"新姐姐"。

现在的独生子女多，爷爷、奶奶特别疼爱孙子、孙女，疼爱过分就是溺爱了，溺爱过分时，连爷爷、奶奶也不知如何关怀、照料第三代，不得已时便嗔怒地喊其孙为"小老太爷"。

儿子不到四十岁，成日带夜忙于自家公司的业务，头发长得老长老长，胡子也不常刮，人瘦毛长，父亲会怜爱地对儿子说："你倒像个小老头子了。"父子相对一笑。

纪老汉有两个儿子，妻子在四十岁时就去世，他含辛茹苦将两个儿子抚养成人、成家，每人一处三间两厢的瓦房。如今纪老汉年过古稀，一人蜷缩在一间低矮的简陋瓦房里，两个儿子应当赡养他，可每年的口粮总不按时送来，他不能算五保户，但常常吃上顿没下顿，两个儿子都忤逆，当纪老汉上门要粮、要钱时，所遭受到的不是辱骂，就是推搡，他对两个儿子说："不愿我儿孝顺我，但愿我孙像我儿。"在不得已时，纪老汉会跪在两个儿子面前："细老子，我求求你们了！"真是天理难容！

"老""小""细"在江淮方言中有着如此丰富多彩的意思。方言是一种地域文化，每一种方言都有其特殊的表现力、特殊的张力、特殊的美，这种美不是另一种方言和普通话所能代替的。我们大力推广普通话，但方言也不可缺。没有方言，中国的语言文化是多么寡淡少味。

膃脮

膃脮，方言读 léi duī。江淮一带将"雷"一般读成 luí，在普通话中无此相对应读音的字。膃脮，《广韵》《集韵》："落猥切，都回切，肿也。"现在的《辞源》《辞海》等都未收。江淮一带人说自己或别人的身体有些臃肿，行动不太灵活，便称作"膃"或"膃脮"。在当今江淮方言中，"膃脮"注入了新的内容。一个人在工作中、生活中遇到了复杂情况和麻烦事，也说，这个问题，这件事膃脮啦！

溜溜胡子溜溜转

在江淮方言中有一句话叫"溜溜胡子溜溜转"。这句话是在形象地描述一个人在吹嘘自己或在行使着某种骗术，他说得天花乱坠，胡子不停地转动，也想支配别人跟着不停地转动。

K 就是一个溜溜胡子溜溜转的人。他原是一个大型工厂的工人，平素喜欢赶时髦。当改革大潮刚刚到来时，他就下海弄潮了，想在大海里捞金。他凭着自己不多的一些网络知识要创办一个网络公司，这在二十世纪九十年代可谓领风气之先。他没有资金，怎么办？他就以三寸不烂之舌，四处游说，宣扬自己创办的网络公司有独特性、优越性、可靠性，劝说亲戚朋友赶快来投资，一年后有百分之十五至二十的红利，经营得好还可以得更多的利。他胡乱吹嘘，天花乱坠，大言不惭，似乎头头是道，听的人随着他团团转，有的如坠入云雾之中，有的信以为真，以为是千真万确的真理，切莫失此投资良机。至亲好友投资了，当地的某些行政领导投资了，公务员投资了，一些下岗工人用买断的几万元投资了，不到一个月，K 集资到资金。K 用这些钱假模假样地购买设备，延聘人才，疏通关节，加上大肆挥霍，不到一个月钱用光了，公司尚未开张。再不到一个月，设备卖光，人员走光，K也远走他乡。投资者的发财梦如同竹篮子打水一场空。

溜溜胡子溜溜转者的骗术之所以能够得逞，是因为他对投资者的心理有较深入较透彻的研究，他往往以高利率高回报为诱饵，钓投资者上钩。当一个人的言行为利所驱使的时候，他满脑子想的都是利，他就会昏昏然，噩噩然，明明是骗子设下的圈套，他也会听信骗子的甜言蜜语，不往坏处想，只朝好处想。当别人提醒他时，他认为是多余的。这些人往往是利欲熏心，贪图小利，结果是因小失大。

溜溜胡子溜溜转者，他们见利而舍义，为了利，他们行骗的过程常常是：胡乱编造，拿东说西，哄弄欺骗。受骗者之所以能够随着溜溜胡子溜溜转者的花言巧语而团团转，表明骗子的骗术确有蒙人之处，一时难以被人们识破；而人们一旦识破之时，其时已晚，骗子的阴谋已经得逞，人们已经付出了代价，那代价有时是惨重的、惨痛的。

骗术终究不会长久。

当一个人在你面前演说时，眼睛溜溜转，嘴巴溜溜转，胡子溜溜转，你可要擦亮你的眼睛，看清溜溜转后面的玄机、诈机，绝对不能当作契机。

绿帽子

M高中毕业以后，先在家种田，不久，伙了几个同学到上海打工，在建筑工地上做杂工，收入不多，后来跟别人学做建筑材料生意，运气不错，腰包渐渐鼓了起来，有人称他"老板"，也有人称他"老总"。现在称呼人，有人喜欢往高喊，往大叫。M起初听了这些称呼，还感到有点刺耳，久而久之，习惯了，别人不称他"老板""老总"就不自在，其实他成立的建材公司只有三个人，他是头，也算"总"。社会上流传着一句话："男人有钱就变坏，女人变坏就有钱。"这句话并不能概括所有的男人、女人。M倒真的有点学坏了，他寻花问柳，还公开地包起二奶。好朋友指出他的问题，他振振有词地说："这能怪我吗？我老婆先让我戴绿帽子、当龟的。"

M的妻子身材、外貌都相当好，同M是同村人，又是高中同学。M在外面打工、做生意，很少回家，同村青年N常到M家帮助他妻子干点农活，还协助照料M的父母。有的男青年觊觎M妻子的美貌，便对N产生嫉妒之心，于是放风，说什么红杏出墙了，N同M妻子如何如何了，这些话传到M耳里，居然成了他行为出轨的理由，真是荒唐。

江淮一带，倘若妻子行为不轨，有外遇，人们便称其夫"戴绿帽子"，何由？原来唐朝时的官妓，多隶属于教坊，官府设立教坊司以管理、领导女乐师。教坊中的差役都头裹绿巾，形状像绿头乌龟，乌龟一头两眼不都是碧绿的嘛！这是取其形。另有取义的一说，乌龟雌雄不能相交，雌龟善与蛇交，雄龟不能禁止。因此大凡女子行为不端，其夫便有"戴绿帽子""当龟"一说。其实，这种说法是没有科学根据的。"当龟"一说，大约从元代才开始有的，在之前，乌龟是灵物。在之后，人们就不大喜欢乌龟了。如今有人在他家住处旁边的墙上画上一个大乌龟，写上"禁止小便"，倘有违反者，便是乌龟，这也算是一种龟文化。

妻子红杏出墙，不贞；丈夫拈花惹草，不忠。以不道德来反不道德，是道德的沦丧。

摙

摙，读luán。《集韵》："卢凡切，聚也。"

老栾在全县属于优秀的校长。他的原学历仅初中毕业，考上县里的高中，因家庭经济困难只上了一学期就辍学了，回到家乡做起了民办教师。他工作极其负责。在所有的道德伦理中，责任伦理是放在第一位的。责任伦理在家庭、社会、工作之中都有很好的体现。老栾的业绩得到了学校领导、老师、家长等各方面的认可。他参加了自学考试，获得中文专业大专文凭，四年以后转为公办教师。他一心教书育人，无意做什么官，可领导看中他了，便官运亨通，从小学的副教导主任一下子升为校长，不久又荣任乡中心校校长，管乡里的两所初中和8所小学，全乡教职员工有近两百人。各个省基层教育机构的设置有所不同，有的省在乡里设教育办公室，负责人叫“助理”“专干”或“主任”；有的省认为设教育办公室是机构重叠，由乡中心校校长负责管理全乡的教育工作就行了，栾校长所在的乡就是如此。栾校长在全乡的教职员工及学生中很有威信，其中一个很重要的原因就是他能攏住人。攏者聚也。栾校长的攏是攏人心，攏人气，攏胆识，攏智慧，大家心往一处想，劲往一处使。众人拾柴火焰高。栾校长将师生员工的积极性都尽可能地调动起来了。栾校长的“攏”术，不仅是一种工作方法，而且是一种气度，一种本领，一种艺术，一种境界。

栾校长的“攏”术主要体现在以下几个方面。

其一，管理学校工作的重要理念主要有四句话：把别人当自己，把自己当别人，把别人当别人，把自己当自己。其核心是，干任何事要先想到别人，再想到自己，尊重别人的人格。每个人都是独立的个体，必须弘扬各自的主体精神。

其二，任何一个领导集体成员都应该相互尊重，密切配合。栾校长的几位副手，都有职有权。有人重权，有人揽权，有人视权如生命。其实，权就是一种责任。你有了一定的权限，就意味着你有了一定责任，权大，责任也大啊。几位副手各自发挥自己的独立作用，大胆工作，勇于承担责任，重大问题集体研究，而偶尔出现的一些特别问题，其重大责任由栾校长来承担。因此，那“一把手”一切大权独揽、几位副手袖手看相的局面在栾校长领导的中心校决不会出现。几位副校长都乐于同栾校长在一起工作，副校长工作也很精彩。

其三，喜听与自己意见不同的声音。平心而论，一个人刚听到反对自己的决策或与自己意见不同的看法时，心里是不大舒服的，面部表情是不大自然的。栾校长转而一想，这人敢讲出不同意见，其出发点是为了搞好工作，每遇到此类情况，栾校长往往是虚心倾听，冷静思考，或吸收其合理的成分，或耐心说服之，提不同意见者也都能欣然接受。

其四，能宽容人。宽容是一种美德。栾校长在工作当中"擽"字当头，严之有"格"，这个"格"是经过深入调查研究、反复征求群众意见后制定的"格"。"格"一旦实行，任何人不得违反出"格"。当然，在师生员工中甚至在领导层中会有人违反"格"，尽管违反的原因有不同，违反的大小、轻重情况有不同，栾校长对违反者总是以理晓之，以情动之。绝大多数违反者只要不是故意而为之，仅一时糊涂而出"格"，在出"格"以后自己会醒悟，会忏悔，会自责，如果校长再严加责备，那就不一定取得好的效果。善意的批评有时点到为止。

栾校长的"擽"术，有大益、有良效、有光彩。

有的人喜欢用小恩小惠来擽人，有时也会凑效，时间长了则会失效。

擽人应当用心去擽。

蒧蒧藤

在大扫除、清除杂草的时候，最怕遇到蒧蒧藤。它的生命力极旺盛，只要有空隙的地方，就会钻着去占领，而且善攀缘，可直至树顶。它的藤上长满了小刺，小时候不知道它的厉害，用手一拉，手上、膀臂上被划出多道小口子，要疼好几天。

蒧，读luǒ，指瓜类等蔓生植物的果实，在《易·说卦》《周礼·地官》《汉书·食货志》中均出现过这个字。有些名家为这个字注释："木实曰果，草实曰蓏。""有核曰果，无核曰蓏。""木上曰果，地上曰蓏。"等。

我中学时代的生物老师王汝功先生，毕业于东吴大学生物系，是一位品行方正、知识渊博、很令人尊敬的优秀老师。课余时他带领学生去认识校园（今高邮赞化中学）中几乎所有名贵的及普通的树木花草。一次他指着蒧蒧藤说："它的学名叫葎草，秋天开黄白色的花，结果实。花可以制啤酒，果实可以入药。我们这一带人之所以叫它蒧蒧藤，是因为它的藤相互缠绕在一起，所以叫蒧蒧藤了。"王老师讲话时的神情至今仍记忆犹新。后来我到啤酒厂参观，技术人员说，江淮一带的葎草花制啤酒不好，最好的啤酒花长在新疆。十年前我去新疆时见到了那里的菻菻藤，叶、藤、花都比我们这里的大，我特地带回了几朵黄白色的花，压在书页里。

报载，最近一些地方出现了国外的"一枝黄花"。此花繁殖力极强，能使一片庄稼地颗粒无收，但它怕菻菻藤，只要菻菻藤缠上它，它很快就枯萎死去，真是一物降一物也。

"菻"可以当动词用。打绒线衣前要将一根一根的绒线绕成团，有时心慌意乱，绒线像藤蔓一样菻在一起了，于是不得不剪断几根，重新找头绕。

有一位C先生在水乡泽国里乘船，不慎落水。本来他是游泳能手，可是由于河里长满水草，他只要一划动，手脚就会被水草菻住，而且越划动水草缠得越紧，终于不幸身亡。

有的人喜欢菻事，什么人他都可以靠上去谈谈，什么事他也要插上去问问，有些事在别人看来根本同他没有什么利害关系，可他也要问，也要管，因此有人给这类人起了一个雅号"四水菻子"。某单位C女士是有名的"四水菻子"，不论是男青年、女青年找不到对象者都可以请她物色介绍，她总是非常热情。

某单位A先生也是有名的"四水菻子"。一次他与B先生要从南京禄口机场乘飞机去北京办事，路上遇到不平事，A先生停下来菻上了。那事真是剪不断，理不清。B在一旁心急似火。这时离飞机起飞只有一个多小时，乘车去机场最快也要40分钟，可A正菻得起劲呢！直到民警来，他们才匆匆离开，赶到机场，登机刚要结束。

"四水菻子"，古道热肠，乐于助人，但有时要分清事情的轻重缓急，有时还要掂估掂估自己的力量，自己菻上去，这事能理得清、理得好吗？

妈妈·马马

小迟三十五岁，在县城一家大型工厂办公室负责文字工作。他为人呆板，不善交际，准时上班，按时下班。照理，在办公室工作朋友多，联谊广，三朋四友经常在一起打牌、喝酒是常事，遇到这些，他一概不参加。有时办公室工作需要，请他接待一下客户，他总是推三阻四，万不得已才陪客人吃饭，但不抽烟，不喝酒，更不会闹酒，饭桌上冷冰冰的，厂长了解这情况以后，再也不要他参加接待了。

小迟二十五岁时，有人几次给他介绍对象，一年复一年，年年有好心人、热心人给他介绍女朋友，他有时似乎心动，但行动不积极，常推说工作忙，就是不同别人介绍的女朋友见面。过了而立之年，父母替他着急，亲戚朋友连续为他挑选了几个姑娘，结果以高不成、低不就而告吹。今年春节，几个同事到小迟家拜年，办公室主任说："恭喜你，今年娶马马！"小迟板板的脸上露出一丝微笑；小迟的父母笑得合不拢嘴，连说："托您的福，托您的福！"

在江淮一带，关于妻子的称呼很多，有太太、堂客、家的、内人、内子、贱内、贤内助、老婆等，现在还流行称"夫人"的，其实在古代一品官的妻子才能被称为"夫人"，而"马马"则是通俗的称呼。马马，只是按实际读音记下的字词。倘究其来历，"马马"应当写成"妈妈"。娶马马人的母亲称作"妈妈"，怎么自己所娶的对象称为"妈妈"呢？在古代白话小说里，"妈妈"是可以当妻讲、当妻用的，当然"妈妈"也有当母亲讲的，大约起源于宋代，可是在稍后成书的《水浒传》里，一个也找不到，可见其时还未流行。在《灌园叟晚逢仙女》中有一节："（秋先）原是庄家出身，有数亩田地，一所草房。妈妈水氏已故，别无儿女。"注解说：妈妈即秋先的老妻。

在汉语的发展史上有一个值得注意的语言现象：同样一个字，由于读音不同而产生新义。自己的妻子叫"妈妈"，自己的母亲也叫"妈妈"，为区别起见，自己的妻子就读成mǎmǎ，"马马"就成了今天记录读音的字词。

在粤语中，称女友为"马子"，这与江淮方言中称妻子、女子为"马马"的意思相近。

"妈妈"在江淮一带还指老年妇女，读音同"马马"。小敬平时很孝敬父母、长辈，每年三八妇女节她总要给妈妈买件礼品。今年小敬特地到商场为母亲选购了一件红色下摆镶金边的大红羊毛衫。小敬的妈妈高兴得很，一边试穿，一边乐呵呵地说："六十五岁了，老妈妈子了，还穿大红镶金边的，不要给人家说成了老妖怪。"小敬说："妈妈，六十五岁不算老，老年人更要讲究穿戴打扮，老来俏心理会更年轻。"小敬的妈妈自称"老妈妈"（读音如马马），就是指老年妇女。《西游记》第六十八回："八戒笑道：'不羞！你这反了阴阳的！他二位老妈妈儿，不叫他做婆婆奶奶，倒叫他做公公！'"引文中的"老妈妈"指老年妇女。

"妈"可以单用，前面加上一个姓，如"张妈""李妈"，那是对仆佣的称呼。

"妈妈"，由于读音的不同以及字词的不同搭配起码有三种意思：一指"妻子"，二指"母亲"，三指"老年妇女"。

因为一个字的读音不同而产生新义的现象，在江淮一带并不罕见。江苏高邮一带称父亲为 diēdie（一般在城区）或 diādia（一般在农村），而称祖父为"dīdi"，两个称呼三种不同读音，都同样是两个汉字"爹爹"。

在江淮一带，"奶奶"指祖母，读音为 nǎinǎi，与祖母同辈的女性也称"张奶奶""王奶奶"。但如果将第二个"奶"字读成 nài，内涵意义、感情色彩就发生了变化。小杨的父母都在外省打工，他今年五岁，同祖母在家生活。祖母对小杨各方面都很关怀，小杨从两岁时父母每年只回来一次，他想念父母，平时很尊敬祖母，左一个"奶奶"，右一个"奶奶"地喊，亲热得很，而遇到不如意的事，特别是非常想念父母时就喊祖母为"老奶奶"（第二个"奶"读成 nài），并说起顺口溜："老奶奶，炒咸菜，不得油，掼锅盖。"祖母遇此情景，一点不责怪小杨，反而用手轻轻摸着小杨的头，有时还流下几滴眼泪。"老奶奶"（第二个"奶"读成 nài）是对老年妇女的瞧不起、不尊重。

江淮一带称明媒正娶的原配妻子为"大奶奶",第二个"奶"字读成nài;称妾为"小奶奶",第二个奶字读成nài。

"奶奶"因为读音的不同而产生内涵意义及感情色彩上的差异,那么,将"妈妈"写成"马马"也就不奇怪了。

小迟在众人的关心下,当年秋天就娶马马了。

马虎子·麻胡子·麻祜

江淮一带,小孩啼哭了,妈妈假装紧张而畏惧的样子说道:"马虎子来了,马虎子来了,快躲起来!"啼哭的孩子会立即停止哭叫,猛然往妈妈怀里一栽。在中国的许多地方都有用"马虎子"吓孩子的,有的地方叫"妈虎子",有的地方叫"麻虎子",有的地方叫"麻胡子",杭州人则称"阿胡"。

关于"麻胡子"的来历大致有三种说法。

《太平广记》引《朝野佥载》:"东晋的后赵石勒有名大将叫麻秋,胡人,凶残好杀,人都怕他。如有孩儿哭啼,母亲就吓唬他说:'麻胡来了!'小孩就立即不哭了。"

鲁迅《朝花夕拾·后记》中写道,"'马虎子'应作'麻胡子',是指麻叔谋,而且以他为胡人……""胡"应作"祜",是叔谋之名,见唐人李济翁做《资暇集》卷下,题云《非麻胡》。原文如次:"俗怖婴儿曰:麻胡来!不知其源者,以为多髯之神而验刺者,非也。隋将军麻祜,性酷虐,炀帝令开汴河,威棱既盛,至稚童望风而畏,互相恐吓曰:麻祜来!稚童语不正,转祜为胡。"

《说郛》引宋黄鉴《杨文公谈苑》说,五代的冯晖,为灵武节度使,面有黥文,羌人畏其盛名,称他为麻胡。

关于"麻胡"的来由,可能还有其他的说法,我以为鲁迅引用的唐人李济翁的说法较为妥帖。但不管是哪一种说法，"麻胡""麻祜"是民间传说中暴戾、凶残、好杀、令人闻其名而恐怖之人。

在江淮一带，称容貌丑陋的人为"麻胡子"。母亲见孩儿啼哭，用两只手将外眼角及嘴角向外一拉，扮成鬼脸："咦喂，麻胡子来了！"起初，小孩还能被吓住，时间长了，他们也会学大人样，用两只手将外眼角及嘴角向外一拉，吓唬大人："咦喂，麻胡子来了！"于是大人们哈哈大笑。

宋曾慥《高斋漫录》："毗陵有成郎中，宣和中为省官，貌不扬而多髭，再娶之夕，岳母陋之曰：'我女菩萨，乃嫁一麻胡。'命成作诗，成乃搦笔大书云：一床两好世间无，好女如何得好夫。高卷珠帘明点烛，试教菩萨看麻胡。"如今，江淮一带谓人长得丑陋时，便说："这个人长得倒像个麻胡子了。"还有的小孩作业不认真做，字不认真写，作业本上这里一滴墨水，那里被橡皮擦通了，妈妈会说："作业本倒像个麻胡子了。"话中的"麻胡子"是喻指《高斋漫录》中的毗陵成郎中的丑陋也。

从"马虎子""麻胡子""麻祜子"等语言形态的不同民俗文化现象，使我们得知，考溯其民俗语源是正确把握其语义生衍流变和文化内涵的重要研究途径。

门子

《旧唐书·李德裕传》中讲了一个故事。李德裕任成都尹、剑南西川节度使、西南八国去南招抚使时，西边的吐蕃维州，地势险要，据高山绝顶，三面临江，是汉地入兵必走之险路，是唐军进军西蜀南蛮必经之要冲。周围的城池都被吐蕃占领，唯独维州仍在唐军手里。吐蕃维州首领使了一个计谋，将一吐蕃的女子"嫁与此州门子，二年后，两男长成，窃开门，引兵内入，因兹陷没"。吐蕃人称维州为"无忧城"。后来吐蕃首领悉怛谋在李德裕的感化下，归降成都，李德裕发兵镇守维州。文中的"门子"为守门之人。在古代守门之人权力很大。当官的要升迁，向掌握他升迁大权的官僚疏通关节，第一关便是守门人。读书人参加科举考试，生怕不中，也要疏通关节，第一关也是守门人。官司诉讼者要想打赢官司，也要疏通关节，第一关还是守门人。古代通信不发达，没有电话，没有手机，要见到当官的，必须先要经守门人同意，而且要设法买通他。你如果不表示一下，不送钱物，明明当官的在家，他会说不在家。你送的钱物少了，他会耍弄你，说当官的出差了，五天以后回来；你五天后去了，他说再过五天才能到家。所以，明代大戏剧家汤显祖的《牡丹亭·腐叹》写道："天下秀才穷到底，学中门子老成精。"

门子太重要了，要办成某件事，你有什么办法、什么主意、什么手段、什么点子、什么花招来打通门子呢？江淮一带便将打通关节的办法、主意、手段、点子、花招等叫作"门子"，这门子大多是贬义的。

小祥高考的分数离"二本"录取分数线差5分，他的父亲请几位老朋友在一起商量："各位有什么门子可以使犬子被某高校录取？"有人说道："门子还是有的，去年老申的儿子通过他的同学找到某大学的招生办公室主任，他每年手上有几个'特招'名额，录取分数线可以下降些，但要缴8万元。"有人提醒道："现在骗子不少，要当心啊，不能把钱朝水里撂。"几位朋友都在献计献策。

江淮一带，有人擅长"玩门子"，别人同他相处时要备加提防，他所玩的门子往往是设下的陷阱，让人上当受骗。C是有心计、玩门子的人，他同B要做一笔生意，老友A对B说："C这个人惯于玩门子，你要谨慎小心啊，不知道他这次又玩出什么门子来呢！"

江淮方言中，还有"卡门子"一说。某市有一座堪称中国一流的幼儿园，教室、宿舍都是衡温，有游乐场，有游泳池，该园在暑假前两个月就招生了，因为招生名额有限，很多家长在报名前一天的夜里就来排队，家长说："比我们考大学时还要难。"进这个幼儿园，除了要缴纳数万元的费用外，每位家长还要献爱心，赞助6万元，否则不准进门，有的家长说："真是个卡门子！"

现在某些有权势的部门卡门子还真不少，你要进门，非得受他卡不可。

幼儿园小班的小彦也有卡门子。他知道家里人中奶奶最疼他、惯他，他要买什么玩具、食品等专门跟奶奶一人要钱。奶奶有时手头紧了，就劝说小彦不要买了。每遇这类情况，小彦会就地一躺，又哭又闹，奶奶一边掏钱，一边说："这是小彦的卡门子！"

古代有门子，今人玩门子，还有卡门子，时代虽异，其质实一。当然小彦尚年幼，他玩的卡门子奶奶也有责任。

眯眯马马

我们生活中有时会遇到这样一种人，凡事不顶真，不讲究，不栽刺，马马虎虎，得过且过，慢慢腾腾，懵懵懂懂，与世无争，似乎总是将眼睛眯成一条缝看外面世界，或许生性如此，或许历经坎坷而看破红尘。这样的人，江淮一带常用"眯马""眯眯马马"来形容，"马""马马"都读第一声，同"妈"。

E 是一个眯眯马马的人。他高中毕业时逢知识青年上山下乡被下放到离县城50公里的农村，不通汽车，不通轮船，每次回县城要步行30公里才能到一个小汽车站。他同另外4人被安排住在生产队的仓库里，那4人投亲靠友，一大间房只有他一人住。他上工前煮上一大锅粥，早上吃，中午吃，晚上吃。本来房前屋后还种上点菜，他懒得浇水，菜都枯死了。他常常三顿都蘸着盐水吃，有时盐水也没有就"白喝"。有一年冬天，下了一场大雪，他睡了两天。就在那一年，E 的父亲得了重病，邮递员将一封家书送给他，是哥哥7天前写的，父亲希望在去世前见他一面，他是老儿子。E 看了信后心想，家中自有哥哥、姐姐服侍父亲，过两天再看吧。到了第三天他步行回家，父亲已经火化三天了。

E 后来按政策回城了，被安排在一所初中教语文。他平时喜欢读书，就是在农村"修地球"时他找到书就读，唐诗宋词能熟背几百首。语文课他常常不按课本上讲，海阔天空地跟学生谈古说今，什么历史掌故，什么奇闻逸事，什么传说秘闻他都讲，学生也爱听。学期测验，他教的这个班，语文平均分在全年级倒数第一，他不在乎，双眼眯成一条线："这又怎么？只要学生爱听，学生有收获就是我的成功。"

E到36岁才结婚。结婚前有人介绍过两个对象。谈第一个时，E自己定了约会地点、时间，那姑娘提前到了，可是左等右等，E也不来。过了两个小时，只见E眯着双眼一摇二摆地来了。倘若是稍有心计者会说，学校里突然发生一件事需要他处理，或者校长临时动议召开一个什么重要的会议，等等。你猜他说什么？他若无其事地说："唉，我怎么搞忘了！"那姑娘气得脸红脖子粗，二话没说，掉头就走。谈第二个对象时，他似乎吸取了谈第一个对象时的教训，有时较为主动，譬如同对方看电影、逛公园、到小餐馆进餐等，如此交往有半年时间。女方年龄也不小了，父母请介绍人与E商量办喜事的相关事宜，你猜他怎么说？他慢条斯理地说："让我再考虑考虑，是不是要继续谈下去。"介绍人急坏了，同E理论、磨蹭了两个多小时，他还是眯眯马马地说："让我再考虑考虑，一个人多自在啊！"结果当然又吹了。谈第三个对象时，介绍人是"插友"，知道他的眯马毛病，于是就压着他，逼着他，有时就越俎代庖，当他又说"让我再考虑考虑"时，"插友"便厉声说道："还考虑什么！考虑多少年啦！"E拿"插友"没法。结婚的日子定下来了，不少"插友"合力为他准备。佳期如梦，他差一点记错了日子。

倘若一个病人遇到一个眯眯马马的医生，那就会出事故，遭伤害。一天A得了急性阑尾炎，进了医院需要立即开刀。人称"眯马医生"的F值班，他是主刀。那晚他与两个护士闲聊，直到12点多才休息。刚刚眯着，护士喊他了。他眯着双眼走进手术室。阑尾炎切除是个小手术，不到一小时手术完毕。第二天病人喊肚疼，发高烧。第三天仍然高烧不退，疼痛加剧，院长决定剖腹探查，一块纱布被遗落在腹腔，周围满是脓血。找到F，他说："这是怎么回事啊？我记得纱布都取出来啦！"F眯着的双眼似乎睁大了一些。

对眯眯马马者需进一言：小事尚可以眯马，大事可千万不能眯马啊！

否则误人、误己，害人、害己。

面糊缠

面糊是用面粉加热水调匀而成的糊状物，日常生活中会经常用到它，服装的制作，字画的装裱，书籍、簿本的装订，布告的张贴等等都离不开它。一个人倘若一时糊涂，办错了一件事，别人批评他："你今个儿吃的面糊啊，头脑糊起来了。"一个人如果像面糊一样粘住人，缠住人，大有不达目的决不罢休之势，江淮一带称这样的人为"面糊缠子"，不过有的地方将"缠"读成 qián 了。

眿人

全国的高等学校考试每年如期举行。成绩一公布，各大学的招生宣传也就更加紧锣密鼓，民办大学尤盛。北京的一些民办大学在发达地区的市甚至县都设立招生点。北京有一所民办大学看上去牌子很大，名称很好，专业很热，有吸引力，有的考生及家长被眿住了，考生分数不高，生怕上不到，很快预缴了学费。有的考生及家长比较精明，这样的大牌子、好名子、热专业的大学很容易上到，令人难以置信，于是去省教育部门咨询。这一咨询，那所谓的民办大学露了馅，原来它只是北京的一个民办训练班，没有发国家学历文凭的资格，所招收的学生只能到北京某高校成人教育学院读书。那大牌子、好名子、热专业真眿人啊！

眿，读 mò。扬雄《方言》："欺谩也。楚人通语。"《集韵》："莫获切。"扬雄是西汉末年人。方，乡也。方言即乡言，为四方之言。扬雄辑四方之言，并为之疏通证明，为后人留下极其珍贵的资料。江淮一带属楚国，眿，在江淮一带的大众中，使用频率仍然较高，仍为通语。后来的《广韵》《集韵》

等辞书均未收"欺谩"的注释，实在是不应该的。

诚信是人立身之本，全球很多国家都非常重视诚信教育。美国波士顿大学教育学院设计的基础教材中，有一篇课文进述了古代中国的一个故事：一位国王要在全国遴选继承人，他发给全国的每一位孩子一粒花种，约定谁能种出最美丽的花来，谁就是未来的国王。评定的时间到了，绝大多数孩子都兴致勃勃地捧着绚丽多彩的鲜花前来参选，只有一个叫杨平的孩子捧着只装着泥土的花盆来，最后他被选中了。因为国王发给孩子们的花种已被蒸过，根本不可能发芽，当然更不能长出鲜花。此次国王眿孩子是为了测试、考验他们的诚信度，而绝大多数孩子都以虚假的鲜花来见国王。最后教材建议老师在班上组织讨论，让学生牢记"最大程度的诚实是最好的处世之道"这句谚语，并将诚信的标语贴在教室里作为人生的信条和座右铭。

眿，当今江淮一带还有使人糊涂、事理不明的意思。眿人，即使人糊涂而被欺骗。去年在上海，朋友邀去一饭店用餐，自己点菜。菜单上有一道菜，菜名为"走在乡间的小路上"。俄国作家陀思妥耶夫斯基认为：对人生永远有吸引力的三样东西，即新奇、秘密、权力。权力暂且不论，新奇、秘密却经常诱使人探求新奇，探索秘密。于是朋友点了那道菜。菜上来了，几只红烧猪脚爪，旁边衬着鸡毛菜。与朋友边品尝，边讨论。初见菜名，都想尝一尝；见到了菜，原来如此。这菜名真眿人，眿死人呢！

老焦的妻子六十岁了，得了一种病，整天喊头疼，烦燥不安，不思饮食。老焦焦急不安，带妻子四处求医，遍访名医，做核磁共振，做全身检查。这里的医生说是这种病，那里的医生说是那种病，吃药、打针，症状依旧。老焦对朋友说："我给她的病弄眿住了。"后来到精神病医院，医生诊断她是植物神经紊乱，中、西药并用，调理调理，不久痊愈了。这里的"眿"有被表面现象所迷惑而产生的懵懂。

眿，有主观原因与非主观原因。"眿"术有的易被人识破，有的不易被人识破；有的一时不能被人识破，而最终会被人识破。眿人的结果或重、或轻、或无，有时还引得人发笑。

攮 · 攮攮

攮，在江淮方言中有"吃""喝"的意思。

小旺在深圳打工，近一年没有回家了，春节前往家赶时，人多，车忙，顾不上吃东西、喝水，一路辛劳奔波，终于到家了。妻子煮了一锅糯米粥，小旺攮了三大碗。这里的"攮"是"吃""喝"的意思。在明清时的小说里，如《醒世姻缘传》《西游记》中有"攮颡""攮糠"等，其中的"攮"也都是"吃""喝"的意思，有的在感情色彩上有所区别。

攮攮，在江淮方言中有"好好""美美"的意思。

高邮籍著名作家汪曾祺，一九三九年至一九四四年在昆明的西南联大中国文学系读书。生活很困难，身穿一件旧长衫、一条旧裤子，常常挨饿，有时到傍晚才起床，已经是饥肠辘辘了。其时，正是抗日战争时期，交通阻隔，通信、汇款均不便，有时汪曾祺父亲汪淡如汇寄较多的钱去昆明，汪曾祺却收不到。当时的昆明工专校办厂负责人朱先生，高邮人，母亲在高邮湖西菱塘乡居住，朱先生汇给母亲的生活费，母亲也很难收到。于是双方约定，朱先生在昆明将现款给汪曾祺，汪淡如将等额现金送给朱母。尽管如此，汪曾祺还是不能及时地拿到父亲供他上学、生活的费用，有时钱到手已经很迟了。有一天汪曾祺终于拿到一笔钱，同乡、朋友见到他换了新长衫、新皮鞋，汪曾祺在小饭馆喝酒、点菜，攮攮地吃了一顿，倒在沈从文老师家门口。从大学二年级起，汪曾祺必修、选修了沈从文教的各体文习作、创作实习及中国小说史。汪曾祺崇敬沈老师，沈老师及师母张兆和很关心汪曾祺的学习、生活。沈从文一开门，见到汪曾祺酩酊大醉，赶忙与张兆和将汪曾祺搀扶到室内，泡上一杯浓浓的茶给汪曾祺，以为可以解酒。按照现在科学的说法，浓茶不但不能解酒，反而更加会醉酒。

汪曾祺与他的老师、同学生活都很艰难，教授与学生一样吃有沙子、稗子、生了虫且发霉的红米，洗衣无肥皂，就将草木灰淋水洗，闻一多刻章以补贴家用。汪曾祺拿到父亲转来的钱，美美地吃上一顿是完全可以理解的了。西南联大在硝烟与贫困中培养出大批优秀人才，做出显著学术成绩，成为中外教育史上的奇迹。

攮攮，在江淮方言中还有"宽宽""雅雅"的意思。汪曾祺拿到家中带来的钱，心里宽舒了许多，父亲每次带给他的钱不在少数，一是因为那时他的家境不错，二是因为父亲深深地爱着他，他可以攮攮地用一阵子了。不久，汪曾祺又陷入困窘的境地。

在汪曾祺的作品中，除大多数写故乡的文章外，西南联大时的生活占了相当大的比例，那时的苦难、磨难对他来说，是一种财富。苦难、磨难不论对谁都应当是一种难得的财富。

攮包

攮包，在江淮方言中是软弱、无能、不中用的意思，还有的地方说成"脓包"等。

西周生著的《醒世姻缘传》五十三回："这族里头一个数我，第二个才数老七，没了我合老七，别的那几个残溜汉子老婆都是几个偎浓呕血的攮包，不消怕他的。"在第六十三回又出现过："（素姐）骂道：'我要你这攮包杂种做甚！'""攮包"一词在清代的山东一带就用到了。

有的人不善张扬，不爱打扮，不喜穿着，面部少表情，说话没高声，走起路来也是小心谨慎的样子，看上去真像个攮包，可骨子里办事果断，有毅力，有魄力，睿智而多计谋。从他的身上，让人们体悟到：为人处事绝不能以貌取人，以貌取人有时会看错人。

农农

蒋先生是一位对生活要求不高的人。他吃不讲究，穿不讲究，用也不讲究。他反对讲排场，反对浪费，崇尚节俭，但有些方面似乎过了点头。

蒋先生从小过的日子很艰难，常常是吃上顿没下顿。工作以后，生活条件改善了，一年到头都吃大米，一米能度三关啊！什么牛奶、面包、鸡蛋从不沾边。这三样东西孙子却每天一样也不能少。孙子到外地上学了，他就更节俭了。到了冬天，基本上每天是青菜豆腐保平安。晚清时的两江师范学堂校长李瑞清为学校制定了校训：嚼得菜根，做得大事。这也成了蒋先生的座右铭。有一年冬季下了几天大雪，蒋先生连吃了一个礼拜的咸菜慈姑汤妻子劝他买点肉丝炒炒，他说："农农好过。"

蒋先生的一件羽绒服穿了十多年，外壳的颜色已经由深蓝色褪成浅蓝色且不说，原来就不算厚的羽绒跑了不少，如今只有薄薄的一层，较夹衣厚不了多少；而款式呢，换了一代又一代，街上已经很少有人穿这种式样了。妻子劝他重买一件，他说："旧衣服穿在身上，自在，农农再穿几年没问题。"

蒋先生家睡了几十年的大床有条腿蛀断了，他用几块砖头垫着。妻子说："大床是家具之主，请社区的木工修理一下，睡觉才安稳。"蒋先生每晚睡得很香，而妻子则提心吊胆，生怕有一天夜里床塌了。修大床的事蒋先生总是一再推迟："先农农再说。"

蒋先生的一把牙刷用了四年了，妻子要给他换一把，他据理力争："用的东西有时很难判断它能用还是不能用，譬如这牙刷，再刷一段时间还能农。老虎不刷牙，照样能吃人。"

蒋先生的孙子今年上初一了，智力不差，非智力因素（情感、学习态度、意志、毅力等）比较差，上课不大听老师讲，老师布置的作业很少完成。放学后，老师常常将他留下来在办公室做作业，一篇日记坐在那里要写两个小时。老师到蒋先生家访问，老师说："如果这样下去，您的孙子初中三年难农下来，请家长与学校一道配合，教育好您的孙子。"蒋先生很赞同老师的意见。

农，将就、凑合也；也写成脓、浓，现代的字典辞书中均未收入此义。明代顾起元《客座赘语》："家败而姑安之，事坏而姑待之，病亟而姑守之，皆曰脓。""农""脓""浓"在清代小说中常见到。《醒世姻缘传》第七十五回："童奶奶道：'如今时下就冷了，你或者买套秋罗，再买套纻丝，里边小衣括裳，我陪上几件儿，农着过了门，满目拿的你们可拣着心爱的做。'"《金瓶梅词话》第四十一回："你知我见的，将就脓着些儿罢了，平白撑着头儿逞什么强！"《金瓶梅词典》"脓（浓）条"释为凑合、将就。"农""脓""浓"的这一用法在宋代的《广韵》中就有了，不过是写着"𪪺，女容切"。清代的胡文英《吴下方言考》："充也，勉强也。吴下谓勉强而充曰𪪺得过。"大约宋以后有人觉得"𪪺"这个字太复杂了，就写成"农""脓"或"浓"。不只是在吴下，在江淮、在鲁东蒲松龄老家一带，都仍然用着"农""脓""浓"。

在江淮方言中一般用"农"，而且口头语言用得较为普遍。生活中、工作中都会说到这个"农"。有的人是出于金钱考虑，有的人是出于节俭习惯，有的人则是马虎苟且成自然了。衣、食、住、行无碍大体的可以农；机器有小故障，存在隐患，那可不能农，农了就会闯大祸；处理公务，不能农，不能留后遗症，否则后患无穷。

蒋先生的吃、穿、用都农，其节约精神可褒，但似乎过了点。

枪·光场场

叶大妈家养了几十只鸡，鸡窝在院子里。傍晚，炊烟袅袅，群鸟叽叽喳喳都在上窝的时候，叶大妈的鸡也都往院子里慢慢地走，突然一只野狗冲入鸡群，有的鸡飞上了树巅，有的鸡飞到了屋上，还有的就往邻居的屋里乱飞。第二天叶大妈点数时发现少了一只芦花大公鸡，不知道枪到什么地方去了。近中午，隔壁林大妈家正在杀鸡，也是芦花大公鸡，叶大妈走近一看，就是她家养的那只芦花大公鸡，她家的鸡都在脖子上剪了一撮毛，做了记号。叶大妈态度和蔼地说出了原委，林大妈抱歉地说："不晓得，不晓得，今天我弟弟从老家来了，随手抓了一只大公鸡，想不到是你家枪来的，真对不起。"林大妈放下手中被薅毛的鸡，立即到鸡群中抓鸡，并请林大妈同她一起抓。抓到了一只与林大妈家相似的芦花大公鸡，薅得光场场的，送到了林大妈家。

枪，在江淮方言中读 tàng 用到，这是一个古语。《庄子·逍遥游》："蜩与学鸠笑之曰：'我决起而飞，枪榆枋，明则不至，而控于地而已。'"枪，指冲，突然向前。

邻里之间有时为了一只鸡、一只鸭而闹得不可开交，甚至结下冤仇，像叶大妈、林大妈这样和谐相处的邻里关系值得赞扬，发扬。

"光场场"见章太炎《新方言·释言》："今江南浙江扰摩曰场，引伸为平滑修洁为光场场，亦读如荡。"今江淮一带，"光场场"之"场"读 tàng。

打谷场平整得光场场。

桌子抹得光场场。

旧衣服补得光场场。

墙上泥得光场场。

鸡子薅得光场场。

他的文章别人上口一读，就觉得光场场的，一点疙瘩也没有。

人与人之间相处也应当光场场的，倘若一时出现了疙瘩，应该赶快弄平它。

"光场场"也可说成"光光场场"。

觑

觑，读 qù，有成语"面面相觑"。觑，指偷看，你偷偷地看我，我偷偷地看你。宋代释普济《五灯会元》:"僧问:'如何是大痴底人?'师曰:'毕钵岩中面面相觑。'"

在江淮方言中,觑,还有一种意思:集中视力靠近看。这里的"觑"有的地方不读"去"音,而读"区"音。镇江、扬州、泰州一带称"近视眼"为"觑眼""觑觑子眼""觑巴眼"等。为什么如此称,是有些道理的。近视眼者倘不戴眼镜,将双眼眯成一条缝,尽可能靠近看,视力才能集中,有的地方将近视眼者的这种动作叫"觑",称近视眼者为"觑眼""觑觑子眼""觑巴眼"等,在感情色彩上是不大尊重的。

许老师近视高达千度,再加上先天的弱视,视力只有0.2。他平时只是凭感觉走路,而看书时,眼睛几乎是贴近书页,有同事跟他开玩笑:"许老师看书是用鼻子闻书。"许老师答道:"我父亲就是这样,这是遗传基因作的怪,没办法。"那位同事又说:"怪不得许老师教学水平高,原来是世代书'香'啊!"

近视眼是一种病,现在中小学生患近视眼疾的人很多,某班48人,一半左右学生都戴上近视眼镜,有人戏称他们为"小四眼"。患近视眼的原因是多方面的,有的教室采光不科学,有的自己看书姿势不正确,有的看电视、玩电脑时间过长等等。倘不及时矫正,将会发展得愈来愈严重,终身患疾,给学习、生活、工作带来不良影响。

"觑"的"集中视力、瞄"的意思在《水浒传》第三十五回中就有:"(花荣)搭上箭,拽满了,觑着那绒绦较亲处,飕的一箭,恰好正把绒绦射断。"花荣大概也是近视眼,可那时没有近视眼镜配戴啊。

皵

皵,读què。《集韵》:"皮皴也,本皮甲错亦曰皵。"《尔雅·释木》:"大而皵,楸;小而皵,榎。"《集韵》的意思是:表皮粗厚裂坼叫皵,树木表皮长得错开也叫皵。《尔雅·释木》中的意思是:树老而皮粗、开者为楸树，树小而皮粗皵错开者为榎树。

皵，在江淮一带方言中常用到。如小 W 不小心手对树干猛地一蹭，皵起一块皮，食指指甲也皵掉一块等。

反方向作用力会起皵。

小 W 是某小学五年级学生，平时学习成绩不错，思想活跃，上课喜欢抢着发言。学校领导为了推动教学改革，提高教学质量，开展了学生评议教师的活动。小 W 被召集到会议室参加了一次座谈会。会上小 W 说，"教语文的 B 老师对成绩好的学生特别关爱，对他们的作文又批又改，有眉批，有总批，连用错一个标点符号也不放过。而对成绩一般的同学就不一样了，不通顺的句子不改，错别字也不改，同学拿到作文本后，自信心、上进心都受到影响，反正老师对我不重视，还有更差的学生就自暴自弃了。"小 W 的发言自然会反馈到 B 老师那里。B 老师心胸不宽，不大容易接受别人意见。他平时对小 W 的印象还不错，自打那次座谈会以后，起皵头了。上课时，任凭小 W 的手举得再高，B 老师再也不喊他发言，有时还露出不屑一顾的神情。期中测验语文试卷发下来了，小 W 得了 88 分，本来可得 93 分，因卷面不整洁扣除 5 分。同座的小 S 字写得没有小 W 好，试卷上还滴了两滴蓝墨水，却一分也没有扣。小 W 很纳闷。小 W 是三代单传的独生子，爷爷、奶奶、爸爸、妈妈都非常疼爱他。一放晚学回家，小 W 喜欢吃的煮茶叶蛋已剥好，青椒炒干丝也已上桌。小 W 吃了两筷，不吃了，嫌茶叶蛋酱油放少了，青椒炒干丝盐搁多了，妈妈在一旁寻思了，这两道菜，三天前也是这样做的，自己不放心又尝了两嘴，很好吃。今天小 W 怎么了？小 W 的爸爸晚上与小 W 恳谈，知道他心中的苦闷，第二天到学校与 B 老师进行交流沟通，皵头抹平了。

零部件不在应该在的位置上，如手表的游丝错位了，皵丝了；口琴吹不响了，簧乱了套，皵簧了。生活中遇到不顺从、不投合、不满意的事，也有人称作"皵丝""皵簧"，那就是喻义了。

在江淮方言中，有一种人为人"皵薄"，或被叫作"皵薄嘴"的，J 女士就是某公司里有名的皵薄嘴。在与同事的相处中，她经常没事找事，鸡蛋里头寻骨头，同别人唱反调。公司里的小A一次到S市出差，遇到两个小偷正在硬拽一位大妈的耳环，小偷得手后飞快逃走。大妈的两只耳垂被拽豁了，鲜血直流。小A见此情状，紧追两个小偷。小A在中学里是全县100米赛冠军，他很快追上了小偷。小偷拔出匕首威胁，小A奋战小偷，结果腹部被刺两刀，仍然抓住其中一小偷不放，这时众人围上将小偷擒获。小A在S市住院一周后康复。公司派专人到S市慰问。小A被评为S市见义勇为先进个人。J女士知道了这件事，冷不丁地说："什么见义勇为，还不是为了自己图出名，在公司里多拿奖金。"再譬如，公司里的小Z生了个男孩，满月时请公司的女同事聚会，小Z明明知道J是敲薄嘴，但不能不请她。宴会上同事们都齐口称赞小Z的儿子外貌好看，白皙的皮肤，双眼皮、高鼻梁，长大了肯定是个帅哥。J说话了："男孩子生得好看不是好事噢！"众人都望望她，无言。公司里的小Y生了个女孩，同事们又聚会了，当然也少不了J。众人也齐夸小Y的女儿长得漂亮。J又说话了："女孩子生得漂亮也不是件好事噢。"J的儿媳怀孕9个月了，一天公司里一位调皮女士问J："你快要做奶奶了，你的儿媳生个男孩肯定是好事，生个女孩也肯定是好事噢！"J瞠目结舌，过了一会儿才醒悟过来，连忙说："是好事，是好事，生男生女都是好事！"旁边的人望着J大笑。

缺缺齾齾

齾，读yà，指缺齿，器物缺损。江淮一带读入声，音同"鸭"。韩愈《征蜀联句》："更呼相簸荡，交斫双缺齾。"齾，缺齿也。皇甫湜《韩文公墓铭》："还拜京兆尹，欲禁军，帖旱雜，齾倅臣之铓。"齾，缺损也。

齾，可以"AA"式重叠用，齾齾，也表示缺损的意思。梅尧臣《和腊日》："腊鼓逢逢奏，寒冰齾齾消。"古代农历十二月初八为腊日，古时在这一天或前一天有击鼓驱疫的民俗，并有"腊鼓鸣，春草生"之谚语。宋代诗人梅尧臣这首诗很形象地描写腊日的情景：人们高兴地敲起腊鼓，一块块寒冰消融成缺缺齾齾状，春天已经悄悄来临。

齾齾，也可形容参差貌。苏轼《九日黄楼作》："烟消日出见渔村，远水鳞鳞山齾齾。"刘克庄《筑城行》："君不见高城齾齾如鱼鳞。"

"齾齾"的参差不齐义，是从缺损的意思引申出来的。譬如一只大圆盘，边缘部分不少地方缺损了，缺损的地方就与不缺损的地方形成差势，那就齾了。

在现代汉语中，齾，似乎已不单独使用。在江淮方言中仍然以"AA"式重叠使用。在搪瓷、塑料未发明时，小孩吃饭时一不小心就会将饭碗跌破或者碰撞得缺缺齾齾的，有的人舍不得丢弃，仍然给孩子用，常常划破嘴。

中秋节前夕，小谢的妈妈让他去理发，清清爽爽、干干净净过中秋。中秋是中华民族的传统节日，在韩国叫"秋夕节"，全国放假3日。一个星期日上午，他在去理发店的路上，遇到一帮小朋友，玩起"斗鸡"来。快到中午，摸摸口袋里的钱，没了。他回家不声不响，对着镜子用一把剪刀将头发剪得缺缺齾齾，接着从柜子里翻出旅游帽戴上。妈妈问他："怎么现在倒戴帽子了？"他说："天凉了，头有点怕冷。"妈妈将他的帽子一掀：噢，原来如此。妈妈笑呵呵地说："缺缺齾齾也是一种美。"

中国人很喜欢、很习惯对称美，图形或物体在大小、形状和排列上大都讲究一一对应关系，中华民族的对联则是世界上独一无二的语言表达形式。其实，缺缺齾齾也是一种美，苏轼等诗人就认为参差不齐的山势是美的，一则不给人以单调感，二则让人展开想象的翅膀。现在很多青年人喜穿牛仔裤，有的牛仔裤的裤脚边人为地剪得缺缺齾齾，并以此引为时尚，为什么？美啊！有的还在大腿面上剜一个缺缺齾齾的洞，那就更美了。美有民族性、地域性、时代性及个性，当然也有超越时空与民族的共同美，孟子曰："口之于味，有同嗜焉。"

美装扮了人们的生活，人们在打造着生活中的美。

人来疯

　　"人来疯"在江淮一带是一个带贬义的主谓词组。一个人见到人来了，就像发疯似的。这个"疯"不是精神失常，而是不正常，譬如，言语多而无度，没深没浅；举止多而无序，没轻没重，这些多半发生在小孩身上。

　　小F六岁，爷爷、奶奶惯得很。他家的人不善交际，平时很少有人到他家来。一位远房亲戚从外地来访，小F欢喜而兴奋，先拿苹果，再抓上一把他最爱吃的巧克力。客人说："谢谢。"小F回答："甭客气。"他在客厅里跑来跑去，不一会儿到房间里将他一小盒的玩具全部散落在地上，一样一样地告诉客人，哪件最好玩，哪件是谁买的，在什么地方买的，哪种是他积攒零花钱买的。爷爷在一旁说："小F波斯献宝了。"爷爷的话好像提醒了他，他又从小盒子里取出一些闪闪发光的石头、假宝石，告诉客人，这些都是"真"宝贝，可值钱喽！小F似乎还没有疯得够，他开始在客人面前唱歌了，什么"小燕子，穿花衣"，什么"太阳光金亮亮，雄鸡唱三唱"，等等，一支接一支，乐唱不疲。接着是跳舞。客人一边同小F爷爷谈话，一边还不时鼓励小F："小F唱歌真好听，舞跳得好极了。"小F更来劲了，拿起蜡笔又在画纸上作画了。奶奶嗔笑着说："真是人来疯。"

　　一个人喜爱在别人面前表现自己的技能、本领，似乎是人的本性，从心理学角度上看，人人都有表现欲，除非他是真的疯子。只不过有人外露些，有人含蓄些，还有的在程度上有所区别而已。

　　中国人对小孩的管教似乎受礼教的影响较深。现在的小孩大都是独生子女，一家一个小孩，生活单调、枯燥、乏味，偶尔有人来了，活跃一下，兴奋一下，有什么不可？有的大人却认为：这小孩从小人来疯，长大了恐怕不沉稳。有的大人将小孩管得直手直脚，几乎是扼杀了小孩的天性。当然，在一定程度上容忍小孩人来疯，并不等于无度放纵，关键在于如何正确引导。

　　其实，大人们也有人来疯的时候。有的大人在亲朋好友面前话多了起来，那是一种情绪的发泄，有话不说，郁闷在心里，要生病啊！当然，这种发泄要看场合，看对象，否则就是敷敷淘淘，不成熟，老长不大了。有的当官的，你不要看他在台上一本正经，一口官腔，一板一眼，偶遇三两知己，也会人来疯，像个孩子。

老人也有人来疯的时候。现在城市里有很多空巢老人，有的子女在外地工作，有的子女到国外定居，他们的经济条件不差，但有的体弱多病，可怕的孤独、寂寥、无聊、被人遗忘、难消永日等，一天天在吞噬着他们的生命。于是在城市里兴起了一种职业"陪聊"，按小时计算报酬。有些老人请得起陪聊，有些老人请不起。即使是请得起的，一天也只能陪聊两三个小时，其余时间仍然难受。某老人家里一天骤然来了几位老朋友，老人人来疯了。他热情招待自不用说，谈起往事，似乎全身都生动了起来。青年时的初恋、失恋等个人罗曼史也讲起来了，而且容不得别人插嘴。他有10大本影集，全部托出，要老朋友同他一起分享逝去的美好时光。客人几次要告辞，他却谈兴正浓，三番两次挽留，真是人来疯得可以，这种人来疯可以理解。人老了，这是不可抗拒的自然规律，想想《庄子》的"知其不可奈何而安之乐命"的话，或许心中的怅惘会平和些。境由心造。

人来疯，人来疯，人来就疯，人不来就不疯，人常来呢，就不常疯，其中包含着不少道理呢。

软脰长鱼

在淮扬菜系中有一道名菜叫"软脰长鱼"。长鱼就是鳝鱼，也称黄鳝。不少饭店将"软脰长鱼"写成"软兜长鱼"，有的则写成"软抖长鱼"。主人一边向客人介绍这道名菜，一边用筷子挑起两块长鱼，而且将长鱼在筷子上抖动，以显示长鱼炒得嫩滑。你看，嫩得可以抖动，真嫩啊。其实，这不过是想当然罢了。

脰，读dòu，江淮一带有的地方读平声，音"兜"，指颈、项、脖子。江淮平原土地肥沃，河汉纵横，很适合长鱼的生长。淮扬菜的主要特色是：

清鲜平和，浓醇兼备，咸甜适度，南北皆宜。要做好软脰长鱼这道菜是不容易的。选择大小适中的长鱼，在放好盐、醋的沸水里很快走过。时间长了，肉质老；时间短了，肉不熟，这全凭厨师的经验了。接着是划长鱼。要将脊背、肚皮、鱼血、骨刺等分开。一盘地道的软脰长鱼一律用长鱼的颈背，一律深黑色，一律二寸左右长，一律半寸左右宽，配以作料，在热油锅中，只要动几铲子就成了。色、香、味、形俱佳，客人赞不绝口。长鱼的脰部肉质细嫩，一条长鱼也就那么一小部分，所以显得金贵。我曾几次请外国友人吃这道菜，他们都啧啧称奇说好。因为一道菜量不多，所以刚上桌，你一筷，他一筷，很快就吃完了。客人不好意思地说："能不能再来一盘？""当然可以。"

李时珍《本草纲目》中认为，长鱼的药用价值很大，肉气味甘，大温，无毒。可补中益血，补虚损，治妇人产后恶露淋漓，血气不调，羸瘦，出血，除腹中冷气、肠鸣及胀气。善补气，烧服止痢，消渴，去冷气，食不消。一年四季中，数夏季的长鱼最滋补，这时的长鱼肉多，质细，所以民谚有云："夏天的长鱼赛人参。"

李时珍在《本草纲目》中将长鱼分为两种：一种是能吃的，一种是害人的。害人的长鱼称为蛇蟮。其识别方法是，放以灯照之，其蛇化者必项下有白点，通身浮水上，即弃之。到现在民间仍有这种说法。其实这是不科学的。蛇属爬行类，雌雄异体；蟮属鱼类，雌雄同体。从动物进化的角度来看，蛇是较鳝进化一步的。

软脰长鱼的原料取自长鱼的精华部位，烹调技艺倘不高超，其味并不佳美。长鱼的其他部位，如果精心制作，也能制作出美味佳肴。淮安名厨能制作出一百多道菜的"两淮长鱼宴"。有一位大厨将长鱼骨放在汤罐中，佐以姜葱，文火煨沸，久之弃骨，汤汁如乳，鲜美无比。上等的原料可以制出上等菜肴，次等的原料也可以制出上等菜肴，烹艺中蕴含着哲理。

到了淮安、扬州，可别忘记品尝软脰长鱼。到了高邮呢？那味道更是别具风致。

杀馋

小徐考上了北京某大学。他的父亲早已去世，母亲在一家商场打工，每月工资800元，每年要缴纳几千元的保险金，所剩就不多了。母亲每月汇给小徐300元，他自己规定，每日伙食费不超过8元，这样每月计240元，余下几十元零用，他不敢上街玩，去北京三年了，长城、八达岭、十三陵、颐和园等风景名胜都没有去过。

小徐每天的伙食很单调，过的是苦行僧式的生活，古人"三月不知肉味"，他何止三个月？偶尔想吃肉了，下了几天决心，终于花了3元买了一份黄芽菜炒肉丝杀杀馋。可是他翻来翻去，竟然找不到一根肉丝。他咬咬牙又用3元买了一份，仔细翻寻，仍然不见一根肉丝，他自我安慰地说："总算闻过了一次肉味。"

"杀馋"在江淮方言中是"解馋""止馋""消除馋"的意思，也可以说成"杀杀馋"。

"杀馋"在江淮方言中还有一种意思。食物价格昂贵，要买它，太杀馋，很杀馋。

小石的父母都是残疾人，父亲双目失明，母亲双足不能行。一家人靠政府发给的低收入家庭社会保障金勉强维持基本生活。上街时小石的父母相辅相成，母亲和小石坐在残联配给的专用车上，父亲在后面推。小石从小就喜欢吃五香干牛肉，隔几天父母总要带着他到熏烧摊上买上半斤。如今五香干牛肉的价格涨了一倍，父母亲带小石上街的次数少了，小石还算懂事，他并不同父母闹着要吃五香干牛肉，有时做梦会轻声说"五香干牛肉"。母亲听他说着梦话，便怜惜地用手抚摸着他的脸。第二天父亲推着车，他与母亲坐在车上来到熏烧摊买了半斤五香干牛肉，母亲一边从口袋里掏钱，一边自言自语："太杀馋了，太杀馋了。"这买五香干牛肉的钱是从有限的低水平的生活费中硬挤出来的啊！

以上"杀馋"的意思，在现今的字典辞书中都未收入。

㩒子

金人元好问《中州集》有周驰《㩒子》诗："谁怜一片小，能使四方平。几案由吾正，盘盂免尔倾。"诗用拟人的手法形象地描写了小小㩒子的作用。在日常生活中人们常用木片、竹片、瓦片等作㩒子。桌子、凳子摇晃不平，加了一个小㩒，就能四平八稳，伏案、坐凳就很舒适。餐盘、水盂等容器，倘放得歪斜不平，汤汁就会倾出，小㩒子的作用真不可小看呢，可有谁来爱惜它呢？这首诗从表面上看是咏㩒子，实际上寄寓着一定道理，应当作一首咏物言志诗来读。

㩒，读sà，《广韵》："支起也。"几案四足有不平处，垫以小木，曰㩒子。㩒，可以作动词用，如桌子有一条腿的榫头松下来了，加一个小㩒子把榫头㩒紧。加㩒必须有度，过松了，桌子仍然摇晃；过紧了，榫头周围会裂开。

在生活中我们还会遇到另一类加㩒子的现象。大量的农民拥入城市务工，是当今一大重要社会现象。究竟有多少农民进城做工，说法不一。有的农民到农忙时要赶回家收割栽种，不少人则要到春节才能回乡与家人团聚。有的企业在春节前一个月就放假了，因为愈往后交通工具愈紧张。而有的农民工因为工作需要，实在离不开，要到年关岁尾才能走，这时火车票买不到了，不通火车的地方有汽车。有的车主日夜兼程往返于大城市与某地农村之间，原核实座位36人，挤着上车的络绎不绝，车主于是在人群中加"㩒"，这"㩒"不是木㩒、瓦㩒，是"人㩒"。㩒一人，再㩒一人，又㩒一人，结果加到80人，而且大多数人都站着。众多农民工回家心切，归心似箭，强忍受着，因而春节前交通事故明显增加。

几案加木㩒可解决不平的问题；车辆超载，人为地造成不平稳，不安全，祸兮所伏。任何车辆千万不能加"人㩒"而超载，加"人㩒"如同杀人。

上反

小武刚上幼儿园。他从生下来满月以后就跟奶奶生活在一起了，父母常年在广东打工，很少回来。奶奶把小武照顾得好好的，什么时候起身，什么时候上学，什么时候该加衣服或者换季了，都安排妥当。小武对生活的要求不高，奶奶做什么，他就吃什么，衣服不要时髦的，玩具不要高级的。奶奶要是有个什么病啊痛的，小武会在奶奶床前转来转去，端茶倒水，问寒问暖，这时，奶奶心里乐滋滋的，好像病痛也减轻了许多。祖孙二人在家生活得自在、安定、平静，在别人的眼里，他们是幸福的。

春节前，小武的爸爸、妈妈回家了，爸爸、妈妈在小武眼里成了熟悉的陌生人。不过，要不了几天，他就同爸爸亲热了。爸爸也有意识地弥补因离家时间长而欠缺的感情，他几乎每天都带小武到集镇上去买玩具，买好吃的东西，买书，小武每天都离不开爸爸。平时，小武在家同奶奶一起生活，很懂事，见到幼儿园小朋友有什么新式的电动玩具，他从来不要奶奶买。爸爸一年回家一次，小武想，这也是难得的一次机会，他同爸爸在集镇商店里逛的时候，看到这要买，看到那也要买，爸爸有些不耐烦了。到了家，爸爸狠狠地训斥了小武一顿，小武好像受了委屈，"哇"的一声哭起来了，这哭如同火上加油，小武爸爸动手对小武的屁股打了两下，小武哭声更大了。在厨房做饭的奶奶听到哭声来到了堂屋，对她的儿子说："你回来就上反了，你一年才回来一次，应该多亲亲小武，多关心关心小武才对啊！"小武听到奶奶的话，哭得更厉害了。小武爸爸想到一年来与妻子在外打工的辛酸苦辣，一阵火气涌上心头，跑到小武面前，又打了他屁股几下，小武就势往地上一坐。很少发火的奶奶对他儿子吼道："你打你的伢子，我也打我的伢子！"说着举起拳头就对小武爸爸打两下子。隔壁的李奶奶听到小武家的吵闹声，来到小武家，对着小武爸爸说："你难得回来，一回来家里就上反了，你妈妈同你儿子两个人在家过日子也不容易啊，把你儿子恭维得的的的。你回家既要孝敬妈妈，又要体贴儿子，一年的孝敬、体贴就在这十多天里面了。回家时间不长，该做的事抓紧时间做做，该叙的情抓紧时间叙叙，不要上反了。"小武爸爸觉得李奶奶的话在情在理，低下了头，一言不发，立即将小武扶起，又对小武奶奶说："妈妈，实在对不起，惹你生气了。"小武奶奶听儿子说了这句话，那火早熄了；那气，早跑到九霄云外去了。

人会上反，动物也会上反。

老樊家养了一只品种好的小花猫，两三天就给它洗一次澡，老樊看书，它朝老樊腿上一蹲；老樊上床了，它会蹲在床边，直到老樊进入梦乡才离开。老樊要出差了，三天以后才能回来，他特地多准备了一些食物、饮水等一份一份地放好。三天后，老樊到家一看，厨房里好像被人翻过一样，乱七八糟，一片狼籍。原来，老樊准备的一份一份的食物、饮水，小花猫哪里知道是一天只准吃、饮一份，很快就吃光、喝光了，它饿得到处翻找，简直上反了。

上反，在江淮方言中是乱了法、乱了套的意思，一个人家不和睦，经常吵闹，在别人看来就叫"上反"。

上反与造反意义有别。造反是"发动叛乱，采取反抗行动"，一般都是带政治性的；上反是没有政治性的。在江淮一带，造反的意思也有了些变化。如一家的主人离开家不久，其他的人就闹起来了，别人赶快去报信："你赶快回去啊，你家造了反了，造了都天大反喽！"那报信的人所说的"造反"，其实就是上反的意思。

人生烦恼无数，有的人总认为烦恼老是纠缠在自己心里，幸福总是围绕在别人身边。上反，也是发泄烦恼的一种方式。尽管，有时的发泄连自己也不好受，甚至是一种痛苦的发泄。其实，谁都有过幸福的时候，只是你的幸福，常常感受在别人心里，你并不知道。一个人即使过着苦日子，倘若将苦日子当着甜日子过，难道不幸福吗？

哨

　　朋友聚会难免不喝酒，A、B两个人喜欢闹酒，酒量都不小，都喜欢逞雄。他们喝少了不舒服，喝多了伏在桌上，或者躺下了，似乎那样才舒服。C酒量不大，只能喝两小杯，但总是哨人家喝。酒局刚开始，C就对A说：“上次喝过酒以后，B对别人说，把你打败了。我看你的酒量比他大，究竟谁是英雄，谁是狗熊，今天你同他较量一下！”A是火暴性子，是一点就着的人，他捋起袖子，跃跃欲试。B是个性格沉稳的人，笑嘻嘻地对C说：“上次就是你不断地哨，我们两个人都喝醉了，我回家时跌了个大跟头，差一点睡在路边。你今天又来‘放火烧人家房子了’。要喝，我同你喝！”C是个专门喜爱看到别人酩酊、失态、大闹而高兴的人。他看到今天的“火”还没有“点”得起来，于是想方设法加紧“点火”“放火”，自己举起酒杯靠一下唇边，大声说：“先‘烧’一下自己！”众人哈哈大笑。

　　江苏高邮一带，称唆使、怂恿别人做损人的事或能力所不及的事以达到个人目的的行为叫“放火烧人家房子”，其中还有玩花招耍弄人的意思。其实，鼓动别人做某件事的“烧”，按原意应写作“哨”。

　　“哨”是个古方言词。扬雄《方言·卷七》：“肖、类，法也。齐曰类，西楚梁益之间曰肖。秦晋之西鄙，自冀陇而西，使犬曰哨。”高邮于汉高帝庚子六年（前201）建县，扬雄的生活年代在高邮建县之后，他所写的“西楚梁益之间”涵盖了高邮及周边地区。《唐韵》：“肖，私妙切。”“肖”古读“哨”，音同“烧”。这个“哨”在高邮一带起码已经使用两千多年了。高邮一带的方言里，人发出“哨”的声音让狗去追赶兔子或其他动物以及人，由此而产生“哨使”一词，与普通话的“唆使”意思相同。

　　《醒世姻缘传》第二十一回：“（晁思才）连忙说道：‘那日要不是嫂子救落着，拿到大街上一顿板子，打不出我这老私窝子屎来哩！这事瞒不过嫂子，这实吃了晁无晏那贼天杀的亏，今日鼓弄，明日挑唆，把俺那老砍头的挑唆转了，叫他像哨狗的一般望着狂咬。’……晁无宴也没答应，只说：‘你一日两三次家来寻说，凡事有你上前，惹出事来，你担着。后来你只捣了一百杠子，俺倒打了二百杠子，倒是人哨着你那老砍头的来？天老爷听着！谁烁谁，叫谁再遭这们一顿！'"文中的"鼓弄""挑唆"也可以作为"哨"的注脚。"哨"的用法在同书中用到的地方不少。蒲松龄的《聊斋俚曲集·翻魇殃》第十一回："王四的外号是王哨子，猜他买不起，竟来哨他（仇福）。""王哨子"这个外号正反映了这人平时喜欢鼓弄、怂恿别人的个性特点。"哨他"就是故意唆使他（仇福）去做能力所不能及的事。

当C哨A、B相互较量酒量时，他自己还装模作样、玩弄花招地喝酒，这是另一种哨。

没有主见的人，经不起别人的哨，到头来吃亏的是自己。有主见的人，不管别人怎么哨，我自岿然不动。哨人者的花招被人识破了，不听他的那一套，他会自感少趣、没趣，哨劲也就渐渐没有了。

韶刀

韶，读sháo，江淮一带读平舌音。韶刀，不少字典辞书中均未收此条目，《辞源》中收了："韶刀，犹唠叨。"张季皋主编的《明清小说词典》也收了"韶刀"，又写作"韶道"，也解释为"唠叨"。《金瓶梅》第十一回："李桂姐与西门庆磕着头，哭起来说道：'俺这妈越发老的韶刀从新又回去，对我说，姐姐，你不出去待他钟茶儿，却不难为嚣了人了。'"《儒林外史》第十三回："聘娘道：'你看妈边韶刀了，难道四老爷家没有好的吃，定要到国公府才吃着好的。'"（注云，说话重复颠倒。安徽方言。）当今江淮方言中，"韶刀"似不仅是"唠叨"之意，还有糊涂不明事理、拿乔、做趣、不干脆等意思。

小高是小学五年级学生，上课认真听讲，想上进，但怕做作业。老师在星期五布置了一些作业，他总是一拖再拖，到了星期日晚上，吃过晚饭后还在看电视，妈妈着急了，对他一阵喊，小高说："我现在不想做。"妈妈知道小高的韶刀脾气，就不再理他。一会儿小高关掉了电视，很快就完成了作业。妈妈对小高说："你韶起来真要讨人打。"经过反复劝说，小高的韶刀脾气改了不少，但有时候还会犯。

韶刀，可以"A里AB"式用，即"韶里韶刀"；也可以单用作"韶"，扬州人似乎较常用。

"韶刀"在《金瓶梅》中出现是一件令语言工作者、《金瓶梅》研究者高兴的事。《金瓶梅》的作者至今难以认定，如果将语言学作为一个重要元素来研究、考证《金瓶梅》，那对于认定它的作者大概是不无裨益的。

赸

赸，读shàn。《篇韵》："跳跃也。"在江淮方言的口语中，赸，用得很普遍，不过有的地方读成xuān（音同当地的"删"），淮安、扬州的宝应等地读"删"时，第四声，平舌音。

某县的T镇，近几年经济发展速度较快，发展势头很好，经济总量为全县的第五名。近来提出高举新一轮跨越式发展旗帜，坚持负重奋进不畏难，埋头苦干不张扬，加快发展不动摇，大力培育高效特色农业，强力主攻民营工业，着力发展新兴第三产业，全力推进各项社会事业，促进全镇经济快速发展，科学发展，和谐发展，苦战三年，经济翻番，跨入千强（全国），全面小康。T镇近几年的建设成就引人嘱目，前程展望，振奋人心。

同T镇相邻的某县Z镇也是一个新农村建设速度较快的名镇，它在全省排列的名次稍前于T镇，而T镇的崛起使Z镇的领导震惊而钦佩。Z镇组成一个参观团到了T镇，对T镇近几年的发展速度以及积累的经验大为赞赏，T镇镇长说："你们是老大哥，我们在后面连跑带赸也赶不上你们。"Z镇镇长颇有感慨地说道："后来居上啊！你们千方百计做大做强工业，发展高效特色农业的经验很值得借鉴，再过几年，我们要赸你们了。"经济的发展、社会的进步，从来没有固定的格局，不是你赸我，就是我赸你。

小万最近感到英语学习成绩掉下来了，在全班的名次往后退了，他很着急，每天晚上睡觉前总要关照妈妈第二天五点半准时喊醒他，闹钟对他来说是无用的。每天五点半，小万准时起身，读半小时英语。他始终记住一位全国有名的英语老师到他们学校做报告时的话语："多读、多背、多写，每个单词用心读上百遍，不会也会。"小万就这样坚持了半个月，他的英语学习成绩趆上来了，为全班的第五名。

"趆"者跳跃前进也。"趆"的精神就是不甘落后、敢为人先、奋勇前进、快速发展的精神，各行各业都应当大力发扬。

溾人

溾，读 shuǎng，《辞源》《辞海》等字典词书中均未收入。《广韵》《集韵》中有，《玉篇》："净也，冷也。"江淮一带的口语中常用到这个字，一般读成阳平，扬州一带不翘舌。

在湖边生活的人有口福，经常会吃到新鲜的水产品。云南洱海出产一种不大的虾，因为洱海的水为深黑色，那小虾也呈较深的颜色，当地人现场捕捞就在湖边现场煮买，使旅客尝到起水鲜。江苏的第三大湖高邮湖盛产一种白米虾，颜色如白米，晶莹透亮，体长5厘米左右，可以水煮，可以挤虾仁，可以做虾球，其味鲜美无比。沈大妈家隔三岔五就要去菜场买白米虾。每次买虾，她总是不忘自带一只小淘米箩，将虾从水中捞起，放在小淘箩里溾上几分钟。遇此情况卖虾者心里不大舒服："虾子离不开水啊！"沈大妈便理论："白米虾每公斤30元，难道水也是这个价钱！"卖虾者无言，只好让她溾。水差不多溾干净了，沈大妈又拿起淘箩甩几甩，这才去秤。

沈大妈家住在二楼，三楼住着一对青年夫妇，都是马大哈，他们家晾在外面的衣服、被单常常被风刮到二楼、一楼；有时人出差了，衣服、被单晾在外面风吹、雨打、日晒几天，沈大妈很是着急，但无可奈何。一天，阳光灿烂，沈大妈晒被子了，不一会儿听到滴答、滴答的声响，一看，三楼的人家晾的绒线衣、羊毛衫没有先晾在家里渿渿干。沈大妈赶紧上楼，很客气地告诉那青年夫妇，并帮他们将绒线衣、羊毛衫取回屋里渿渿干，青年夫妇很不好意思。沈大妈说："这没有什么，中央电视台《百家讲坛》请于丹讲《论语》心得，我都看了，孔子说'里仁为美'，住在讲仁义道德的地方是美好的。于人方便，于己方便。"青年夫妇从此再也不将未渿干的衣物晾在外面了。

以上例子中的"渿"都是"净"的意思。

沈大妈对门住着韦先生夫妇，其子硕士毕业，经过考试以后在省城报业集团工作。韦先生决定将现在的住房出售，为儿子在省城购一套面积不大的新房，自己暂时租房住。有几个欲购房者来韦先生家看过了，其中有一人付了定金，答应三天以后办手续。时间到了，那人并没有来。韦先生一打听，那人又看中了另一处房，价格公道些，也付了定金。过了两天，那人又来了，说是要办过户手续。韦先生以房产证在妻子那里为托词，妻子出差了，要过五天，韦先生有意要渿渿他。一了解，那人后来看中的房又涨价了，价格较韦先生家的还要贵一些，所以还是来找韦先生了。到了第六天，那人又来了。韦先生心想：这人不讲信用，于是又以其他借口再渿他两天。那人觉察到自己的不是，便一再打招呼。韦先生觉得那购房者被渿了几天，起到了一定的教育作用，只说了一句话："人生在世，诚信最重要啊！"房屋买卖成交了。这一小故事中的"渿"，冷也。

首尾

江苏的姜堰、泰兴一带称锅盖为"釜冠"。"釜"者，锅也，"冠"者帽也，锅盖乃锅的帽子，这叫法是何等的雅致。江淮一带称农历十月为"小阳春"，这边几位有文化素养的老人在一起背向太阳，谈天说地，谈笑风生，有人称作"负暄而谈"。"负"者，背也，"暄"者，太阳的温暖也。那边几位一天到晚忙着锅头灶脑、针头线脑的老太背晒太阳在谈家常，谁家的儿子如何了，谁家的女儿怎样了，甲问乙："你家的首尾了了没有？"乙说："你现在才快活哪，首尾了了，我还有几年哩，老巴子才上大学一年级。"

首尾，从字面上讲是"头"与"尾"，在江淮一带有特定的含义。六七十岁的人在年轻时还没有实行计划生育，一对夫妇生上三四个孩子是常见的事。中国人的传统，既然生下了孩子，就要对孩子负责，尽能力供他们上学，使他们受到良好的教育，还要想方设法帮他们捧到饭碗，直到他们结婚时，才能算了了一桩大心事。倘若这个人家有三个孩子，从老大到老三，不论是男是女，一定要忙到他们都成家，这才算了了首尾。如果有一人没有成家，那还不能算了首尾。这是中国人两千多年以来对子女负责的传统美德。西方一些国家，孩子从小就有很强的自立意识，18岁以后父母就让其独立生活，一个人家有三五个孩子，是没有什么首尾可了的。

孙大妈已经快六十岁了，可她的老儿子还没有结婚，首尾还没有了。现在随着人们生活水平的提高，结婚的费用也在增加，她现在还在一家服装厂上班，趁着自己身体还行的时候多挣点钱，让老儿子的婚宴办得体面些。

可怜天下父母心！

中国人真了不起，生下一个孩子，父母注定要对他们负责到底。为了了首尾，哪怕吃尽千辛万苦，甚至赴汤蹈火也在所不辞。为什么千千万万父母会如此？这是中华民族的优秀传统在规范着他们，这是几千年来中华民族的美行良知在呼吁着他们，他们宁愿吃尽千辛万苦，也不愿背负优秀传统的谴责、美行良知的批判。父母的这种奉献是无私的，是不图回报的，是伟大的，是崇高的。

一对夫妇的首尾了了，他们也老了。人的老年是历史的，当他们负暄一页一页地翻阅时，他们无怨无悔，脸上反而不时露出一丝丝笑意。

碎米嘴

倘若一个人说话，一句话磨成三句话、五句话，甚至好多句话来说，这样的人，在江淮一带被称作"碎米嘴"。一粒完整的米，经过石磨子磨了以后会变成若干粒碎米；本来只是一句话，经过某人的嘴磨子磨了以后，就成了若干句碎话。话可以磨，嘴可以用"碎米"来形容，真有点现代派诗歌的味道了。

在某社区里，小周被人称作"碎米嘴"。小周是个热心于公益事业、乐于助人的人。谁家的太阳能水管坏了，没有发现，直漏水，她夜里会起来告诉你，还帮你联系维修工。社区居民楼电路坏了，漆黑一片，她一次又一次同供电公司联系，直到电工修好，重放光明，她才离开现场。她楼下的老王家，孩子今年参加高考，对门邻居老文家有夜生活的习惯，经常有人来打牌，大声说话，或者看电视到凌晨，激动时哈哈大笑。这些都严重影响了老王孩子的学习。老王碍于情面，不愿同对门邻居讲，怕伤了和气，他便将有关情况告诉小周。

小周将老王讲的事当作一回事。一天下午两点，她特地来到老文家。她从老王家的孩子上小学时说起，小学六年，每年都被评为学校"三好学生"。初中参加全省的作文、数学竞赛都得了第二名。报考高中时，外地几所有名的中学都要录取老王的孙子，后来还是选择了本地的高中，生活方便些，父母好照顾。小周接着又大谈长期久坐打牌的坏处，不按时休息、起身的弊端，又从生理学谈到心理学，谈到社会学中人与人相处的重要与策略，还谈到了家政学中的一些问题。老文听得有点不耐烦了，小周正讲得起劲，又问起老文小孩上初二的学习状况，便认真分析起来，指出老文小孩的长处与不足，最后才说明来意。她说话时也注意艺术，她讲的老王家的困惑与要求不是老王本人讲的，是听别人说的。老文也是个爽直人，半开玩笑地对小周说："你说了近两个小时，如果概括起来，就是几句话：'对门老王家的小孩今年参加高考，请你们家夜里的活动不要影响与干扰他。'你的话磨得太碎了，一句话磨成几十句、上百句，无关紧要的话淹没了你讲话的中心。看来别人喊你'碎米嘴'果然名不虚传,今天我是亲耳领教了。"小周听罢笑得前俯后仰。

碎米嘴同啰唆嘴有区别,碎米嘴一句话分成多句话说,啰唆嘴一句话会反复说。不管是碎米嘴还是啰唆嘴,都应该从听你讲话的人的方方面面来多多考虑。

索洆

"索洆"可以算是一个原生态的词语。洆,读duò(音同当地读音"铎"),江淮一带读入声,落也,捶也,滴也。如"舌头不得四两重,洆在人身上重千斤"。

Y就是一个说话、办事索洆的人。她的表姐要买新房子,钱不够,到了Y家,说明来意。Y热情、大方,当即取出5000元交到表姐手上:"你拿去用,没有关系。"连借条也没有写。过了半年,Y的小孩小学毕业要上当地的一所民办初中,各种费用加起来有3万元。Y来到表姐家,跟她讨要所借的5000元。表姐说:"那5000元你不是送给我的吗?"Y说:"要你拿去用,是客气话,怎么就是送给你呢?"二人争执起来,不欢而散。Y将表姐借钱的情况告诉舅舅,请舅舅评理。江淮一带有"舅舅理"之说,舅舅批评Y:"你真是说的索洆话,办的索洆事!"

Y索洆在什么地方呢?当表姐从她手上拿去5000元时,她的话语意不明,"拿去用",可以理解为是"赠送""暂借""长期借""有钱就还,没钱就罢"等,其语意范围"索"得大,而表姐往往从对自己最有利的方面去理解,落在"赠送"上。不久,Y来要债了,Y讲话的意思却"洆"在"暂借"上。先一"索",后一"洆",说了索洆话,办了索洆事。

Y暂借钱给表姐,本来是件好事,可是因为说了索洆话,表姐不但不感谢,还产生了怨恨。索洆话不能说,索洆事不能做。

索洆,可以"A里AB""AABB"式使用,在索洆的程度、音节的需要以及感情色彩等方面有所不同。

抬杠

江淮方言中有"抬杠"一词。抬杠是指，某人只看到事物的一面却以为是全部，且坚持认为自己的看法正确而与人争辩。本来是平稳的事物，他却这里抬一下，那里杠一下。抬杠者在抬杠时，没有回旋、商榷的余地，似乎他的话就是真理，他就是真理的化身。

抬杠是生活中的一种情趣、乐趣。抬杠者的思维方式似乎有些特殊，与众不同，但能启迪人们应当多从高度、广度、深度等方面去思考问题，以求完备、完善、完美。

有人专门喜欢逗抬杠者抬杠，一连串的问题诱使抬杠者敏锐、迅速地抬杠，在抬杠的过程中，双方在进行着情感的交流、理智的碰撞。

抬杠者的一得之见，可以使决策者头脑清醒；抬杠者的固执己见，也可以发人一噱。

挑矢引狗

挑矢（通"屎"）引狗，在江淮方言中差不多约定俗成，被视为一个成语了。挑矢引狗者，是指那些居心不良、居心叵测、惹是生非、搬弄是非、唯恐天下不乱、损害他人为乐事的人。

D是个挑矢引狗的人。他在一所中学教物理。一天上午，他见到办公室只有同年级组教物理的小Y在，其他人都上课去了，D便凑到小Y面前神秘兮兮地说："昨天晚上同小Z在一家饭店吃酒，是小Z的亲戚请的，他的亲戚也是我的亲戚。他说你这次参加省教学能手大比赛时，课根本上得不行，他的大学同学当评委，是他同你在前一天晚上一齐拎着名烟、名酒到他的同学家去打招呼的。"小Y与小Z同教物理,两人平时就有隙,面和心不和,但是从来没有撕破面皮,有时双方之间都有意见,但都打着肚皮官司,他们之间的关系只隔着一层纸,这一层纸维系着他们之间表面上的平静、和睦、友好。倘若别人议论起他们俩之间骨子里不协调、不和谐的关系时,他们知道了,会当着别人的面,装着底气足的样子说:"我们俩的关系一直很好啊!"D的年龄较小Y、小Z长十多岁,算起来也可以是他们的长辈了,他与小Z毕业于同一所大学,小Z平时不大注意小节,加上最近连续获得一些荣誉,似乎身价自然高了不少,他对D总是称"老D",D就是听不惯,认为小Z老滋老味的,应该教训教训他。拾砖头给人打,是D惯使的一技,于是出现了文章开头的一幕。

小Y是个一人巷里扛木头——直来直去的人,性子有点急,他对小Z的意见早就在肚子里积压了不少,因为碍于情面,因为要维系着那一层纸,所以一直没有爆发。听了D的一席话,他顾不得那一层纸了,当小Z刚下课到了办公室还没有坐下时,小Y就径直气势汹汹地来到小Z面前:"你昨天晚上在什么饭店同谁在一起吃晚饭,讲了些什么话?"对于小Y突如其来的"暴风骤雨",小Z莫名其妙,如坠云里雾里,没有丝毫准备。小Z惊诧地回答:"昨天晚上我在家里吃的晚饭,没有到任何一家饭店去啊!"小Y更激动了,用手指着小Z:"男子汉大丈夫,说话做事要赖什么?"说话做事赖,更表明心中有鬼!接着小Y又将D提供的"炮弹"一发一发直射小Z,不管怎样,他始终没有说出提供"炮弹"的D。小Y、小Z二人发生了激烈争吵,弄得隔壁办公室的不少老师都来了,有的在看热闹,有的在听他们各自诉述的理由,有的在和稀泥。D安然坐在办公桌前,低着头暗暗地笑,心里乐滋滋、美滋滋,"矢"是他挑起的,引来了小Y、小Z的激烈争吵与争斗,用小Y这块砖头将小Z打得不轻呢!小Z见D独自坐在办公桌前的神色,心里已经明白了几分,D又在挑矢了,挑矢引狗是他多次耍弄的伎俩。

小Y、小Z二人毕竟是教的同一科目,在同一办公室工作,年龄又相仿,平时相处也没有什么大的矛盾冲突,在别人面前总是各自表述"关系不错"。一场风波以后，某日，二人心平气和地在校园里散步，想起前些日子的一场争吵，总觉得有点蹊跷，二人真实坦承地交流了思想和各自掌握的有关情况，噢！原来挑矢引狗者还是D。他们都很悔恨，不该轻听谗言，更不应该在同事面前相互揭短，那样两败俱伤，让别人看笑话，有失一位教师的斯文与体面。两人恳谈时都做了自我检讨。此后小Y、小Z的关系真的亲近、亲密了许多，这是挑矢引狗者所始料不及的。

时间长了，D惯使的挑矢引狗的伎俩也渐渐不灵了，同事们往往多生一个心眼用别样的眼光来看待D的言语行为。时间再一长，老D觉得搞什么挑矢引狗没趣了，他逐渐收敛了不少。在学校加强对老师的师德教育和学生的德育活动中，D也在深刻反省、检点自己：作为教师应当为人师表，作为老教师在各方面应当垂范、示范啊！

挑矢引狗是一种道德的沦落，是对社会道德环境的污染。挑矢引狗者一时诡计似乎可以得逞，但终究会被人识破，引来的是自家声誉的败坏。

痛·惹痛

在现代汉语中，"痛"一般解释为：疼痛、悲伤、极等。在江淮方言中，"痛"还有一种解释和用法。

张奶奶今年六十六岁，家中连遭不幸，先是丈夫突然病逝，接着是儿子遭遇车祸，成了植物人，住院一年多还是离她而去。张奶奶悲痛欲绝，自己也害了一场大病，几次想寻短见，幸好两个女儿孝顺，轮流日夜守护着她，开导她："爸爸在世的时候，希望您过上好日子；如今爸爸在西天佛国仍然希望您过上好日子。草木一秋，人只一生。您辛苦了大半辈子，应当享受人生才是。"过了一年多，两个女儿忙着为妈妈找老伴，张奶奶也默许了。人到了老年，孤独、寂寞、无聊是大敌。经过一段时间的寻访，单身的李伯伯爱上了张奶奶，每天上门闲聊，没话说找话说，而且每次登门总要带上些水果、点心什么的。张奶奶却看不上李伯伯，李伯伯紧追不舍，并且通过张奶奶的两个女儿做工作。张奶奶看上了一个人，是以前的同事杜叔叔，小她3岁，可杜叔叔却无心与张奶奶恋爱。张奶奶主动展开攻势，杜叔叔毫不动心。两个女儿劝妈妈说："您爱的不爱您，不如找个爱您的！"张奶奶不死心，多次找机会同杜叔叔谈心，再请其嫂嫂从中撮合，终于喜结良缘。两个女儿特地选送了一个礼物：对吻。这是无锡惠山生产的一对泥人，老头、老太相互拥抱，喜笑颜开，嘴对着嘴亲吻。泥塑放在高20厘米、宽15厘米的玻璃盒中。参加婚礼的人都说，这一对老夫妻真嫌，这一对泥人做得真痛。"嫌"是可爱，"痛"也是可爱。

痛，在江淮方言中可以当可爱、讨人喜爱等来解用。这种解释及用法，在古代汉语中是有的。曹丕的《与吴质书》："德琏常斐然有述作之意，其才学足以著书，美志不遂，良可痛惜。"这里的"痛"是怜惜的意思。由"怜惜"再引申，"怜"在古代有"爱"的意思。《焦仲卿妻》："自命秦罗敷，可怜体无比。""可怜"犹"可爱"也。

在江淮方言中，痛，不仅可以指物，也可以指动物，还可以指人。

老杜家养了一只爱尔兰犬，个儿不大，全身的毛雪白、卷曲，两只耳朵垂着。老杜家住二楼，那小狗训练有素，欲大小解时自己往抽水马桶上一蹲，事毕，前爪轻轻一扳手把，再轻轻叫几声，老杜给它揩洗，它直围着老杜转，尾巴不停地摇。有客人来了，那狗还会直立着拿水果给客人吃，它可以直立60分钟；客人走了，它会直立着拍着两只前爪，连续点头。这时老杜便情不自禁地将那小狗一举、一抱："真惹痛！"惹痛，招惹人爱也。

张奶奶家添了个胖孙子，刚生下时4.5公斤重，妈妈的奶水好，奶奶的喂养、照料好，那小孙子白皙皙、胖乎乎，体格健壮，七个月时能叫"爸""妈""奶"，十个月就下地走路了。客人来了，他会热情地拿水果给客人吃，将自己最心爱的玩具在客人面前展示。客人夸他说："这宝宝有礼貌，真好！"他就更来劲了，或手舞之，或足蹈之，或呀呀学唱着"世上只有妈妈好……"，尽管歌词还不大清晰。

对门的王奶奶特别喜欢张奶奶的孙子，每天必来张奶奶家一次，逗着那胖宝宝玩，临走时，那宝宝总是笑嘻嘻地直点着头，嘴里说着"拜拜……拜拜……"王奶奶便回头将那胖宝宝抱在怀里，又亲，又吻，有时还用嘴轻轻地咬，同时不停地说："就多痛啊，就多惹痛啊，真的痛刮刮的，真的是个大痛喜宝子！"在生活中，还有人将"痛喜宝子"作为反语使用。如某人的言行不知趣、无分寸，遭人可恶而被称为"痛喜宝子"。此"痛"非可爱也，而是可恶也。

捅

小A今年刚上幼儿园。他从幼儿读物、电视中得知，在日常生活里应当男女有别。他到卫生间去大解、小解，总要关上门，除了奶奶、妈妈等女性外，是不能随意进去的。

一天，小A患上感冒，咳嗽不停，妈妈带他到医院就诊，医生要给小A打针，这是小A有记性以来第一次打针。到了注射室，护士要他捅下裤子，露出屁股，小A坚决不肯，苦着脸对妈妈说："阿姨是女生，我怎么能在女生面前露出屁股呢？太难为情了！"妈妈说："阿姨是护士，男生在护士、医生面前为了查病、治病，露出'小鸡鸡'也不怕。"小A听了妈妈的话才腼腆地捅下裤子让护士打针。

捅，读tùn，方言读tèn。《集韵》："他恨切，吞去声，摁也。"在普通话中没有与"捅"的读音相对应的字。《集韵》的解释有误，可能只是记音字。捅在江淮一带的意思是：使用外力将上衣、裤子脱下，或不全脱下。一两岁的孩子不会穿、脱裤子，大人抓住他的两只裤脚管捅，这是标准的捅。冬天，有人为了更加准确地量测血压，就将外衣右膀子上的袖子脱下来，这也是捅。

在江淮一带，捅还有很形象的用法。春天到了，莺飞燕舞，江南草长。某中学照例每年要组织学生春游。小D是初中一年级的学生，娇生惯养，在家衣来伸手，饭来张口，油瓶倒下也不会扶，而且怕苦畏难，手背上蹭破一点皮要喊一阵子。这个班同学要步行10公里才能抵达一个旅游景点。上午8时，全班同学兴致勃勃地带上干粮、矿泉水出发了。小A的个子不高，出发时排在队伍的前面，不久他所处的位置就不断地往后移，渐渐地捂到了队伍的中间，2公里下来，他已经成了队伍的尾巴。大家只顾快跑、赶路，并没有较多地注意小A，他捂到了队伍的最后，脚上起了泡，跑不动了，干脆坐在路边休息。这里的"捂"，有慢慢地往后退、脱离了一个整体的意思。小A的捂后是平时少锻炼、体力不支所造成的。

某中学C老师的捂，则是受主观意识支配的捂。有人说小C见了名利往见冲，见了困难往后捂。这个县规定：获得中教一级职称的教师，满5年才能申报高一级职称；但是，在本单位连续3年被评为先进工作者的，可以破格申报。每年年终评先进时，C老师总是千方百计为自己评功摆好，并私下到处游说，怂恿别人投他的票。平心而论，C老师的工作能力、教学水平相当不错，但这种做法太瘆了。尽管如此，连续三年不少同事还是投了他的票。这个县又规定：申报高一级职称者，必须先到边远的农村学校教学一年，有特殊情况者除外。C老师抓住"特殊情况"做文章，往后捂了，说什么自己患过甲型肝炎，有腰椎间盘突出症，到农村工作生活不便，等等。一些老师想到他评先进时到处游说、神气活现的情景都暗自发笑。不久，县里发文，删去"有特殊情况者除外"这句话，C老师无"捂"后的余地了，只好到农村学校支教一年。这一年他的身体健康无恙。

有的人的行为就像捂裤子一样，一点一点往后捂，这捂有退甚至逃的意思。

玩

玩，在古今汉语中意义丰，用法多。《说文解字》："弄也。"《玉篇》："戏也。"后来的词义和用法大都由"弄""戏"而演绎、引申、发展的。玩，在江淮方言中有字典词书中查不到的意思和用法。

　　吴老师在城西中学教初一英语，班上有60位学生，有的学生在小学里学过英语，有近一半的学生没有学过英语，每个学生的基础又不一样。没学过英语的学生感到很新鲜，学过英语的学生有的发音不正确，还有的会在没有学过英语的学生面前卖弄卖弄。吴老师面对全班学生的差异，分类指导，一个不落，即使成绩很差的学生，她也不歧视他们。她经常与家长联系，鼓励学生，使差生树立自信心、自尊心，下定决心，持之以恒。在吴老师的认真、耐心教育下，全班学生的英语成绩有了较大、较快的提高，成为全年级12个班的佼佼者。她连续几年被评为学校、县先进教育工作者。她节假日不休息，冷静地坐下来总结自己的教学心得、体会、经验、教训，有几篇论文在省级以上报刊发表。前些时县里评定职称，下达城西中学5个中级职称指标，吴老师被破格参加评定。不久，通过了，她很高兴，教研组的同事也为她高兴。一个星期五的下午，吴老师分别向教研组的同事打招呼："明天是周末，请你们到我家玩下子。"同事们都愉快地接受了邀请。这里的"玩"，就是吃饭、喝酒，有轻松一下、愉悦一下的意思，这是从"玩"的"戏""弄"的本意发展而来的。"玩"的这种意思，一般是在朋友间、同事间，而且关系较为亲密者才用，在正规场合下是不用的，否则就不庄重了。

　　孙老师家的洗衣机坏了，修了几次，用了二三十天，又不能洗衣了。孙老师决定买一台全自动且带烘干设备的。他分别到几家电器专卖店考察了一下，一些名牌的价格都差不多。课间时他与周老师谈起购洗衣机的事。周老师是个热心人，朋友多，乐于助人，连忙说："你怎么不早点找我呢，某全国家用电器连锁店刚在县城开了一家分店，总经理是我小学的同学，我们在一起玩了几十年了，玩得很好，价格优惠没问题。"孙老师平时与人相处并不小气，他用钱有个原则：当用则用，能省则省。周老师帮助自己买新洗衣机省上百八十，何乐而不为呢！周老师和那总经理玩得好的"玩"，是相处、交往的意思。我们也常常听到，张三同李四玩得好哪，好得多个头，两人如同一人。两人相处得好，有的是利害关系、金钱关系，相互利用，有的却不是，而是一种亲情关系、友情关系，有的则是讲义气。

两人相处时间长了，双方的习惯、脾性都相互了解，各人的个性棱角经过几十年的磨合，都相互适应了。外地人初到北京，看见一些汽车后的玻璃上贴着"磨合"两个大字，有人不懂是什么意思，请教北京人，噢，原来这车是刚买的，机器正在磨合，速度上不去，请后面的车辆多关照。久磨便能合，和合故能谐。社会上、家庭中、工作单位里，人与人之间都玩得很好，如同一人，这种和谐境界是时代所需要与希望的。

在江淮方言中，"玩"还有另外一种意思及用法。老刁是公司里有名的"细三锹"。他身材高大且胖，体重180公斤。一天，他到超市买一件圆领汗衫，服务员热情接待他。柜子里没有老刁穿的码号，服务员到仓库里翻检了约半个钟头，好不容易找到了几件特大号白色圆领衫。老刁打开来比量比量，大小还行。由于这种圆领衫很少有人买，整体颜色有些发黄，老刁发话了："这种变色的怎能卖！"服务员揩干脸上的汗水，又去仓库里翻找了大半个钟头，终于找到了老刁需要的白色圆领衫。老刁打开几盒仔细查看，有的露出的线头多些，有的上面有几点很难看出的机油，有的因为久压皱纹多了些，终于勉强选好了一件。老刁又发话了："这种汗衫积压时间太久，应该打折。"服务员耐着性子客气地回答道："我没有权打折，这要找经理呢！"老刁大声说："把经理喊来！"服务员只好去经理室报告。经理来了，老刁激动得唾沫四溅地述说着该打折的理由，经理同他慢条斯理地理论，最后还是打了九折。老刁好像打了大胜仗似的，夹着战利品离开了超市，时间已经过去了两个小时。那服务员对经理说："这胖子真难玩。"经理莞尔一笑。"难玩"中的"玩"是伺候、服侍、对付的意思。在日常生活中、工作中，我们也会遇到难玩的人，这种人往往是单向性利己思维，别人如何他是不管的。加强公民道德建设、注重自我道德修炼对他来说太重要了。

玩，还有消遣、消闲的意思。老王小时候喜爱美术，初中毕业后考取了机械学校，分配到一家大工厂搞绘图，如今退休了，心想：这下可有时间写写画画了。市老年大学国画班他报了名，又买了不少画册、碟片回来认真看，认真摹，童年时兴趣之芽，老年时来浇灌了。他的梅花画得不丑，在省、市老年书画展上都得了奖，在一群画友中都称他为"梅花王"，老王作画更起劲了。孔老夫子在两千多年前就教导我们："少之时，血气未定，戒之在色；及其壮也，血气方刚，戒之在斗；及其老也，血气既衰，戒之在得。"有的老者退休后迷恋上搓麻将，摸到一张牌，和了，自己朝桌下一摊，急送医院，抢救无效而亡。老王作画常常夜以继日，废寝忘食。因为受风寒久站立，休息少，腰疼得不能直了，到医院做CT，腰椎间盘突出，卧床两个月，又是服药，又是牵引，又是用治疗仪，病情才逐渐好转。老伴对他说："退休以后写写画画玩玩的，啥家要你当个交易做的。人老了，身体的各部位会逐渐老化，这是不可抗拒的自然规律，有的只是老化的速度、程度不同而已，生活节奏应当相应地放慢些，徐徐缓缓、从从容容、潇潇洒洒享受晚年。"

江淮人在用"玩"的时候，感情色彩相当浓郁。某公司卞总经理是个很好玩的人，这里的"很好玩"就是"很有意思"。他昨日要人事部准备好有关材料，后天去北京，参加全国的高等学校应届毕业生人才招聘会，准备选用几个本科生。人事部主任同卞总到了机场，卞总改变了主意，不去北京了，立即赶往深圳，有位香港客户请他去洽谈业务。这个"玩"是中性词，另还有褒义、贬义的用法。词义分为褒、中、贬是舶来品，俄语中有，汉语中原是没有的。小卞是个优柔寡断、主张不定的人。他喜欢买衬衫，几乎成癖，全国各地产的衬衫差不多都有，但名牌少，舍不得花钱。一天他到一衬衫专卖店，选好了一件色彩好、款式新的衬衫，想买，服务员极力向他推荐，说出这种品牌的几大好处。小卞动心了，想买，砍价，砍完，装盒，骤然小卞变卦了，说价钱贵了，不买了；服务员再降价，小卞又买了，才要掏钱，想想看以后说："现在已经深秋了，还是明年开春再说吧。"小卞买衬衫与前面所讲的老刁买圆领汗衫的情景有相同之处，也有不同之处。服务员对老刁买圆领汗衫后的评价是"真难玩"。而某衬衫专卖店的服务员对小卞的评价是："这个人好玩呢，一会儿要买，一会儿又不买。"这里的"好玩"是很有意思的意思，贬义，含有服务员对小卞善变的不满与不悦，但语气是委婉的。

"玩"与"意"组成"玩意"一词，有名堂、东西的意思，它有褒义、贬义之别。G中学建立二十年了，按当今习俗自然要搞校庆，校委会研究决定，不大操大办，不大请宾客。校庆这天，某局长乘车到校门口，无鼓号队欢迎，好生奇怪："这搞的什么玩意（有不悦、不满意）！"到了大会堂，全体师生早到了，学校精心组织了一场语文、数学、外语、历史、地理、物理、化学、音乐、体育、美术等多学科的表演节目，个个精彩，笑声不绝。局长看着看着，自言自语道："原来搞的这些玩意，不错，不错！"

小周其貌不扬，身高不足1.6米，体重45公斤，说话结结巴巴，走起路来外八字，有人说他好像搬着马桶走路，要多难看有多难看。了解他的人说："你们不能以貌取人，他是某师范大学美术系毕业的，他的画有些玩意哪！"小周的国画尤其是花鸟画真的有些玩意（名堂、本领），有两幅作品在全国美展上展出。有的人一看就有些玩意。事实上真的有些玩意；有的人看上去似乎有些玩意，其实并没有什么玩意；有的人看上去不会有什么玩意，实际上有些玩意；还有的人看上去没有什么玩意，骨子里真的没有什么玩意。总之，不能从表面现象上看问题，现象可以部分或全部与本质相符，现象也可以部分或全部与本质相悖。

两个小外孙照例每星期都要来外公、外婆家看看、玩玩，他们忙得很，每星期至多有半天休息，不是作业多，就是上这个班，那个班。他们来到外公、外婆家，稍坐片刻，就会说："不得玩头（没意思，无聊），要出去溜溜。""玩头"也说成"玩意头"。

"玩意"还可加"账"，组成"玩意账"，有少、不当回事等意思。小K上小学四年级，从小就养成挑食的习惯，爷爷、奶奶、外公、外婆都希望他多吃，长高、长胖。快过春节了，外公家在农村，杀了一头猪，特地送来了半边给小K，希望他多吃肉，长身体。小K妈妈说："谢谢外公的一番美意，小K吃肉真是玩意账（少得很），红烧肉吃两块就头昏了，他承受不了，留几斤就可以了，多余的给他表哥吃吧。"

小华从小就是个办事不认真、得过且过的孩子，职业中专计算机专业毕业以后，好不容易应聘到某机械制造公司，临上班时，他爷爷一再叮咛:"小华啊,这次能够谋到了工作不易啊,有的硕士生还难找到工作呢,你千万不能当玩意账啊!"小华爷爷告诫语中的"玩意账"就是不出力气、不当回事的意思。

"玩"的意思真丰富啊,要正确使用这个词及其组成的词语,还真有点难玩呢!说不定随着时代的发展、社会的进步,又玩出什么新玩意来哪!

蕰

二十世纪六十年代,某县的有关部门动员船民上岸定居。很多船民夜以继日地在一片沼泽地上将地基扛高,建起了水上新村。房屋建起了以后,晴天尚可,小雨亦可,倘遇上大雨,屋内、屋外全是水。雨止了,太阳出来了,天井里、门前的低洼处仍然蕰着水,几天后才能退清。沼泽地本是水的家,人将它的家强占了,它要发怒,它要惩罚人的。水上新村的几十户人家,遇到下大雨,全家就不得安宁,老小齐上阵,用脸盆、小桶将屋里的水往外刮。后来,政府体谅到船民的苦处、难处,重新安排一块地搬迁了。

蕰,读 wēn。章太炎《新方言·释言》:"《说文》:蕰,积也。《春秋传》曰:蕰利生孽。江南运河东,市井谓货物积滞难泄为蕰,音乌困切。"扬州一带将"蕰"读成近 wà 的入声音。

蕰,水草名,蕰藻,又名金鱼藻。此草喜聚生,于是语言学家将"蕰"训为"聚";"蕰藻","聚藻"也。

春天刚到,小戚在学校上体育课时就穿汗衫、短裤赛跑了,后来没有及时穿衣服,受了凉。第二天跟妈妈去姨娘家吃喜酒,多吃了两块肉,回家后那些美味的菜肴就一直蕰在胃里,很不好受,妈妈用热毛巾在小戚的肚子上上下下来回地抹,他感觉到轻松了许多。这里的"蕰"也是"积聚"的意思,小戚受了凉,肠胃功能就不正常了,肉、鱼等荤食积聚在胃肠道,难以蠕动，自然难受了。

"薀"亦作"蕰"，又读 yùn。

颈

颈，《唐韵》《集韵》："乌没切，温，入声，内头水中也。"江淮方言中读 wèn，入声，音同当地"物"，原意是，将头放在水中。

小健上初中一年级，暑假中几乎每天都要到游泳池学游泳。起初学游泳时，头在水里，每次总要呛上几口水。他为了练习水性，头闷在水中的时间长些，早晨洗脸时，将脸盆里放满水，头颈在水中，要妈妈为他计算时间；有时实在憋不住了，就往水里吐气，发出"哇哇哇"的声音，这时妈妈在一旁发笑。

小健学会游泳了，先是狗爬式，继而蛙式，不久学会了自由式。初中二年级暑假，他能在爸爸的护卫下游过大运河，那天，他着实高兴了一阵子。这件事让爷爷知道了，一再关照小健的爸爸："不能带他游过大运河。"大运河水流较急，经常有轮船及船队经过，一个大浪打来，很容易将游泳者打没在水中。每年大运河总要颈死几个人，而且都是会游泳的。可小健阳奉阴违，一个星期总要闹着跟爸爸一起游到运河西岸一两次。

一个阴雨天的傍晚，一位回家探亲的海员到大运河游泳，一辆旧自行车停靠在大树旁，一双旧塑料拖鞋整齐地放在河堤上，天黑了，他还没有上岸。家里人不放心来找他，等他，沿着大运河呼叫他的名字，听不到他回应的声音。一直到第二天傍晚，在下游30公里处，发现了他的遗体，肚子已经鼓得很高很高。家里人及亲友们很惊异，世界上有四大洋，除了北冰洋外，三大洋他都游过，却在运河里颈死了。家里人说，最近他的左小腿肚偶尔会抽筋。人的身体状况在不断地变化，关羽大意失荆州，海员大意丧性命。从此小健有半个月不下大运河了，后来游泳的人又渐渐多了起来，小健又下大运河游泳了，不过，他的爸爸同他都比以前更小心谨慎了。

其他物体没在水中，也可以叫"颐"。

小健的家离大运河不远，他妈妈在屋边的空地上栽种了一些青菜、韭菜，隔几天要浇一次水，妈妈要他放学后拿塑料桶到运河里颐上几桶水来浇菜，这样做是让他从小就养成爱劳动的习惯。

一天吃晚饭时，小健告诉妈妈一件事，是班主任向全班同学讲的。昨天在某乡有几个不到十岁的小孩在水缸边玩水，大人都不在家。他们一个个将头颐在水缸里，比谁颐的时间长。有个稍大一点的小孩将另一个小孩的头用劲摁住，被摁的小孩挣扎着要抬头，那大点的小孩越加用力摁，被摁的小孩不动了，大人来了，那小孩已经没救了。班主任告诫同学，同学之间开玩笑要有分寸，否则就要出事故、出人命。

"颐"是古字，至今还活跃在镇江、扬州一带人们的口中，不过，现在的字典辞书都没有收入。

尾情

赵老师今年整五十岁，在一所高级中学教化学。好不容易排到她申报高级教师了，但现在要考计算机知识与运用，而她根本没有学过，便请住在同一座楼里的小蔺帮她。小蔺的母亲与赵老师是同事，教高二语文。小蔺从一所名牌大学计算机学院毕业两年，在一家电脑公司工作。赵老师起早带晚、专心致志地向小蔺学，小蔺认真备课、一心一意地教。半个月下来，赵老师基本掌握申报职称所必需的内容与技能。又经过几天的复习巩固，赵老师去参加考试，取得了优秀成绩。

中国是讲感情的大国、讲人情的大国。别人帮你做了一件不大容易办到的事，你很感谢他，按中国人与人交往的常理，你就得尾情。

尾情，是江淮一带的方言。别人帮你做了事，解了难，你就应当以适当的方式去"了"那个情，否则，你就是不尽人情。"尾情"的"尾"，"了"

也，动词。

小蔺虽年纪轻，但烟瘾不小，酒量也大。赵老师包着两条烟，拎了两瓶酒到小蔺家去尾情了。小蔺母亲高低不肯收下赵老师的礼物，她说："且不谈我同你是同事，是邻居，社会上人与人之间的交往是不可避免的。今天你欠我的情，明天我欠你的情，这种情况'剪不断，理还乱'。情是无形的、无价的，何必要物化、要货币化呢！我今天收下你的礼品，我们之间的情意也就了了。请你无论如何把礼品带回，我们间的情意无限。赵老师，你的心意我们全领了。"小蔺也就势说："赵老师，过几天我到你家喝酒。"小蔺母亲帮赵老师拎着烟、酒，一直送到楼下。

赵老师回到家，心想：尾情的礼品小蔺家虽然没有收，但礼数总算尽到了。

人生在世，总有一些未了的情。

中国有句俗话："施恩图报非君子，受恩不报是小人。"当然，报答的方式是多种多样的，绝不只限于财物。

讹赖·讹蛮

讹，普通话读é，江浙一带读wó。现代汉语中的解释有二，一是错误，二是讹诈。江淮方言中有"讹赖""讹蛮"二词语。

讹赖，即编造事实，无说有、小说大、轻说重来欺诈、讹诈别人的财物。小卢是个会讹赖的人，在他所在的社区，只要提到他，人们都会说："他会讹赖子哪，而且一讹就讹个定。"

一天小卢在街上闲逛，那天风特别大，他走到一家商店门口，突然一个不大的晃动的广告牌落下，正好打在他头顶上，流了几滴血，他往地上一躺，手捂着头，大喊："救命啊！救命啊！"店主人上前扶他，他不肯站起来，仍然大喊。120急救人员来了，用担架将他抬到救护车上，医生一检查，没什么问题，只是碰破了头皮，很快替他包扎好。小卢不停地喊疼，闹着要做核磁共振，医生只好给他做，结果出来了，内颅没有任何损伤。小卢狠狠地对医生说："谁要说我的头颅没问题，我就睡到他家里去！"医生见他来者不善，也就没有说什么。接着小卢闹着要住院，要那店主派人来服侍他，一日三餐要吃鸡汤、鱼汤、龟汤、鸽汤等等。七天下来，小卢的伤口已经痊愈，医生要他出院，他就是不肯，说一天到晚头痛不止，肯定是脑部受伤了，要转到另一家医院做核磁共振。小卢住到了另一家医院，医生对他进行全身检查，没有发现什么问题。小卢坚持要住院观察一周再说。一周下来了，他仍然不肯出院。店主与他商谈，小卢说："出院可以，必须给回家后的医疗费、营养费、误工费等，而且以后倘若出现什么头痛等问题，店主要继续负全部责任。"双方当事人经过法院、社区调解，一次性了结，那店主前前后后用去3万元。拿钱买教训，那店主及附近商家只要看到广告牌有些晃动，立即修好。

"讹蛮"有强词夺理、无理硬说有理的意思。有的地方还说"瞎讹蛮""讹的什么蛮"。某单位每年年底都要进行综合知识考试，考试内容是上下五千年，纵横八万里。如果考试不及格，年终奖减半。不过，几年来都是开卷考试，从没有人拿过减半奖金。今年领导决定，要实行闭卷考试，动真格了。大家真的紧张了一阵子，纷纷找些书籍资料来阅读。闲暇时大家都在猜题目。考试了，监考人员是请的外单位的，当场宣布考试纪律，发现作弊，当即取消考试资格。考场气氛似乎一下子凝固了。可试卷到手，一个个笑逐颜开。譬如有一道很有代表性的选择题，刘邦建立西汉称帝的时间是：A.公元前206年；B.公元1936年；C.公元1966年；D.公元2006年。类似这样的题目很多，只有一两条有一定的难度，考试成绩人人都在90分以上。年终领导向上级报告考试形式、内容和结果，有一位爱挑刺的上级领导看了试题以后说："简直是瞎讹蛮，这也叫闭卷考试？这比开卷考试还要开卷考试！"那领导对爱挑刺的上级领导振振有词、据理力争地坚持自己的意见："我们的考试是的的确确的闭卷考试，一点也不讹蛮！"

讹赖者无赖，可恨；讹蛮者无知，可恶。

乌龟王八

扬州一带有个关于"邬贵王八"的民间传说。古代扬州有个叫邬贵的书生，聪颖、勤奋，上京赶考前，老师将所有积蓄给他，左叮咛右嘱咐：他日考中，要将"以善积德，作恶非人"八字牢记。邬贵泣别老师，赴京城考试，中了进士，第二年任江都县知县。其时时局混乱，百姓生活困苦不堪，老师几次写信请邬贵开仓放粮救济黎民，邬贵不予理睬。一日老师头顶状纸直闯衙门骂道："邬贵忘八！邬贵忘八！"于是有人编了首"邬贵猪，邬贵羊，邬贵忘八不放粮"的民谣，一时传唱，人们都以邬贵一阔脸就变、品格低下、为官不仁为耻。时间久了，扬州一带也将"邬贵忘八"说成、写成"乌龟王八"，为什么？那是全国的通语啊！

"乌龟王八"为什么成了全国通行的詈人之词呢？先说"王八"。有人说，王姓在《百家姓》中的顺序为第八，"赵钱孙李，周吴郑王"，故名"王八"。这是无根据的民间笑谈。《新五代史·前蜀世家》载，前蜀主王建，排行第八，少年时无赖，以屠牛、盗驴、贩私盐为事，同乡人都称他为"贼王八"。现在知道前蜀主王建的名字者大概不多吧，而他的"王八"美名却已经流传了一千多年，看来还得传下去。

清人赵翼《陔余丛考·三八·杂种畜生王八》中有新解，"王八"当为"忘八"，"八"即"礼义廉耻孝悌忠信"是也。《金瓶梅》中即写作"忘八"，第十四回中，李瓶儿对花子虚道："呸，浊蠢才，当官蒿条儿也，没曾将在你这忘八身上。"

"王八"怎么又加上"乌龟"呢？《史记·龟策传》载，名龟有8种，即北斗龟、南辰龟、五星龟、八风龟、十八宿龟、日月龟、九州龟，其八曰王龟，王龟排行第八，故称王八，王八成了乌龟的俗称了。

龟，寿有百年，古人以为灵物。古人以龟为货贝，为印纽，为旗饰，为官名（龟人），为城名（成都），连人名也用（龟年），至今日本人起名仍用"龟"字。陆游晚年自号"龟堂"，并作《自述》诗，其义有三：龟贵、龟闲、龟寿。有文献资料表明，自宋朝以后，龟的名声就不好听了，甚至成为辱人之词。元陶宗仪《辍耕录·二八·废家子孙诗》："宅眷皆为撑目兔，舍人总作缩头龟。"这首诗是金方所写，嘲讽一故家大姓的。俗云，兔望月而孕，撑目兔是说女子不夫而孕也。龟以喻其夫，纵妻行淫者为龟，妻子偷汉子，人称其夫为乌龟、属龟的、当龟的、缩头龟等。大约从元代开始，乌龟就不是吉祥之物了。

有时骂人"王八"，似乎还不能解心头之恨，于是就加字，成了"王八蛋""王八羔子""乌龟王八""乌龟王八蛋"等。相骂不会有好言，相打不会有好拳。人与人相处何必要相骂，更何必相打呢。

鲁迅说得好："辱骂与恐吓决不是战斗。"

焐

焐，读wù，用热的东西接触凉的东西，使它变暖。

冬天，被窝里很冷。南方，冬天气温仍较高，无此之虞；北方，古有热炕，今有暖气，亦无此之忧；江淮一带，四季分明，到了冬天，"晚上舍不得个热棉袄，早上舍不得个热被窝"。年长者常常在睡觉之前要将被窝焐热。用什么东西焐？较早是用加盖的陶质的盆或罐，里面装着无明火的木炭、木屑、稻糠等。后来就用铜炉了。铜炉早就有了，形状有圆的、方的、椭圆的；质料有黄铜的、白铜的、青铜的；所占空间有大的、中等的、小的；铜炉一律有盖，盖上整齐地排着小圆眼，可以散热；燃料一般用木屑、稻糠等。睡觉前先用铜炉焐被窝，然后焐脚。有的人睡熟了，蹬翻了铜炉，烧坏了被单，严重的会引起火灾，所以一到冬天，更夫打更时就多了一项服务项目，提醒人们防火。他们常常拖着悠长的腔调喊道："铜炉子撂远些——"铜炉子除了脚炉之外，还有手炉。手炉做工精巧，供人们一边写字，一边读书，一边做事用。谁要搜集到各种各样的铜炉，开设个铜炉博物馆，那是很有意思的。

用铜炉焐被窝，暖和是暖和了，但人睡熟了有危险，于是有人改用汤壶。汤壶的"汤"，古代即当热水讲，如今农村有的人家还烧大灶，那就用汤罐，也是这个意思；至于骂人说什么"汤着什么鬼神""汤头炮""汤炮子子"等等，那"汤"就是"碰着"的意思了。汤壶有陶质的，有锡质的，也有铜质的等等。汤壶刚冲热水时，太烫人，于是有人在汤壶外面加个布罩。尽管如此，有时不小心还会烫伤腿足。汤壶被蹬翻了，弄湿了被单也是常有的事。有的地方叫汤壶为"汤婆子"。

二十世纪有人发明了橡胶制的热水袋，用起来比汤壶更方便、更安全了。热水袋可以放在脚头，放在怀里，办公时也可以焐焐手。二十世纪六十年代初，物资紧张，热水袋就是在大城市也很难买到，于是有人用打吊针的盐水瓶装热水焐手焐脚。还有人用质地较好的塑料瓶当热水袋用。

二十世纪九十年代初，有人发明了电汤壶。电汤壶其实内里并没有"汤"，有的只是发热的电阻丝，可以反复充电使用。

小李今年十岁。他出生十个月就断奶了，父母去上海打工，他在家随爷爷生活。冬天，爷爷将他搂在怀里睡，生怕他冻着。爷爷关怀小李，小李也爱戴爷爷。小李到了七岁，爷爷已经七十岁了。天冷了，小李睡在爷爷脚头，抱着爷爷的脚睡觉。爷爷的脚暖和了，小李也入梦乡了。爷爷常跟邻居说，数九寒天他也不感到冷，因为脚头有个"人焐子"。爷爷还把这事告诉小李的老师，小李被评为全班尽孝道的标兵。

小李在学校参加跳高比赛时将脚踝扭伤，肿起来了。他记得上个月着了凉，肚子疼，爷爷用热水袋放在他的肚脐上，爷爷说这样可以消炎。焐了半个多小时，肚子真的不疼了。回家后，他不麻烦爷爷，用热水袋灌了开水放在脚踝上焐了起来。爷爷发现了，连忙制止道："孩子，刚扭伤的地方，又红又肿，血管扩张，在24小时以内，只能冷敷，用冰块更好，让血管收缩，红肿就会减退；24小时以后才能用热水袋焐，消炎止痛。"爷爷赶忙从邻居家打来一桶井水，给小李换用，小李顿感舒服多了。

二十世纪五六十年代，农村不满周岁已经能站立的小孩，往往使用一种草窝子。草窝子用稻草编织而成，约一米高，在离地50厘米左右的地方稀疏地横插上几根木板或竹片，供小孩站立，再下面放一只火盆。大人们下田干活去了，小孩就站在草窝子里。稍大一点的小孩在草窝子里乱蹦乱跳，草窝子翻了，火盆也翻了，烧伤孩子的事也偶有发生。孩子们长大了，冬天在大人的指导下就着火盆取暖，他们在火盆里放上几粒蚕豆、黄豆，不久，"啪"的一声，开花的豆子飞出火盆，孩子们的脸上便荡漾着春天般的妩媚。单调的、枯燥的、严寒的冬季，农家的孩子也会寻觅乐趣。

江淮一带流传着这样两句谚语："春焐秋冻"，"打了春，赤脚奔"。小尤二十来岁，在立春以后，棉衣换成春装，潇洒飘逸，风度翩翩，第二天就患上感冒了。妈妈对小尤说："油儿好穿单，冻得把眼翻。你只要风度，不要温度，真是潇洒动（冻）人啊！"爷爷说："孩子，虽然立春了，但乍暖还寒，春冷冻死老牛呢。"春天要多焐焐，多焐焐就是要保暖。外界的气温同你的体温失去平衡，那你的身体与外界气候就不和谐了，生病了。万木霜天，秋风瑟瑟。小尤接受春天少穿衣患感冒的教训，当人们穿长袖衬衫时，他穿上了夹衣；同事换上夹衣时，一件厚羊毛衫已经上了他的身。爷爷对小尤说："孩子，你又错误地接受教训了。秋天要多冻冻，夏日刚过，暑气尚未消尽，乍凉还暖，人体对于暂时袭来的凉气是能够抗得住的。不很冷的时候，你穿得过多；真的很冷了，你就难以抗御了。"小尤懂得了春焐秋冻的道理，而且悟出了人世间的哲理：春天来了，气候暖了，不要高兴得过早；冬天到了，气候冷了，也不必过多忧伤。冬天已经到了，春天还会远吗！

小李从小就喜欢小动物，见到蚂蚁、蜗牛、蚂蚱、螳螂等总要认真、仔细观察一番，也喜欢养小鸡、小鸭、小狗。一天，爷爷在芦苇荡里捡到4只野鸭蛋，小李一只一只托在手上欣赏、把玩，更是舍不得吃了。家里的一只老母鸡刚孵小鸡，小李就将4只野鸭蛋放在鸡窝里，老母鸡日夜不离窝地焐，废寝忘食，骨瘦如柴，仍然不离窝地焐，这种坚毅、执着、负责的精神，为了培育下一代舍得性命心也甘的品质，使小李深深感动。二十也出来了，小李欣喜若狂。老母鸡对每一只小鸡、每一只小野鸭都精心呵护，带领它们寻食。倘若下雨了，它会张开两翼庇护小鸡、小鸭。爷爷笑呵呵地对小李说："小野鸭是老母鸡的晚儿子，它将晚儿子也当成自己的亲儿子，动物尚且如此，更何况人呢？"小李点点头，似乎悟出了爷爷话语中的含意。

焐，在江淮方言中还有一种特别的用法。迟先生一九七○年从某高校中文系毕业，后到一所农村初中教学。一直到五十五岁，他方遇到一位满意的四十岁的老姑娘，二人一见钟情，一拍即合，很快成婚了。结婚一年还没有孩子，老朋友安先生问迟先生何故，迟先生说："今年五十六岁了，生个孩子就怕焐不热；再者女性四十一岁分娩，属高龄产妇，有危险。"安先生劝慰道："现在科学技术发达，女性四十一岁生育肯定没问题。你老迟五十六岁身体好，抱儿子也当时，肯定能焐得热，而且孩子更聪明。"迟先生听了安先生的劝告，第二年真的抱了个儿子。人就同老母鸡焐小鸡一样，温度不够，时间不够，小鸡出不来，孩子就难以抚养成人。这里的"焐"，很形象，很生动，很通俗，很幽默。

行货

小高二十八岁，在镇上一家药厂做质量检验员。对象谈好了，是厂里的同事，在电脑房工作。两人商定在传统的中秋佳节举行婚礼。中秋节放假，正好与小高的婚期吻合。小高的新房就在镇上，爷爷、爸爸早就准备好了。星期日小高请爷爷一起到县城去看看家具。爷爷是一位老木工，能打古式的大床，精于木刻雕花。几个大城市的家具公司都在县城有销售店，小高与爷爷看了几家，一些家具款式相当新潮，有的爷爷满意了，小高不满意；有的小高满意，爷爷也满意，但价钱太贵；还有的家具，小高满意了，爷爷不满意。爷爷选家具有"三看"：一看款式，二看质量，三看价钱。款式好，价钱不贵，但质量不好，不能买。小高看中了一套，款式、色彩都相当好，价格不算贵，爷爷认真仔细检查大床、衣橱、写字台、床头柜、椅子等，发现不少部位都是用三合板、纤维板做的，做工根本谈不上精细，有的还可以摇动。爷爷对小高说："这些家具行得很，是行货。"

行，一读xíng，一读háng；"行货"的"行"应读háng，而在江淮方言中读xíng，且无后鼻音。《金瓶梅》第十四回："月娘道：'你这行货子，只好家里嘴头子罢了。'"章炳麟《新方言·释言》："今吴越谓器物楛窳为行货。"楛窳，指粗糙、恶劣。一些《金瓶梅》的研究者认为，该书中的语言涉及苏鲁皖豫晋陕等地的方言，"行货"一词可见一斑。其实，在古代就把器物不坚牢称为"行"。《周礼·地官·司市》："凡治市之货贿六畜珍异，亡者使有，利者使阜，害者使亡，靡者使微。"郑玄注："利，利于民，谓物实厚者；害，害于民，谓物行苦者。"行苦，粗制滥造也。《唐律·杂律》："诸造器用之物及绢布之属有行滥短狭而卖者杖六十。"注曰："行，不牢谓之行，不真谓之滥。"唐朝的法律规定：各种器用物体以及绸缎布匹，如有粗制滥造、短斤少两、短尺少寸者，一律打六十大板。六十大板下来，不仅是伤筋痛骨，还要皮开肉绽了。唐朝的法律对于行滥、短狭者的惩罚不可谓不严厉了。当今市场来路不正、假冒伪劣商品不少，有的可以以假乱真。各级质量技术监督部门都成立了打假办公室。有的地方只要打通关节，打假就变成"假打"。对于造假和打假者，《唐律》中的规定似乎可以作为一面镜子。

小高与爷爷在县城逛了大半天，没有买到满意的家具。爷爷决定，将屋后长了四十年的老榆树放倒，由他自己亲自动手，再请几位徒弟做帮手，按照小高看中的那套家具的样式打制。不到一个月，一套家具全部打制成功。爷爷经常站在那套家具前看看、摸摸、摇摇，自豪地对小高说："你看，那些行货怎能跟它们相比，多霸壮啊！"小高赞不绝口。

胿

胿读xìng。《玉篇》："胿，许证切，肿痛也。"《广韵》："胿，许应切，肿起。"在元、明、清的一些医案中常见到"胿"，如明薛已《薛氏医案·卷十八》："一女子常患瘾疹作痒，因怒，发热变为疙瘩，響肿痒。"響，在青海话、广东话、四川话、武汉话中都用到，如武汉话有谚语"包（疖子）好了，響疹子也好了"，意思是主要矛盾解决了，次要矛盾随之解决。江淮方言中，"響"的用法更多些。

小杨的鼻下生了一个小包，他有个不好的习惯，脸上只要有什么不平的地方，他就忍不住用手抠。指甲是肯定不干净的，那小包就发炎了，響起来了，越肿越大，夜里痛得睡不着觉，而且一跳一跳地疼。第二天大早照镜子一看，半边脸都響起来了，眼睛響得只有一条缝，赶快跑到医院，医生说："人的面部神经密集，尤其是双眼到嘴唇的三角区更为敏感，如果生个小疮疖，千万不能动它，否则響得更厉害。"医生给小杨又是敷药膏，又是打吊针，三天以后，響起的地方才渐渐显枯色。

江淮方言中，"響"还另有喻意。

老钟四十岁，从一家工厂下岗后，自己办起了一个小灯具厂。由于他勤快、不怕苦，又有个贤内助，五年后灯具厂成为一个年销售过亿元的企业。老钟秉性喜欢张扬，买了一辆"别克"轿车，浑身上下都是名牌，说话的口气也大了起来，还特地在网上招聘了一个女大学毕业生做秘书。那女秘书同老钟形影不离，秘书就是为老总服务，一刻也不能离开嘛。老钟同女秘书的绯闻传到几位老朋友的耳里。一天，老钟请几位同学、朋友吃饭，一是叙叙旧情，二是摆摆践，看我老钟干得怎么样。席间有一位小学同窗老申笑嘻嘻地对老钟说："以前老兄没有钱的时候，妻子是秘书；现在有钱了，发财了，秘书是妻子。"同桌的人都哈哈大笑。老钟颇为自豪地说："老总有女秘书是很正常的事，这是身份和地位的象征嘛。"老申说："人家是黄花闺女，才二十几岁啊！"老钟说："什么黄花闺女红花闺女，我有的是钱，爱找谁就找谁。"老申说："人得意时不要忘形呀！"散席后，老钟的一位昔日好友对老申说："老钟有了几个钱，響起来了，而且在響头上呢！成了'老肿'了。"

人体的某一部位響起来了，是内部肌体起了不好的变化，江淮一带说是"起贡"，在贡脓，哪一天脓血出来了，肿也渐渐消退了，那个部位才会慢慢长出新肉，平滑如初。老钟刚刚发了点财就忘乎所以，老同学、老朋友的箴言听不进，昔日做工人时的劳苦也忘得一干二净。不久，由于他沉缅于女色，无心做业务，有一笔生意受了骗，赔了几千万，一下子栽了。

"齇"是个贬义词。人的身体有一块肿起的时候，那是病，当然是苦痛的；人在得意忘形时起齇的言行举止，也是一种病，自己未能觉察隐藏的病变危机，那更是可悲的。

相公

相公，在《辞源》《辞海》《现代汉语词典》中解释一般有三：其一，丞相；其二，旧时妻子对丈夫的尊称；其三，旧时称年轻的读书人（多见于旧戏曲、小说）及富贵人家的子弟。在江淮一带，"相公"除了这三种解释以外，大概还有另外三种解释。

其一，曰儿子。老吉的儿媳快要生养了，住进县人民医院。老吉为人随和，喜欢读古文，《古文观止》里面的文章能背诵上的有一百多篇，所以平时说起话来文绉绉的。他的朋友不少，亲戚也不少，亲朋好友见到他都会关心地问："令儿媳是弄璋，还是弄瓦？"（《诗经·小雅·斯干》将生男谓"弄璋"，生女谓"弄瓦"）老吉笑眯眯地说："快了，快了，不知是弄璋，还是弄瓦。"还有的对老吉的儿子问道："嫂夫人生了个千金，还是相公？"老吉在一旁笑呵呵地说："生了个相公，相公。"

老赵是一所省重点中学的语文老师，课上得好，语言诙谐，使同学们常常在笑声中不知不觉受到教育。他的儿子今年大学毕业，同事们见到他们父子俩在一起走，有人会关心地问老赵："贵相公在哪里高就？"老赵笑容可掬："什么高就不高就，现在的大学毕业生先有碗饭吃就不错了。先站住，再站高。"

江淮一带之所以称男孩为相公，意在祝贺、希望男孩成为丞相一样的人物。

其二，学生意还没有满师的店员。著名作家汪曾祺，江苏高邮人，祖父在东大街开了一家"保全堂"中药店，店里雇用了几位店员，汪曾祺与家里人以及周围邻居都称几位淮安来学生意尚未满师的为"相公"。一般三年满师。有的相公满师就回家谋事，留下的称为"同事"（即店员），"同事"的上面是"管事"（即经理）。汪曾祺有篇小说《异秉》，写摆熏烧摊的王二，生意渐渐红火，慢慢发了一点财，几位朋友一再追问他其中奥妙，他说："我呀，有那么一点，大小解分清。我解手时，总是先解小手，再解大手。"保全堂的陈相公听在耳里，刻在心里，在晚上十点半该打烊关门时，他不见了，原来陈相公想急于摆脱困境而发达起来，立即到厕所里实践王二传授的秘诀去了。

其三，称蛆虫为"大相公"。二十世纪六七十年代，我被下放到农村锻炼，住在一户贫农家里，户主是生产队队长，与他家人同吃、同住、同劳动。那时农民是集体上工，大寨式记工，农村的生活还较为困难。住户的妻子生活节俭，每年夏天都要自制甜酱。将黄豆蒸熟、发酵、加盐兑水，每天放在天井里晒，慢慢就会变成深黄色，到了秋天就可以食用了。一天我忽然发现酱盆里有不少白白胖胖的蛆虫在拱来拱去，真瘆人。我问队长："酱里面有很多大头蛆，能吃吗？"队长笑着说："那叫'大相公'，没有问题，能吃。"中医先生还特地让鲜肉生出"大相公"，用"大相公"做药呢！队长妻子一旁说："盐里头有草，酱里头生蛆，这是很正常的事。吃酱的时候将'大相公'拣掉就行了。"称酱里的那小动物为蛆虫或大头蛆，是夹带着嫌恶的感情色彩的，而称之为"大相公"，在感情上就不是那么讨厌了，相公不都是生得又白又胖嘛！江淮一带有胡说八道者，别人会斥之为"嚼蛆""活嚼大头蛆"！这里的"蛆""大头蛆"就不能用"相公""大相公"替代了。

虚头

虚头，在江淮一带经常用到，一般指玩骗局、耍花招、弄虚作假等。

"虚头"本乃佛家用语，出自禅宗的《景德使灯录·全豁禅师》："德山曰：'阇梨是昨日新到否？'曰：'是。'德山曰：'什么处学得遮个虚头来！'"这里的"虚头"与"真参实修"相对而言。有的名著及名人的作品中也用到了"虚头"。《西游记》第三十二回："好大圣：你看他弄个虚头，把眼揉了一揉，揉出些泪来。"叶圣陶《四三集·感同身受》："你可知道，我每天同他要碰几回面——不说虚头。"

某啤酒厂生产的瓶装啤酒在某市一户人家爆炸，消费者的左眼被炸伤，伤势不轻。厂长派老贾去处理这一事故。出发前老贾到厂长室，对厂长说："某市离我们厂有两千多公里，伤者伤势严重，家属要求赔偿的金额相当高，厂长您看怎么办？"厂长道："你提出个初步设想吧。"老贾又大谈具体处理该事故的难度，说："起码要15天时间，信用卡上先打上100万元。"厂长说："要本着处理好事故且又节俭的原则去办事，一定要砍掉虚头；虚头有多大，我清楚，你更清楚。"结果老贾自动减少了办事的日子，又减少了预付款。

某县在每年的七月总要召开全县上半年经济工作情况回报会。全县18个乡（镇）分别报告工业经济的实绩，分析取得实绩的原因，提出下半年的工作思路及措施。有的乡（镇）实绩不实，虚头很大，某企业负责人虚报产值。县长动"刀"来砍虚头了，要每个乡（镇）报告上半年企业的用电量、上缴的税金，这样大抵可以计算出该企业的实绩产值。县长说："虚头就是空头，害人、害己、害民，人民决不需要这样的实绩、政绩。"

虚头的"虚"处就是某种道德的空白处。诚信立，则人立。在大力提倡人人讲诚信的当今社会，我们说话要无虚头，办事要无虚头。

虚·虚子

虚，在古代汉语、现代汉语中有多种意思，而在江淮一带却有着字典辞书中查不到的意思。

某女S，三十六岁，博士，在一所大学教书。在该谈情说爱的年龄，她忙于学习，攻读硕士、博士。学有所成以后，错过择偶的最佳年龄。她对配偶的要求是：大学本科毕业，年龄相仿，未婚或结过婚均可，人品好，有稳定职业，有房。亲戚、朋友、同学、同事都很关心她。终于在同一城市物色到一位男士G，此人夜大本科毕业，40岁，公务员，有房，已婚后配偶病故，基本符合S提出的条件。两人在一家咖啡厅见面。初次相会，聊聊一般情况，S对G的相貌、言谈比较满意，G对S的印象蛮好。双方交换了电话号码及电子信箱。夜里，G辗转反侧，难以入睡，回想与S相会时的情景，反复咀嚼回味，他处处总往对自己有利的方面想，S的每一个礼节性的动作，他总以为是脉脉含情的。

第二天G在办公室说开了，他的女友S是标准的美女，热情火辣，对他一见钟情；还津津乐道一些他幻想、编造出来的细节，引得听的人羡慕的羡慕，喝彩的喝彩，嫉妒的嫉妒。有的说："3个月就吃你的喜酒啦！"还有的说："要不了，要不了，现在速成，男大女也大，靠靠就带花。"听了这些，G的眼里显露出异样的光。

G在办公室讲的话，S很快就知道了。她回忆那天在咖啡厅同G相会的情况，根本没有什么过火的、出格的言语、行为。S认为G这人太虚了，不可靠，不能委以终身。以后G几次主动约S在公园相聚，几次相邀一起共进晚餐，S都以某些理由为托词，一次都没有赴约。G同S总共见过一次面。G单位一位年龄稍长者说："这次好机会又给G虚掉了，以前有几次也是给他虚掉的。人说无影造西厢，他有影加醋酱，真是江山易改，本性难移啊！"

虚，是说一个人仅知其事物表象，而未深入内里，就粗心大意，沉不住气，慌慌张张，急急忙忙，咋咋呼呼或发表意见，或采取行动，这样的人被称作"虚子"；还有的在"虚子"前面加上姓，称"张虚子""李虚子"。扬州人、镇江人用到"虚""虚子"的地方不少。自称为扬州人的朱自清在他的作品中曾经写到扬州常说的"虚"。除了"虚"与"虚子"以外，还有"虚虚吵吵""虚虚啪啪""虚天啪地"等词语，意义相近，只是在使用的场合、表达意义的程度等方面有所不同而已。

小T上小学六年级，在家喜欢帮妈妈做事，但自从在电视上看到一些孩子做家务事要奖励后，他也仿效之，做事更积极了。中午放学回家，妈妈要他到社区小店买一瓶酱油、一瓶醋来。去小店要经过一个广场，有一个人牵着两只猴子在耍把戏，围着不少人看，小T也停下了。看了一会儿，忽然想起自己的任务来，连跑带溜去了小店，又急急忙忙赶到了家门口，一不小心，踩到了西瓜皮上，跌了一跤，一看，醋瓶打掉了。回到家里，妈妈没有责备他，只是提醒他："以后做事不能虚虚啪啪的。"

教育部门三令五申，小学毕业升初中不允许搞升学考试，但有的学校仍然搞一些变相的测验。一些事情似乎很难分清是与非，你说他"是"，但有不少"非"的地方；你说他"非"，却还有些"是"的成分。有经验的老练的决策者有时会以打擦边球而取胜。其实，一些事要真正分清是与非并非难事。小T参加了全城小学的统考。语文试卷拿到手，他先通看一遍，觉得试题不难，心里暗喜，回家妈妈又要奖励了。他抓紧时间做，轻敌麻痹思想使他沉浸在喜悦里。一些他完全可以答对的题目也给他虚掉了。有一项填充选择题，题意要求，将一个词语的相反词语填写在括号里。最近曾有一次练习，是要求将一个词语的相近词语填写在括号里。小T并没有注意到答题的要求，按上次练习的题意拿起笔来就将相近的词语填写在括号里，光这一项他就失去了15分。考试结束，小T对妈妈说："试题不难，道道会做，妈妈要重奖了。"妈妈说："不要虚虚吵吵的，等成绩出来再说。"考试结果出来了，小T对自己的失误懊悔不已，妈妈轻轻敲着他的脑袋说："这次给你虚掉了！"小T用手摸摸自己的耳朵："今后不虚了，今后不虚了。"进入初中，小T虚的毛病真的改掉了不少。

老C在原单位里是有名的虚子。退休以后他买基金赚了一些钱。今年以来，股市行情不好，一些基金行情也不好。除了星期六、星期日以外，老C每天下午都坐在证券公司的大屏幕前密切关注着股市、基金的变化。他所买的几种基金上涨时，他会情不自禁喜形于色地喊起来："涨了，涨了！好了，好了！"不久，又下跌了，他便苦着脸："跌了，跌了！坏了，坏了！"情绪反复无常。他的老朋友老D长他几岁，一直坐在他旁边，有时调侃他："不能虚虚吵吵的，本来上涨的势头很好，给你一虚，一吵，又下跌了。"老C听后，二人相视一哂。

凡事不能虚，凡事须静观。

全国各地不少乡镇都有逢集的习俗，大家约定每月的初五、十五、二十五（一般为农历）或者其他什么日子，或每月一次，或每月数次，或每年一次，情况不一。到时候四乡八镇的人都拥向一个地方，进行集市贸易，热闹得很。江淮一带称为"赶集"，有的地方叫"赶场"（如贵州等地），有的地方叫"赶街"（如湖北等地），而广东、广西、湖南、江西一带称为"赶墟"，或写作"赶圩"。"墟""圩"最早应写作"虚"。唐代柳宗元《童区寄传》中写到，二豪贼将童区寄反绑，"布囊其口，去逾四十里之虚所卖之"。起码在唐代就流行赶虚的习俗了。江淮一带赶集是赶在人们聚集的时候进行交易，而湖南一带是赶在人们虚散之前的时候进行交易。一"集"，一"虚"，角度不同，用词有别。此"虚"似觉有趣，不仿记之。

迂夫子，恳先生

"迂夫子"是称迂腐的读书人，是指言谈、行事拘泥于陈旧的准则，不适应新时代的读书人。"迂夫子"往往是同"恳先生"连在一起的。似乎"恳先生"较起"迂腐子"来在迂腐的程度上还重些。

恳，读há。《广韵》："胡加切。"《集韵》："何加切，言语无度。"度，指法则、应当遵行的标准。不同的社会、不同的时代有其不同的度。

恳，大概在宋代京城一带是一个常用的字，随着金兵入侵，宋室南迁，宋京城一带的语言也影响了南方的语言。恳，这个字在江淮一带语言中异常活跃，"恳先生""书恳""恳大爷"，这人真"恳"等等，人们会经常谈到、听到，而在新、旧版的《辞源》《辞海》等字典辞书中均未收入。

老D在单位里是有名的先生。他吃鸡蛋一定要买当天生的。他固定联系一两家农户，每天去取。如果是不新鲜的，他一眼就能看出来。鸡蛋买回来以后，先用冷水加洗洁精清洗，后用酒精棉球擦，再用温开水洗，最后下锅煮，他认为经过这样几道程序处理，什么沙门氏菌等等才能被杀灭，而在别人眼里，恳！

老D有洁癖。他要出差外地7天，临走前亲自拖地板、抹桌子，还用吸尘器吸地毯。到了第6天，他妻子专门请家政公司保洁员来打扫。妻子为迎合丈夫的心理，对家里的每个角落检查一遍，用抹布在地板上抹了一遭。老D回家了，行李一放，立即打扫。妻子告诉他昨日清扫的情况，他视而不见，听而不闻，汗流浃背地干了两个小时。单位里同事晓得如此的情况，都说老D："恳！"

老D添了孙子了，他更是忙上忙下，忙前忙后，有一件事他每天必定亲自去做：将孙子用过的尿布洗净，再用红外线灯泡一块一块地照射，每块尿布上必须停留足够的时间。邻居们都说老D："恳。"

生活在变迁，社会在进步，有些词的词义也会随之发展变化。恳，原指言语无度，后来也包含行为无度了。

恳，如今也有褒义的。

上海有一位出租司机发现，外地旅客到上海，很难找到公共厕所，有的年老者会急得尿裤子。这位司机花了几个月时间，走遍大街小巷，遍访妇孺耆老，在上海的地图上一一注明公厕的位置，终于出版了一张《上海公厕图》，大大方便了外地旅客。出租车他停开了一个月，同行都赞赏他有恳劲。这种恳，是认真执着的品德、锲而不舍的精神、坚韧不拔的意志。

中央教科所派李庆明到深圳南山学校任校长。李校长每天早上在校门口迎接每一位学生，一边鞠躬，一边问好。起初有的学生不习惯，后来渐渐习惯了，学生们在老远就一边敬礼，一边喊："校长好！"有人说，李校长在作秀；有人说，李校长有些迂，有些恳。任凭人们议论，李校长坚持这样做。一个月下来了，两个月下来了，一学期下来了，一年下来了，只要李校长不离开深圳，每天如此，寒暑不变，风雨无阻。李校长这样做有他的道理。每天早上向每位学生行礼、问好是尊重每位学生、尊重每位学生人格的体现，使每位学生懂得尊重别人的重要性。尊重是道德准则的基础，在此基础上进而讲友爱，讲仁义。让学生在生活中学习，在成长中快乐，在快乐中成长，从而建立起和谐的人际关系以及和谐的校园文化。李校长的恳，可爱，可佩，可敬！

在科学的大道上，没有坦途可言，甚至布满了荆棘。要使一项事业成功，你或许经历过一次又一次失败，面对一次次失败，你不是颓唐丧志，而是一次比一次坚强不屈，也许在经历过一千次失败以后，第一千零一次便是成功。这就是恳。

要做好一件事，要成就一番事业，需要恳。这种恳是超过一般常人言行之度的品德、精神、意志。事业需要这种恳，社会倡导这种恳，时代呼吁这种恳！

抈

抈，读yuè。《集韵》："鱼厥切。"《说文解字》："折也。"扬雄《太玄经》："车轴折，其衡抈。""折"有多义，从《说文解字》的解释及扬雄的《太玄经》中得知，这里的"折"不是折断的意思，而是"曲"的意思，即使之弯曲也。汉代扬雄时的车轮与轴是木质的，火烧使之弯曲；"衡"是车辕前端的横木，如果不直，也需要抈直。

抈在江淮方言中读入声，弯的可以将它抈直，直的也可以将它抈弯。民间中经常流传着一句俗语："桑树条子要从小抈。"

"桑树条子要从小抈"这句话的意思是：当树木的质地尚未长紧、实、坚的时候，比较容易使之曲、直。扬州的盆景艺术在全国享有盛名，一些艺术大师的作品在全国得过大奖。他们将梅、松、银杏、黄杨等树木在幼小的时候用铅丝绑着树干、树枝，使树干、树枝随着铅丝的曲直而曲直。过了一段时间，姿态各异而多彩的盆景便呈现在观赏者的面前，有的还配之以小巧玲珑的亭台楼阁、小桥流水，再分别起上一个雅致、独特的名字，观赏者或精神为之一振，或浮想联翩，或流连忘返，享受到审美的愉悦和情操的陶冶，赞赏艺术大师的高超技艺。

　　人对客观事物的态度有三种，即理论的、实践的、审美的。理论的态度表明对客观事物要有所作为，实践的态度是要改变客观事物，审美则是一种静观的态度。在龚自珍著名散文《病梅馆记》中，似乎这三种态度都兼而有之。他认为人工将自然生长的梅拗成曲、欹、密，是摧残梅，那些以曲为美、以欹为美、以疏为美的梅，都是畸形的"病梅"。他建立了一个"病梅馆"，买了300盆病梅"悉埋于地"，"乃誓疗之"，"五年为期，必复之全之"。龚自珍写这篇文章是另有寓意的。在清代长期的文化统治下，人才遭受摧残与压抑比前代更为严重，他反对束缚人才，主张个性自由，无疑在当时是有其进步意义的。

　　"桑树条子要从小拗"，对于驯养野兽也是适用的。有一位女郎，十八岁时就以驯养东北虎为业。小老虎刚生下，她就同它们在一起，喂养它们，同它们嬉戏，让它们睡自己身旁。随着老虎的一天天长大，它们逐渐学会钻火圈、玩翘板等技巧，同驯虎女郎很亲热，女郎嘴里叼着一块肉，老虎会同她亲嘴，从她嘴里衔走。当然，在驯养过程中，如果哪只老虎不听话，她会用皮鞭抽，几次教训，那老虎也会就范的。

　　"桑树条子要从小拗"，同样适用于对人的培养、教育。杂技演员从四五岁时就开始学习基本功，舞蹈演员从上小学时也就进行训练了。幼年、童年时，骨骼、肌肉的发育尚未定型，很容易学习、模仿、掌握某些动作、技巧，待稍长时，其难度就会大大增加。戏曲演员也是如此，要练童子功啊！一个人生下来好比一棵小桑树，从幼儿园起，家长、老师、社会上的方方面面都应当关心他的健康成长，使他逐渐养成良好的学习、生活习惯。好习惯可以使人享用一生，坏习惯可以毁掉人一生。当发现一个孩子有不良习惯时，家长、老师等齐心合力将他往好的方向拐，用力过强会折断，力气过小不见效。有的时候看样子是拐过来了，一放松就会反弹，甚至前功尽弃。

在对小桑树拐的过程中，应当密切注意其干、枝、叶的全面协调发展，不能只偏重于某一方面，否则长成畸形了。有一位"神童"，十岁考上初中，十四岁考上大学。在大学期间，他拒绝参加一切活动，不愿与同学、老师交流，生活上也不能自理，妈妈为了照顾他的起居饮食只好在学校附近租房陪读。他孤苦寂寞难忍，学习成绩很差，四年最终没有读完，被学校退学。一些教育专家分析，这位"神童"的遭遇是生理、智力和心理发展不和谐而造成的，而教育的不平衡性是其主因。知识的传授需要一个坚实的基石，有一个较为缓慢的渐进的积累过程。小小桑树苗一次也绝不能拐成人们理想的、美丽的形态，王安石的《伤仲永》在千年之前就向人们发出警示。

拐桑树条是一门学问，是一种艺术，是一项工程。

在大自然中有时也会发生怪异的现象，一树丛中有几棵特别能钻，它们为了多占阳光、雨露、空气，在同伴中钻来钻去，自然地拐成多种形状，那并不是人工拐的，那是大自然的杰作。

一箍捹扎

"一箍捹扎"在江淮方言中，有人写成"一股捹扎"，有人写成"一古捹扎"，还有人写成"一股邋遢"，应当写成"一箍捹扎"。意思是将零碎的、分散的事物一"箍"、二"捹"、三"扎"，可以解释为总共、合计、全部。"一箍捹扎"的"一"不是序数，是表范围的副词，是全部的意思；"一仍旧贯""一身是胆""一如既往""一扫而空"中的"一"，也是全部的意思。

九年制义务教育是基础教育，国家非常重视。二〇〇七年已经决定九年制义务教育阶段不收学杂费，二〇〇八年国家又决定不收书籍费。随着国家经济不断的发展，人民的生活不断得到改善，很多家长希望自己的子女从小受到良好的教育，于是把孩子送到师资力量较强、办学条件较好的民办学校去就读，即使经济不宽裕的家长也这样做；不这样做似乎就对不起孩子。民办学校收费较高，入学时一般要一两万元，在中等城市或大城市则要缴三五万、七八万。倘若在学校食宿，那费用就更多了，譬如有：住宿费、搭伙费、牛奶费、文娱费、旅游费、车辆接送费、校服费等，一箍捛扎算起来一年要近万元，有的达到两三万元。有的民办学校领导的办学理念很端正，很前卫，很务实。教育不是产业，办学校是为了更多的孩子接受优质教育，从小打好坚实的基础，学会做人，学会做事，学会学习，长大了才能有健全的人格，掌握更多的知识和技能，为建设祖国作出贡献。这样的学校尽量为学生、为家长打算，为学生为家长节省每一分钱，因而收费合情合理，所有费用一箍捛扎加起来，大多数家长还能够接受。

学生进校前，学校领导很为分班的事烦心。现在各校分班的名目可谓繁多，有教改班、实验班、快班、慢班、好生班、差生班、宏志班、尖子班等等，已经弄得人难以分得清哪个班是好班，哪个班是差班。有的家长想方设法找人拉关系要将孩子分在好班，其实他的孩子学习成绩只能算中等。结果到了好班，老师教学只能照顾大多数，那孩子的学习跟不上趟了，期中测验语文、数学、外语总分为420分，那孩子一箍捛扎只得了120分。尽管不少地方的教育部门明文禁止按成绩分班，有的学校片面追求升学率，仍然我行我素。而有的学校则是将好、中、差学生相互搭配，分在一个班，即使原来基础较差的学生学有所赶，学有方向，得到帮助，受到鼓舞，增强了自信心。那种将差生分到一个班的做法使差生本人失去自尊心、自信心，甚至自暴自弃、破罐子破摔了。这种做法实在不可取。

将好生、中等生、差生一箍捛扎分到一个班，大概是调动每个学生学习积极性的好做法之一吧，不妨多实践，多总结。

异怪

无锡话将"失火"说成"火失"，贵阳话将"纸钱"称作"钱纸"，扬州话、昆明话将"不晓得"说成"晓不得"。在扬州一带，"跷蹊"与"蹊跷""忌妒"与"妒忌"都是一个意思。有些词语的字词顺序掉换一下，所表达的意思仍然相同，而有的词语顺序掉换以后所表达的意思却大相径庭了。如"烧火"是一个动宾式的词组，掉换一下词序成为"火烧"，那可是一种很好吃的油饼。《现代汉语词典》有"怪异"一词，解释为奇异及奇异反常的现象，却未收"异怪"一词。"异怪"在江淮方言中是有时出现的词语。

老裔退休以后在老年大学国画班学国画，他喜用大红、大绿的颜色，有人问他为什么，他说，年龄大了些，颜色鲜发容易刺激眼球，留下深刻印象。一些青年人看了他画的几十张画，都认为那大红、大绿的颜色用得太异怪了。

老裔近八十岁了，自从学国画以后，他的打扮、着装也有了不小的变化。他留了很长的头发，后面齐根一扎，蓄须，平时喜欢穿大红夹克衫，衬衫则是红、绿、黄、黑相间的格子布，下穿牛仔裤，脚穿新款的旅游鞋，走在街上颇引人注目，回头率很高。有的老古板的老大爷、老太太见到老裔却说："裔老，你这一身装扮真入时啊！就是有点异怪。"老裔说："不要叫我裔老，叫我老裔就行，叫小裔更好，如今八十是个小弟弟啊。不是我的装扮异怪，而是你们的观念、心态保守，跟不上时代。"

老裔的生活习惯也有些异怪。天上飞的、地上走的四条腿（猪、牛、羊等）、两条腿（鸡、鹅、鸭等）都不吃，没有腿的（鱼）也不吃，只吃一条腿的（蘑菇）及蔬菜、豆制品等，朋友对他说："老裔，你是老和尚啦！"他笑眯眯地答道："出家还在家，心中披袈裟，天地一旅客，足迹遍中华。"

老裔喜欢旅游，平时积蓄的钞票都变成车票了。他认为不要留什么钱财给子孙，他有两句话："子孙不如你，留钱给他做什么。子孙比你强，留钱给他做什么！"一次他到沈阳，同行的人在一家餐馆点了一道凉拌牛肉，菜上来了，是血汩淋落的生牛肉片，老裔赶快离桌，一边说着"太异怪了，异怪死了"。

江淮一带的"异怪"，简而言之即与众不同，有言语举止失度、瘆的意思。"异怪"可以说成"异里不怪"，还有的说成"异怪兽"，那不是骂人，而是带有调侃的意味了。

厌

在法国，一些年轻女子为了保持身材苗条便提倡、宣传、践行厌食，有的已瘦得很难看了，仍然厌食。这种厌食症已影响到法国国民的素质。政府最近下令，谁要是再宣扬厌食，将被监禁或处以罚款。"厌食症"的"厌"是嫌恶、憎恶的意思。江淮一带，特别是镇江、扬州、高邮、宝应、兴化等地称顽皮孩子的行为叫"厌"，称顽皮的孩子叫"厌蛋"，并有一句歇后语："这孩子是屋梁上的蛋——燕（厌）蛋。""厌蛋"的"厌"是使动用法，意思是这孩子是使人讨厌的"蛋"。

小严在十岁左右的时候就是一个令父母讨气的厌蛋。他的外婆在农村。清明节前一天为寒食节，他与父母去扫墓，途经外婆家，外婆留他们吃午饭，他高兴极了，与几位小朋友在田野上奔跑，爬树掏麻雀窝。他掏到了两只小麻雀，还没有睁眼，像两只小肉老鼠，他小心地用纸包好，放在透气的塑料袋里准备带回家。吃过午饭后，小严坐在一只大坛子上玩，小便急了，就对着坛子口撒尿。

小严回家了。傍晚，外婆来搬坛子，咦！坛子里哪儿来的水？怎么回事？一闻，臊气冲鼻，不用说，肯定是外孙厌蛋干的好事。打电话问小严，小严"咯咯"地笑，连声说："对不起，对不起！"

小严对那两只小麻雀精心喂养，喂它们饭、青菜、鸡蛋，那两只小麻雀一天天长大，长出小羽毛，翅膀上长出大毛，能短程地飞翔了，小严知道应当放它回归大自然。怎么回归法？一天上课前，小严将两只小麻雀放在讲台的抽屉里。那两只小麻雀规矩得很，一点声响也没有。上课了，同学们安静地坐下，教数学的徐老师从抽屉里拿粉笔，忽然两只小麻雀从抽屉里飞出。徐老师先是一惊，接着镇定下来，同学们一个个大笑，盯着小严看，小严得意的样子真有些令人嫌恶。徐老师已经明白了几分，她没有责备，没有查问，像往常一样认真讲课。下课了，徐老师请小严来到办公室，小严简短地讲述了捉麻雀、养麻雀、放归麻雀的经过，徐老师肯定了放麻雀回归自然的行为，指出选择如此放归方式影响课堂秩序，近似恶作剧了。小严点点头。不久，小严参加学校动物兴趣小组。高中毕业后他考取了农学院，大学毕业后成为一名很受群众欢迎的兽医。

在江淮一带，称人"厌"，或叫作"厌蛋"，似乎只限于小孩。如果一个人年纪大了，还有厌的行为，人们会戏称他为"老厌蛋""老顽童"了。

一个人在童年的时候难免有些厌，这种厌，往往是一个孩子某种个性的曲折映现，其中很可能会有闪光点，老师、家长不能只是指责、斥责、嘲讽，正确的引导，能使他的闪光个性健康发展，成人、成才。

呫味

人们的生活水平日渐提高，一些人的饮食喜欢猎奇、尝鲜。长江的鲥鱼、刀鱼、河豚、鮰鱼等。除了鮰鱼还可以偶尔吃到外，鲥鱼几乎绝迹，二十世纪六十年代初我在南京读书时，在学校大食堂每年总会吃上几次鱼。今年刀鱼每斤2000元，河豚还要贵一些。有人吃刀鱼时，每一筷总要在嘴里呫呫，似乎要品尝出不一般的滋味。

新茶上市了，每斤名茶也要上千元，有人只买50克，小心冲泡，左呫右呫，其味道似乎就是不一般。也有人说，新茶不能喝，其中的有害成分要存放两个月后才会消失，据说品茶师能呫出有害成分的异样味道。有功夫的品茶师能闭着眼饮茶，呫呫，想想，想想，呫呫，能品出几十种不同品种、不同产地的茶，这都是味蕾、经验、记忆的作用。

咂，读zā，江淮一带读入声。扬州一带将作弄别人、拿人开心叫"咂味"。

老魏是一个喜欢开玩笑、拿人咂味的人。他初中时的同学老秦，一同下乡插队，后来与当地的姑娘结婚，就一直生活在农村。老魏回城在百货公司当售货员，曾经令老秦羡慕不已，可前几年买断后，在一家民营工厂传达室工作。老秦与妻子在家里办了个小五金加工作坊，购原料、加工生产、推销、运货全靠夫妻二人。某天在街上老魏遇到老秦，他将老秦肩膀一拍："秦厂长，生产经营不错啊！"老秦不好意思地说："老兄拿我咂味，损德了，两个人开的小作坊，还能算工厂？请你来当厂长吧。"

老魏又来到社区卫生室，县人民医院退休李医师在那儿，看病、打针、配药就是他一人。老魏上前招呼："李大院长忙啊！"李医师与老魏天天相见，混得很熟，也是个说话幽默的人："我这个医院大哩，来两个人就坐不下啦，正在招聘大院长，你来啊！"老魏连忙说："李医师拿我咂味喽，岂敢，岂敢。"

老魏的老友老夏，夫妻俩买断，各自找了份工作，儿子、儿媳下岗，在一家超市打工，为了孙子读书不菲的费用，儿子要打两份工，白天下班以后，又到一家工厂上夜班。老魏碰到老夏："好久不见了，你现在跩呢，老两口、小两口个个生财，发财啦！"老夏打拱作揖："老哥拿我咂味也不拣好日子，我们只是混口饭吃吃而已，哪里谈到发财啊！"

拿人咂味者，往往将小说成大，贫说成富，差说成好，难说成易，窄说成宽，逆说成顺，局部说成全体，等等，他们是在咂生活的况味，是在咂别人，似乎也是在咂自己。

扎实

扎实，在现代汉语中一般有两种意思：一是结实，如，把行李捆扎实；二是（工作、学问等）实在、踏实，如，这人办事很扎实，文字功底也很扎实。在江淮方言中,"扎实"有"很""厉害""极""透"等意思,表示人、物、事好与坏的程度等都可以用"扎实"。

小松上小学四年级,他的天赋不差,但上课不认真听讲,思想经常开小差,有时与同学讲话,老师布置的家庭作业常常不做。他认为自己已经懂了,会了,不必再去多做,期中考试各科成绩都在60分左右,这样全班的平均分低了,在全年级的名次也就排后了,而名次是与老师、班主任的奖金挂钩的。各科老师及班主任都埋怨他,分别找他谈话,都说他的表现太差了,差得扎实呢!告诉他的父母,小松遭到了一顿打,被打得扎实呢。

小松到了五年级,班主任及任课老师都换了。班主任华老师是一位擅长赞美和鼓励孩子的老师,他总是在小松身上寻找、发现其特长、优点和潜质。一位老师只是一味批评、挖苦、否定、中伤学生,只能表明为师的无能和不称职。最有意义的赞美是雪中送炭,消除所谓差生的疑虑、怨恨和郁闷,使他们充满自信,激发他们的潜能,这种赞美是一种心灵的唤醒和自强的支撑。小松在华老师等的激励、赏识教育下,增强了自信心、自尊心,同以前判若两人,上课认真听讲,作业按时完成,在全年级作文比赛中得了第一名。华老师家访时,将小松的转变告诉他的父母:"小松在学校的表现好得扎实哩!"小松的父母心里自然也高兴得扎实喽!

童话大王郑渊洁说过,"人性最本质的东西就是渴望被欣赏。我认为教育孩子的秘诀就五个字:往死里夸他!"

江淮方言中,"扎实""很""厉害""极""透"等意思一般在句中充当补语。这样的意思和用法在江苏的高邮、兴化等地用得不少。

撞

在现代汉语中,"撞"一般有以下几种解释:其一,运动着的物体跟别的物体猛然碰上,如,别让汽车撞到路边行人;其二,碰见,如,不想见到他,偏偏在路上撞上他;其三,试探,如,这事就要撞运气了;其四,莽撞地行动，如，他横冲直撞地进了门。

在江淮方言中，"撞"除了以上四种解释外，还有另外的意思。

小沈从一所民办大学的财务与审计专业毕业以后，没有能找到合适的工作，就到了一家大型超市当理货员，每月工资近一千元。他的母亲是退休工人，退休养老金因近年来几次连续增加，已达到千元，但还要供养她八十多岁的多病的老母亲。小沈生活节俭，每月只留百元自己零用，一般朋友相聚下饭馆、上歌舞厅，都与他无缘。有时同学聚会，他不得不参加。他每个月都交九百元给母亲，因为年龄也不算小了，要谈女朋友，要结婚成家啊。几乎每个月母亲都要挤出百元撞成千元，整头数存入银行。到年终时，小沈拿到八百元奖金，高高兴兴地送到母亲手上，母亲省吃俭用巧安排，从养老金中再抽出两百元撞成千元，整头数存银行。这里的"撞"有拼凑、聚集为整数的意思。

撞，在江淮方言中还有一层意思。小浦是个小胖子，食欲特别旺盛，在家里看到食物就想吃。他刚吃过晚餐，一大碗蛋炒饭、4根火腿肠，还有些素食。爸爸从外地出差回来了，带了一些高级西式点心，小浦从来没有见过，更没有吃过，他这样尝一点，那样吃一点，妈妈发现了，赶忙来制止，小浦不吃了。不一会儿小浦喊难受了，妈妈一面用手在小浦的肚子上面不停地抹，一面喃喃自语："吃得撞住了，吃得撞住了。"这时小浦才断断续续地对妈妈说："饿肚子不好过，吃得过饱比饿肚子还要难过。""吃得撞住了"的"撞"，是指饮食过量而伤害了身体。

不论做什么事都必须把握好度。好吃的东西吃多了，就会变得无味，且伤害了身体。一件愉快的事处理得不得体，过分了，就会变得不愉快。一件有意义的事，处理得过了头，就会变得没有什么意义。把握好度，是人生的大学问，是处世的大艺术。

泰州、泰兴、兴化、如皋一带，读"撞"时，送气。

坠

在现代汉语中，"坠"的解释有：落、掉下，往下沉，系在器物上垂着的东西等。江淮方言中有着特殊的意思与用法。

H今年四十岁，他与妻子在浙江温州打工已经四年。同村的男劳力也大都在外地打工。可今年他与妻子不能离开家外出打工了。H的父母都已经七十多岁，岳父母也都七十多岁，4位老人身体不大好，尤其是最近，岳父心脏病加重，岳母中风卧床。H为人诚实，会车工、钳工，干活肯卖力。温州的老板与工友几次打电话来催他与妻子快去上班，H回话说："我给几位老人坠住了，暂时不能离开家。"

坠，拖住、拽住的意思。在一些清代的小说中，"坠"也有这样的意思与用法。《醒世姻缘传》第八十一回："惠希仁合单完道：'你交下，快着来，我先坠着童氏，省的被得躲了。'"文中的"坠着"有设计拖住、拽住某人的意思。

《醒世姻缘传》是十七世纪用山东方言写成的白话小说。二十世纪三十年代，胡适在《〈醒世姻缘传〉考证》一文中认为作者是蒲松龄，后来有人提出不同看法。蒲松龄的好友孙蕙（树百）从宝应知县调高邮任知州时，蒲松龄也到了高邮，在《聊斋志异》中有四篇写到高邮，《醒世姻缘传》也写到了高邮。其中的山东方言土语，有的在江淮方言中也有，"坠"就是一例。如今宝应、高邮一带仍然用到。即使说《醒世姻缘传》不是蒲松龄所写，从另一角度看，山东方言同江淮方言也有共同的词语，方言与方言之间是可以相互交流、相互借鉴、相互影响的。

坠人者有时是一种策略，有时是出于无奈。如果别人被坠得心烦意乱、焦躁不安，打破了正常生活，坠人者也应当想想别人的处境、心境。当然，双方都应当换位思考。

作怪

作怪，在《现代汉语词典》中只有一个解释：迷信的人指鬼怪害人，比喻坏人或坏思想捣乱、起破坏作用。在江淮方言中，"作怪"还有其他的意思。

老钱承包了村里一个鱼塘，面积约十二亩，他精心喂养、管理，去年的收入不错，还清了小额贷款，仍有积余。今年他多放了些鱼苗，加大了饲料投放量，期盼多增加些收入。秋天，老钱看到鱼苗长势很好，打心眼里高兴。不久，老钱慢慢发现鱼塘里的鱼群渐渐少了；再过几天，鱼群更少了，老钱撒了一网，不见一条鱼。他想，鱼没有生病，因为死鱼会浮在水面上，究竟什么东西在作怪呢？村里的人说开了，有的说，鱼塘里有什么妖怪了；靠近鱼塘边住的人家夜里听到水面上有"扑通扑通"的响声，可不敢起来看；有的说，老钱打死过一只大仙（黄鼠狼），现在跟他算账了；还有的认为，有人在偷他的鱼。老钱在鱼塘边搭了个草棚，日夜观察动静。半夜只见有一群身长约四十厘米的怪物从塘边的洞里窜出来，潜入水中，一会儿，它们就口衔着一条条鱼拱进洞里；再过一会儿，它们又出洞、入水……老钱用大锹猛扑，打死两只，一看，那怪物是他从来没见过的大水老鼠，不知何时从何地迁移过来的。鱼塘作怪的真相大白，老钱很快将它们歼灭，鱼塘恢复了往日的平静。

江苏高邮市区有条人民路，是一条千年古街，二十世纪四五十年代，街北约六十米处是乱葬营，有大小坟冢上千座，这里在南宋时曾是抗金名将韩世忠的营地，故称"后营城"，出土过不少陶制的"韩瓶"，即"韩军"的军用水壶。这里大概发生过激战，不少死者就地埋葬，故又称"后阴城"。住在附近的人家说，后阴城常作怪，这里会听到鬼哭声（鬼哭声究竟是什么声音谁也说不清楚），有时夜晚行路，会有"鬼"跟在后面，你快他快，你慢他慢（其实是幻觉），几乎每晚都会看到坟冢上不时飘动着一簇簇鬼火（实是人骨的磷火）。白天，后阴城是小朋友的游戏场，他们常玩的游戏是"抢江山"，谁要是强占坟冢顶，谁就为王，其余的都设法将他拉下马。

力大，有计谋者面对四面敌人能为王较长时间。一日三位十多岁的小友打赌：夜晚谁要能绕后阴城一小圈（约八百米），谁就是英雄。半圆的月亮放出阴冷的光，风吹得坟冢上的茅草发出沙沙的声响，平添了几分阴气。三位小友在一个大坟冢下聚齐，鼓足勇气，胆大者一前一后，胆小者居中，走了不远，"鬼火"出现了，他们并不怕，因为自然课老师讲过了，那是磷火，他们追着一团团"鬼火"，嬉笑的声音飘荡在夜空。突然从坟墓洞里窜出狗一样的动物，他们也知道，那是獾，会吃死尸的，常以坟冢为窝。三个人互相勉励，互相壮胆，不时地吼叫几声，终于走完了一小圈。第二天，他们都成为英雄，一时传为笑谈。

江淮一带几位四五岁的小孩，常常玩"娶新娘"的游戏，新娘、新郎、司仪、轿夫都有人担任。新郎要娶新娘，坐花轿，还要吹吹打打，完全模仿大人的一套。老奶奶见着会笑嘻嘻地说："作怪呢！"老奶奶以这个年龄段小孩的言行异常为怪。

第三辑

江淮方言

趣事

爱小

高先生是县里某局秘书科的副科长。这个局是个大局，在编的、借用的、临时拉差的有120人，小轿车、面包车共5部，局里的所有人员的办公用品、相关生活用品、出外及下乡的相关事务都由高科长负责。高科长有一大特点，任何人有事找他，他都不怕烦，也不怕累，而且总是笑脸相迎；倘若局长要他去办一件事，他点头哈腰，尽心尽力，深得领导赏识。

高科长有一大毛病——爱小。"爱小"是江淮一带的方言，即是喜欢贪小便宜。局里每个办公室都配一只电水壶，有的办公室的电水壶用了两三个月，可就换成新的了，高科长对该室的同志说："电水壶用久了，耗电，而且烧出来的水对人体不利。"同事们对他的"关心"都表示谢意。其实，高科长是打的小算盘，那些被淘汰了的电水壶都到了他的儿子家、女儿家、父亲家、岳父家，而且用了几年都不会坏。

高科长的住房要整修、装潢了，譬如水泥地要换铺大瓷砖，墙壁要粉刷了，他便提前替局长办公室装修一番，局长办公室焕然一新，有人到高科长家一看，室内装修也焕然一新。

高科长生活很节俭，而对局长的服务却处处想得周到，且不怕多花钱。他特地在局长办公室隔了一小间，装有热水器、莲蓬头，局长喜欢打乒乓球，运动后有时就在办公室后淋浴。局长不在家了，高科长有时也会去淋浴一番，享受一下，接着就在公共卫生间洗衣服。同事们见了，他便说家里的自来水管坏了，或者说小区自来水停水了，一年总有好多次。时间长了，同事们都知道个中奥妙，也就不再问了；高科长呢，也就不再解释了。

爱小是一种心理疾病。爱小的人占不到便宜他就不高兴；一事当前，总是先想到自己要捞到好处，不为别人着想，这种人正如孔老夫子所说，是小人。小人的思想境界低下，人格低下，被人瞧不起。

巴家·巴滑

小冉在省城一所大学的师范学院毕业以后，经过考试录取，在家乡县城的实验小学工作，二十六岁了，到了谈婚论嫁的年龄。邻居郝大妈喜欢当介绍人做媒，她认为做媒成功是积德，于人好，于己也好。郝大妈给小冉介绍了在县城另一所小学工作的小侯老师，二十八岁。小冉说："小侯我认得，在同一所大学上学，比我高两级，不过在校没有说过话。听与他同校工作的老师说，这人不大方，小气，有时学校组织出外参观，发下的矿泉水、果汁、水果等，他从来不吃，带回家孝敬他妈妈。"郝大妈乘势说道："姑娘啊，这样巴家的青年人哪儿去找啊，将来你同他结合了，他一定会更好地关心你，照顾你，更巴家。他的巴家是有传统的，他妈妈还住在老家农村时，路上看到一根树枝也要拾回家当柴烧。"小冉听了郝大妈的一席话，觉得有道理，答应与小侯正式见面相处，一年后小冉、小侯结婚了，郝大妈很高兴，她又成全了一对青年男女，又积德了。

"巴家"是江淮方言中的一个词语，是顾家、向着家、念着家、家庭观念重的意思。"巴"的本意有黏结、黏住、依附、贴近等意思，"巴家"是由其本意引申出来的。

有人将"巴家"写成"扒家"，令人不解了。

二十世纪六七十年代，学校每到五月下旬、六月上旬要放忙假，老师带领学生到农村割麦、插秧。某中学城市里出生的程老师最怕赤脚走泥泞路，一不小心会连续跌几个跟头。她班上从农村来的学生会搀着她走，并教她在烂泥地上走，十个脚指头要紧紧贴近地上，抓住地上，一步一个脚印，这样脚就巴滑了。程老师按照学生的说法慢慢走起来，真的，脚也巴滑了。脚指头因为紧紧贴近地面、粘连着地面，所以走起路来也就不滑了。

新的球鞋、旅游鞋的鞋底齿纹多且深，巴滑。

江淮一带，"巴"的含义以及组成的词语还有其独特的地方。

天冷，结冰，晚上小蒋做作业时手冻巴了。这个"巴"是僵、麻木的意思。

"巴不能""巴不得"是迫切盼望。

"眼巴巴"是急切地盼望。

江淮地区，有的人在高兴时或不高兴时会情不自禁地说："他妈的个巴子。"这里的"巴子"指女阴，将女阴说成"巴子"，似乎隐晦了些，也并不文明。

《汉语方言大词典》载，"巴子"的含义及用法，在东北、冀鲁、中原等地的方言中也有。

坝·坝头

坝，字典辞书中解释为：截住河流的建筑物，或者是在河工险要处巩固堤防的建筑物。

在二十世纪八九十年代，不少人，家在县城，人在农村工作，生活诸多不便。有的就干脆在农村安家，有的人不甘心在农村，总是等待机会往城里调。

S医师中专毕业，在农村一个大的集镇医院工作二十五年了，外科手术做得很好，上腹部、下腹部手术都能做，在周围的乡镇也有了些名气。机会来了。城关镇医院一位老外科医师去世了，很需要一名精明能干的中年外科医师来接替。S医师与该院院长联系上了，院长说，像S这样的人正适合。S于是向当时供职的医院院长申请调动的事，院长先是坚决不同意，S便天天磨蹭，诉说自己的家庭困难，家中上有父母，妻子在外地工作，大女儿在外地上大学，小儿子在上初中，做儿子、做父亲的不能担当起家中的事，真感到内疚、惭愧。经过多次长谈，院长同意S调动了，好在S的副手也能独当一面进行有一定难度的外科手术了。

S的申请报告呈送到县卫生局，人事科科长、局长研究决定，同意S调入城关镇医院。可时间过去半年还没有什么动静。S的表兄是县中医院的书记，一天二人在一起商谈，谁在坝住不放，谁在打坝头。

在江淮方言中，坝、坝头有其喻意。坝是用来拦水的，有的事情不能顺利办理，就如同截水、拦水一样，有人打坝头了。

二人商谈有了结果。县卫生局有位管人事的副局长，他有个表弟W是另一个大镇医院的内科医师，大学毕业后工作了五年，在县城谈了对象，刚生了个小孩，家庭也有一定困难，准备调进县中医院工作。那位副局长为表弟W工作的调动做了不少工作，与县中医院也谈妥了，但没有来得及同书记打招呼，书记以暂不需要内科医师为由，就是不同意W调进该院。原来问题的症结在这里，表兄弟二人都笑起来了。S医师对其表兄说："我进不了城关医院，原来是那位副局长坝住的；W进不了县中医院，原来是你老哥打坝头啊！你要先开坝，我那个坝头就会打开了。"

过了十天，W到县中医院上班了，S也进了城关医院工作。

人与人之间的"坝"宜开不宜筑，那样世界就多了几分和美。

逼西瓜、逼鸡蛋

二十世纪七十年代，有电冰箱的人家寥若晨星。在人们生活还不富裕的年代，人们备加珍惜财物。夏天，中午吃剩下来的菜，放在锅里烧开后盛起来留在晚上吃；倘若晚上还吃不完，再烧一下，打上一桶井水，将剩菜放在碗里搁在井水里逼，以给剩菜降温。

夏天，挥汗如雨，买上一只西瓜回家，不能立即吃，因为手摸上去甚至有些烫手，怎么办？隔壁人家有口百年老井，打上一桶井水，将西瓜放在水里逼，西瓜不烫手了，再换上一桶刚打来的井水，再逼，过了一小时许，剖开西瓜，全家人享用，可以起到防暑降温的功效。

才煮好的鸡蛋，吃不得，赶紧放在冷水里逼，一方面可以使鸡蛋不烫手，不烫嘴，另外还有一个作用，热鸡蛋遇到冷水，蛋白立即收缩，过一会儿就容易剥掉蛋壳，而且不会连着蛋白。

卖汽水的商家，将一二十瓶汽水放在一大桶水里逼，戗上一块牌子，上面写道：冰镇汽水！当今的青年倘若看到那时的影像资料，定会笑道："这算什么冰镇汽水！"

某年夏天，白天最高气温达到42摄氏度，小梁从外面回到家里，打上一盆井水，将头栽在水里逼，奶奶见此情状喊道："伢子，不能逼，热头突然遇冷要生病的啊！"小梁赶忙抬起了头。

逼，《广韵》："迫也。"夏日，剩菜放在井水里逼，西瓜放在井水里逼，平时，刚煮熟的热鸡蛋放在冷水里逼，汽水放在井水里逼，小梁将头放在井水里逼，这里的"逼"都有逼迫、强制使之降温的意思。

《红楼梦》第三十一回，宝玉在薛大爷家吃过酒，跟跄来到自己院内，晴雯睡在院内的床上，宝玉坐在床边，一番对话以后，晴雯又对宝玉说道："我倒一盆水来，你洗洗脸，篦篦头。才鸳鸯送了好些果子来，才湃在那水晶缸里呢，叫他打发你吃不好吗？"夏日，贾府将果子放在凉水里逼，也是为了防暑降温，吃下肚去，暂时舒服。大作家、大师曹雪芹将"逼"写成了"湃"，应该说是一个笔误。在曹雪芹生活的时代也有用凉水逼使果子降温的做法，但无论如何这个"湃"字在这里是讲不通的，湃，读"派"，它和"澎"组成一个复合词"澎湃"，形容波涛互相撞击，或比喻声势浩大，气势雄伟，"湃"是不能单用的。

《儿女英雄传》第十六回："那老头儿把那将及二尺长的白胡子放在凉水里湃了又湃，汕了又汕。"该书的作者文铁仙（康）大概是受了《红楼梦》作者曹雪芹的影响吧，将"逼"也写成"湃"了，犯了沿袭的小错。

煿

汤先生喜欢喝鲫鱼汤。鲫鱼汤是自家做的，大约每隔一天就要做一次。每次买两条较大的野生活鲫鱼，家养的他从来不买，因为喂食的饲料对人体不利。是野生的还是家养的，从鱼的外表颜色他能分辨得出。鲫鱼买回来以后，洗净，血水沥尽，下油锅，放两碗冷水烧四十分钟即食。汤先生烧的鲫鱼汤清汤清水，虽然味道不错，但看上去却不能给人以美感，激起美好的食欲。

一日，全县精选出的50名大厨师、大厨娘在"世界大饭店"举行烹饪大赛，其中有一组比赛烧鲫鱼汤。汤先生特地抽空亲临现场学习参观。

大厨师在烧热的锅中倒入厚重的农村土榨的菜籽油，然后将4条较大的鲫鱼放到油锅中翻来翻去地煿一会儿，放开水，大火烧四十分钟，开锅，鱼汤白稠如奶汁。

有的厨师先将鲫鱼在放有生姜、葱的开水锅里走一下，去腥，取出，再放到油锅里煿一会儿。

有的厨师在鱼汤沸腾后，放入一大挑猪油，再烧沸，汤汁会更稠白。

汤先生悟到，要得鱼汤白稠如奶汁，将鱼在油锅里煿一下是关键之举。

煿，读bó。《集韵》："伯各切，火干也。"即把食物放在锅中烤干，或放油或不放油烘烤食物都叫煿。贾思勰《齐民要术》："有薄饼缘诸面饼，但是烧煿者，皆得投之。"蒲松龄《聊斋志异·张老相公》："张先渡江，嘱家人在舟，勿煿膻腥。"贾思勰是北魏时人，生活在一千六百多年前，蒲松龄是清代人，二人都是山东人。可见在一千六百多年前，我们的祖先就用到"煿"这个字，会使用"煿"这种烹饪技艺。而且，在北方方言区山东、江淮一带都会说、会用到"煿"。

汤先生从烹饪大赛学习参观回来以后，如法炮制，果真，鱼汤稠如奶汁。每遇到好友，他便传经了："要得鱼汤稠又白，必先在油锅里煿一煿。"

不亦乐乎

小宁在英国牛津大学读了硕士、博士，马上就要回国了，爷爷、奶奶知道了这个消息，很是高兴。因为，小宁的父母在外地工作，他从小学到中学都是在爷爷、奶奶身边长大的，二位老人付出了很多辛劳。汗水浇出了硕果，怎能不高兴呢？二位老人为小宁准备好了住处，床上的被子、床单都是小宁平时喜欢的颜色。小宁一共在家7日，奶奶为他每天都设计了不同的菜肴，荤素搭配，营养齐全，二位老人真是忙得不亦乐乎！

"不亦乐乎"原本是古代词语，江淮一带稍有些文化的人在口语中常常说到。当一个人遇到一件不常遇到的快慰的事情，心里自然高兴，便情不自禁地说出"不亦乐乎"。

《论语·学而》："学而时习之，不亦说（悦）乎？有朋自远方来，不亦乐乎？人不知而不愠，不亦君子乎？"引文中的"不亦"如何解释？有的注释者，甚至中学语文教科书中都认为"亦"当"也"讲，那么"有朋自远方来，不亦乐乎"即语译成为：有同道的朋友从远方来，不也是很快乐吗？将"亦"训为"也"，一定要有两件相并列的事情，这里的"也"是表并列关系的连词。在其前肯定有一件事情已经使人很快乐了，接着又遇到"有朋自远方来"，二者相提并论，就亦快乐了。这种解释显然是错误的。

高邮王引之《经传释词》："凡言不亦者皆以亦为语助，不亦说乎，不说乎也，不亦乐乎，不乐乎也，不亦君子乎，不君子乎。"这样，"不亦乐乎"就可以解释为：不快乐吗？或为：难道不快乐吗？成了反问句，增加了快乐的成分，强化了快乐的语气。

小宁的爷爷奶奶为他回家所做的一切准备，虽然忙，虽然累，但真的很快乐，这样的"不亦乐乎"，值！

不照 · 不照中

照，《说文解字》："明也。"《增韵》："烛之明也。"

江淮一带，一些上了年纪的人口头上常说："岁数大了，这两年，眼睛不照了。"还有的说："我今年整八十岁，过生日后的第二天，突然耳朵不照了。"

照，在普通话中也可作"行"讲，可单独用；而在江淮方言中则不可。扬州、高邮、宝应、兴化等地一般都加否定副词"不"。"眼睛不照"即是说眼睛看不清楚；"耳朵不照"即是指耳朵听不清楚；"身体不照"即是说身体总的来看不健康。如果说一个人的视力、听力、身体等方面不太好，可以说"不大照"。

在华北官话尤其河南话中经常听到一个字"中"，意指"行""可"也。

在江淮官话中，还有"照中""不照中"的用法。这种构词方式较为特别，照，行也；中，行也，将江淮官话中的"照"与华北官话中的"中"合在一起，构成一个新词"照中"，这是江淮官话与华北官话的合璧，是一种联合式的构词方式。江淮一带对于视力、听力、身体状况的感觉以及对事情处理的办法、方式是否得当等，都可以说"照中"或"不照中"。

"照""不照""照中""不照中"只有在七十岁以上人群中对话时才会听到，青年人如果家里还有年长者也会听到，一般的青年人不一定能明解其意，更是很少用到了。这是语言发展变化的必然。

炒肉脯子

小庞今年14岁，上初二，身高1.75米，体重80公斤，从小学起，同学们就叫他"小胖子"，有人叫他，他都答应，对这一称呼早已习以为常了。

小庞喜欢吃肉，每天离不开肉，奶奶做的红烧肉特别讲究，色、香、味俱佳，特别诱人，一大碗红烧肉上桌，小庞旁若无人，直拖，一顿一斤肉，一点都不费事。奶奶笑嘻嘻地说："这样吃法不胖你胖哪一个！"小庞也笑嘻嘻地说："中午在学校食堂吃饭，一份洋葱炒肉丝，掏来掏去也很难找到几根肉丝。"奶奶道："哦，炒肉脯子嘛，哪能像红烧肉这样尽是肉？"

脯，读音近"哨"，江淮一带读平舌音。《广韵》："苏吊切，切肉合糅。"将瘦肉与肥肉切成肉丝、肉丁、肉末，瘦的与肥的糅合在一起，就叫"脯子"。脯，这个字在《康熙字典》《辞源》《辞海》等字典辞书中均未收入，在江淮方言中人们有时会用到，尤其是六十岁以上的人，他们会将"肉丝"说成"肉脯子"。

小庞奶奶为了使小庞的体重得到适当控制，平时每天的菜虽都有肉，但很少做红烧肉，几乎每天都炒肉脯子，有肥有瘦，小庞倒也吃得津津有味。小庞对奶奶说："食堂挂牌都写'洋葱炒肉丝'，奶奶怎么将'肉丝'说成'肉脯子'？"奶奶说："伢子，你爹爹的爹爹就每天离不开肉。那时的生活条件不怎么好，只好每天割上二两肉炒肉脯子，解解馋。上代人都说'肉脯子'，不说'肉丝'，'脯子'大概是个古词吧！"

历代编写字典辞书的人，常常有其局限性。有些字词，在他们的方言中未见过、用过，虽然在扬雄《方言》、许慎《说文解字》、陈彭年与丘雍编的《广韵》、丁度等编的《集韵》中见过，他们也删去不予收入，其实那些字词还活跃在人们的口头中及著作中，而后人查找起来就麻烦了。

"脯子"一词在西南官话中仍然用到。著名作家李劼人写了一部长篇小说《死水微澜》，拍成了电视剧。在小说的第四部分，有一段话："蔡大嫂盛了一碗饭给罗歪嘴道：'大老表难逢难遇来吃顿饭，本待炒样脯子的，又怕你等不得。我晓得的公忙，稍微耽搁一下，这顿饭你又会吃不成了。'"李劼人是四川成都人，写的也是发生在成都的故事。"脯子"一词在四川成都一带人们还会用到，江淮官话中人们也会用到，其源盖出于中国古代的语言。宋代编写的《广韵》收了这个字词，在那时应该是一个普通的常用到的字词。

扡

放寒假了。一天，上初中二年级的小欣看爷爷在劈木材、剁树枝，那些是从自家的树林里整修来的。有些树长到碗口粗又死了，爷爷先用锯子锯成一段一段的，每段一尺多长，然后用斧头劈，很快就劈成一丫一丫的了。小欣在一旁对爷爷说："如果横着剁，每段不长，可能比竖着劈省力。"爷爷笑着说："你试试看。"小欣拿起斧头，想将一根一尺多长的小树干剁成两段，使尽吃奶的力气终难剁下。爷爷要他将树段竖起来，先用斧头在横断面凿了一个大口子，斧头丫在大口子上，不用多大劲儿，树段就劈成两半了。爷爷告诉小欣："要顺着木纹剖析，很容易劈开；逆着木纹剖析，就很难劈开。"爷爷念过几年私塾，从《三字经》《百家姓》，读到《幼学琼林》《论语》《孟子》，再读《诗经》。爷爷读过《诗经》，他说："在两三千年前，我们的祖先就知道斫木要顺木纹。"《诗经·小雅·小弁》："伐木掎矣，析薪扡矣。"意思是，树木砍伐下来倚在那里，剖析的时候要顺着纹理。扡，读chǐ，即顺着纹理剖析。江淮方言中至今有其音、其义，扬州、高邮一带读cī了。小欣听了爷爷的一番话，会意地点点头。他还借题发挥："做任何事情要顺势去做，就会取得事半功倍的效果；逆势只会事倍功半，甚至还会劳而无功。"爷爷摸摸小欣的头，笑嘻嘻地直点头。

现代人添置衣服一般都买成衣，而特殊身材的人还要买布去裁缝店做。小庞是个胖子，身高1.6米，体重100公斤。他到布店里看准了布的颜色、质地，不论价格，就买定了。只见布店师傅在布的横头剪一小口子，一扡到头，一块布叠几叠就行了。这里的"扡"，是顺着布纹剖析。倘用剪刀慢慢剪，反而会参差不齐。而这一"扡"，也是要一点功夫的，不会扡的人会将布撕歪了。一块布如要竖着剪，那就不好扡了，因为纹理不对。小庞将买来的布拿到裁缝店去做，谁知布店师傅将他估计得过胖了，因而多买了一尺多，本来应当让裁缝师傅去处理，而小庞才在布店看到师傅扡布的情景显现在眼前了，他想在裁缝师傅面前露一手，在那块布料的边缘剪一个口子，然后用力一扡，裁缝眼看小庞扡得不对劲，急忙制止，拿过布料剪了起来。裁缝师傅说："拖布时起初不能用力过猛，接着要用力均匀，否则就歪了。"小庞不好意思地摸摸自己的后脑勺说："真是看人挑担不吃力。"

拖，又读tuō，同"拖"。

臭

在江淮方言中，"臭"是一个含义颇丰、用法很特别的字。

臭，一读chòu，指秽污之气，气味难闻，与"香"相对。《孔子家语·六本》："与善人居，如入芝兰之室，久而不闻其香，即与之化矣；与不善人居，如入鲍鱼之肆，久而不闻其臭，亦与之化矣。"由此而生喻义或引申义，惹人厌恶或狠毒等，如"遗臭万年"。臭，指可厌、可恶、可恨。

老祁在退休后喜欢上了下棋，每天下午筷子一丢，连午觉也不睡就同人下棋了。尽管如此，他的棋友都说："老祁的棋下得臭。"臭，指棋艺低劣。

小侯初中毕业后就出外做生意了，经过二十多年的打拼，赚了一些钱，回家乡开了个贸易公司，成了当地小有名气的土豪。在公开场合下他常炫耀自己，生怕别人瞧不起他，而对昔日的难兄难弟不但不拉扶他们，而且总是以鄙夷不屑的眼光看他们，甚至嘲笑他们；至于拔几根毫毛以利天下的事他也很少去做。昔日的同窗看到他，私下里议论："有几个臭钱了，认不着人了。"臭钱，指来路不明的钱或不义之财，是对金钱和为富不仁者的鄙视。

老祁在一次下棋比赛中，得了三等奖，他逢人便夸赞自己，棋艺如何如何进步，水平如何如何之高。他的棋友笑嘻嘻地指着他说："你看你高兴得那臭美的样子，别人真把你当大棋手看了。"臭美，指自以为美，自鸣得意。俗话说："自夸自，不费事。"

臭，在江淮方言中较为特殊的用法那就是"臭人""臭头"了。

在江淮方言中，臭，还有以下的用法。

小刁在工作时，一事当先，先替自己打算，从不想到别人；而且会损人利己，损公肥私，即使损人不利己、损公不肥私的事他也做。因此，他的同事怕与他来往，都避他，躲他，嫌他，对他的评价是：这个人在单位臭了。这里的"臭"是指言丑行秽。

江淮一带还有"臭话"一词。所谓"臭话"是指不利于团结、伤感情、伤和气的话。有时"臭话"虽然是正确的，但某种场合下还是不说为好。

臭，又读xiù，气通于鼻皆曰臭，即所有的气味都叫臭，不分香秽。《诗·大雅·文王》："上天之载，无声无臭。"化学老师讲过，空气是无色无臭的。

杜甫《自京赴奉先县咏怀五百字》中有诗句"朱门酒肉臭，路有冻死骨"。豪门中飘出阵阵酒与肉的气味，路边却有冻死者的躯骨，穷富的对比何等的鲜明强烈。诗中的"臭"应作气味讲。

臭，又同"嗅"，指用鼻子辨别气味。

杵

杵，音"楚"，其本义是舂捣谷物、药物及筑土、捣衣用的棒槌。《易·系辞下》："断木为杵，掘地为臼。"

童年时经常听到年长者讲起"铁杵磨成针"的故事。一个人只要用心专一，锲而不舍，铁杵也能磨成绣花针。曾国藩说过，坚其志，苦其心，勤其力，大事小事，无所不成。

在江淮方言中，"杵"的意思和用法有所变化。

《飞驼全传·九回》："驼子拿他拳头杵他嘴。"当一个人不负责任地乱说时，别人会像驼子那样，这里的"杵"是"捣""戳""塞"的意思。

碪

碪，音 chǎng，江淮等地读成第二声，如"床"音。《集韵》："楚两切，瓦石洗物也。"《辞海》："今吴俗磨擦其物，以去垢腻亦谓之碪。"

中秋节到了，芋艿、芋头上市了。某大学食堂也要让学生吃上时令菜蔬，承包者决定烀芋艿（江淮一带称芋苗子）给学生吃。几百斤芋艿刚从水田里取上来，满是沤泥。有经验的师傅便用一只大淘箩，里面放上几块瓦片、瓷片，将芋艿在水中用力碪，很快泥团、泥块就脱去了。食堂还准备了白砂糖；苏州、无锡、常州一带有用芋艿蘸酱油、醋、辣椒吃的习惯，食堂调配了一些作料。这一顿学生感到很满意。

小窦喜欢吃芋艿。奶奶每次将一二斤的芋艿放在淘箩里碪上一二十下，外面的泥就碪脱了，连表皮也碪去不少。奶奶告诉小窦，如果用手去刮芋艿皮，会使手痒得难受，奶奶的老手不怕痒，小孩会痒得要哭；如果放在火上烤烤就会不痒了。

春天到了，正是吃荸荠的季节。荸荠长在水田里，要赤脚或穿着长筒胶鞋下田罱，就好像冬天下田罱慈姑一样。刚罱上来的荸荠满是泥，如果要吃"风荸荠"，外面的泥不能去掉，用网兜装着放在风口吹；如果立即要吃，就要花些时间在水中细心洗掉沤泥。小窦看到奶奶买了二斤新鲜荸荠回来，赶忙放到淘箩里碪了起来，想给奶奶一个惊喜。当奶奶看到小窦正在碪荸荠时，连忙阻止道："呆伢子，芋艿能碪，荸荠不能碪啊！荸荠生得水嫩，一碪就受伤，摆到明天就坏了。"小窦又学到一个乖，有的东西能碪，有的东西不能碪。

奶奶还告诉小窦，长在水田里的慈姑就像树上结的栗子一样粉，所以又叫地栗；长老了的荸荠人们也称它为地栗，吃起来也粉。盛产荸荠的地方，将表皮削了制成罐头，两广人称马蹄。

慈姑的粉浆、荸荠的粉浆都是上等的勾芡材料。

树上结的栗子可以碪，地栗可不能碪。

啜一顿

啜，读chuò，一般有几种用法。《说文解字》："尝也。"《尔雅·释诂》："茹也。"茹即吃，有成语茹毛饮血。"经常见到的有"啜泣"一词，即抽噎，抽抽搭搭地哭。还有作为姓氏的，不常见。

某中学语文教研组几年来一直被学校评为先进集体。教研组共有20位老师，大部分老师责任心很强，一切为了学生，为了一切学生，决不放弃一个学生，既教书，又育人。尽管有的老师教学水平不高，但其很强的责任心赢得学生和家长的好评。有的老师教学水平高，口头表达能力很强，讲课时处处显现出扎实的基本功，潇洒自如，风趣幽默，对学生极具吸引力。学生们都喜欢听Z老师的课，普遍反映，一堂课不知不觉就下来了，既学到了知识，开拓了视野，又陶冶了情操，真是"高效课堂"。有的老师口头表达能力一般，但他们常常结合自己的教学写一些教学心得、教学杂感，甚至大块的理论文章，刊登在省内乃至全国一流的报刊上，有的还得了奖。还有几位老师既能讲，又能写。他们讲课生动活泼，注意读写结合、课内课外结合、理论与实践结合，深受学生们的欢迎。他们每年总要发表几篇有分量的文章，有的还被中国人民大学报刊资料复印中心选中。

每到年终，学校总要评选先进个人，并要向县、省选送代表。当了多年语文教研组组长的J老师每到此时就犯了愁。20位老师个个都有专长，个个都有不少优点，在他的心目中似乎每位老师都可以当先进个人。怎么办？坐在他旁边的H老师对他耳语道："何不来个轮流坐庄。"J老师莞尔，心领神会，但此事只能做，不能说，更不能向上级汇报。

年终语文教研组开会选举校先进个人，组长J老师首先发表意见：一年来某几位老师表现如何好，教学水平如何高，目前更重要的是要同升学率挂钩，他们所教的班升学率如何高，结果全组一致通过，某几位老师为校先进个人。第二年校先进个人又换了几位老师，有的则被推选到县里、省里。组长J老师的做法，全组老师都心知肚明，且人人拥护，但每年年终也形成了一个不成文的规矩，哪位老师当了校先进个人，得到了奖金不得私吞，必须请全组老师到他家啜一顿。一年辛苦下来了，大家欢聚一堂，其乐融融，来年再战，似乎也增添了全组和谐共进的氛围。

"啜一顿"有随意、轻松、自如的意思。不熟悉不了解的人是不会相互去"啜一顿"的。"啜一顿"的"啜"有人写成"撮"或"搓"了，那叫什么"啜"呢！

搭

搭，在现代汉语中有多种意思，如支、架、连接、凑上、加上、搭配、配合、乘、坐等；而在江淮方言中却有着较为特殊的意思和用法。

小涂是某车间的车工，迟到、早退是家常便饭；更不好的是染上了赌博的恶习，每个月的工资根本不够他的开销，于是就今天跟你借，明天跟他借。同车间的人有时在一起谈起小涂，都说，这个人不能搭。这里的"搭"是"理""靠"的意思。

小艾与小秦是某公司的文职工作人员，两人在同一办公室上班。小艾是有妇之夫，小秦是有夫之妇，二人年龄相仿，工作中你帮我，我助你，二人便产生了感情，有时不免眉来眼去。有一天接待外地宾客，一位同事竟然看到小艾与小秦从宾馆的一个房间里一齐出来。同办公室工作的人有时在一起议论："小艾同小秦搭上了，搭起来了。"这里的"搭"是指不正常、不正当的关系。

有时候同性之间或者异性之间，并非因为感情因素，而是为了某种利益而走在一起，在别人看来似乎是不全情理的事，也可用"搭上了""搭起来了"。

小冷性格内向，平时寡言少语，也不喜欢与人交往，下班就往家里蹲，是典型的宅男。他的妻子小聂，性格外向，快人快语，与同学、亲戚、朋友常在一起聚会，热情大方，有情有义，同事们当面就说他们："你们俩配得好哪，老天有眼，一块馒头搭块糕。"这里的"搭"就是"配"的意思。

小涂染上了赌博的恶习后，十赌九输，每次输了以后便想再赌，想把损失补回来，结果还是输；借钱赌，又是输；借不到了，就盗，结果因触犯法律被搭起来了。这里的"搭"就是"抓""逮"。

小宁因患荨麻症，浑身发痒，中医师关照要忌嘴，公鸡就不能吃。平时小宁最喜欢吃红烧鸡。一次同学生日聚会，看到别人大啃鸡块，他馋涎欲滴，很是嫉妒。服了一段时间中药以后，症状有好转，一天小宁妈妈又请教老中医，老中医说，鸡子可以吃了。妈妈特地请人到乡下集镇上买了一只地道的草鸡回来红烧。中午小宁放学回家，刚走进门，鼻子一嗅，情不自禁地说道："好香啊！"妈妈说："小宁今天搭住，问过医师可以吃鸡了。"小宁揭开锅盖拿了一只鸡腿啃了起来，又说了一遍："真香啊！"这里的"搭住"是得到了有益于自己的机会，有时还有"意外"的意思。

歹怪

小兰家住在G县东边的一个大镇上，父亲不识字，而且半聋半哑，开了个铁匠铺，每天叮叮当当地敲个不停。母亲也不识字，但识事、识理，养了三个儿女，夫妇俩决心培养他们，再穷也要让他们读书。小兰是个女孩，上面还有一个哥哥、一个姐姐。姊妹三人都先后在镇上的中学读书，哥哥、姐姐学习成绩都不错，初中毕业后就考上了省城的中专，毕业后在县城工作。

按照常理，根据小兰的生活环境、家庭教育环境、父母的文化教养，小兰是不会有多大出息的，但小兰却歹怪聪明，学习成绩从小学到初中、高中都名列前茅，歹怪好。她尤其喜欢语文，在小学就能熟背唐诗三百首，成为学校的小才女。高中毕业后考上了国内名牌大学中文系，后保送读该校的硕士，又直升读博士，现为全国某思想研究中心研究员，已经出了几本有分量的专著。

"歹怪"一词，在江淮官话中是非常、很的意思，但有与常理相悖、出乎意料的意味。如小兰非常聪明，学习成绩非常优秀，研究工作非常出色，而根据人们的习惯性思维，她的情况似乎是不应当这样的。

陶渊明是我国古代很负盛名的田园诗人，一向被誉为"隐逸诗人之宗"，他的清高人品也一直为后人极力称道。这位大诗人生了五个儿子，其智力、学力个个都歹怪差。他有首《叹儿诗》："虽有五男儿，总不好纸笔。阿舒已二八，懒惰故无匹。阿宣行志学，而不爱文术。雍端年十三，不识六与七。通子垂九龄，但觅梨与栗。天运苟如此，且进杯中物。"命该如此，陶渊明只好借酒浇愁了。有人说，陶渊明的五个儿子智力、学力之所以歹怪差，正是因为他平时酒喝多了，酒精中毒而影响下一代了。

出乎意料地非常好、优可以称"歹怪"；出乎意料地非常坏、差也可以称"歹怪"。在吴语中也有这种用法。南京话里的"歹怪"有怪癖的意思。

"歹"的本意是坏、恶，如为非作歹、不知好歹、歹人、歹毒等。

眈不到底

T村一三十多岁的女子在池塘边汰衣服，一不小心，趺下塘去，几个目击的女子连呼"救人，救人"，村里的男女老少都聚集在塘边。村里的青壮年都出外打工了，留守的都是些年老者与儿童，有几位老者水性不错，但他们知道，这个塘很陡、很深，是二三十年前村里办砖瓦厂取土而形成的，他们怕眈不到底，不敢贸然下水。

死者的丈夫在外打工，她的亲属商量打捞遗体的事。Y市是一个地级市，全市只有一个打捞公司，是私营的。亲属与打捞公司商量打捞费用。打捞公司的人员要1.5万元，而且款到才打捞；倘若打捞不到遗体，也要付5000元。双方讨价还价很久，这笔生意终究没有成交。

邻村有一位渔夫见此情状，按捺不住了，自告奋勇愿意打捞，请几个人帮忙，将小渔船抬入池塘，渔网坠入塘底，岸上的人用力拉网，经过两个多小时的撒、拉，溺死者的遗体被拉上岸了，死者的亲属一定要付给报酬，那渔夫分文不要，他说："这池塘深，我也眈不到底，只是抱着试试看的心理，看着众乡亲的眼神，我决心要将死者遗体拉上来。人生在世要积德行善啊！"

一些新闻媒体报道了这件事，将眈不到底的"眈"写成"探"或"担"了。

眈不到底的"眈"，垂目注视貌，即眼睛向下注意看的样子。《易·颐》："虎视眈眈，其欲逐逐。"眈眈，雄视、威视貌。蒲松龄《聊斋志异·胡四姐》："女笑曰：'眈眈视妾何为？'"眈眈，注视貌。

南京、镇江、扬州、泰州一带人们会常说，这件事可以眈到底，或者说，这件事眈不到底，不敢大胆行事。这里的"眈到底"与"眈不到底"又是另外一种意思了。

世间的事纷纭复杂，万象丛生，有的眈到底，有的眈不到底。眈到底的事，要做；眈不到底的事，有时也要去做，可以摸着石头过河。去做眈到底的事，会成功；去做眈不到底的事，有时也会成功，那就要看你的胆识、智慧和运气了。

得福不觉

小罗今年上高一了，父亲、母亲在外地上班，他一直跟奶奶在一起生活。奶奶对他的起居、饮食等方面照顾得周到、地道。小罗从小就喜欢挑食，口味也较淡。尽管每天中午的菜肴奶奶总是设法变换着花样，但小罗有时还是不满意，不是说这菜不好吃，就是嫌那菜咸了，只要小罗一说，奶奶就改正。一个星期天的午饭后，奶奶对小罗说："伢子，还有两年你就要到外地上大学了，学校食堂的伙食不像在家里这样如意，一个人不能得福不觉啊！"小罗很明白奶奶的意思，从此就尽量克制自己，不管奶奶做的菜口味怎样，他都高兴地吃着，奶奶在一旁也暗自为这孙子高兴。

江淮一带常说的"得福不觉"就是身在福中不知福的意思。

方言是地方文化的重要载体，任何一种方言都有其独特的个性、独特的味道、独特的审美，每一种方言都不能被另一种方言所代替。我们在大力提倡讲普通话的同时，也应当保护、研究每一种方言。

大儒架子

江淮一带称大摇大摆地迈着官步、目不斜视、不顾他人的感受、不拘小节、自行其是者为"大儒架子"。卢老师平时走路总是大摇大摆，处事大大咧咧、不拘小节，对于别人的指指画画、背后议论全然不顾，似乎符合江淮一带人称"大儒架子"的要素。

"儒"原泛指术士，后指知礼、乐、射、御、术、数以"教民"的知识分子，到孔子自称为"儒"，而成为"祖述尧舜，宪章文武，宗师仲尼，以重其言"的一派学者的专称。江淮一带说"大儒架子"的"儒"，即是学者；"大儒"就是"大学者"。在中国人的传统印象中，凡大儒似乎总应该有其与众不同而特别的地方，其风度、气派、气势总应该超过一般人，这是出于对"儒"的尊重。身为大儒，其言行果真有其架子，而被江淮人称为"大儒架子"者，一般总带有贬义的。

有的人走起路来天生的大摇大摆、一摇二摆，一副大儒的架子，但接之也温，处之也和，同事对其"架子"并不以为然，有的青年教师在茶余酒后还谈起了"黔之驴"的故事。

扚

扚，读dǐ，音"的"。《广韵》："都历切。"《集韵》："丁历切，引也。"《说文》："疾击也。"

白先生三十多岁时就生了几根白发，按照中国传统的理念，头生白发是生命衰老的标志之一。因此平时一闲下来，就叫他十来岁的儿子将白发一根根扚掉。白先生的儿子也很乐意做这种事，他细心、认真地将爸爸头上的白发一根根地扚下，一根根地聚集在一起，几个月下来竟有一小把。白先生的儿子已是初中二年级的学生，这时，他会将聚集起来的白发高高地举起，好像是猎获的战利品一样，对白先生大声朗诵道："多情应笑我，早生华发！"父子二人大笑。

过了几年，白先生的儿子上了大学，白先生头上的白发愈来愈多，已经扚不胜扚。放假时，儿子见到爸爸头上日渐其多的白发，对爸爸说："爸爸，白头发还扚不扚？"白先生答道："要扚，头上一半的头发都要扚掉了，那怎么行！"儿子笑道："一半黑发，一半白发，古人称作'二毛'，那是成熟的标志。"白先生点头莞尔，心想：儿子真善解人意。

白先生五十多岁时，头发几乎全白了，此时儿子已经在外地工作，偶尔回家一次，见到爸爸满头白发，便说："爸爸我称您为华颠（颠，青头也）先生，真美啊！现在有些青年人特地将满头黑发染成满头白发，打扮成华颠，看上去总不大自然。我的爸爸是天生的华颠，天然去雕饰，真是至纯、至洁、至美。"父子二人相视良久，大笑。

白先生的儿子因为较长时间在外，每年只有春节时才能回家一次，他从小就喜欢吃妈妈做的红烧肉。妈妈做的红烧肉，肥而不腻，色泽酱红，油光光的，看上去十分诱人。可妈妈这次买的一块两斤多重的五花肉肉皮上有不少的猪毛，妈妈用镊子一根一根地慢慢地扚，尽管有些麻烦，但想到儿子吃到她做的红烧肉时的那种得意忘形的神色，她仍然面带微笑地一根一根地扚着，这就是中国的母爱，伟大的母爱！

白先生平时不喜欢剃胡子，闲暇时喜欢用随身带的小镊子扚胡子。扚的本义是"疾击"。疾者快也，扚胡子时必须快速用力一击，胡须就下来了，否则要扚上几次才行。

褙衣裳

地处江淮的 G 县是全国有名的服装业大县，全县有大大小小的服装厂近百家；有的专营外贸，几家大的羽绒服服装厂有自己的品牌，在全国都有点名气。有的为外商做来料加工业务，有的做国内品牌服装，有的小厂则在大厂翼下为其配套服务。大大小小的服装厂总计需要工人近十万，于是形成了用工荒。

缝纫工又称机工，当地人则称作褙缝纫机的，或叫作褙工。"褙缝纫机"这一词组是有毛病的，正如老百姓约定俗成说什么"吃食堂""挖大锹"一样。一个服装厂褙工尤其重要，褙工紧缺，工厂就难开门了。一些厂家大做广告，开出了一些诱人的优惠条件，如录用者可配一部电力助动车，等等；即使这样，在本地仍然招不足员工。于是，派员到经济欠发达地区募工。好不容易招收到一些，而有的人才做了一两月就又换待遇更好的厂家了。

如今，褙缝纫机的紧缺，褙缝纫机的吃香，但很辛苦。

褙，《说文解字》："从衣，督声，读若督。衣躬缝。""衣躬缝"即衣之中背也。这个字在宋代的《广韵》《集韵》中均收入。后来将裁布缝制衣服均称为"褙"。

《说文解字》是东汉许慎编撰的我国第一部以六书理论系统地分析字形、解释字义的字典，共收9353个篆文，距今近两千年矣。近两千年前，缝制衣服就叫作"褙"。而今镇江、扬州、泰州、盐城、淮安等地只有用缝纫机缝制衣服才能叫作"褙衣裳"，而手工制作呢，不叫"褙"，只能叫作"缝""做"。近两千年前的东汉，还没有缝纫机，那时手工做衣服叫"褙"，也叫"缝"。

汉语的词义在历史的长河中随着社会的发展也在不断地发生变化，有的词义在扩大，有的词义在缩小，有的词义在新生。

脸，古之本义为颊，今即脸拐子。唐杜牧诗《冬至日寄小侄阿宜》："头圆筋骨紧，两脸明且光。"脸即颊。随着时间的推移，"脸"的含义在扩大。当今人将整个面部称作"脸"，洗脸即洗整个面部，而不只是洗脸拐子了。北方称门面房为"门脸"。

爪牙，本义指猛禽、猛兽用来攻击、防御的武器，古代引用为武臣（见《诗经》《国语》），又引申为得力的助手、亲信、党羽（见《史记》），及供驱使的人才（见《南史》）。当今的"爪牙"是用来比喻坏人的党羽，完全成了贬义词。

褡，其含义在缩小，而且是专指了。随着社会不断的发展变化，人民的生活水平也在不断地提高。从城市到农村，自家褡衣裳的越来越少了。逢年过节，一家人到商场里选上几件新衣服，方便、合身、美观，何必自己去买布褡衣裳呢！

褡，一般字典辞书及《辞海》《辞源》均未收入，人们的口头语言却常用到它。

墩

马先生与吉女士结婚已经四十年了，总体上说日子过得还算和合。一个儿子已经成家，在外地工作。如今二人都已退休，一个家庭成了二人世界。马先生是慢性子，凡事不着急；吉女士是快性子，脾气有些急躁。二人在家常常为些鸡毛蒜皮的事情磕磕绊绊。

一天，吉女士打扫客厅，茶几上放着儿子特地网购的两只玻璃保温杯，她一不小心碰坏了一只，嗔怪地说："是哪一个把保温杯墩在这块的喳，家里地方那么大，怎么墩在这块的呢！"马先生见此情状，赶忙上前，一边将保温杯拾起，一边说道："唉，对不起，对不起，是我墩的，是我墩的，怎么墩在这个地方的呢，昏大头嘞！"吉女士心知肚明，明明是她自己墩的，杯子打坏了，是自己的责任，丈夫却是这样诙谐地宽容、自责，一场小小的磕绊在幽默的气氛中化解了。在日常生活中我们常常会遇到下列情况：杯子明明是你墩的，还怪人呢！我杯子墩错了，你做什么的！整天晃大膀子，从不打扫……二人斗起来甚至越说越深，越说越远，没完没了，二人世界谁来调解呢！所以胡适先生说过："宽容比自由重要。"

墩，读 dūn，本意是平地上一个堆状物。晋郭璞《尔雅注》："江东呼堆为墩，如地名东墩、东角墩、三墩等。"由本意而衍生出另外一个意思，即在平面的地上、桌面上放一个物件也叫"墩"。管桦《清风店》二："曹克星看看女儿的脸色，看看妻子的脸色，突然把粥碗一墩，哗啦一声，把筷子摔在桌子上。"有的词典注释"墩"的意思时，认为重重地放才叫"墩"；而在江淮一带，在平地上、桌面上等处重放、轻放物体都叫"墩"。

墩，江淮一带作动词用时，读第四声，音同当地的"邓"。

炪

炪，读 dú，扬州、泰州、盐城、镇江、南京、上海、杭州等地读音与"夺"相同或相似，小火慢煮也。

小窦十三岁，已经读初二了。他从小就喜欢吃奶奶做的一道菜：黄豆芽子炪豆腐，鲜、脆、嫩。奶奶每星期总要做一两次给小窦吃。前些时报刊上登载，有不法商家用有毒化学药品催发豆芽。奶奶退休前是县里一位小有名气的小学老师，她想，为了安全起见，与其在菜场上买黄豆芽，不如自己动手做。她在网上查到浙江某地有豆芽机卖，很快买回，自己发豆芽了，而且一次成功。奶奶与小窦都很高兴。小窦看了有关吃豆芽的好处的资料，告诉奶奶："黄豆做成黄豆芽就会产生几种酶，可以抗氧化，对人体很有好处。"小窦在第一次吃到奶奶动手做的黄豆芽子炪豆腐时心情特别好，一边吃，一边笑嘻嘻地给奶奶出了一道题："对这道菜能用两句古诗将它表现出来。"奶奶想了很久，答不上来。小窦用启发式了：这是曹植写的七步诗中的两句。奶奶恍然大悟，以朗诵的语调道："本是同根生，相煎何太急。"小窦竖起大拇指："奶奶真行！豆腐、豆芽都是黄豆做的，本是同根生嘛！黄豆芽子烀豆腐就是'相煎何太急'了；不过，原诗的'相煎'是指'煮豆燃豆萁'。"祖孙俩哈哈大笑。

每逢星期天奶奶总要做鲫鱼豆腐汤给小窦吃。野生鲫鱼用油煸一下，加开水烧汤，放豆腐烧开以后就用文火烀了。约二十分钟后，雪白如奶汁的鲫鱼豆腐汤就好了。奶奶告诉小窦："人们常说，'鱼烀千滚'，尤其是野生鱼，烀千滚也不会烂。"清代大学者、美食家袁枚在《随园食单》中写道："有味使之出，无味使之入。"文火烀鲫鱼汤，鱼的鲜味就慢慢渗出来了；而豆腐呢，本没有什么味，鱼汤的鲜味渐渐浸入了，豆腐的味道也就鲜美了。小窦忽然想起来了，高邮的大作家汪曾祺先生看过《随园食单》中的这段话，他学着汪老的语气说道："这家伙真会吃！"

小窦原先有一个不好的饮食习惯，喜欢吃烫粥，喝烫汤。鱼汤烀烀盛上桌，他就迫不及待地喝上几大口，喝得"味溜味溜"的，满头大汗，还是赶忙再多喝几口。奶奶提醒道："不能吃烫粥，喝烫汤，特别是烀烀的刚上桌的菜，不能立即吃，那样会刺激消化道，久而久之会发生不好的变化。"小窦记住了奶奶的话，从此，再也不喝烀烀的汤了。

烀，扬州、泰州、淮安、盐城、苏州、上海、杭州等地都会用到这个字，如评弹《大红袍·怒碰粮船》中"啥叫笋烀肉"，杭州话有"烀蹄髈"等。

疲

小范十岁，上三年级，喜爱运动，学校的篮球队、乒乓球队他都参加，而学习成绩一直处于上游。他的奶奶是一位优秀的小学教师，从一年级起，奶奶就告诫他："上课一定要认真听讲，思想不能开小差；如果有一点不懂，也决不能放过，课后请教老师，学问，学问，要学好，就要会问。"奶奶还督促他，在老师讲授新课之前，要预习，课本中的难点、疑点，在听了老师的讲授以后就会豁然开朗、印象深刻了。小范每天的活动量不小，因此，食量也不小。由于运动，身体倒也长得匀称。

一天，放晚学了，奶奶早已为他准备好了晚餐，卷心菜炒肉片、番茄蛋汤是小范喜爱吃的，还有一碗面条。按照往常的习惯，他很快就会吃完了，可这天吃吃停停，停停吃吃，奶奶问他哪里不舒服，小范告诉奶奶："饭菜吃下去，不顺畅，而且不停地有向上疲的感觉。"凭经验，奶奶说："你昨天夜里睡觉时又打被了，受凉了。"奶奶准备的饭菜，小范只吃了一半，就不吃了。睡觉前，奶奶用生姜、葱白、红糖熬了一碗茶，小范喝下去不久就出汗了。小范躺下，奶奶用手在他肚子上来回抹揉，小范在奶奶的慰抚中进入梦乡了。

疲，读fàn（范）。《广韵》："方万切。"范寅《越谚》："心疲，恶心欲吐。"

小范与同学小陶放晚学后，沿着小河快跑回家，小陶突然看见漂在河边的一个黑色不明物，二人停下来，用树枝将那东西翻来覆去一看，原来是一只死小猪。小范说："这太不应该了，怎么能将死小猪扔在河里污染环境呢！"小陶赶忙回家拿了一把锹，在河边挖了一个坑，二人将死小猪捞了上岸，小范直捂着鼻子。原来小猪已腐臭，小范闻到腐臭味，心里又疲起来了，二人将死小猪刚放进土坑，小范就要呕吐了。小陶急忙按着小范的内关穴（在手腕横纹上2寸、约四个指头的地方），不一会儿，小范好多了，不想吐了，脸上露出了微笑，想不到小陶还有这一手。原来小陶的父亲是镇卫生院的一位医生，懂针灸，有时爸爸给人治病，他在一旁认真听，其间耳濡目染，也懂得了一些医药常识，想不到今天竟然用上了，脸上露出了得意的神色。

杲昃·釜冠

在镇江、扬州等地的方言中没有卷舌音，泰州、南通一带，只有泰兴话有卷舌音，而且"杲昃"一词，泰兴人会经常说到的，看到新奇的东西便问："这是什么杲昃？"意即：这是什么东西？"东西"怎么说成"杲昃"呢？

杲，会意字，太阳出来了，在树木之上，明亮貌。《诗经·卫风·伯兮》："其雨其雨，杲杲出日。"刘勰《文心雕龙·物色》："杲杲为出日之容，瀌瀌拟雨雪之状。"日出东方，"杲"代表"东"。

"昃"指太阳西斜。《汉书·董仲舒传》："周文王至于日昃不暇食，而宇内亦治。""昃"代表"西"。杲昃即东西，但其运用范围不及"东西"大。

杲昃，以太阳出来、落下的方向为标志而组成的词，古意浓浓，诗意郁郁。

"杲昃"如果写成"稿子"什么的，不仅让人不明其意，而且会使人大为扫兴。

釜，指锅，没有脚的锅。《诗经·召南·采苹》："于以湘之，维锜及釜。"古代有足的锅叫锜，无足的锅叫釜。至今一些成语中还用到"釜"，如"釜底抽薪""破釜沉舟"。曹植的《七步诗》中"煮豆燃豆萁，豆在釜中泣，本是同根生，相煎何太急"的诗句，小学生也会背诵的。

泰州市区、姜堰一带称"锅盖"为"釜冠"。"釜冠"即是给锅加了顶帽子，太形象、太生动了，太文、太雅了。当今几乎没有一个别的地方的人知道这个词的含义，这个词的存在大约已有两千年的历史了，这是一个城市历史悠久的印证。

"杲昃"一词，四海之内只有泰兴人说到、用到；"釜冠"一词，九州大地只有泰州、姜堰人说到、用到，它们都是语言的活化石。

随着时间的推移，随着社会的发展、进步，有的词语消失了，有的词义变迁了，缩小了，新的词语、词义产生了，而"杲昃""釜冠"却能穿越历史的时间隧道，一直为人们所沿用，中华民族优秀传统文化的强大生命力由此可见一斑。

概饭·概菜

概，原为平斗斛，后有从容器中减去一部分或是刮平容器中隆起的部分的意思。《管子·枢言》："釜鼓满则人概之，人满则天概之。"今江淮方言中将多余的量减去的动作叫"概"。在镇江、扬州、泰州等地，这一特定动作的"概"，读作"该"。饭盛多了，吃不下，概掉一些；菜盛多了，概掉一些。在一些国家吃自助餐时吃多少，盛多少，估计自己吃不下，要在未吃时就概掉，否则，吃剩了，是要受罚的。

小庞今年十二岁，体重已达75公斤，在学校人称"小胖子"。一天老师讲了一个故事，曾经有人用三只小白鼠做实验，第一只给它尽量吃高脂肪、高蛋白的食物；第二只营养搭配均衡，但尽量让它多吃；第三只营养搭配合理，每顿只让它吃七分饱。三个月后第一只小白鼠得病死了，不久，第二只也死了，第三只寿命最长。奶奶为了小庞的健康，每顿给他盛的饭总要概掉三分之一，三个月下来，小庞的体重减了15公斤，走起路来也轻松精神多了。

概，一般情况下读"盖"音，如大概、气概等。

佮

F大学毕业了，他不愿回家乡工作，决定留在北京，成为"北漂"一族。同窗4年的好友各奔东西，各寻前程，他离开了学校宿舍，自找出租房，有的离市区太远，有的条件太差，有的租价太高，最终选租了一处，是一套近60平方米的单元房，被隔成9个单室，晚上躺下，脚头放一台电视机或一台手提电脑，真的成了"蜗居""蚁居"。卫生间与厨房是佮用的。

佮，读 gé，《集韵·合韵》："葛合切。"《说文解字》："合也。"《辞源》《辞海》均未收这个字，而它却活跃在江淮一带的方言中，有共同、共有、共用的意思。此字扬州人读 gē，高邮一带的人读成 geī，正好与当地的"割"的音同。

一个小西瓜，两个人共同吃，叫佮吃。按照民俗，两个人是不能共同吃一个梨的，佮吃就是分梨，谐音就要分离，不吉利。现在的青年人不管这一套，年纪大的却不会分梨吃。

一台电脑，两个人共用，叫佮用。

十几年前汪曾祺跟我讲了一个笑话。有两个苏州姑娘到四川成都去旅游。成都的小吃是很有名的，品种众多，风味独特，"赖汤圆"店的汤圆不能不吃，虽然苏州的汤圆也是别具特色的。"赖汤圆"汤圆的馅心很多，有黑芝麻、豆沙、核桃仁、荠菜、雪菜肉丝等。这两位姑娘在成都已经游玩了大半天，成都人无菜不辣，无辣不成席，而她们最怕辣。一进门就对服务员说："每人来4只汤圆。"并边说边摇手说："不要放辣椒！不要放辣椒！"服务员笑了笑答道："我们这里没有放辣椒的汤圆。""赖汤圆"的大师傅当然知道，糯米汤圆与辣椒放在一起吃，用江淮方言的话说是"不佮家"的。"不佮家"是不能合在一起的意思。某种菜与某种菜不能放在一起烧煮的，倘放在一起做，菜味不是相互配合、相得益彰，而是互相干扰，相互串味，成了难以入口的怪味。

高邮一带，有人新创一道菜叫"昂嗤鱼烧臭豆腐干"。昂嗤鱼学名叫黄颡鱼，常州一带称昂公，常州有一道家常菜叫"昂公燉蛋"，一条不大的昂公横在大盘中间，周围全是蒸熟的蛋，色、香、味俱佳。"昂嗤鱼烧臭豆腐干"中的臭豆腐干的臭味已将昂嗤鱼的鲜味抢占、化解得全无，二者放在一起烧是不佮家的。

菜肴需要创新，需要在继承传统基础上的创新。菜肴的创新应当注重大众的口味，要能被大众接受。不受大众欢迎的创新菜是禁不起时间检验的。

鬼

鬼是什么?《说文解字》:"人所归为鬼。"《礼记·祭义》:"众生必死,死必归土,此之谓鬼。"当今有人说,鬼就是魂灵。有没有魂灵? 二十多年前,有个英国科学家宣布,人死了之后,魂灵出窍,一个人的魂灵约有五克重。中国人有招魂、祭祀的习俗,那是为了亡灵安息,为了慎终追远,为了不忘根本,这与迷信无关。有的地方"闹鬼",那是人闹的,谁见过鬼!

随着社会的发展,"鬼"可以组成不少的词语,如:鬼把戏、鬼点子、鬼才、鬼鬼祟祟、鬼使神差、鬼斧神工、酒鬼、烟鬼、鬼雄等等,而在江淮方言中有几个词的意思却是少有的。

在江淮方言中,还有"鬼坏""鬼聪明""鬼马刀"等词语。"鬼坏""鬼聪明"中的"鬼"有机灵的意思,不完全是贬义词。"这个人有点鬼马刀呢!"是说这个人有点小本领、小计谋,也不完全是赞美的意思。

有人说了些虚幻的、莫须有的事情,听者中的调皮鬼会大声说:"你活见大头鬼喽!"

还有人姓"鬼"。

郭道五

江淮一带,常常听人说:"这玩的什么关脉三!"一般地会有人接着说:"这里面一定有什么郭道五!"在拙著《江淮方言趣话》中,对"关脉三"已做了阐述,"郭道五"呢?

郭道五与郭太有关。《后汉书》有郭太传。

郭太字林宗,太原界休人,幼从名师学,博通典籍,善谈论,美音制。

游京城洛阳，洛阳的最高长官李膺以为他是难得的奇人，于是视为好友，名震京师。郭太归乡里时，众多儒生衣冠整齐地送他上船，河边停车数千辆，郭太与李膺同舟而济，众宾朋把他们看作神仙。

朝廷征召郭太，不应。他性明知人，喜奖训读书人，身长八尺，容貌魁伟，宽衣长带，周游郡国，一日遇雨，将头巾一角遮头，时人皆仿效之，并称之为"林宗巾"。由此可见当时的读书人对郭太的追捧。中国有追星一族，久矣。

汝南人范滂，为人清正、敦厚、质朴、谦逊、节俭，文武双全，亦当时之达官贵人也。有人问范滂，郭林宗是一个什么样的人，为什么有这么高的威望，其中到底有什么名堂。范滂回答：郭林宗这个人，"隐不违亲，贞不绝俗，天子不得臣，诸侯不得友"。

郭林宗四十二岁时在家病故，弟子上千人来吊唁，同志为其立碑，请当时的大文人、大名人蔡邕写墓志铭。蔡邕对人说他写的墓志铭多了，为他人写的多赞美之词，那些铭文他们是受之有愧的，"唯郭有道无愧色耳"。蔡邕称郭太（林宗）为"有道"。郭太的"道"究竟有哪些呢？前面范滂已经为他总结过，"郭道"有：隐居而不违双亲意，保持操守而不与世俗隔绝，不去朝廷做官，不攀附达官显贵。《后汉书》的撰著者范晔又说郭太"遭母忧，有至孝称"，"虽善人伦，而不为危言核论"，即很懂得封建礼教所规定的人与人之间特别是长幼尊卑之间的关系。政治黑暗了，自己行为端正，说话小心谨慎，对时政不做深刻评论。郭太的"道"是符合那个时代的伦理道德标准的。《论语·宪问》："邦有道，危言危行；邦无道，危言言孙。"郭太"善为人伦"，对朝廷的事从不做深刻评论，只是"闭门教授，弟子以千数"。"宦官擅政而不能伤也"，故得以善终。

郭太有"道"，守"道"，他值得人们效法的"道"着实不少，于是有人取概数"五"来概括他的"道"，"郭道五"就成为一个专有的名词了，就成为"名堂""奥秘"的代名词了；扬州、高邮一带，"郭道五"有时还与"玩意头"意思相近。

貉子

二十世纪五十年代初，高邮城北门外城墙下的护城河边，一到秋天常常停靠着一些从泰州、海安、如皋等地来的船只，船主一般穿着较长的青布鱼裙，剃着一种怪式样的头，头的前半都剃得光光，后半部却留着较长的头发，他们沿街叫卖着当地的特产："紫萝卜咯——""鸡爪子哪——"紫萝卜有银圆般大，紫黑色，用篾扦子串着，一串有四五个。鸡爪子外呈栗色，去皮，里为金黄色，长得像鸡爪形，味甘甜，是树上结的，一把一把的扎着。儿童们一般都喜欢吃紫萝卜，尤其是鸡爪子，价钱也不高。大概是因为卖主的服饰和打扮得怪异吧，一般的市民都称他们为"下河貉子"。

貉，读hé，野兽名，毛棕灰色，耳小，嘴尖，昼伏夜出，捕食虫类，皮很珍贵。有成语一丘之貉，意思是彼此相似，没什么差别，指坏人。

南朝文学家刘义庆的《世说新语·惑溺第三十五》："孙秀降晋，晋武帝厚存宠之，妻以姨妹蒯氏，室家甚笃。妻尝妒，乃骂秀为'貉子'。"《三国志·蜀志·关羽传》引《典略》："羽骂孙权为貉子"。章炳麟《新方言二》："《说文》：貉，北方种。今江南运河而东，相轻贱则呼貉子。"从以上的几节文字中可以得知，"貉子"这个词大约在汉代就出现、使用了，是骂人的词。章炳麟是鲁迅的老师，国学大师，他研究出在运河之东，对于轻视、瞧不起的人则呼之为"貉子"，可能在高邮一带最初用此词的人错将"貉"字读成"络"音，而至今"下河貉子"的"貉"，仍然读成"络"音了。其实，"貉子"是詈人之词，通用范围较广。

已经逝世的天津大学副校长张国政先生在二十世纪八十年代末曾经回故乡办过一次书画展，在他的书画作品中均盖着一颗闲章曰"里下河人"，可见他是以里下河人为荣的。

里下河地域的范围是：江苏淮河故道以南，长江以北，通扬大运河以东，范公堤以西，这一大片土地都被称为里下河。高邮的境域也处在里下河范围之内,高邮人再也不能说别人是"下河貉子"了,当然也不能以"貉子"一词来叫别的地方的人,这是一个不文明的骂人的词啊!貉是近似狐狸的小动物,骂人是貉子,等于骂人是畜生啊!不过这是古骂,已有两千多年的历史了。

赑

赑,《广韵》:"胡道切,贪财貌。"《广韵》的注音为hòu,第四声,而镇江、扬州、泰州一带读成第三声,音同"吼"。著名学者杨树达《长沙方言考·赑赊》:"今长沙谓多以物入己曰赑,又曰赊。"长沙话里也有"赑"的用法,江淮一带却无"赊"的用法。

扬州一带有时会说:"这个人穷赑。"其实,有的人虽穷,但不赑;而有的人虽富,但仍赑。一个人赑与不赑,是由他的价值观、道德观所决定的。一个人赑了,他的良知善性就被蒙蔽了,甚至泯灭了。

江淮一带还称一个人的贪吃为赑,如:"某人穷赑赑的。"

小吴是某公司的办事员,公司的接待宴会他一般不参加,有时参加了,长幼有序,彬彬有礼,少讲话,少动筷。他爷爷常跟他说:"一个人在饭桌上宁生穷命,不要生穷相。"爷爷的教诲他记住了,做到了。戚科长几乎每天参加公司的接待宴会,吃相、吃品实在不敢恭维。一道菜上来,撮起又放下,放下又撮起,大块大块吃菜,大口大口喝酒,似旁若无人,有时弄得客人很尴尬;一起参加接待的其他人员私下议论道:"戚科长的赑相好像三天没有吃饭似的。"有人同他说过几次,他自我调侃道:"戚科长本姓'吃'嘛!"

家数

黄瓜是不少人喜欢吃的绿色蔬果，它有大量的维生素和胶质等，对人体很有益处。对于要减肥的人，每天吃上两根，可以填饱肚子消除饥饿感，但吃多了会嘈人。有的人切上几片再蘸点蜂蜜在脸上擦擦，可以祛斑、美容。

平时，市场上卖的一些黄瓜大多是大篷里长的，其顶端带有一朵黄色小花，卖者以为这样可以显示出黄瓜的新鲜、原生态。其实这正证明它是用过激素的，吃多了对人体有害；需要吃时，可去皮。

春天，菜场里有本地的黄瓜卖，中秋节后，偶尔见到本地长的迟黄瓜。某日，在路边见到老妪篮子里有几十根黄瓜，很是高兴。老妪指着篮子说："这些是迟黄瓜，今儿个拉藤了，你不要看它长得不上家数，味道好哪！"我拿了几根看看，有的弯如钩，有的绕了几道弯，有的大头小尾，很少有笔直的或粗瘦一致的，真的是不上家数。买了几根回家，味道的确不错。

老妪所说的"不上家数"的"家数"，在江淮一带有规则、规矩、规律、规范、法则、情理等意思。

"家数"还有家法传说、流派风格、技法手段等意思。

架势

G县的和乐社区"建设和谐社区"的工作开展得既轰轰烈烈，又扎扎实实，远近闻名。最近省老干部局、民政厅要在全省命名一批和谐社区，G县的和乐社区被提名。

省检查验收组一个月后即来检查验收。和乐社区同县老干部局是挂钩联络单位，社区主任同局长是老熟人了，一见面主任就对局长说："这次来，是请你们架架势的，在省检查验收组到来之前，请贵局组织一些老同志搞一次'建设和谐社区'书画展。"局长说："笃定，一句话，这个势一定要架！"局长将这一任务下达给县老干部书画研究会。该会的秘书长特地到和乐社区的展览室察看，可以布置展出60幅书画。秘书长请了几位书画家认真进行了商讨，围绕"和谐"这一主题，请几十位书画家创作了书法、国画作品六十多幅，又统一装裱。

书法作品有真、草、隶、篆，国画作品有人物、山水、花鸟等，内容则以24字的社会主义核心价值观为中心，即富强、民主、文明、和谐，自由、平等、公正、法治，爱国、敬业、诚信、友善，还有《周易》《尚书》《论语》《孟子》《荀子》等格言、名句。

省检查验收组的同志来到和乐社区的书画展览室，被六十多幅书画作品所渲染形成的中华民族优秀传统美德的文化氛围所感染，他们在室内流连忘返，赞不绝口。

检查验收组的同志听了社区主任的汇报，又看了几处现场，在交流检查验收意见时，所有成员都认为，和乐社区的"建设和谐社区"的工作务实创新，有板有眼，有声有色，深入人心，已见成效；特别提到书画作品展很有特色，使人耳目一新。大家认为，和乐社区是符合既定要求的合格的和谐社区。

事后，和乐社区主任又到县老干部局对局长及书画研究会秘书长动情地说："这次省检查验收组来检查验收，你们及多位老干部真的是架势了。"局长说："我们给你们架势，你们也给我们老干部工作架势了，架势是相互的，我架你势，你架我势，人架人势，我们的事业就兴旺发达了。"

架势，江淮方言，也可以说成"架架势""架个势"，指人际间因友善、尊重而帮忙。现在一些城市时兴用老土灶烧菜，在灶膛里烧树枝、木材，必须将其相互架起来，火势才旺，这与人与人之间友爱相处、相互架势一个道理。

架势，在普通话里还有两个意思：一指姿势、姿态，如：摆开架势，走路姿态；二指势头、形势，如，看他的病的架势会好的；今春这架势，雨水少不了。

尖

"尖"在造字法中属会意字，一根本棒由大到小为"尖"，有尖锐意，由此而生出多义，眼、耳、鼻灵敏为"尖"，声音高而细为"尖"，出类拔萃的人或物品为"尖子"等等。

在江淮方言中，"尖"还有些不一般的意思。

小秦上小学二年级，遇到了个好班主任郝老师。郝老师教学认真，教育有方，还定期家访，将学生在学校的情况与家长交流，以使家长协同学校教育，使学生健康茁壮成长。一天，郝老师来到小秦家，小秦的父母在深圳打工，奶奶在家。郝老师说："秦奶奶，你的孙子小秦尖哪，吃字哪，学习尖心哪，就是有点调皮，但是不捣蛋。"秦奶奶的脸上乐开了花，说道："我家小秦在家也是个好孩子，有空就帮助我做事，给菜浇水，给鸡喂食，饭碗自己洗，对我也孝敬，请老师多费点神，加强教育噢。"郝老师所说的"尖"即聪明的意思，还有的人说成"尖聪"，遇到什么难的问题，凭着自己的一股"尖"劲，就能把问题钻透。郝老师所说的"吃字"，也是江淮方言，老师教小秦什么字，只要一遍，他就记住了，如同吃什么东西一样，下肚了，刻在板油上了，永远不会忘记。"尖心"就是用心、用功。

在公司里几乎人人都知道小刁很聪明，但处理问题时常常先替自己打算，一事当前，总设法使自己不吃亏，打自己的小算盘，而不顾别人的感受和利益。有一次他同朋友谈起张学良将军。张学良活到一百零三岁，有记者采访他："你这一生感到最重要的人生信条是什么？"张学良答道："为人之道，忠恕而已；己所不欲，勿施于人。"小刁对张学良的人生信条记得很清楚，可是践行起来就不一样了，他所不欲的有时也会施于人。同他一起工作的人背后议论道："小刁太尖了，与他相处要入点神。"这里的"尖"有过分精明的意思，或者是"精"而不"明"的意思。这人很精，本来是长处，但不明事理的"精"就令人防备而嫌恶了。因此，背后有人称小刁为"尖头棒子"。

小刁的长相嘴凸向前，说话真的也"尖"，这个"尖"是口无遮栏、不留情面、尖刁、尖酸、刻薄、刺人、损人，但不利己。同事小吴生了个女儿，女儿过周时请同事们宴聚，表示庆贺，同事们看到小吴的女儿白白的、胖胖的，两眼炯炯有神，都夸这小孩标致，长大了是个美女，小刁在一旁说道："女孩生得太好看了也不一定是好事噢！"弄得同事们无奈地相视。鲁迅先生有篇文章写过，一个小孩过周，亲友们都来祝贺，大多数人都祝福那小孩"长命百岁""百岁遐龄"，唯有一人说："这小孩会死的。"这人说的话不错，人一生下来就是走向死亡，但在那种场合下说那样的话实在是不合情理，大煞风景。说话、写文章都要看语境啊，那人说的是真话，但有的真话要看对象、场合、时间才能说啊，否则就会被人说"二""半""欠"了。

在中华姓氏中，有"尖"姓。

楸牙子

正确的刷牙方法是用牙刷上下移动地刷，有卫生常识的青年人常常是这样地刷，但有时起身晚了，为了节省时间，便用牙刷左右移动地横刷一气，也不管对牙龈有什么伤害了；有时用力过猛，速度过快，牙刷头捣伤牙龈的事也会发生，隔一段时间伤口才能愈合。

不正确的刷牙方法往往会伤害牙龈，牙与牙之间的缝隙会愈来愈大，吃瘦肉、吃蔬菜什么的就会楸在牙缝里，于是便在饭后用牙签剔除楸在牙缝里的东西，牙缝就更大了，形成了不良循环，影响整体牙的健康。

吃瘦肉、吃蔬菜等粗纤维的食物会楸牙，在江淮一带，还有人会说："我倒霉时喝白开水也会楸牙。"这是比喻一个人日子过得不顺当。

楸，读kā，紧夹、紧塞也。楸，这是一个会意字，在两根木头之间硬塞进一块石头。

京江䭔

䭔，《集韵》说是一种"饼类食品。"清人唐甄《潜书·五形》中写道："人怀干䭔，马囊蒸菽，倍道而进，兼夜而趋。"䭔，起码在宋代就有了，因为《集韵》是宋朝丁度等人所撰。

江淮一带的䭔做法是这样的：面团约有小馒头那么大，用手摊一下，比烧饼厚，用刀浅切成六角形，下炉烘烤。䭔子分甜、咸两种，甜䭔子在炉中要用糖烧焦后熏蒸，外表是焦黄色的。咸䭔子不用糖熏蒸。江苏高邮临泽镇以羊肉汤的鲜美而闻名，吃羊肉汤要泡京江䭔子，就如同到西安不吃羊肉汤手撕泡馍就好像没有到过西安一样。临泽的京江䭔子是咸的，里面加了一味中药丛萝，偶尔嚼到一粒丛萝，口留余香，加上羊肉汤的鲜美，回味无穷。

镇江、扬州、高邮一带为什么称"䭔子"为"京江䭔子"呢？镇江古又称"京口""京江"，这䭔子的发源地很有可能在"京江"。在东晋以前，沪宁线一片吴语声，当然京江也不能例外，后来由于大量的江北、安徽等地的百姓移入京江，京江的语音方言发生了较大的变化，但仍保留了吴语的一些语音及方言。"京江"就是一例。"江"，吴语读"刚"音，所以，在今镇江、扬州、高邮、宝应等地一直叫"京江（读"刚"音）䭔"。上海也有京江䭔，但上海人叫"老虎脚爪"。因其形状像老虎脚爪，六角形。一九八一年三月三十一日《文汇报》载文："老虎脚爪、高庄馒头在全市已很少见。"老虎脚爪是大众食品，利润不高，所以很少生产了。如今，镇江、扬州、高邮等地还有的卖。

"䭔子"有人写成"食"旁加个"齐"，实无其字。"京江"有人写成"金刚"，其实"䭔子"是没有一点霸气的。

㞢

夏日的一天晚上，月光下凉风习习，池塘边蛙声一片。暑假后升初三的小胡在做完暑假作业以后，同爷爷在院子里乘凉。小胡的爷爷八十岁了，喜欢向小胡讲一些陈年旧事。这天爷爷讲了一件发生在他们家里的事。

爷爷的父亲一家原住在 Y 城，开了一爿布店，一家人的日子倒也过得去。爷爷的父亲即小胡的曾祖父，当地人叫太爷。太爷在三十岁的时候，交上了几个不三不四的朋友，染上了抽鸦片（当地人叫抽大烟）的恶习。不久，布店关掉了，家境每况愈下。太爷与太太（当地人称曾祖母为"太太"，但第二个"太"要读成阳平）就在门口摆个布摊以维持生计。太太还经常到大镇上去赶集。太太在四十岁的时候得了一场重病，卧床两个月不能起来。一天晚上，她将太爷和小胡爷爷叫到床边，一边用手指着床后的一块砖头，一边声音微弱地说："把砖头撬开，里面有钱。"这些钱是太太起早摸黑赶集、省吃俭用㞢起来的。

㞢，《集韵》："口浪切，藏也，音亢。"

太爷喜出望外地得到了一笔钱，于是又整天泡在大烟馆子里。二十世纪三四十年代，Y 城到处是大烟馆，有朋友来了，请上大烟馆，似乎是一种礼遇。生意人要谈生意也可以去大烟馆。

不久，太太的病却奇迹般地好了。经过一段时间的调养以后，她老人家又赶集了。当今，仍有集市，如某镇一、三、五逢集，某镇二、四、六逢集。江浙一带叫"赶集"，意指大家要在人都集聚的时候赶到；广西一带叫"赶虚"，意指大家要在人员虚散之前赶到，后来在"虚"字边加了个"土"旁；贵州一带则叫"赶场"。

几年下来，太太又积攒了一些钱㞢了起来。不久，太太终因积劳成疾，一蹶不振，一天夜里突然逝世。她的钱㞢在哪里，到临死前始终未向太爷交代。万一交代了㞢钱的地方以后，自己的病又好了，㞢的钱又被太爷拿走了，那岂不是白㞢。

太太去世以后，太爷在家翻箱倒柜，房间里四面墙撬了几十块砖，都没有找到一分钱。

再后来，我们全家就来到现在的地方种田为生了。

小胡听了爷爷讲的家事感慨万千，激动地对爷爷说："英国人将鸦片的祸水流到中国，居心歹毒；林则徐虎门销烟真了不起。现在禁毒的任务也不轻啊！"

爷爷微笑地点点头。

黓

旧时的扬州人有早上"皮包水"、晚上"水包皮"的习惯。所谓"皮包水"就是上茶馆吃茶、用点心；所谓"水包皮"就是到澡堂洗澡。洗澡免不得要擦背，有的地方叫搓背。如果你因故较长时间不进浴室了，擦背工便会将你身上的老黓拼成一根根大的、小的黑条条，那是擦背工的"战利品"。你见到那些黑条条，会暗自佩服擦背工技艺的不一般，同时也会觉得浑身轻松。

江淮一带及部分吴语地区都将积在人的皮肤表面的污垢叫"黓"，李荣主编的《扬州方言词典》中有这个音和义，但写不出这个字。有的词典就新造了一个字："月"加"肯"就成了"ken"了。似乎有点道理，但尚未被人认可。北京人称黓叫"泥条"，实感，逼真；浙江青田一带称黓叫"泥膏"，直接，形象；四川成都、贵州贵阳一带则叫作"芥芥"，是指轻微纤细的东西，别有情趣；老南京有的人叫黓，有的人叫咕叽头儿，大概是指用劲搓擦发出的咕叽咕叽的声音后而得出的头儿。

黓，"掸"（dǎn），《说文解字》义："滓垢也。"《楚辞·九辩》："或黓点而汙之。"《玉篇》："黓点汗浊。"《六书故》："汗黑透溇也。"黓，这个字与滓垢、汗、汙、浊都有关。唐元稹《闲》之二云："青衫经夏黓，白发望乡稠。"穿了一个夏天的青衫，满是黓，穷；因日夜思念故乡，白发更浓了，愁。

高邮的王念孙、王引之父子乃一代训诂宗师。郭沫若说过："中国的训诂学到了高邮的王氏父子，基本告一段落，后人做的只是修修补补的工作。"王氏父子训诂的突出贡献是将音训用到训诂中来，好多问题迎刃而解。王引之《经传释词》中云："训诂之道，本于声音"，"声近义同，声转义近"。根据这一原则，徐灏《说文解字注笺·水部》中写道："沈（同沉）一曰浊黱也，黱即沈字，因滓垢下沈而易从黑耳。"徐灏将"黱"读成chén，已经进了一步。chén音怎么又变成江淮方言中的kèn音呢？

汉字的声母系统，相传是唐末沙门（和尚）守温创造的，共三十六个字母，在这三十六个声母中尚无 j、q、x 声母。现在普通话中 j、q、x 声母的字，是写成与之相对应的 g、k、h 声母。在某些方言中，而且它们还同 z、c、s 相对应。这种情况的产生，是由于它们的历史来源不同。此种现象在方言中不少见。如"解"字，其声母普通话为 j，英语、江淮方言为 g，而泰兴等地为 z。根据王引之提出的声训原则以及方言中声母相对应的变化情况，"黱"与"沈"通，"沈"的声母为 ch，而与之相对应的声母是 k，那么"黱"就可以读成"kèn"了。

黱，应当是一个形声字，左表形，右表声。落在身上的尘土同人体内排泄出的汗、油脂等生成皮肤上的污垢，这就是黱。

我遇到过一位男士，终年不洗澡；即使在夏天大汗淋漓也不洗，冬天更不用说了，他至多偶尔用水擦擦身，搓搓背。擦搓出的泥条、泥膏、芥芥、咕叽头儿直往下掉，真是黱刮刮的了。走到人面前，浊垢的气味直逼人。他有个自成一家的理论：洗澡会伤元气。真是奇哉怪也。

咵

咵（kuǎ），《集韵》："苦瓦切。言戻也。"戻，有多种解释，常用的词语是"乖戻"，即乖张、违反的意思。"言戻"的"戻"是劲疾、猛烈的意思。

哼，在江淮方言中会用到它，不过一般读成第二声了。

W是市第五中学的校长，他为人直率，喜欢哼人，全校师生都知道他这一脾性。他的事业心很强，每天上午6时30分学生上早读前，他就到校了，一直要到下晚自习后才离校，一天下来，很是辛苦。

W校长喜欢在校园里转转。上早读的铃响了，他往某班教室门口一站，个别学生迟到了，他便厉声问道："怎么迟到了？"有的学生知道W校长会哼人，便低下头，不言语表示认错。有的学生会辩解，说出迟到的理由，这下坏了，W校长便狠狠地哼他一通，从大道理讲到小道理。如果那学生还不认错，W校长便将那学生交给班主任。有的班主任为了显示对校长负责，就将那学生叫到办公室，面壁反省。有时发现老师迟到了，W校长照样当学生的面哼他一顿，那老师还算有修养，在学生面前不同W顶嘴，尽管他迟到是有特殊原因的。

W校长整天闲不下来，校园角落里有什么纸片、杂物，他会躬腰一一拾起来，有时也会发现他哼清洁工，学生午餐时，他会到食堂看看，有的学生觉得饭菜不合口味，会剩下半碗菜、半碗饭，他当众大声哼那学生，命令那学生吃下去。这一哼真灵，以后食堂里很少见到学生剩饭剩菜了。另一方面，W校长定期召集食堂负责人开会，不断地改善伙食，尽量适合学生的口味。自然，开会时，食堂负责人也少不了一顿哼。

新学期开始了，W校长召开全体教职工会议，征求大家的意见，不断地改进工作，以使新学期有新起色。教生物的能说会道的刁老师发言了："W校长对学校工作高度负责，整天泡在学校里同师生打成一片，很值得我们学习。W校长为人直率，有什么讲什么，看到老师、学生有什么不对的地方，立即指出来，要求严格、态度严肃，批评严厉。但是，有时W校长不了解具体情况，不明白真实情况，乱哼一通，叫人不服，起不到批评的效果，有时还会使人产生怨气。还有哼人时有时不分场合，要人很难看，严重伤害人的自尊心、自信心。人人都有自尊心，动物、植物也有自尊心。含羞草你用手碰它的叶子，它立即会将叶子合起来，伤了它的自尊了，自觉防卫、保护自己。W校长哼人，出发点是好的。一个学校你好我好大家好，怎么能进步呢！对现状的不满是进步的开始。希望W校长哼人时注意场合，注意方式方法。"

W校长一边听刁老师的发言，一边微微点头，有时脸上还露出笑意。

会后几位生性活泼的老师同刁老师说："你胆子不小啊，敢哼校长了；而且校长被哼得不断点头，你真有本领！"

此后，W校长工作更勤奋了，也不轻易哼人；即使哼人时，也叫人心服口服。

昆胖

小健今年十五岁，身高1.75米，体重80公斤，他跟奶奶一起走的时候，邻居们对小健奶奶说："方奶奶，你的大孙子长得又帅又昆胖啊！"方奶奶只要听到有人夸她的孙子便笑得合不拢嘴："赶上这个时代啦，托福啊！托福啊！"

"昆胖"一词，原本吴语，在江淮一带人们常用到，指人或牲畜肥盛。应钟《甬言稽诂·释形体》："今称人畜之肥盛曰昆胖。"而今镇江、扬州、泰州一带这"昆胖"只用于形容人的形体肥盛，而不用于形容牲畜的肥盛了。

在距今二百多万年前的旧石器时代，大约是因为人类祖先的基因发生了突变，获得了语言的能力，这些语言的信号逐渐衍生为最初的语言。

汉语是汉藏语系中最重要的方言，语言学家将汉语分为七大方言区：官话、吴语、赣语、客家话、湘语、闽语、粤语。在这七大方言中，最早形成的是吴语和老湘语。有人认为，在西晋以前，黄河之南、跨过长江是一片吴语声，江淮一带自然受到吴语的强烈影响了。江淮一带至今保留了一些吴语的词汇及读音，如"雄鸭"的"雄"读成yóng，"下头"的"下"读片huó或hé，即然后的意思，"吃脱""用脱""写脱"的"脱"读成近似tè的音，均是明证，至于在江淮方言中用到吴语词汇那就更多了。

接着关于小健的话题往下说。小健妈妈认为"昆胖"一词用来形容小健的形体是合适的，但按照科学的形体标准要求，胖了些。有的专家提出一道简单的公式：身高减去105等于标准体重（公斤），小健身高175厘米，减去105，得数为70，即小健的体重应为70公斤，他现在的实际体重是80公斤，显然胖了些。

小健下定决心减肥，尽量控制饮食，加强运动，三个月后，小健的体重下降了10公斤，看上去仍然昆胖，但似乎比以前更精神了些。

有人将"昆胖"写成"昆膀"，不妥。

在江淮一带，"昆胖"的"胖"一般读成近似"棒"的音，轻声，保留了吴语的读音，这也证明了吴语对江淮方言的影响。

阑板

方先生今年六十岁。

几十年来，方先生的日子过得平稳而有规律。每天早上6点钟准时起身，做一套全身运动的自编的操，早餐前夫妇二人合吃一只苹果，后各吃一只鸡蛋、一碗杂粮粥。午餐荤素搭配，较少吃猪肉、牛肉，常吃鱼、虾、鸡、鸭，还有海带、香菇、木耳，每人必吃半斤新鲜蔬菜，反季节的不吃，另吃一小碗米饭。晚餐夫妇二人必各吃半斤时令蔬菜，连同午餐时的半斤，合计一斤，再吃一小碗米饭；睡觉前再喝一杯牛奶，既保证有足够的蛋白质摄入量，又可安神。方先生有读书、写作的良好习惯，但每天必须在11时前入睡，按中医的养生观点，晚11时以后，阴气上升，倘再工作，对人体不利。

方先生不抽烟，不喝酒，不饮茶，他认为一个人身体内的正常运行，不需要也不能有外界物质的不良刺激。

方先生在饮食方面很少有应酬，一个单位的同事、亲戚、朋友有什么欢乐聚会都不会请他，因为有几次邀请，他都托词婉谢。几次邀请，几次不到，人们渐渐就将他列为"另类"了。

一天，方先生的姨兄从美国回来了，姨兄的父母早逝，就在他家长大，两人如同亲兄弟一般。姨兄大学毕业以后去加拿大、美国闯荡，创业有成。两人有20年没有见面了。方先生夫妇决定在一家酒店办几桌酒，请一些亲朋好友及同学。这家酒店的老板是方先生初中时的同桌，那老板说："老方啊，你阑板找我的事，这几桌酒你放心，保证你和你的姨兄满意。"办酒席的那天，老板使出了浑身解数，地方名菜如软脰长鱼、金丝鱼片、香酥麻鸭、雪花豆腐等淮扬名菜都上桌了，方先生及姨兄的一家还有在座的客人们都啧啧点赞："阑板吃到今儿个的美餐！"

阑板，在江淮方言中常常用到，是难得、很少的意思。考查起来，这词本出于吴语，很可能起源于宁波话。应钟《甬言稽沽·释语》："《文选·恨赋》引《国语》贾逵注云'略，简也'，'不繁'疾呼，声合为'班'。甬（宁波）俗称事之稀有不常有曰'略班'，音转为'阑班（板）'。"阑，将尽、将完也。"不繁"二字中取"不"的声母、"繁"的韵母，疾呼，即为"班"音。"阑班"或写作"阑板"，还真具文绉绉的含义。

懒

懒，《说文解字》："懈也，怠也，一曰卧也。"《新华字典》："怠惰，不喜欢工作；疲惫，困乏。"

有人说，懒是万恶之源。一个人身子重了，甚至懒得"放屁怕伸腰"，那就难得做成事，办好事。一个人被生活即使折磨得疲惫、困乏不堪，但也决不能颓唐，要振作起精神，向前，向上，向善。

一个创业者、成功者与懒绝对无缘。

懒，在江淮一带还有别的意思和用法。

大的商场、超市所用的衡器一般用电子秤。在县城里的菜场，一些小商小贩，还有自产自销的菜农，他们还在用木杆秤。在中国的一些县城里，我们还会见到传统的秤店。一杆秤的制作工艺相当复杂。秤杆的木料很讲究，坚而不脆，磨圆打光以后，敲上秤花，配上秤砣、秤钩，拎秤的绳子叫秤毫，分头毫、二毫，关键要校正得很精准，决不能短斤少两。

我有时到菜场买菜，一般不还价，不看秤。譬如，伏天的蔓菜每斤4—5元，买2斤10元，有经验的卖菜的一般抓上几把，大致不差，有时一秤，分量不够，便说："秤还懒一点。"于是又添上一小把，又说："应当给你个抬头秤。"这时秤杆已经翘得老高，卖菜的把秤杆放到我面前："你看，不懒了，抬头秤了。"遇到此种情景，我从来不看秤，说道："秤是用来称人心的，称秤玩不能懒，也不需要抬头，秤砣正好放在秤花子上，秤杆子平平的就行了。"这就是公平、公正。

卖菜的说"秤还懒一点"的"懒"，是"少"的意思，这是江淮一带特有的用词，它是从懈、怠、惰、乏等意思引申而来的。卖菜的称秤，分量不足，不是我卖菜的意思，是这杆秤懒，懒得抬头，惰性作怪啊！

人生的大秤一点也不能懒，应当抬起头来，昂首阔步向前，向前！

朗

吉奶奶今年七十多岁了。一九六〇年她正在读初二，当时中学生每年定量供应二十来斤米，蔬菜也很少，三月不知肉味也是常有的事。但同学们精神状态不错，几个同学在一起还笑着说："我们都成了孔夫子了。"

吉奶奶年轻时养成一种习惯，不论是在学校里还是在家里用餐，饭菜吃完了，总要用开水将碗朗一下；有时觉得朗不干净，就用右手食指来回抹几下，放在嘴里啐。这一习惯到了七十多岁时仍然保留着，孙子看到奶奶这样，感到有些不可理解；久而久之，也看惯了，甚至也学着做，只是在大庭广众之中不敢这样，那样太难为情了，怕人笑话。

朗，清也，明也。清代袁枚《续新齐谐·文人夜有光》："凡人白昼营营，性灵汩没，惟睡时一念不生，元神朗澈。"朗澈，指清澈、明亮。

吉奶奶每年在交小雪节令以后总要腌上两大坛大白菜。南京、扬州、泰州一带称腌制的大白菜为"大菜"。在二十世纪六七十年代，人们的生活水平尚一般，腌制的大菜有的地方称为大咸菜，它在人们生活中是必不可少的，阴雨雪天，也可以当主菜，这就是汪曾祺先生怀念故乡的咸菜慈姑汤。吉奶奶在每次将大咸菜上坛之前，总要将坛子朗得干干净净，倘若朗得不干净，腌制的大咸菜会变质甚至发臭。

朗碗、朗坛子的"朗"成了动词，是使动词，将碗、坛子朗一下，就使之清洁、明亮。

朗朗书声的"朗朗"是形容声音清澈响亮。

老子

陆游的《老学庵笔记》在他的众多著作中，所占的比重虽然不大，但均是他的亲历、亲见、亲闻，内容丰富，很有史料价值。

《老学庵笔记·卷一》："予在南郑，见西陲俚俗谓父曰老子，虽年十七八，有子亦称老子。乃悟西人所谓大范老子（雍）、小范老子（仲淹），盖尊之以为父也。"只要男子生了小孩，就可以称为"老子"，哪怕只有十七八岁，而且"老子"是尊称。

"老子"本是人名，春秋战国时楚国苦县人，姓李，名耳，字伯阳，谥曰聃，曾为周藏书室史官，相传著《老子》（又名《道德经》）。孔子适周，曾问礼于老子。

"老子"在古代也可作为老人的自称，同"老夫"。《礼记·曲礼》："大夫七十而致事，自称曰老夫。"也就是说，当官的到了七十岁辞去官职，才可以自称"老夫""老子"，不符合上述条件者是不可以自称"老子"的，这是"礼"。

当今，在江淮方言中，"老子"的意义较丰，用法也不少。

小胡今年六岁，跟爷爷奶奶生活，被宠惯了，他在幼儿园看到别的小朋友有什么新玩具,回家就要奶奶买。其实奶奶的经济状况并不宽裕,但总是尽量满足他的要求。一次小胡要买一架最新式的电子遥控飞机,价格不菲,奶奶起初没有同意,小胡就地往地上一躺,手和脚直拍打着地,又哭又闹。奶奶无可奈何:"细老子,奶奶认你狠,跟你去买!"到了玩具店,奶奶花了500元买了一架电子遥控飞机,小胡破涕为笑。奶奶称小胡为"细老子",也是对无理取闹者无可奈何违心认可的畏称。

小赵是三年级学生,在学校常常违纪,上课不认真听讲,随便下位走动,或者乱插嘴;下课动辄殴打同学。有时老师干脆就让他站在办公室,不让他上课。班主任老师认为这也不是个好办法,一天对办公室的任课老师说:"听说他怕他老子,找他老子去!"这里的"老子"即是父亲,但有不尊重的意味。其实,老师对一个学生的不良表现应全力设法教育使之改正,而向家长告状,则是无能、不作为的表现。

当下,自称"老子"者似乎有低龄化的趋势。小松是初二的学生,喜欢睡懒觉。一天,爸妈都上班了,他才起身,奶奶准备的早饭也来不及吃,一边开门,一边说道:"今天又要迟到了,老子不怕,顶多在教室门口多站几分钟。"小松自称"老子",是给自己迟到的错误表现壮壮胆而已,这是无礼的。知错必改才是好学生。

肋胑

小索是县人民医院的一位护士,到三十岁时才与县实验小学的小胡老师结婚。小索生得矮矮墩墩、胖乎乎的,不修边幅,不讲究衣着,喜欢买一些颜色鲜艳的衣服。她买衣服着重看色彩,只要她喜欢的颜色,哪怕硕大无比,或是紧缩其身,她都穿得出。小索喜欢睡懒觉,有时蓬头垢面就上班了。房间从不打扫,床上的被也从来不叠,这些都是丈夫小胡的事,正好,小胡没事时喜欢在家东收拾,西收拾,屋里倒也显得干净而有条理。

每天的饭菜都是小胡做，有时小索高兴起来也去厨房做两样菜，要不然寡淡无味，要不然咸得难以进口；有时喜欢大和大搅，同事到她家来一看，简直就像猪食。小胡偶尔出差数日，便做好几样菜，而且分量较多，估算一下，小索一人可吃到小胡到家那一天。小胡虽然辛苦些，倒也忙得高兴，二人磨合得不错。

江淮一带称衣服不整洁、动作不利落，笨手拙脚、庸俗不大方，做事不顺利者为"肋赋"，读音为 lē de 或 lē te。

"肋赋"一词，在东北方言、冀鲁方言、吴方言、江淮方言中都会用到，意思大同小异。江淮一带的南京、镇江、扬州、泰州、盐城、淮安等地的口语中会听到这一词，但读音有所区别，有的地方读成 luō duō。在某省举办的全省方言大赛中，出题者、参赛者、编导说出这一词的意思后，却依读音写成"落套"，观众、听众如堕云雾之中。其实，如果出题者、参赛者、编导学学参加汉字听写大赛的初中学子的精神，经常翻阅《新华字典》《现代汉语词典》等，问题就会迎刃而解了。

高邮一带还有这样的民俗和传说。上辈人因病死了，不久又活了，活的时间很短，又死了，须臾，又活了，于是有人讲："死死活活，子孙肋赋。"意思是，死死活活，结结巴巴，预示子孙不顺遂。

裂㩟

㩟，读 chè。《广韵·陌韵》："刃格切，皱㩟。"《集韵》："耻格切，皱㩟也。"

小董今年上初一，按照九年制义务教育规定，他上七年级。小董是个懂事的孩子，放寒假了，每天仍按时起床，做做寒假作业，一有空就帮家里做点家务事，或到自家的田里看看，帮妈妈做些力所能及的农活。妈妈一人在家种10亩地，太辛苦了，因为爸爸常年在外打工，春节才能回家团聚。

一到冬天，小董妈妈的一双手总有几个大的裂破口子，有的简直像婴儿的小嘴，红肉显显的。晚上睡觉前，小董妈妈总要用热水烫烫手脚，然后用蛤蜊油搽，农村俗称歪歪油。小董总是在灯下帮妈妈涂抹。但第二天裂破口子仍然存在，只是疼痛的程度似乎减轻了些。

一天，小董在一家卫生健康杂志上看到一条消息，裂破口子是真菌引起的，只搽油脂类的东西没有什么用，要用治癣的药膏治。小董替妈妈买了两支，每天搽两次，裂破口子竟逐渐缩小了；搽了十多天，裂破口子慢慢抿起来了，最后只剩了一个小口子，再然后，裂破口子全没了。妈妈很高兴，逢人便说小董这孩子孝顺，懂科学，治好了她多少年来没治好的裂破口子。

小董还告诉妈妈，每年的冬天，交冬数九，手下冷水，容易皴裂，要及早预防，这叫防患于未然。妈妈摇摇头不懂这话的意思。小董又说："在不好的事情还没有发生之前就加以防备。"妈妈点点头："有道理，有道理。"

皴，读cūn。《现代汉语词典》解释：皮肤因受冻而裂开。其实这不是"皴"的本意。本意是：面有纹，物有摺痕皆曰皴。天寒地冻时，两三岁的小孩动不动就哭，奶奶抹去孙儿的泪水后说："小伢子，不能哭，老哭脸上就皴了，会起小裂口子，疼哪！"三九严寒时，经常下冷水的手也会皴。在江淮方言中，至今还保留着"皴"的本意。

芦蓆·窝苲

汪曾祺先生笔下的大淖美极了。大淖是一个小湖泊，中间的沙洲上长满了茅草和芦荻。住在大淖周围的人家大多数是劳动者，有挑箩把担的，有打芦蓆、窝苲的，有铜匠、锡匠，有卖荸荠、菱藕、慈姑的八鲜行，有磨坊，有浆坊，还有不少人是做小生意的，这里的民风淳朴，凡事忍让，相处和睦。

在二十世纪三十年代到七十年代，大淖一带不少人以打芦蕨、窝荚为生。芦蕨的用途可广了，它可以遮太阳、挡风雨、隔音、挡灰，陆上搭棚子、隔墙、吊顶要用到它，水上的船民、渔民要用到它。二十世纪七十年代我到邳县（今邳州）的运河师范学校参观，住县政府招待所，床上垫的不是草席，而是芦蕨。在兵荒马乱的年代，穷人家死了人，没有钱买棺材，用一张芦蕨一包就埋葬了。

高邮湖、宝应湖的湖滩上长着高大的芦苇，秋冬季节芦苇枯了，滩上的农民将芦柴捆成一大捆一大捆的卖给打芦蕨、窝荚的人。

芦柴买回来以后要经过几道工序才能编织。编织的人称芦柴为"大柴"。第一道工序是抽柴，用特制的抽子将一根大柴从头到尾划一个大口子。抽子是一个长10厘米铁制的小刀子，下有一个铁钉，钉在木制的长15厘米的木把上，从头到尾地抽柴。第二道工序是偃柴，偃者倒也，即将抽好的柴放在广场上用石磙子来回地压，时间压得短了，就"生"，编起来不爽手；时间压得长了，就过"熟"了，编起来容易断。第三道工序就是用两块7到8厘米竹片制成的钳子将偃好的大柴上的枯叶子去掉，接着在上面洒一些水，大柴就软熟了，可以用来打芦蕨了。芦蕨6张称作1钱，这是一个特殊的计量单位。芦蕨一般分为大小两种，也可以随客户需要定做。

蕨，《集韵》说意为用芦苇或竹篾编成的粗席。《南史·循吏传·孙谦》："直偃轴床，装之以蕨。"清代唐甄《潜书·全学》："士所守者芦壁蕨户耳。"芦蕨古已有之。

打芦蕨时用一种特制的刀，长十厘米，宽六厘米，铁质较厚，刀口不快，圆形的把柄有鸭蛋般大，刀用来切柴或转弯抹角时用，刀柄用来敲打，使之紧密。

芦蕨的"蕨"不能写成"菲"。

窝荚是用来囤粮食用的，荚，读xué，里下河地区都读成"积"音。

窝荚宽约三十厘米，打窝荚时，人要坐在定制的荚凳子上，荚凳子宽约四十厘米，长约八十厘米，高约三十厘米。打窝荚时也用打芦蕨时用的刀，窝荚的单位是"条"，一条窝荚可长达十几米、二十几米。上万斤的稻、麦都可必用一条一条的窝芡巧妙地接着窝起来。

著名大作家孙犁的《白洋淀》里有关于女子打芦蕟、打窝芡情景的描述，编织时篾柴在青年女子手上很快地、很美地跳舞，一不留神会划破手，用嘴一吮吸，再打。

"窝芡"有人写成"窝摺""窝折"，汪曾祺先生写成"窝积"了。

劳事

劳，《说文解字注》："用力甚也。"由此义而生出疲劳、辛劳、烦劳、慰劳、功劳等义。

劳事，劳动操作之事。《周礼·天官·宫人》："凡寝中之事，扫除、执烛、共炉炭，凡劳事。"意思是，官人所做的事都是劳苦、卑亵之事。

在江淮方言中，"劳事"却有别样的含义和用法。

王大爷今年六十岁，刚刚退休，儿子、儿媳在外地打工，孙子随其父母上小学。王奶奶前几年就退休了，生性勤劳，做饭、洗衣、打扫她一人全包了，屋里收拾得干干净净、整整齐齐，自己打扮得俏俏刮刮，把王大爷服侍得周周到到的。王大爷从小就是个惯宝宝，什么家务事都不会做，王奶奶倘若到儿子那儿住上个把星期，她将七天的饭菜做得好好的，放在冰箱里，王大爷则每天吃一份，平时在家里是看到油瓶倒下来也不扶的人。每天吃过中饭，王大爷将碗一推，十二点半准时与几个牌友打起麻将来了，直到下午五时方散。

王奶奶闲暇的时候常常与邻居中的大妈、二嫂、三姨谈谈家常，别人家的丈夫有的虽然退休了，仍然要在外面打工，甚至从早忙到晚，为儿子筹钱办婚事，或为孙子上大学而准备学费。王奶奶同自己的老伴生活了几十年，一切似乎都习惯了，习以为常了，有时也顺嘴说道："他一天到晚都不得劳事，不打牌玩玩干什么呢？"王奶奶的话好像在发泄着小小的不满。劳者，苦也。鲁迅《书信集·致罗清桢》："木刻实在非手印不可，但很劳。"劳即苦,王奶奶所说的"劳事"是指劳苦、疲劳、愁苦的事。王大爷是个天生怕劳神的人,而且儿子的一家在外地生活得也很好,什么事都不要他烦神,真的不得劳事做。江淮一带的人用到"劳事"这一词时,常常带有一种不满、轻视、嘲讽的情绪。

江淮一带人有时自我调侃时也用到"劳事"。王奶奶每天午休过后会串串门,到了李奶奶家,看到她又是忙照看不到周岁的孙子,又是抓紧时间为孙子打毛线衣,这时,王奶奶便说:"我不得劳事做,你一心一意照看孙子,我来帮你打毛线衣!"李奶奶只得从命,感激不尽。

盯

小秦是一位业余反扒能手。他在某公园上班。一次他到上海出差,转乘火车时,人很多,自己一点也不觉得,皮夹子被小偷偷走了,里面有大量现金、身份证、信用卡等。他只好下了火车一面与家人联系,一面报警。

自那次被偷以后,小秦下决心要当个业余反扒能手。每天下班以后,逢节假日,他都在汽车站、火车站、商场、旅游景点、医院挂号处等地闲逛,仔细、认真观察一些可疑人的神色、举止、行踪,渐渐摸索到一些规律。有的人你别看他衣着很好,甚至西装笔挺,而在小秦眼里,那人的脸上似乎就写着两个字:小偷。三年下来,他的判辨准确率能达到百分之九十左右,当然也有看走了眼的。一年下来,他能抓到三四个小偷。

一次,在公共汽车候车站,在长长的候车者队伍中,小秦感到有一人灰头鼠脸、东张西望,不时盯着候车者的背包、裤袋望,且目光游走。候车的时候,小秦就盯着那个准小偷了。上车了,人多,不少人都站着。小秦也站着,离那准小偷很近,仅隔一人。那小偷从候车时起就物色猎物了。看到一中年妇女,潇潇洒洒、大大咧咧,他早就盯着她了。一上车,那小偷有意紧挨着那中年妇女。随着汽车的开动,车内似乎稍略安静了一些。小秦紧紧盯着那小偷,但表面上显得自如无事。小偷终于下手了,右手悄悄地拉开那中年女子背包的拉链，那女子丝毫未觉察到，贼手刚要伸进包里，小秦一把死死摁住那小偷的手，厉声说："不许动！"那小偷被小秦这突如其来的举动镇住了，先是吃了一惊，接着激烈反抗，左手似乎要在裤兜里掏什么。小秦来得快，用左手死死摁住那小偷的左手。全车的人都动起来了，多数人是大声斥责，年轻人则帮助小秦制服那小偷，司机忙着报警，公共汽车靠站时，已经有两位民警在等候了。

眀，《集韵》："莫骂切，音骂。"《类篇》："视貌。"这字《新华字典》《辞源》《辞海》均未收入，江淮一带人们却有时说到，用到，意思是偷看、窥视，私下里有目的地暗暗地看，不过读音为第三声，同"马"音。

娘·娘娘

汪曾祺一九三九年十九岁时离开故乡高邮，直到一九八一年才重踏上故土。见到他的继母任氏时，叫了一声"娘"，同时屈右膝弯左膝摆出跪拜的姿势，任氏连忙一边抓着他的衣袖，一边说道："免了，免了。"

娘，在宋代司马光《书仪》中就指母亲，而高邮、扬州等地称继母为"娘"，或在背后称"晚娘""晚妈妈"。在现代汉语中，"娘"也有指母亲的，如有的人一边吃着娘给的食物，一边骂娘，这"娘"就是指母亲。

近几年，扬州瘦西湖新添了一些大学毕业的船娘，她们一边在瘦西湖中撑船摇橹，一边向游客介绍扬州的风景名胜、历史掌故，不时还唱起扬州民歌。有人为新一代的船娘叫好，也有人认为这是大学生的悲哀，所学非所用，争论莫衷一是。二十多岁的姑娘尚未结婚怎么能被称作"娘"呢？《广韵》："娘，少女之号。"原来在中国古代少女也叫"娘"。《子夜歌》中就有"见娘喜客媚，愿得结金兰"的诗句。

日语中的"娘"指女儿，非指母亲，这似乎保留了中国古代汉语的意思。

在中国的婚嫁礼仪中有请伴娘的习俗。所谓伴娘是指女儿出嫁时请熟悉婚嫁礼仪之妇女随护新娘，不论是年长者还是年轻者均可担当，这里的"娘"即指女子。

某公有两个儿子，均成家了，他称大儿媳为"大娘"，二儿媳为"二娘"，"娘"指妻子，"大娘"即大儿媳，大儿子的妻子。

中国的烹饪源远流长。据史籍及相关资料记载，历史上出了不少女厨师。在众多的女厨师中首推宋五嫂。传说她是汴京人氏，宋都南迁后流落到临安，以制作鱼羹闻名，曾受到游西湖的宋高宗、孝宗的赞赏。如今杭州的名菜"赛蟹羹"就是在"宋嫂鱼羹"的基础上改造发展的。

有的女厨师擅长冷菜拼盘，有的擅长做点心，清代袁枚的《随园食单》中提到仪征南山的"萧美人点心"为一时名点。

在古代，一些女厨师常受雇于达官贵人家。到了宋代，厨师成为一种受人尊重且时髦的职业，非极富贵者不用。这些女厨师被尊称为"厨娘"。有的厨娘风姿迷人，技艺超人，身手、风度非一般厨师所及。厨娘的"娘"指女子，年长、年轻的女厨师都可以称作厨娘。当代应当多出些厨娘。

皇后或宫妃称作"娘娘"。朱元璋的原配夫人姓马，农民出身，脚大，于是民间传说，马娘娘的脚一尺三，太夸张了。

在宋代，称太后为"娘娘"，也有的地方称母亲为"娘娘"。

小梁三十岁了，走起路来袅袅娜娜，人称梁青衣；说起话来嗲声嗲气，人称娘娘腔。娘娘腔即女人腔。

南通市区称老婆为"娘娘"，就如同扬州地区称娶老婆为"娶妈妈"（妈妈读成马马音）一样。

江淮一带称妻子为"婆娘"，是中性词。某单位负责人是位女性，她对人严，对己宽，遇事常常多为自己打算，很少想到别人，她的同事背后均以"婆娘"称之。一个已婚的女人被人称作"婆娘"就含有不恭敬的意思了；倘若被称作"瘟婆娘"，那简直就是带有怨恨的詈骂了。有理好说，不能骂人。

在戏剧中常常听到丈夫称自己的妻子为"娘子"，这是旧时丈夫对中青年妻子的尊称。《辍耕录》："都下自庶人妻以及大官之国夫人皆曰娘子。"

年轻的女子未出嫁时，人称"姑娘""大姑娘"，岁数大了，还未结婚，人称"老姑娘"（有的地方称最小的姑娘为"老姑娘"），就如同西方国家，八十岁的女子没有结婚人仍称"小姐"一样。大姑娘结婚了，对她的称呼就改成"小大娘"了。汪曾祺的《大淖记事》中写的一些搬运工人，他们一边挑担，一边打着号子："小大娘嘞，歪歪子哪！"似乎肩上的重量轻了不少。

扒灰

江淮一带，公公与儿媳发生不正当关系叫扒（读"爬"）灰。

扒灰的行为，古已有之。《礼·曲礼上》："夫唯禽兽无礼，故父子聚麀（读"优"，母鹿）。"聚麀，两代人不知天伦，父子共一母鹿乱伦的淫乱秽行。唐代骆宾王《代李敬业檄》："践元后于翚翟，陷吾君于聚麀。"武则天称帝后，李敬业与骆宾王认为乱了纲纪，共同讨伐之，由骆宾王写了檄文，其中的"聚麀"是指武则天曾为唐太宗的才人入宫；太宗逝世后，武则天又被太宗之子唐高宗李治看中，先出家为尼，不久入宫，故为"聚麀"。

"扒灰"一词最早大约见于明代，冯梦祯《快雪堂漫录·书王文旦事》"俗呼聚麀为扒灰。"《初刻拍案惊奇》："不是偷东西，敢是老没廉耻要扒灰。"

清代李元复《常谈丛录》："俗以淫于子妇者为扒灰；盖为污媳之隐语，膝媳音同，扒行灰上，则膝污也。"李元复似乎交代了"扒灰"一词的由来。

在用煤气、煤炭之前，寻常百姓家均烧大灶，久而久之，锅膛内积满草木灰，便用一种特制的扒灰扒来扒去，灰扒木制，扒灰的板长约二十厘米，宽十几厘米，中间安一根木柄，即成。猪八戒的钉耙是不好用来扒灰的。

扒灰时，如果锅膛大而深，为了尽可能扒净锅膛中的灰，就得低头、跪膝才行。锅膛空了，烧柴草时火势就旺了。

"扒灰"最初是作为"污媳"的隐语来用的。某公乱伦污媳，不便明说，就以"扒灰"暗语。时间长了，本来的隐语却成了大为流行的俗语了。

在冀鲁官话、中原官话、吴语、湘语、粤语中也称公媳不正当的关系为"扒灰"。在有的方言中还称不正当的男女关系为"扒灰"，或指某人干了坏事为"扒灰"。神州之大，方言万象，无奇不有。

踮

手机的发明是人类文明的一大进步。

十几年前，手机的功能主要是通信。移动电话一般在一二百米范围内使用；手机可以在两千公里、两万公里甚至更大的范围内使用，大大方便了人们的生活、学习、工作。

随着时间的推移，手机的功能逐步增多了，可以玩游戏、看电视、拍照片、摄像、上网等等。

手机是一把双刃剑。有的人迷恋上游戏、上网，到了一刻也不能离的地步，疏远了家人，对自己的学习、工作、生活带来了不良影响。

在大学，几乎每人都有一部手机，有的人设法买到最新款式的名牌手机在同学间炫耀，上课时自然也离不开。胡老师上课，只要你玩手机不发出什么声响，不影响到别人，你只管玩，他只管讲，不干涉。甄老师上课就不是这样了。上课时不准一个学生玩手机，怎么办？他制作了一个大布袋，大布袋又分割成若干小口袋，每个小袋上写上每个学生的学号。上课铃一响，学生对号"入座"，自觉将手机存放在各自的小袋中，下课后各自取走。后来，学生们上其他老师的课，也照此处理，倒也习以为常了。

小俞在某中学读高二，父母都在外地打工，他是住宿生。小俞是以高分进入某中学的，而且还领到了几千元的奖学金。高一下学期，他迷恋上了玩手机。迷恋是指对某一事物过度爱好而难以舍弃。小俞由迷恋而迷路了。迷路是比喻失去了正确的方向。小俞的学习成绩急剧下降。

某中学有规定，学生一律不准将手机带入教室；违规者手机或被没收，或责令当事人自己将手机毁坏。小俞自己有一部功能较差的手机，是家在农村的爷爷积攒卖鸡蛋的钱给他买的，他从不将手机带进教室。不久，他向搞建造房屋的表哥借来了一部最新款式的名牌手机，约定只准玩三天。小俞爱不释手，手机也带进了教室，上课时也偷偷地玩起来了。教数学的郑老师以教学认真严谨、要求严格而著称，发现了小俞上课时的举动，一点不声张，照讲他的课。下课了，郑老师责令小俞掏出手机掼到地上，又责令小俞用脚踬。小俞哪里舍得，只是轻轻地踬了几下。郑老师又叫几个身高力大的同学乱踬一气，手机彻底毁坏了。

小俞很伤心，也无奈，哪里有钱买手机来赔表哥呢？星期日回到了农村的家，大白天闯入隔壁邻居家翻箱倒柜找钱，当场被钱奶奶及其孙儿发现，小俞哭着下跪求饶。钱奶奶心善，对小俞的印象一直很好，便和风细雨地教育了小俞一顿，而且答应不将此事告诉小俞的爷爷，小俞更是羞愧难当。

小俞从一个优等生变成一个小偷，不同的人应当从不同的角度进行自我剖析，从中吸取到教训、教益。

踬，读pài，在江淮官话中有的地方读成第一声，踩踏也，含贬义。

踬，俗字，《汉语方言大词典》收入。

偏过了

《红楼梦》第十四回写道：一日，宝玉拉了秦钟，直至抱厦内去见凤姐。凤姐见他们来了，便笑道："好长腿子，快上来罢。"宝玉道："我们偏了。"凤姐道："在这边外头吃的，还是那边吃的？"宝玉道："这边同那些浑人吃什么！原是那边，我们两个同老太太吃了来的。"一面归坐。

偏，有多义：不正、倾斜，如：太阳偏西了；注重一方面或对人对事不公正，如：偏重、偏爱；辅助的、不占主要地位的，如：偏将、偏师等等。

当凤姐要宝玉快上来吃饭时，宝玉道："偏了。"偏，江淮方言中常用到，表示我在您的旁边的偏位上先用或已用过茶饭了，领了对方的邀约之情，是客套话，更是敬辞。偏，不单用，后面多接着用"了"或"过了"。

一位爷爷带着七岁的孙子去拜访一位老朋友，正逢老友吃饭，老友忙说："快坐快坐，今天老伴正好杀了一只老母鸡。"爷爷忙说："谢谢，谢谢，偏过了。"孙子木然地望着爷爷，不解其意。事后爷爷才将"偏过了"的意思告诉孙子。

在农村，你或许会见到下面的镜头：一位老大爷端着一大碗饭在大门口蹲着，吃着，看到路过的熟人，就一边用筷子敲着碗，一边说道："越偏了！越偏了！"客人也会有礼貌地答道："您老慢用，慢用。""越偏"是越过主位而居偏位的意思，表示对客人的尊重。

中国是礼仪之邦，"礼"是发自内心的尊重，"仪"是尊重的形式。《荀子·修身》说："人无礼则不生，事无礼则不成，国无礼则不宁。"这是应该遵守的古训。

中国有句老话："礼多人不怪。"中国人重礼。走路有走路的规矩，吃饭有吃饭的规矩，说话有说话的规矩，敬酒有敬酒的规矩。国家外交部专门设立了礼宾司，就是专司礼仪，以礼相待宾客。

礼仪有时候比能力重要，比学问重要。一个人能力很强，满腹经纶，当他在工作中或与别人相处时处处逞能，事事摆踮，而且一脸傲气，对别人鄙夷不屑，不可一世，那他的很强的工作能力、满肚子的学问，在别人的心目中就会大打折扣。

在中国的传统道德观念中，重礼、义、廉、耻即崇礼、行义、廉洁、知耻，是很有道理的。

骳

骳，《集韵》："平义切，屈也。"扬州、泰州、镇江等地的读音近似于 pǐ。

小杨在全县中学生体育运动会上跳高成绩是 1.6 米，得了第一名。不久，参加了市中学生体育运动大会，参赛项目仍然是跳高。最后还有 3 人，横杆高度是 1.62 米。小杨在起跳时由于用力过猛，左踝落地，疼痛难忍，在场医生赶紧将他送到附近医院，一检查，左踝骨严重骨折。经过一段时间治疗，小杨已经能扶着拐杖下地走路了。小杨妈妈发现小杨虽然勉强能走，但不像正常人的姿势，脚尖向里，成了骳爪子；再经检查，手术是一位实习医生做的，接骨时，位置没有对准，有点错位了。小杨的家人通情达理，与医院商量，让小杨又做了手术，医院还补偿了一定损失。不久，小杨的左足不骳了，同正常人一样。

小杨今年上高中二年级，日常生活较为讲究。一年四季除了冬天以外，每天午饭后一定要洗把澡，衣袜全换。饮食方面也较为考究，每天早饭奶奶为他准备两只某饭店做的烧卖，倘若买的是别的店做的，他吃了一口就不吃了，灵得很。一天小杨妈妈对小杨奶奶说："细伢子明年就要出去上大学了，在大学里就不可能像现在在家里这样子，现在就该骳骳他了。"小杨奶奶笑嘻嘻地说："船到桥头自然直。"小杨妈要骳骳小杨改变某些生活习惯的"骳"字有逼迫使之改变的意思。

泼

杨朔是二十世纪六七十年代青年文学爱好者非常崇拜的散文大家，他的《泰山极顶》《荔枝蜜》《茶花赋》《雪浪花》等被选入中学、大学教材，好多青年文学爱好者模仿他的散文写散文，"杨朔散文"似乎成了一个文学模式。他的散文成为一个时代的文学足迹，本文并不是对他的散文的长短做一评断，而是由他文章中的一个字词引起联想。

杨朔在《三千里江山》中写道："无穷花开得最旺……长得又泼，随便掐一枝插在泥里，就活了。"又《蓬莱仙境》："造起防风林，栽上最耐寒的片松、黑松和马尾松，以及生长最泼的刺槐。"这里引用的两节文字中的"泼"，有不论条件、生长力旺盛的意思。

几乎全国各地方言中都有"泼妇"一词，那是指凶悍、不讲道理、肆无忌惮的女人。花、树的生长不讲条件，哪里有土壤，哪里就能茁壮生长，因而人们说它们生长最"泼"，我们也可以将它们称作"泼花""泼树"，这里的"泼"与"泼妇"的"泼"的意思似有相通之处。

在江淮方言中，"泼"还有一种用法。

小波十八岁，读高二，父母在外地打工，他跟奶奶在家，不住校，学校离他家4公里路程，早出晚归。奶奶尽可能地给予他多多关照。家里养了七八只母鸡，下的蛋都给他吃；可他吃饭时总是将蛋往奶奶碗里搛，自己埋头吃青菜、扒饭。小波的食量大，奶奶做菜总是一小锅，什么青菜、萝卜、山芋、芋头等他都大口大口地吃，有时盐放少了，有时汤放多了，他都不嫌。每逢节日，奶奶杀只鸡，他总是将鸡肉让给奶奶吃，并对奶奶说，鸡身上凡是软的地方都能吃，鸡骨头的关节处他啃得干干净净。

一天，一个住在镇上的同学突然来访，小波留他吃中饭。这天奶奶烀了一大锅青菜，油放得不多，那同学实在难以下咽，动了两筷，吃了半碗饭就说吃饱了。事后，那同学对别人说，小波家的菜简直是猪狗食。小波听到了，一笑置之。有一同学在一旁打抱不平："你看人家小波吃的猪狗食，倒是长得身材魁梧，体格健壮；而你呢，吃得再好，还是又瘦又小。"几个同学搂在一起，哈哈大笑。

小波奶奶逢人便夸小波："这孩子懂事，嘴泼，吃东西从不挑食，我做什么，他就吃什么，不管三七二十一，捞上一饱了事。"

小波的"嘴泼"，其意思是吃东西不讲条件，不论优劣，只要能吃的，能充饥的，好的孬的都吃，填饱肚子就行。

"嘴泼"的反而是"嘴刁"。

"嘴泼"不能说成"泼嘴"。有"泼妇"一词，却无"泼夫"一词，这是约定俗成的缘故。

"嘴泼"是主谓结构的构词方式，在镇江、扬州、泰州一带常用到。

拼死扳命

老樊五十多岁，上有父母，下有三个小孩，两女一男。他家世世代代务农，据他所知，起码三代都不识字。两个女儿小学毕业后就在家种田、养鸭，后相继出嫁。男孩叫樊聪，从小就"吃字"，天赋聪颖，老樊下决心自己不管吃多大苦，也要拼死扳命让樊聪上学。

"拼死扳命"这一词组在江淮官话中人们经常用到。扳，苦苦挣扎也。明代的唐枢《蜀籁·卷四》："鲤鱼下油锅，看你扳命得到几吓命。"《蜀籁》是写四川的人和事，"跘命"似乎是西南官话中的词语。著名的四川籍作家沙汀《淘金记·十》："是你，你还要扳一下命呀。"因此一些语言研究者认为"扳命"只是四川成都一带西南官话中的词语。其实在扬州、泰州、盐城、镇江等地的口语中也会常常用到。

话说樊聪高中毕业后考入省城一所有名大学，老樊在广州打工，除了奉养母外，还要拼死扳命挣钱供樊聪上学。到了大学三年级樊聪迷恋上网吧，学期结束4门学科挂红灯笼。四年下来，3门学科不及格，不予毕业。按学校规定，一年后可以返校补考，补考及格可发给毕业证书。樊聪在大学的学习情况老樊全然不知。有时晚上老樊与樊聪通电话时，樊聪总是说："正在教室自修呢！"其实他哪里在自修室，正在网吧上网玩游戏呢。四年下来，樊聪对父亲谎称在省城正在找工作。樊聪就读的大学规定，学生毕业就必须离开学校，他就不得不在外面租房住了，老樊仍然按月寄钱给樊聪。一年下来了，樊聪仍然向家里要钱。这一年，他每天泡在网吧，饿时吃面包、方便面，有时夜以继日。老樊不免心存疑虑：怎么下来一年了还没有找到工作！春节是中华民族传统的节日，樊聪竟然没有回家。有人偷偷地告诉老樊，在省城见到樊聪，又黑又瘦，衣冠不整。

春节刚过，老樊也无心去广州打工，下决心去省城找樊聪。樊聪躲躲闪闪，怕见父亲。一天晚上通过手机多次联络，终于在某网吧见到樊聪。樊聪先是一惊，继而羞愧，目光不敢正对父亲。老樊似乎已经知道儿子一年来的情况。回到老家，老樊并没有过多责备儿子，父子长谈了一夜。老樊从父母以上几代不识字，到近几年自己如何在外拼死扳命挣钱，小病舍不得歇，大病舍不得看，几年下来衰老了许多，他意味深长地对儿子说："我们家一树的果子就望你红哪！"

樊聪终于觉悟了。在家待了两天，回到省城，应聘到一家软件公司，凭他的才干、勤劳、忍耐，还有拼命三郎式地拼死跶命地工作，很快赢得了领导的信任。

春节又要到了，一位美丽、大方的姑娘伴着樊聪回到了家乡。

矴

江淮一带民间流传着一句俗语："新剃头，熟洗澡。"意思是，理发要经常换师傅，理发师傅每遇到新顾客光顾时，会认真对待，要图回头客。到澡堂洗澡要去老地方，跑堂的师傅见到老浴客来了，会多送上一两次毛巾把子给你擦去身上的余水。

小高有时会听到爷爷讲起上面的话，因此，他每次去的理发店不固定，走到哪里，哪里师傅有空，就在哪里理。一次他来到一家小理发店，师傅很简单地为他围上围子，松松的，不紧。小高回到家觉得脊梁刺刺戳戳的，很不舒服，请爷爷将黏在他皮肤上的头发矴子一根一根拈去，爷爷特地戴上老花眼镜仔细认真地检查，小高身上一根头发矴子也看不见了，才作罢。小高穿上内衣，仍然觉得刺刺戳戳的，爷爷说，头发矴子戳到内衣缝里去了。小高脱下内衣，自己一根一根地拈，头发矴子太多了，难拈干净，爷爷说，干脆换一件内衣吧。小高换上内衣才感到舒服。

矼，读"枪"音，坚硬的意思。

《红楼梦》第十六回："妈妈很嚼不动那个，倒没的矼了他的牙。"这里的"矼"，是因为坚硬的东西戳了他的牙。

很短的头发矼子竖在衣服上面，当然会如同坚硬的针芒一样刺得人难受。有人将"头发矼子"写成"头发枪子"，乍看起来，似乎还有点道理。一根根头发短桩子像一根根小枪竖在那里。但仔细想来，还是用"矼子"为好。

"矼"，又读"控"音，诚实貌。

詰

小吉初中毕业了，成绩不错，他爷爷坚决让他报考职业技术学院（五年制大专），而不让他读高中。正好，有几所职业技术学院提前到学校来招生，经过面试、看档案，小吉被S职业技术学院录取了。小吉爷爷毕业于某大学机械学系，当时国家号召"到边疆去，到农村去，到基层去，到祖国最需要的地方去！"小吉爷爷在边疆一家工厂一干就是三十年，技术、设计精益求精，为边疆建设做出了贡献。他认为，现在不少青年人喜欢到"北上广"工作，羡慕当白领，一心想坐办公室，不想下基层，如此下去，谁来干实业，谁来创造财富！所以他要让小吉上职业技术学院，好好地掌握一门技术。中央电视台播放了《大国工匠》纪录片，这是国家对人们尤其是青年人释放出的关于价值取向的信号。

小吉从职业技术学院毕业以后应聘到一家工厂工作。他工作认真负责，讲诚信，口直心快，但性情急躁，喜欢争上风理。俗话说："有理也要让三分。"小吉却是无理也要争三分、八分，唾沫四溅，面红耳赤，声震满车间。在工作中为一些技术问题常常与同事们三句话不到就詰起来了，即使同他的师父也是这样。厂里为了提高工作效率与质量、减少工作人员和运营成本，从外国进口了一套设备，还使用了机器人。这套设备小吉的师父及同事们都没有安装、使用过。在安装过程中，遇到关键处，小吉与师父及同事一天要誩几回，几个青年人也同他誩，只有师父不开口，专心致志地潜心研究、琢磨，结果还是按照师父的想法做了，同事们口服、心服，都说："生姜还是老的辣。"小吉也口服、心服。

誩，读jìng，在《说文》《广韵》《集韵》等字典辞书中都收了这个字，义为"竞言""争言"也。在江淮方言中人们口头上会用到，读音同"馋"，意为争吵、争论、争辩。

人们在生活中、工作中对于一件事有不同的看法是很正常的。甲方、乙方双方都应当、必须认真、仔细、耐心地听取对方的意见，尊重对方的意见。有理不在声高，何必动不动就誩起来呢！一誩少好言甚至无好言，伤了和气、伤了感情，无益于问题的解决。此后，小吉很少同师父与同事们誩了。

青椒摵肉泥

青椒才上市的时候，喜欢吃新鲜菜的人家常常会做一道菜：青椒（有的地方统称大椒）摵肉泥。选肥瘦搭配的猪肉切碎，加生姜、葱、蛋清、盐、糖、料酒等拌匀备用。青椒尽可能选较大的，中间掏空，将一勺子肉泥（约有鸡蛋黄大）摵入青椒内，在滚开的油锅中炸一下，起锅后，青椒碧绿，清香，微露的小肉圆金黄、诱人。青椒放入油锅中的火候要掌握好，青椒要青，小肉圆要熟，这全凭经验了。

摵，读chuāi，指以手用力压和揉。

汪曾祺先生是文学家，也是美食家。写作之余喜欢逛菜场。他健在的时候，有几次上午我打电话到他家，施松卿老太说，曾祺到菜场去了。有客人来了，他便自己动手做菜。我曾经在他家尝过他亲手做的菜。汪老做菜常常别出心裁，就如同他写文章一样，"忽出新意"，"有想象力，爱琢磨"。

汪老自己发明的家常菜不少，我曾与高邮的几位大厨一起商量、研究，总结出有十几道菜的"汪氏家宴"，《中国食品报》一整版予以刊登，并配以精美的成菜照片，一些饭店相继制作。江苏科技出版社出版的《中国淮扬菜》将"汪氏家宴"收入其中。

"汪氏家宴"中有一道菜，是汪老的创造发明，"可以申请专利"，那就是油条搋肉泥（汪老称作肉茸）。油条切成寸半长的小段，用手将较软的内瓤掏空，搋入肉泥，还有葱花、榨菜末等，下油锅炸。油条有矾，较之春卷尤有风味。回锅油条极酥脆。油炸花生米、油炸蚕豆瓣时有一个很重要的制作过程，即当花生米、蚕豆瓣在油锅中炸到半熟时，赶快捞起，让它"醒"一下，冷却后再下油锅炸，呈金黄色时即捞起，冷却后极香甜。油条搋肉泥的油因冷却许久了，下锅再炸，所以极酥脆，汪老极欣赏地写道："嚼之可声动十里人。"汪老自称为"郇厨"。"郇厨"者，膳食精美之誉也。

中国有两千多个县市区，油条是大众食品，遍及全国城乡。昆明的油条似乎忒大。高邮等地的年长老太称油条为"丝瓜瓤子"，油条的形状是像丝瓜的瓤子；而且她们将"瓜"读成"孤"音，这是古音啊，吴语等的发音也是这样。

扬州、泰州、苏州等地春天有腌"春咸菜"的习俗。春菜或是青菜，或是雪里蕻，洗净切碎后，初腌，挤干后装入瓶中，加盐等作料，一定要搋紧，不能有些许空隙；封口。腌得多的则用坛子装，用烂泥封口，四五十天后，出坛，色金黄，极香。如果搋不紧，就会发生霉变，产生白醭（bú）了。

节令到了小雪以后，扬州、泰州等地的人家以前有腌萝卜干的习俗，瓶装时也要搋紧，否则也要发生霉变，那就前功尽弃了。

趣·趣格格

我有时到菜场买菜。看到品相好的菜很高兴，并尽快成交，一不还价，二不看秤，卖菜的也高兴。

一天，在菜场门口边，一位老奶奶用电动三轮小货车拖了二三十只鸡在卖，一下子哄了不少顾客，你买，他买，只剩下几只了。有一位六十多岁的老大爷想买鸡，一直在旁边看。他终于要买了："鸡多少钱一斤？"卖鸡的答："13元。"

"人家北海菜场只卖12元一斤。"

"老爹爹，我这鸡是道地的草鸡，你看看鸡爪子就晓得了。"

"我知道，我常买，在行。你的卖价也大了些。"

"我的鸡全是散养的，吃活食，每天定时喂三次稻；闹鸡瘟时，还要定时打防疫针，养鸡的成本在增高啊！"

"12元一斤，你卖就卖，不卖我就到别的菜场去了。"

"老爹爹，你买我的鸡，我高兴；不买我的鸡，我也高兴，生意不成仁义在啊！"

老大爷一面眼睛不离开选好的那只鸡，一面开始挪动脚步向北走了。才走了几步，见卖鸡的没有什么动静，又回到卖鸡的老奶奶房边。老奶奶笑嘻嘻地说：

"怎么样？又想买我的鸡啦！不卖了，带回家给我孙子吃了，孙子今年才考上大学，要补补呢。"

"哎哟喂，又趣起来了，13元一斤就13元一斤呗，一分钱不少你的。"

"真的不卖了，回家给我孙子慢慢吃呢！"

只见那老大爷拎起一只早已选好的小母鸡就走。那老太仍然笑嘻嘻地喊道："就卖给你吧，就卖给你吧！"老大爷回头秤鸡，也笑嘻嘻地说："不要这么趣格格的，生意不成仁义在，生意成了，仁义也在。"老大爷、老奶奶相视哈哈大笑。

"趣"，在江淮方言中指使人愉快、感到有意思、有吸引力，并会给人带来乐趣。卖鸡的老太太明知道买鸡的老大爷还要回头来买,自然心里高兴,便故意装作不卖;那买鸡的老大爷也明知道那卖鸡的老太肯定会卖,只不过用托词同他开了个玩笑而已。在"趣"中二人都得到了乐趣、情趣,趣得有味道,有意思。

趣,在吴语中有"美"的意思。高雅的趣、亦雅亦俗的趣,的确会使人感到美滋滋的。

在江淮方言中,"趣"后面加上"格格"似乎增加了"趣"的意味。

瓤

瓤,在普通话里一般有两种解释:一是瓜果的肉,如黑子红瓤的西瓜;二是泛指某些皮或壳里包着的东西,如信瓤子、枕瓤子等。

江淮一带,"瓤"还有以下的意思与用法。

小董上六年级,喜欢吃面食,妈妈每个星期总要在家里蒸一次包子或包一次饺子给小董吃。小董是一个懂事的孩子,对于妈妈的关心很是感激。一天,他对妈妈说:"今天我来和面、包饺子,让妈妈歇息。"说着就剜干面用水和了。谁知第一次和面,水一下子倒多了,面欠了好久,还是嫌瓤了,请妈妈加了些干面才正好。小董自言自语地说:"下次就晓得放多少水了。"妈妈笑嘻嘻地望着他。瓤,软也。

小董的爸爸长年在北京做工,他跟妈妈在家,妈妈在一家工厂上班,家里还种5亩地,又要照顾小董读书,一天到晚起早摸黑忙得很。中秋节小董的外婆来看他们,见到她的女儿比以前瘦多了,对小董说:"你妈妈身体怎么样啊?怎么比以前瘦了!带你妈妈到医院检查检查。"小董也发现妈妈的精神较以前差了。他曾经劝妈妈到医院看看。妈妈一怕误工,二怕花钱,嘴上答应去,就是不见行动。外婆说:"明儿个就去,有病早点治,小洞不补,大洞吃苦。不能再拖了,再拖身体就越来越瓤了。"这里的"瓤"是差、不好的意思。

小董爸爸回家过春节，看到小董脚上的鞋子要坏了，就带他到镇上的鞋店里去看看。鞋店里架子上的旅游鞋有耐克、彪马、阿迪达斯等名牌。小董一看直摇头：“太贵了，太贵了！”小董爸看看标价：“价格真不瓤啊。”鞋店老板说：“说实话这些都是‘水货’，价格可以客气点。”同时有一位看鞋的顾客还价时对折拦腰砍再打对折，生意居然成交了。那顾客轻轻地对小董爸爸说：“哪里是水货，全是假冒。”小董爸爸心里有数了。这里的“不瓤”就是不低、贵的意思，南京人说成“不瓤筋”。

童边《新来的小石柱》第十一章：“王达力称赞道：‘石柱，你的插秧技术真不瓤嘛！’”瓤，差也；不瓤就是好、行。

肉搨油

江淮一带有一句俗语叫“肉搨油”。肉搨油有简单马虎、虚假哄骗、应付了事等意思。一块面饼放在油锅里炸一下，需要的食油量当然不少。如果用一块熟的肥肉在面饼上搨一搨，从表面上看面饼油光光的，而里面却没有油。肉搨油的面饼比起放在油锅里炸一炸的面饼，自然不脆又不酥，口感不佳，表面上油光光的，是会诱惑人、欺骗人的。

小戚家附近新开了一家饭店。才开张时，菜肴量多、味好，价格也比周围的饭店公道，所以生意很好。要在那家饭店请客，必须事先预订，有时提前预订也订不到了。那家饭店开张一个多月后，菜肴的质量渐渐地发生了变化，菜肴的价格虽没有上涨，但操作程序简化了，量少了，味道也不鲜美了；小戚同几位食客议论道：“肉搨油了，肉搨油了！”有一位食客说得好：“生意越好越要珍惜，信誉得来不容易，决不能麻痹大意肉搨油。”

镇江、扬州、泰州一带“肉搨油”的“肉”的读音与当地读“六”的音相同。

肉妥

小沈在镇上一所中学读高一，住宿。父母都在外地打工，赚钱不易，每月给小沈的生活费500元，他省吃俭用，一日三餐都能够吃饱，但每个月难得吃两次荤菜。期中测验他的成绩在班上名列前茅，高兴起来了，自己祝贺自己，中午买了一个洋葱、白瓜炒肉丝，小沈翻来覆去，覆去翻来，结果只找到两根肉丝，问问其他同学也是如此，有人比他多两根。几个人在一起议论："食堂的洋葱、白瓜炒肉丝真肉妥。"

江淮一带，尤其是在扬州、泰州地区，人在口头上会常用到"肉妥"一词，其意思是简单、马虎、应付了事、糊搋、名不副实等，与江淮一带的口语"肉搋油"有些相似。泰州人口头上会常说："妥啊啦！"妥，读成"吐"音。

妥，在现代汉语中的词义有二：适当、合适；齐备、完毕。

几十年前，江淮一带农村办酒有"猪八样"之说，杀一头猪，可以做八样不同的菜。有的地方无肉不成席，几斤猪肉也可以做出好几样不同的菜肴，所以有肉就妥了。

社会在进步，时俗在变化。当今，请人吃饭，一大碗红烧萝卜，上面放上几块肉，就是招待至亲好友等不速之客也不能说有肉就妥，何况招待那些嘉宾、贵宾呢！"肉妥"成了贬义词。

在扬州等地，肉、绿、六、陆、鹿等字读音相同，而在普通话中"肉"读ròu。

"肉妥的肉丝"与"肉妥的博士"中都关系到诚信。诚信是一个人的立身之本。"言""成"是"诚"，"人""言"为"信"，"诚信"二字中均有"言"字，大丈夫一言既出，驷马难追！

三天吃六顿

江淮一带说"三天吃六顿"这句话时，意思是指一个人在生活困窘的情况下，即使每天只吃两顿，仍然持有乐观的心态处世。

在秦汉以前的春秋战国时期，我们的祖先每日只进两餐。墨子生活的时代就是如此。《墨子·杂守》中写道："军士计每天吃一斗粮，一年吃三十六担……计每天吃一斗，则每餐吃五升。"由此可知，那时的人每天只吃两顿。

殷商时一日两餐称"大食"与"小食"。"大食"时间相当于现在的上午8时，"小食"的时间相当于现在的下午4时（即申时）。周代也实行两餐制。《诗经·小雅》提到："饔"（音"拥"）与"飧"（音"孙"）。《孟子·滕文公上》："贤者与民并耕而食，饔飧而治。"赵岐注："饔飧，熟食也。朝曰饔，夕曰飧。"周代实行两餐制，早餐叫"饔"，晚餐叫"飧"。《论语·乡党》："不时不食。"古人讲究按时进食。

大约在汉代，人们改一日两餐为一日三餐。

在实行一日两餐制的时代，"饔"和"飧"为正餐，倘若清晨、正午、夜晚要加餐时，应称为"点心"。"点心"一词最早见于唐代，是先吃点东西"点"一下"心"暂且充饥的意思。到了宋代"点心"就成了馒头、包子、饺子、糕、团、饼等物的综合名词。后来就渐渐改"小食"为点心了。以至于现在扬州人有用早点、吃早茶的习俗，"一壶三点"，泡上一壶魁（针）龙（井）珠（兰）茶，色、香、味俱佳，三只点心，慢慢饮、细细品，三朋两友，款款叙，别有一番情致。

在农耕经济虽然有了一定的发展，而由于战争、天灾等因素粮食尚不充裕的古代，我们的祖先一日两餐是可以理解的，那时人们的生活节奏也不快，太阳出来了，起床；太阳落山了，上床，三天吃六顿，很正常，很不错了。

多元的文化，有的流传着，有的消亡了，有的改了面，有的新生了。这就是文化的世界，文化的历史，文化的光彩。

顺

顺，《说文解字》："理也。"后来的辞书又说："从也，和也。"江淮方言中，有的词语保留了"顺"的大意，有的词语则是原有意思的引申、发展。

有一位李老师，二十世纪六十年代初在一高校读书，因食量大吃不饱而难以坚持学习，便擅自到青海一大型煤矿的职工子弟学校教书去了，工作了三年，又回到家乡做工、做代课教师、做民办教师，后来转为公办教师。如果在青海工作的三年也算工龄的话，他的工龄总计达到三十年，退休工资也就不打折扣。于局长对李老师反映的问题很重视，多次与李老师在青海工作过的煤矿职工子弟学校联系。由于时间相隔长了，煤矿的人事更迭频繁，学校又撤并了，当年的校长、同事很难联系。李老师隔几天就来造访于局长，于局长对李老师说："你的事，我们一直在积极地查找证据，目前已经有了些眉目，但还有条把腿要顺下子，半个月左右可以有结果。"于局长说的"顺"，理也。他的比喻很形象，有条把腿还没有确当的位置摆设，顺好了地方，放好了腿，事情就妥帖了。半个月后，李老师的工龄问题真的解决了。

小宁从小养成了良好的生活、学习习惯。今年上初一了，学校教学抓得紧，老师大都敬业，但布置作业多，考试也多。当小宁将一天的作业完成以后，已经是晚上11点了，奶奶陪着他，看着他将课本、作业本、文具顺得一一当当，才催小宁快点洗漱休息。这里的"顺"是收拾整理的意思。

"顺"还可以重叠用。某人平时上班工作忙，星期日休息时总要花一些时间将家里顺顺，物件各得其所，客人来了，感到舒服。

老周喜欢读书，每年总要买上七八十本书。最近他好不容易将日本作家村上春树的《挪威的森林》《海边的卡夫卡》买到手，下班后在办公室翻阅了一个多小时，爱不释手。因晚上有约，就随手放在桌上，第二天上班时，两本书都不在了，老周自言自语："才买到手的两本书，不晓得被哪个顺走了。"此"顺"为不告而取，顺手牵羊。

高邮的盂城驿是目前全国保存最完好的驿站，是全国重点文物保护单位，不少游客慕名而来，汽车停在大运河堤上，不知往哪儿驶。热情的高邮人会告诉你："顺到大运河向南行，看到河堤左边的秦邮亭，就到了。""顺到"是"沿着"的意思，扬州、武汉等地常常将"到"代替"着"，如"站着""吃着""写着"说成"站到""吃到""写到"。

小胡升初一了，开学前学校要对新生进行为期一周的军训，教官教小胡等齐步走时，小胡手与腿不协调。应当举右手、抬左腿，举左手、抬右腿，他却是举右手、抬右腿，举左手、抬左腿，教官说，这叫一顺拐。教官分析了原因，很快帮小胡纠正一顺拐的毛病。

在轻松、自如、愉悦情况下的"吃"，也可以叫作"顺"。几个文友相聚，小A说："F昨天拿到了一笔不小的稿费，今儿个晚上我们一齐到他家顺一顿。"小健喜欢吃猪肉，见到桌上的一大碗红烧肉，嘴里说着"不能吃肉，不能吃肉"，一会儿，一大碗肉就被他顺掉一半了。"顺"被当着"吃"用，似是江淮方言中特有的用法，当然，其有一定的地域限制。

在江淮方言中，还有"顺手""不顺手"的说法。所谓"顺手"就是用右手，小健吃饭从小就用左手拿筷子，他常常自豪地对人说："美国的前总统克林顿也是左撇子，科学实验证明，左撇子的人聪明。"可会餐时，坐在他左边用右手拿筷子的人就不顺手，不方便了。

在江淮一带，还有"顺眼""顺便""顺嘴打歪歪"等用法，就不细说了。

馊主意

在冰箱大量普及之前，炎热的夏季中午没有吃完的饭菜如果放到晚上吃，就会变馊了。有经验的人常常这样处理：将饭菜放到锅里烧开了，打上一盆井水，放在水里逼，晚上再吃，饭菜都不会变质。

清兵入关之前，努尔哈赤、皇太极的京城设在沈阳，其时叫盛京。在沈阳的故宫博物院里可以见到几百年前的冰箱，即将冬天搜集到的冰块放在柜子里，用棉被等捂着，夏季就成了冰箱，食物放在里面不会馊。

食物会馊，江淮一带的方言中有"馊主意"一词，主意、点子也会馊。"馊主意"是指损人的，甚至引人上当、受骗的主意。

饭、菜变质了，会发出馊味；对于某些人出的馊主意、馊点子，头脑清醒的人、嗅觉灵敏的人如果警觉地嗅一嗅，也会嗅到"馊"味来的；早早地闻到了"馊"味，也就不至于上当、受骗了。而于喜欢出馊主意的人也应该反思反思，要记取中国的古训："己所不欲，勿施于人。"

馊主意往往不易被人察觉，因为它常常打着关心别人、为他人着想的旗号。

渹渹

二〇一五年六月一日21时28分，隶属于重庆东方轮船公司的"东方之星"客轮，在从南京开往重庆途中的湖北省监利县大马洲水域，突遇龙卷风翻沉，船载456人。

事件发生后，党中央、国务院高度重视，立即批示：全力开展翻沉客船搜救。六月二日一早，相关部门负责人，冒着渹渹大雨，指挥救援和应急处置工作。

渹渹，《集韵》："色角切，音朔，大风雨貌。"这一词在江淮方言中会用到，用来形容雨大、风大，大雨伴有大风；单独下大雨时可用到，而单独刮大风时一般不用。

渹，以"AA"式重叠，不单用。可以说"渹渹大雨"，也可以说"大雨渹渹"。

交通运输部组织的专业救援人员，中国人民解放军、武警总队官兵以及湖北省相关的工作人员在渹渹大风雨中展开了紧急救援，充分体现出新时代人与人之间关系的友善、担当以及对仁爱之心的褒扬。

法国大作家大仲马曾经说过这样的话："人的一生的智慧可以集中于四个字上：等待、希望。"一个有远大抱负的人，等待出现飒飒大雨，希望在飒飒大雨中磨砺自己的精神、意志，将来成就伟业。

上算

老沈七十岁，十多年前从一家工厂退休，退休金每月两千元左右。老伴年轻时帮佣，年老了就不做什么事，操持家务。他们俩的儿子、儿媳原都在一家工厂上班，后来工厂倒闭，下岗了，再就业，现都在外地的一家公司打工，收入均不高。

老沈有个孙子，已经上高二。老沈的退休金倘只用于祖孙三人的日常生活，够了。孙子后年就要考大学，他早就计划积蓄一些钱准备孙子上大学。孙子的学习成绩一般，假如考到个"三本"，那每年的学费就将近两万元。老沈夫妇俩平时的生活就很简单，省吃俭用，退休以后加个"更"字。

老沈没有什么兴趣爱好，也不喜欢打牌，但每天坚持散步，上午一个半小时，下午一个半小时。G城的范围不算小，他今天向东走，明天向西跑，后天往南逛，大后天朝北荡，G城的大街小巷几乎都被他跑遍了。他对于几个大型超市门口的广告以及商家的销售消息尤其关注，譬如某超市上午8时至10时有特价的大米卖，原价每斤2.8元，现价2元，每人只能购10斤。又如鸡蛋原价每斤4.8元，现价3元，每人限购2斤。还有猪肉、海鱼、各种蔬菜、点心的特价消息，他都认真仔细地看，记在心上，到时有选择地买一些日常需要的东西，什么猪肉、海鱼、家禽等荤食品，他是很少问津的；即使是特价，还是比蔬菜贵多了。他除了每天给孙子吃一只鸡蛋外，偶尔买些荤食给孙子加餐。

当老沈每次从超市购到一些特价的食物、用物时，他喜形于色地对老伴说："你看，上算！"有一次他买到一桶5升的玉米油，价格只是原来的一半，拎回家对老伴说："真上算，真上算！"

上算，江淮方言，合算、划算的意思，是谋算中的上策、上乘。在北京话里也用到。老舍的《骆驼祥子·四》："三条牲口才换了那么几块钱，而自己倒落了个外号，他觉得有点不大上算。"江淮方言与北京话同属于北方方言区。

老沈也遇到了一件不上算的事情。去年夏天，气温高达38摄氏度，老伴特地为孙子熬了绿豆汤，谁知熬多了，祖孙3人都喝不下去了，放在冰箱里冷藏了两天，拿出来闻闻，味道不大对劲，看上去已经生了泡沫，老沈舍不得倒掉。他想到从前，他在镇上的中学读初一，学生与老师的口粮计划每月只有二十斤左右。有的老师因营养不良得了黄肿病，每月特供黄豆、绿豆、秕糖制成的营养粉一斤，他看到了也眼馋啊，就在那一年他失学了。如今的日子多好过啊！想着想着，一大碗绿豆汤就下肚了。过了不到一小时，老沈的肚里唱戏了，咕噜咕噜响，再过一会儿就上吐下泻，实在挨不住了，坐三轮车到了县医院，这里化验，那里检查，医生说他得了急性肠胃炎，是食物中毒引起的，住院3天才康复，用去四千多元。到了家，老沈对老伴说："一碗绿豆汤，花掉四千块，不上算，真不上算！"

上算，还有一个意思，即上当、中计。吴敬梓《儒林外史》第十五回："他原来结交我是要我骗胡三公子，幸得胡家时运高，不得上算。"作者是安徽全椒人，也属江淮方言区。

神气六国

G县城的体育场四周有较大的空地，多年春秋两季总有些外地客商来这里搭起帐篷开商品交易会，什么皮草货、床上用品、各式服装、羊毛衫、南北特产干货、海产品、风味小吃、家用电器等等，人们生活所需的，似乎应有尽有。一进帐篷，灯光明亮，推销产品者，神气六国地介绍自家的商品，一遍又一遍重复，不厌其烦。

江淮一带，称一个人神气活现的神态、语言、架势等叫"神气六国"。

语出有因。这"神气六国"与战国的苏秦说六国有关。苏秦，战国时东周洛阳人。起初他游说秦惠王吞并天下，惠王不信他，不用他；他就游说燕、赵、韩、魏、齐、楚六国合纵抗秦。每到一国游说，精神抖擞，口若悬河，气势旺盛，咄咄逼人，终于说服六国，掌六国相印，神气于六国之间，为纵约之长。后张仪游说六国奉秦，也是神气于六国之间，史称"连衡"（又写作"连横"）。张仪，战国时魏国人，相传与苏秦同师于鬼谷子，他相秦惠王时，说六国连横奉秦，破了苏秦的合纵。惠王死，武王立，对张仪不信任，六国又合纵抗秦了。张仪回到魏国任相，一年后死去。

在生活当中，神气六国者，有的底气很足，说起话来有理有据，于是外现于态就精神气足，神气活现，有人会真的被感动了。有的人底气匮乏，为了达到某一目的，装成神气活现的样子，仔细认真听他的话，会从中发现破绽，任凭他说得神气六国、天花乱坠，总会令人有不可靠、不信任的感觉。

神气六国宣传真理者，精神可嘉、可敬、可佩；神气六国说假话者，其言其行可恶。而在生活中有时会遇到真假难辨的事，甚至"假作真来真亦假"。经过多次磨炼，炼就一副火眼金睛，不管你是苏秦，还是张仪，我的主见岿然不动。

江淮一带人，还有的在"神气"与"六国"之间加上"大"，成为"神气大六国"，说此话时一般带有嘲讽的意味。

省油灯

陆游《老学庵笔记》："宋文安公集中有《省油灯盏》诗，今汉嘉有之，盖夹灯盏也。一端作小窍，注清冷水于其中，每夕一易之。寻常盏为火所灼而燥，故速干，此独不然，其省油几半。……则汉嘉出此物几三百年矣。"

国人在没有使用电灯、煤油灯前，是用植物油放在灯盏里，用灯草或棉线条做芯。陆游所讲的省油灯，灯柱是空心的，上端有一小孔，注入冷水，点灯后，冷水可以降温，因而可以省近一半的油。省油灯起码在唐代就使用了，国人真聪明啊！

在江淮一带，"省油灯"有其喻义。有的人喜惹是生非，或为了谋取私利，专找别人麻烦。别人为了对付他，要消耗时间、消耗精力、消耗财力，因而别人在背后常称之为不是一盏省油的灯。

节俭是中华民族的传统美德，我们的先辈发明省油灯就是一例。随着时间的推移，节约能源显得越来越重要。节约是传统美德，浪费是可耻行为；但是耗费别人的精力同样是可耻行为。鲁迅先生曾经说过："浪费别人时间，无异于谋财害命。"

为自己、为别人精神上都少耗"油"，集中精力去干正事，这是时代赋予我们每个人的职责。

著名收藏家马未都先生一次讲到，他收藏到了一盏省油灯，与陆游《老学庵笔记》里所写的一模一样，陆游的文章得到了验证。

高邮的一家灯具照明公司规模不小，老板在公司内开设了灯具博物馆，搜集了中外古今、奇形怪状的灯具，可谓琳琅满目；我去看了一下，佩服老板的良苦用心，但没有见到省油灯；其实，可以复制一盏，还可以使人想到它的喻义。

刷刮

吉奶奶刚过八十岁生日。做寿那天，亲戚朋友、左右邻里都来祝贺，她在家前的小广场上搭起敞篷，办了十多桌酒席，她当主厨，儿孙、邻居帮忙，每桌12道菜，红红火火、清清爽爽，个个吃得欢欢喜喜而归。亲戚朋友都夸吉奶奶做事刷刮。

吉奶奶年轻时就打扮得俏俏刮刮，能说会道，性子愓，做事快，她的

"嘴一张，手一双"在那条街上是有了名气的。

吉奶奶同儿子、孙子住在一起，虽然八十岁了，仍然负责买菜、烧三顿，一有空就扫地、抹桌子，家里整理得干干净净、有条有理。她常对儿孙们说："走到一户人家窗明几净，四壁发亮，这户人家才兴旺发达，日子向上。"

刷刮，在江淮一带常用到，是指一个人做事快且干净、利索。一个人做起家务事来，先一"刷"，再一"刮"，动作连续，真快啊！又"刷"又"刮"，难道不干净嘛，"刷刮"一词，形象至极。

"刷刮"也可以说成"刷刮得很"，后面带补语。

"刷刮"，可以以"AABB"式重叠，即"刷刷刮刮"，"刷刮"的程度加重了。

"刷刮"后面还可以带上"麻里悚"，即"刷刮麻里悚"，说起来更显得轻松、自如、自信。

悚，读sào，不卷舌，快性也，当今的字典辞书惜未收入。江淮一带口语中经常用到。吉奶奶说话、做事都悚，刷刷刮刮，真是刷刮麻里悚。

手脚

手和脚是指人的四肢。自从猿变成人以后，前两肢为上肢，有"手"，后两肢为下肢，有"脚"，各自有不同的功能；特殊情况下需要手脚并用，因此，"手"和"脚"可以组成一个联合式结构的名词"手脚"。

手脚，在一般的字典辞书里面通常有两种解释：一是指举动或动作。王爷爷已经八十五岁了，因为他一直注意合理的饮食，坚持适当的体育锻炼，所以身体硬朗，手脚灵敏而利索。二是指某人为了实现某种不可告人的企图而暗中采取的行动（含贬义）。某小学五年级一班在选班干部，老师看中了小袁，其实不少同学对小袁的印象不怎么样。全班同学投票选举后，同学计票，班主任老师却独自唱票。明明是投别人的票，班主任却"唱"

成投小袁的票，结果小袁当选了，而且得票最多。同学间面面相觑，有的同学小声说："恐怕老师做了手脚了。"

在江淮方言中，"手脚"一词却有两种不同的含义和用法。

小孙二十六岁了，好不容易相中了男友小殷，小殷对小孙真是百般殷勤，体贴入微，小孙很是感动，于是说服妈妈，请小殷来家吃饭。小孙妈妈对这位准女婿从外表上看大体满意。小孙妈妈是一位体察细致的人。小殷到她家两次，而她家里博古架上的小摆设如地球仪式的打火机、小汽车样的小钟都不见了。小孙妈妈犯疑了，问女儿，女儿说没有拿。是谁拿的呢？到了小殷第三次来她家的时候，她暗暗地为小殷全程录像，终于发现，小殷将博古架上的小景泰蓝花瓶偷偷地放到裤袋里了。小孙妈妈同小孙摊牌了：小殷手脚不干净，不能继续同他交往。可小孙坚决不相信。妈妈将录像放给女儿看，小孙大为惊诧：这怎么可能呢！将小殷喊来，小殷一切都承认了，辩解道："从小就养成了小偷小摸的习惯，心理医生说这叫'盗窃癖'。经过一段时间的调理，这癖好是可以改掉的。"不管小殷怎么说，小孙妈妈就是不同意小孙同小殷继续交往。手脚不干净，即有小偷小摸的行为。

小芳与小石在网上相识，很快就见面了，相处两个月就住在一起了，这在五六十岁的人看来似乎操之过急，甚至近乎荒唐，而有一些青年人却认为是时尚。两人均在一家物流公司上班。两人住在一起一个月左右，小石发现小芳的手脚很大。二人逛商场，小芳看到一只时髦的坤包，标价3万元，小芳坚决要买，经过讨价还价，最后以2万元成交，这是小石一年的积蓄啊！小石心疼，小芳若无其事。不久，小芳又要买几千元一套的高级内衣、几千元一双的高级旅游鞋。这样下来，小石实在负担不起，小芳的手脚太大了。二人和平协商分开了，只当一般朋友相处。手脚大即大手大脚乱花钱。

手脚不干净者要洗洗手，洗洗脚，更要洗洗脑；手脚大者要缩缩手，缩缩脚，也要洗洗脑。

搨 · 搨刮 · 搨肩

吴语谓漫不经心而作书画为"搨";江淮一带,漫不经心、胡乱地写字、涂抹称作"搨"。

《初刻拍案惊奇》卷一:"求了名人诗画,免不得是沈石田、文衡山、祝枝山,搨了几笔,便直上数两银子。"《何典》卷八:"那伙强盗已一拥进房,各人搨得花嘴花脸,手里拿着雪亮的鬼头刀。"《初刻拍案惊奇》作者凌濛初,明代浙江乌程人,在上海、徐州等地做过官。《何典》作者张南庄,清末苏州人。

小胡上初二了,有些厌学。老师布置的作业,他有的做,有的不做;即使做了,也是碰他高兴。高兴时字写得还可以;不高兴时乱搨一气。老师呢,似乎对他也放弃了。到了初三,老师劝他回家,不要参加升学考试,否则影响全班的升学率,而升学率的高低是同老师的奖金挂钩的。

小王生来就是一副搨肩膀,为了美观,他定制的西服的垫肩总比别人高一些。"搨肩膀"的"搨"是耷拉、垂下的意思,这在古代就用。唐韩愈、孟郊《斗鸡联句》:"头垂碎丹砂,翼搨拖锦彩。"宋代、清代也有这样的用法。

二十世纪六十年代,大批南京知青被下放到宝应县边劳动锻炼,边接受贫下中农再教育。去年一些知青重返旧地,都希望吃到一种叫"搨搨乌"的青菜(叶乌黑,全下垂紧贴地面),村主任特地以一大锅搨搨乌烧百页招待,知青们吃得香美,更主要的是激起知青们对几十年前"修地球"的生活的回味与怀念。

有人生得高鼻梁、白果脸,有人生得搨鼻子、大扁脸。好事者调侃道:"搨鼻子大扁脸,天下都难选。"

奋

小丁读初二，身高1.7米，体重70公斤，在班上同学都喊他小胖子。

小胖子去年春天得了感冒，妈妈很不以为然，买些常用药给他服服，以为很快就会康复。半个月下来，小胖子又咳嗽了，夜里咳得厉害，半夜睡不着觉，第二天起来发现，痰里还带血丝。这一下引起了小胖子妈妈的重视，赶忙将他带到县医院进行较全面的认真检查，结果是小胖子得了肺结核病。医生说，结核病在某些地方还比较猖狂，但现在医疗技术发达了，按规定服药，不久就会痊愈。而在中华人民共和国成立以前，结核病是顽症，在落后地区是不治之症。

一个多月折腾下来，小丁的体重下降了十多公斤。

小丁不得不休学一学期，在家静心治疗、休养。妈妈一方面每天每顿给他按时服药，另一方面给他加强营养。每天早上给他吃两只鸡蛋、喝一大杯牛奶，加上点心，中午、晚上鸡鸭鱼猪肉、各种蔬菜均衡搭配，睡觉前再喝一大杯牛奶。两个月下来，小丁的体重已达80公斤，较得病前增加了10公斤。脸上有红有白，更加滋润。一天傍晚，班主任王老师来看望小丁，发现小丁原来不大的脸长得奋下来了，很是高兴。小丁一面感谢王老师，一面闹着要复学。王老师劝他再休息一段时间，等身体痊愈了再去上。如果不痊愈复学，弄不好病复发就难办了。小丁听了王老师的话继续在家治疗、休养。

奋，读tǎi，"胎"的上声。《字汇补》："胎上声。面大曰奋。"明代陆容《菽园杂记》卷十二："奋，音胎字上声。南人骂北人为奋子。"奋，从造字法来看，属会意字，"大""面"为"奋"，江淮方言中这个字有时会用到。

小丁生病期间，他父母的不少亲戚、朋友，以及同学都来看望他，还带来慰问品。半年后，小丁的身体康复了。小丁的父母决定要请4桌客人，答谢他们对小丁的关爱。联系了几家饭店，每桌菜肴价格在800元到1200元。尽管小丁生病期间父母用了不少钱，家境并不宽裕，但人活在世上要活得体面，鲁迅说过："面子是中国人的纲领。"小丁父母拟到一家大酒店办答谢宴。这一打算遭到小丁奶奶的反对。奶奶的反对拗不过小丁的父母，结果答谢宴还是到一家大酒店办去了。

答谢宴过后，小丁同父母回到家里，奶奶忙问："今儿个菜怎样?"小丁妈妈答道："不怎么样，样子好看不中吃，不实惠。"小丁爸爸说："菜肴不够，感情来凑，客人们还是满意而归的。"小丁奶奶是社区里小有名气的厨娘，奶奶责怪道："如果我在家里办，一半钱都用不到，要把客人一个个吃得奋下来哪!"这里的"奋"指客人们满意，脸都笑大了，似乎一下子脸也吃大了。

江淮一带似无骂北人为"奋子"的话。

奋，又读pò。

俚尸

一九二五年夏天，生活在G县城的戴大妈得了一场病，上吐下泻，请当地的名老中医看，仍不见好转;那时全城还没有一位西医。5天下来，戴大妈不进饮食，喝白开水也吐，家人为她准备了后事，在堂屋里搁上俚尸床。江淮一带，俚尸床需用独扇门板，上面铺上些稻草，再放上草席。这年她四十九岁。

戴大妈上了俚尸床，双目紧闭、气息奄奄，她的女儿才十五岁，很希望她活过来，仍然撬开她的嘴，用勺子灌水。突然，戴大妈睁开双眼，用手指着墙，不能说话，家人一再问她，有什么事要关照，她总是一句话不能说，似乎嘴唇在嚅动，右手手指仍不时地指着右边墙的中间，家人顺着她所指的地方，发现墙中间有一块砖好像被挖出来过，砖四周已没有了石灰。她的丈夫撬开那块砖，里面有一个红布做的口袋，拿出来沉甸甸的，倒下一看，竟是50块"袁大头"。这时，戴大妈似乎放心了，安详地睡着了。

　　几小时后，戴大妈竟然苏醒了，她的女儿又继续喂她汤药。几天以后，戴大妈奇迹般地逐渐康复了。

　　戴大爷几年前染上抽鸦片的恶习，当地民间有顺口溜云："大烟上了瘾，头发扭成饼，鞋子无后跟，虱子玩龙灯。"戴大爷就是这样。他得了妻子平时省吃俭用积攒下来的50块银圆，自然喜出望外，于是加劲地抽大烟，很快就把钱抽光了。

　　过了三年，还是夏天，戴大妈又得了上吐下泻的病，十个手指都瘪了，当地人称这种病为"瘟脶痧"，后来才知道，西医叫"霍乱"。家人又在堂屋里为她搁了侹尸床，戴大爷还指望着她再指着什么地方，发个意外之财。据邻居说，戴大妈还有些私房钱，而她在侹尸床上，手指再也不指不画了，终于再也没有醒来。

　　侹，音"挺"，平直曰侹，引申为平直而长的样子。"侹尸"有人写成"挺尸"，不对，因为"挺"的意思是"笔直"。

　　W今年暑假大学毕业了，他不急忙找工作，现在大学毕业生中流行"慢就业"，急着快找工作，一下子找不到适合自己的工作。于是就玩电脑通宵达旦，白天睡大觉。他妈妈对他这种生活方式很不满。白天，W的手机总是关着的，他的同学就打电话到他家，有时他妈妈接了。对方问："W在家吗？"W妈妈便很不高兴地答道："侹尸呢！"对方大笑。江淮一带将"睡觉"说成"侹尸"是詈骂人的话。其实W的妈妈大可不必这样，对自己孩子的教育，既要和风细雨地说理，也要耐心有涵养地等待。当然，W也要下决心改掉自己的一些不良习惯。

偷·偷人

　　偷，《说文解字》："苟且也。"所谓"苟且"，即只顾眼前，得过且过；或做事敷衍、马虎；还有的指不正当的男女关系。

　　当今的"偷"，除保留了它的本意"苟且"外，词义又有了发展。私下里拿走别人的东西，据为己有为"偷"；指偷盗的人，如小偷、惯偷；瞒着人做某件事，如偷看、偷渡、偷着乐，还有江淮方言中特有的"偷人"；指抽出时间，如忙里偷闲等。

　　江淮一带，如果一个女子瞒着家人暗地里同另外一个男子发生不正当男女关系，人们在她的背后则指指戳戳地说："这个女人偷人。"这里的"偷人"，是指瞒着家人做某些不可告人的丑事，且专指女子。一个女子如果偷人很多，就被称为"偷人精"。如果一男子瞒着妻子在外面同别的女子发生不正当男女关系，则不可称作"偷人"。

　　十几年前我去过越南的下龙湾。从中国的广西东兴市过关就是越南的芒街，再向南180公里就到了下龙湾。下龙湾的海面上有三千多个岛屿，号称"海上桂林"。下龙市是广宁省省会，接待我们的导游是二十岁的小伙子，旅游学校毕业。晚上我们逛夜市，导游提醒我们："你们的钱包、贵重东西要放好，这里的偷人多。"导游的汉语讲得不错，他所说的"偷人"是指"偷东西的人"，我们也听得懂。听了导游的提醒，我从语言学的角度思量，我们江淮方言中的"偷人"在越南竟然还有另外的意思，语言这东西太有意思了。

　　江淮方言中的"偷人"，读时、说时的重音似在"偷"，越南话中的"偷人"是指"偷盗的人"，重音也似乎在"偷"，但二者的意思却是迥然不同的。

头·脑

　　"头"和"脑"在江淮一带可以组成四字的成语、俗语等词组，而且大多是约定俗成的。

　　王大妈退休以后，在家一天从早忙到晚，忙三顿离不开锅头灶脑，小孙子的鞋头脚脑啊；她大半辈子节约惯了，旧衣服改改补补的针头线脑啊，真的忙不了。

这个伢子长得大头大脑、虎头虎脑、胖头胖脑；另一个伢子长得猴头猴脑、怪头怪脑、缩头缩脑；还有的伢子生得圆头圆脑、愣头愣脑、小头小脑、呆头呆脑、贼头贼脑。

有的领导喜欢没头没脑批评人，情况不明就劈头盖脑训人。

有的人不善与人交往，说话臭头臭脑的。

这东西放的不是地方，碰头打脑的。

小李喜欢读古典诗词，他认为古典诗词可以补充生命的元气，高兴时大声朗诵，摇头晃脑。

小王写文章秃头秃脑，一点不生动。

小钱与人相处尖头尖脑，不占便宜不舒服。

小单说话、处事桌头桌脑，一点不灵活。

这家伙是个小涎头，一天到晚神头二鬼、涎头涎脑。

张奶奶的孙子满月了，很多亲友来祝贺，她抱起圆头圆脑的小孙子当着众人祝福："乖乖，祝你耇头耇脑、长命百岁。"这里要顺便说一句，"长命百岁"是用来对小孩的祝福，而现在有些人在祝福八十岁老人时，也用上"长命百岁"，真的返老还童了。

在以上的四字一句的成语、俗语的词组中，"头"和"脑"有的是实指人体的部位"头"与"脑"；有的则是衬字，并非实指，在构词的方式中属于辅助成分，称为"后缀"，如同"儿子""孙子""老子"的"子"一样，而"老鼠""老虎""老婆"的"老"则称作"前缀"。

在众多的有"头""脑"组成的词组中，要特别提出的是"耇头耇脑""涎头涎脑""桌头桌脑"。

耇，老；寿也。《诗·小雅·南山有台》："乐只君子，遐不黄耇。"黄耇，古代形容长寿的人。两千多年后的江淮人，至今仍用"耇头耇脑"来祝福小孩长命遐龄，如果写成"狗头狗脑"就难以讲通了。

涎，读"嫌"音，本意指口水。江淮一带称厚着脸皮、不怕出丑、惹人发笑、讨人厌烦的人为"涎头"。小先平时喜欢说俏皮话或露出怪样的神情、做出怪样的姿态惹人发笑，人们便说小先这人涎头涎脑的。涎头涎脑者常常惹人笑得流口水，倘写成"嫌头嫌脑"，涎水就没法流了。

"桌头桌脑"是说一个人呆板不灵活，如同一张大桌子放在那儿一样，难于挪移。江淮一带人有时会说一个人撑饱了，朝那儿一桌，桌在那儿难以走动了。

投·拼投

沈奶奶八十岁，几十年来，在生活方面她总是精打细算，勤俭持家。她有个习惯，这一顿吃不完的饭、菜，决不倒掉，她要放在锅里烧开了，投到下一顿吃。现在有冰箱了，她还是这样，上顿吃不完的饭、菜，烧开了冷下来放进冰箱里，投到下顿吃。

上顿投下顿的"投"这一字，似是江淮方言中所特有的。在字典辞书里，"投"有好几种解释，这里的"投"是传送、递传的意思，这一顿吃不掉的饭菜往下顿传送、递传，下一顿吃不掉的饭菜再往下一顿传送、递传，一顿一顿往下传送、递传。

沈奶奶的孙女已经出嫁了，每逢节假日她总要带着礼品回家来看望奶奶。一进门，放下礼品，开冰箱，发现里面有剩饭剩菜不声不响往垃圾桶里一倒，笑嘻嘻地说："奶奶，跟你说过多少回了，剩饭、剩菜里有亚硝酸盐，吃了对身体不好。"沈奶奶也笑嘻嘻地说："倒掉太可惜了，奶奶不怕，奶奶身体里有化毒丹呢！"祖孙俩相抱，哈哈大笑。

沈奶奶的小孙子振华今年参加高考，高考前学校的两次模拟考试成绩都不错，在高三毕业生中属于中上等。临考试时受了凉，发高烧，成绩公布时，总分达"二本"线，但在"二本"尾子了。沈爷爷共有两个儿子、一个女儿，一个星期日下午，儿子、女儿都到家了，沈爷爷说："今天开个家庭会，请你们来拼投一件事：振华高考成绩在'二本'尾，是争取上'二本'院校呢，还是上'三本'院校。"大家拼投的结果是：与其上"二本"不吃香的专业的院校，不如选一个时尚的热门专业的"三本"院校，毕业以后工作好找。沈爷爷、沈奶奶对于拼投的结果很满意。这里的"拼投"是商量的意思。

"拼投"这一词语也是江淮一带所特有的。拼，连合的意思；投，合、投合。如：什么钥匙投什么锁，臭气相投，情投意合等。老人大概都还记得童年时玩过一种游戏，就是拼投七巧板。有七块形状、色彩不同的小板子谁能很快地拼投成一块方形或圆形的整板子，谁就是赢家。这是训练、培养思维、智慧的一种游戏。"拼投"就是连合的意思，拼投的过程就是商量并使之成功的过程，拼来拼去，投来投去，各方意见"连"起来，就能"合"。

遇到什么困难事、麻烦事，多找几个人拼投拼投，集中多人的智慧，事情成功的概率就会大些。

舞而不轨

X四十多岁了，是小镇上喜欢出头露面并有点名气的人物。之所以说他有点名气是有原因的。

X在镇上读到初中毕业，在校学习不大用功，较调皮，有时候也捣蛋。初中毕业后便到镇上的一家企业做工。他的兴趣很广泛。镇政府请来几位书法家，他在一旁认真观看，但回家并不认真临摹书法家的书帖，而是龙飞凤舞地乱写一通，他在报纸上看到日本书法家就是那样写的，说这是现代先锋派的书法。镇文化站倘若搞什么活动，他丝毫不怯场，会胡乱地大写一阵，有几个好事之徒在旁边叫好，X将辱谤当恭维了，写得更加起劲，有点昏昏然了。

X见到画家作画，他也学，但不是从基本功学，譬如画山，有斧劈皴、披麻皴、解索皴、卷云皴、荷叶皴等，而他画起山来，外形尚可，什么皴就不管了，或花花斑斑，或实实在在。作画不是还有苔点嘛，他的苔点如散豆，或如铁丝穿豆，在大庭广众之中，X照样能表演一番。

　　X喜欢玩乐器，譬如拉二胡，小镇上有些人喜欢唱扬剧、淮剧，什么大陆板、大悲调，他都可以拉，得意时摇头摆尾，如入无人之境，但什么弓法、指法那就不管了。镇上小学有架风琴，他利用星期日常去学弹。小学音乐老师家有架钢琴，小孩每星期日要到扬州拜师，有时那小孩会表演弹一曲，X见此情状，也要上台弹上一小段，不过他是按弹风琴的技法弹的，听的人哄堂大笑，他全然不顾。

　　X喜欢写文章，有时在县报上会见到他的豆腐块文章，此时他会吹嘘一番，兴高采烈地向别人介绍写作经验：一要热爱生活，细心观察生活，捕捉生活；二要多读书（他自己家藏书不少，大都没有读过，或者浅尝辄止，与别人谈起来，只懂点皮毛而已）；三要多动笔（可一年只能在县报上见到他写的几篇小文章）。X介绍的这三点经验确实不错，但他自己却不能踏踏实实践行。

　　X还喜欢演戏，一段时期小镇上流行几出革命样板戏，他要演《红灯记》里的李玉和、《智取威虎山》中的杨子荣，他唱起来虽然是有板有眼，但唱腔像是唱歌，更是缺少京剧的那种韵味；至于道白、做、打真是有些随心所欲了。

　　像X这样的人，似乎什么都懂一点，什么都会一点，什么都能"舞"两下，但都"舞"得不合规矩，不上轨道，江淮一带的人私下里自然而然地会说："这个人舞而不轨的。"

下头

　　在电视台或一些会议上，常常听到一些人讲话时喜用"然后"，不当用时也用，而且一个"然后"接着一个"然后"，讲话者讲的内容即使如何精彩，听者也或情不自禁地发笑，或面露厌色，讲话效果打折扣，甚至有人无心听讲话者发言了。

　　江淮方言中，不说"然后"，而说"下头"。某人在台上发言，"下头"

不断，台下有人为他数着"下头"，5分钟的发言，竟用了24个"下头"。江淮方言中"下头"的"下"说成"huó"，有的地方说成"hé"，扬州话就是如此。这是吴语的读音。

语言学者常将中国的方言划分为七大方言区：官话、吴语、赣语、客家话、湘语、闽语、粤语。在这七大方言之中最早形成的是吴语与老湘语。在西晋时，黄河以南以及今天的沪宁线上均是一片吴语声。

据地方志记载，在扬州历史上对方言产生较大影响的有三次。第一次是晋永嘉后，晋室南渡，原讲吴语的建康（今南京）人也被西晋的达官显贵的北方话所冲击、裹挟，中州士女也避乱扬州；第二次是北宋末年王室南渡前留住扬州一年半，大批北人亦随之而来；第三次是元末遭兵燹，"明初查理户口，土著始十八户，继四十余户而已，其余皆流寓尔。"因受移民影响，原讲吴语的扬州等地区逐渐形成了有自己特色的江淮官话，但仍保留一些吴语读音和词语，"下头"就是一例。不过，现在苏州话中的"下"已无声母，且是浊音。

镇江、扬州、泰州一带有一句歇后语："打破沙锅璺到底。"璺，读wèn，而镇江、扬州、泰州一带却读成mèn，这也是吴语的读音。在吴语中"问""闻"都读成mén。

雄，普通话读xióng，吴语读yóng，零声母，浊声。在高邮一带"雄"一般都读普通话音，但在"雄鸭"一词中却读成吴音yóng，而且仅在此一词中从吴音。

江淮方言形成了自己独特的读音、构词方式和语法规律，而吴语的影响仍然存在，特别是在江淮方言中有大量的发音短促有力的入声字，这是在北方官话等方言中所没有的，因而江淮人撰起对联、写起格律诗、填起词曲来要方便得多。

但愿人们在讲话中当用"下头"时才用，不当用"下头"时则不用，以免影响讲话效果。

江淮方言与吴方言的关系说了不少，"下头"再说吧。

下饭小菜

扬州的酱菜是有名的，有酱制的黄瓜、莴苣、生姜、萝卜头、宝塔菜等。扬州一带的人家还会自制小菜，在立冬以后用大青菜腌制大咸菜，可做汪曾祺先生小时候就爱吃的慈姑咸菜汤。春天用切细的青菜或雪里蕻腌制成春咸菜，用油一炒，再加一些蒜泥，其味香美，那是下饭的榔头，一碗饭几口就下肚了，就好像用榔头把饭捶下肚似的。浙江、苏南一带腌制的竹笋、青豆，那也是下饭的小菜。小碟盛下酒饭的菜（多为盐或酱腌制的）都叫作小菜。江淮一带也将小菜来泛指鱼肉蔬菜等。譬如：老韩的孙子参加高考时，邻居老沈关切地询问："孩子这两天苦啊，弄点什么小菜给他吃呢？"老韩答道："孙子喜欢吃红烧鱼，煨老鸡汤，都有。"

江淮方言中，"小菜"有另外的意思。

老石和老艾都已经六十出头，过去是同事，现在都迁到新居，又是邻居，几乎每天都在一起下棋打扑克，每月逢"十"七八个老友还在一起吃早茶，方式是"抬石头"，费用共担。老石生性爱说笑，喜欢调侃人，经常在老朋友面前拿老艾开心。一日吃早茶时，老石说最近老艾有两件事快活。一是昨天一天之内游了"新马泰"，这个新马泰不是新加坡、马来西亚、泰国，而是高邮城区的新河边、马棚巷、泰山庙；二是老艾的儿子升官了，前天当了部长，让大家猜猜是什么部长。大家猜不出。老石慢条斯理地说："小卖部部长。"原来小艾新开了一个小卖部。老艾为人憨厚，别人拿他开玩笑时从不急脸，他认为别人瞧得起你才同你开玩笑，以自己的被调侃而换得朋友之开心，何乐而不为！老艾将老石的肩膀一拍："我是你的下饭小菜噢！"

老艾说的"下饭小菜"，意思是：老石不论时间不论空间调侃老艾，就如同每天吃的小菜一样，下饭得很，便便当当，顺顺当当。

浙江绍兴一带，将每天吃的荤菜、蔬菜统称为"下饭"，想来鲁迅先生也是这样说的。绍兴话属吴语区，"下"的声母读成"h"，而且是浊音，与高邮、扬州一带的"下头"的"下"读音相近。在农耕经济不发达的古代，人们以饭食为主，小菜为辅，小菜是用来下饭的，小菜投口，饭就吃得多；小菜不投口，那就不下饭了。即使遇到投口的菜，文明的人会"见菜吃饭"。桌上菜多就少吃饭；菜少，便多吃饭，填饱肚子就行了。

如今，人们的生活水平提高了，温饱问题已基本解决，不少人家每天吃的"小菜"已经不"小"了，"小"中也可以见"大"。

小伢子

中国各地对小孩子的叫法可谓多矣，据不完全的调查，就有：小人、小囡、小佬、小把戏、细大爷、细猴子、小大爷、小老爹、娃娃、娃儿、细小的、小鬼等等。镇江、扬州、杭州一带称孩子为小伢子，说得快时，就说成 xiá 子。

㟚，读 yā，《集韵》《玉篇》："赤子也。"

《集韵》："吴人称赤子为㸯㟚。"至今镇江人仍称小孩曰㟚㸯；泰州人也称小孩子为㟚㸯，只是发音时鼻音化了。

妙龄女郎缪小姐结婚三个月，突然喜欢吃酸东西，平时她是最怕吃酸的，她自己也觉得奇怪了。丈夫小傅关心体贴有加，在超市购物，凡是沾上酸味的食品都买了回来。小缪吃下去却受不了，不时呕吐。有经验的婆婆说："就怕是有喜了，害伢子了。"

伢，读 yá，这个字本应当是"㟚"或"㸯"，写起来太麻烦了，《辞源》《辞海》均未收。大约在二十世纪三十年代后，语言文字学家就造了"伢"字，替代了"㟚和㸯"。镇江、泰州、扬州、高邮等地至今还保留"伢"的读音和用法。

伢子就是小孩。大约在一百年前，有人称小孩时，前面又加上"小"或"细"，这样快说时，就成了 xiá 子了。

字词连续合音的情况在江淮方言中还不止"小伢子"。

时老师讲课很注意与学生的互动,一个新的理论讲解以后,又举些实例说证,末尾常说"对不对""是不是",或者反问"是啊"。"是啊"连续合音时就成了"sha",于是有人就直接写成"沙"。

爷爷正在往锅里倒油准备炒菜,正在做作业的小孙子大声喊他,要问他一个问题,爷爷岂敢怠慢,连忙答道:"马上来,马上来!""马上来"三个字快读合音就成"máng来"。"马"的拼音"mǎ"取"m""上"的拼音"shang"取其韵母"ang",就成了"máng"了。

江淮一带,三四十岁的人还同小伢子在一起玩游戏,于是人称其为"大xiá子"。有六七十岁的爷爷童心未泯,喜同孙子一起玩耍,人称其为"老xiá子"。"大xiá子""老xiá子"从语法的构词方式来看是讲不通的,而人们都这么说,约定俗成,也就习以为常了。

习惯的力量是强大的,有的可以扭转,有的是不可逆转的。

在叶圣陶的教育思想中有一很重要的理念,就是要教育学生养成好习惯,好习惯可以使人受益终生。什么是好习惯?有利于自己和他人健康成长且不损害他人利益的习惯,不损害他人利益的习惯就是好习惯。

先生

二十世纪五六十年代,我在三垛中学教书。那个时代那里的学生称老师为"先生",不论是男老师,还是女老师,不论是年纪大的老师,还是年纪轻的老师,一律称之为"先生"。《礼记·曲礼上》:"从于先生,不越路而与人言。"在中国古代称老师为"先生"。现在还有不少地方沿用这一称呼,可见古风犹存。

《论语·为政》:"子夏问孝。子曰:'色难。有事,弟子服其劳;有酒食,先生馔,曾是以为孝乎?'"子夏问孔子怎样才算是孝。孔子说:"最难能可贵的是,侍奉父母,要表现出欢悦的面色。如仅仅在家里有事时由子弟操劳;有酒食,让父兄去吃,这样怎能算是孝呢?"这一段话中的"先生"是指先出生下来的父兄；而不少人理解为老师了，说是有了酒食，应让老师先吃喝，这是对老师的尊敬，如此解释，离题甚远了。

在大学或在研究机关，几乎形成了一个世代相传的规矩，一些年长的很有学问的教授、研究员和学者，被称为"先生"，不论男女，而一般的教授是不被称为"先生"的。此种称呼，古亦有之，《孟子·告子下》："宋轻将之楚，孟子遇于石丘，曰：'先生将何之？'"宋轻是很有学问的长者，所以孟子称他为"先生"。

当今，一些女子常称自己的丈夫为"老公"，其实"公"并不老，就如同"老婆""老爸""老妈"还有"老鼠""老虎"中的"老"一样，其中的"老"是构词方式中的前缀，无实在意义。稍微文雅一点者则称自己的丈夫为"先生"。这一用法，起码在汉代就有了。《列女传·楚于陵妻》："妾恐先生之不保命也。"这里的"妾"是妻子的谦称，妻子恐怕她的丈夫保不住命了。

在南京、镇江、扬州、泰州等地上了点年纪的人，称医生为"先生"。老李近来咳嗽不断，夜里尤甚，李奶奶便说："快到医院请先生看看。"（南京郊区等地称看病为"瞧病"）。还有的地方称老师为"先生"。

《诗经·大雅》中将始生头胎之子为"先生"，这种用法没有传下来。

凶

凶，一些字典辞书对其解释有如下几种意思：恶，如凶暴、凶人；年成很坏，如凶年；指杀害或伤害人的行为，如行凶、凶犯；行凶作恶的人，如帮凶、元凶；厉害，如病势很凶、闹得太凶等。

在江淮一带，凶，还有其他的意思。

其一，"凶"有"很""厉害"（指褒义）的意思。

小强从小就养成了良好的学习习惯。他每天坚持预习新课，上课认真听讲，有不懂的问题课后问老师，按时完成作业。在小学阶段考试成绩总是在第一、第二名。上到初中，成绩仍然名列前茅。初中毕业后，以全县总分第三名的成绩进入省重点高级中学。小强在学习上上进心强，小强的妈妈更是一个要强的人。她经常在邻里、同事面前夸耀自己的孩子，有时情不自禁眉飞色舞，还是在说："我们家小强每次小考、大考的成绩都好得凶哪。"（高邮的东乡一带及兴化等地说成"好得扎实"哪）"好得凶"与"好得扎实"都是"好得很"的意思，有褒奖、自豪的语气。有时小强的考试成绩不如妈妈的意，全年级排名在十名以后，妈妈一方面帮小强找原因，一方面暗暗地给小强施加压力："孩子，分数、名次就是金钱，就是你的前途，千万不能掉以轻心啊！"老师为了争得荣誉、多得奖金，也在给小强施加压力，小强整天与书本、习题、试题打交道，自己自由支配的时间几乎一点也没有，他一方面在自我加压，一方面也感到困惑和苦恼。

一九七六年诺贝尔物理学奖得主丁肇中教授，二〇一一年九月十六日在南京演讲9分38秒，一秒不多，一秒不差。回忆他在南京南昌路小学念书时，对念书毫无兴趣，常常到夫子庙听说相声，听拉二胡，每次考试都是倒数几名，妈妈从来不批评责怪他，而是鼓励他。过去60年中，我所知道的拿诺贝尔奖的人，很少有人在校考第一名。

中南大学蔡言厚教授是"中国高考状元调查报告"课题组首席专家，他指出，一九七七年恢复高考，到二〇〇七年，30年来有一千一百多名状元，而十名以后、三十名以内出的人才最多。考的知识重要，没有考的知识也很重要。青年学生要立志、勤奋、创新。

轻轻松松、自自在在学习，而且注重自己的思想道德水平与身体健康水平提高的佼佼者，学校、社会都是需要的。

其二，一个看上去身体瘦小或上了年纪的人，却精神力壮，走起路来劲抖擞，干起事来干净利索，人们便说这个人"凶"呢。小强妈妈身高1.5米，体重45公斤，说话声音洪亮，走路快步如飞，做事刷刷刮刮，邻居们都说："你别看她人长得矮小，做起事来凶呢！"

小强的爷爷七十六岁了，饮食起居很有规律，从青年时起就坚持每天骑自行车、跑步，别看他身高1.7米，体重55公斤，去年还参加全省骑自行车150公里的比赛呢，而且获得了名次。邻里、朋友一提到他，都会竖起大拇指："这个年纪大的，凶呢！"

在江淮方言中，"凶"这个字竟然蕴含着与其本义相反的意思，奇哉，怪哉！

剟

小玄大学毕业以后考上了县里的公务员，生活按部就班，不算很忙。她的父母都在外地工作，平时跟奶奶在一起生活，每天的三顿饭都是奶奶做的。

数九的冬天到了，每天都少不了青菜，俗话说："九天的青菜赛羊肉。"当地出产一种名叫塌塌乌的菜，叶子乌亮乌亮的，紧紧地贴着地面生长，叶的表面凹凸不平，塌塌乌烧豆腐，味道鲜美极了。小玄告诉奶奶："青菜豆腐保平安，这话是有道理的，青菜属十字花科植物，凡属十字花科的蔬菜都能抗癌。"奶奶微笑地听着。

奶奶每天买回青菜、乌菜都要认认真真地择，将一些烂叶、黄叶剟掉，洗净淋干，一定要等到小玄下班到家才下锅烧。小玄每次一到家就直奔厨房，见到奶奶洗干净准备下锅的菜，不问三七二十一，拿起来又是一顿剟，有的简直就要剟到菜心了。奶奶捡起被小玄剟掉的菜叶，说："孩子，这些菜叶既不烂又不黄，可以吃哪。"小玄说："奶奶，那是边皮，不好吃。"奶奶只好听小玄的。

一天，闲暇时，奶奶同小玄说起家事：她十六岁时同妈妈从北方的农村来到了G县县城，母女俩靠帮佣、打零工为生，每天总是在别人剟去的菜叶堆中挑选一些黄菜叶、烂菜叶做汤。"孩子，现在的日子好过了，富日子要当穷日子过啊。"小玄听了奶奶的一席话，若有所思地点点头，似有所感悟。

剒，读chuán，江淮一带读"宣"。《集韵》："苟缘切，剒，削也。"《广韵·释诂》："剒，剔也。"高邮人王念孙疏证："剒者，《玉篇》：'去枝也。'"

剒，也是一个历史悠久的字，将一些无用的、不需要的叶、枝除去都叫"剒"。江淮一带经常用到这个字。每户人家每天都要吃十字花科及其他科的蔬菜，每天都要择菜，每天都要除去一些不能食用的菜的枝叶，每天都要说到"剒"这个字。

丫子

丫，是一个象形字，原义是指树木、物体分叉的部分。常用的词有丫巴、丫杈、丫鬟、丫髻、丫头、丫枝等；而在江淮一带，尤其是里下河地区有一个词较为特殊，那就是"丫子"。

丫子在水网地区是一种取鱼工具，制作较简单，即将一根较粗的篾条或一根较瘦的竹子的上端劈开，在其根部放上蚯蚓等诱饵，黄鳝、泥鳅等欲取得食饵时，两片篾竹突然合拢便将黄鳝、泥鳅等紧紧夹住。劈篾竹是一种技术活，要恰到好处，两片的张力、合力要足以将猎取物牢牢夹住。前一天晚上在水田里放上几十个丫子，第二天大早或许能获得大丰收。

丫子也有其喻意。

Z先生夫妇俩都是某大学的教授，退休已经十年，退休金不菲。有个儿子在美国工作。夫妇俩血压、血糖、血脂都比较高，他们很注意保养，每天除了服药以外，也常吃一些保健品，什么虾青素、冬虫夏草、盐藻、螺旋藻、破壁灵芝孢子粉、葡萄籽花青素、大豆异黄酮、深海鱼油等，他们都尝试过。一些推销保健品公司的推销员便紧紧地盯着他们，几乎每天要打两次电话，嘘寒问暖，还问问哪儿不舒服。推销员自称是从某医科大学毕业，是他俩的保健医生。还有人三天两天就上门，阿姨、叔叔叫得比叫自己的儿子都亲切，亲切、亲热得有时连Z先生夫妇都感到不好意思，这就是推销员的本领。有一位青年女推销员隔三岔五地到 Z 先生家来，亲热得就好像自己的女儿一样，这使得 Z 先生夫妇原还有点防备的想法几乎全部消除了。那位女推销员向 Z 先生夫妇极力介绍什么美国的虾青素的抗氧化、去自由基、增强免疫力、抗衰老等作用，还有什么降"三高"的保健品等，那位女推销员说得天花乱坠，Z 先生夫妇信了，服了。于是 Z 先生夫妇花去 15 万元购了不少保健品，那女推销员陪同他们免费去韩国济州岛玩了一趟。接着女推销员向 Z 先生夫妇推荐，如果再购 30 万元保健品，即免费请他们去印度尼西亚巴厘岛旅游一趟，那是接近神明、绮丽如织的天堂，Z 先生夫妇心动了。

一天，Z 先生的妹妹来看望兄嫂，见到他们书房里的书架上放满了什么虾青素等大量的保健品，妹妹认真地数了数、算了算，大约十年兄嫂二人也吃不完，有的保质期只有一年或两年，她对 Z 先生说："哥哥，你上了别人的丫子了。"Z 先生成了那位女推销员的猎取物。

在偌大的神州中，"丫"也是一姓。

厊

小胡上小学五年级，爸妈在深圳打工，他和奶奶在家。小胡很懂事，平时放学回家总要帮奶奶做些家务事。一天，他放晚学回来了，奶奶正在菜地里浇水，奶奶告诉他炭炉上正煮着粥，要他照看着点。小胡放下书包就在炭炉边守着，很认真。不久粥汤直往外潜，小胡赶忙用双手使劲捺着，粥汤仍然往外潜，而且越潜越多。这时奶奶刚好回来了，见此情状急忙将锅盖先拿起，接着又盖上，但厊条大缝，笑嘻嘻地说："呆伢子，这样就不潜了。"小胡豁然开朗了，对奶奶说："锅盖揭开或者厊条缝，空气压强就将粥汤的泡沫压下去了。"小胡在向奶奶讲授科普知识了，祖孙二人相视莞尔。

厊，读 yǎ，在古代指大屋、厅堂、客堂。《汉语方言大词典》："厊，裂开，使露出缝隙。"如：将锅盖庌条缝，免得汤汁外溢；又如：将门庌条缝，让屋内的油烟散出去等。

庌，在江淮一带还有其喻义。

小胡的爸妈多年在外打工，省吃俭用，积攒了些钱。很快小胡就要读初中了，他们想让小胡到县城的中学就读，于是托小胡姨娘在县城物色购买一处二手房。房子看好了，离县里的名牌中学不远，虽然只有二室一厅，但要价是40万元，差一分不卖。小胡的姨娘将这一情况告诉小胡的爸妈，小胡的爸爸特地赶回家与房主商谈。房主的态度仍很坚决，40万元才行，差一分不卖。小胡的姨娘很善言辞，同房主左说右说，连续三天到房主家商谈。房主见小胡的爸爸生得一副老实相，小胡的姨娘又多次登门，那种磨劲也真感人，于是房主说："长期在外打工，挣点钱也不容易，而且看到你们诚心实意地想要我的房子，那我就先同你们谈吧。老实告诉你们，我家的房子地势好，有四五家都看中了，都正在商谈中。"小胡的姨娘见到房主原本紧关着的大门似乎庌了条缝，她乘机用扁担将那条缝撬得更大些，对房主说："那就非常感谢您的关照，今天我们就先付5万元订金，明天再到府上拜访。"房主的心软了，也善，收下了订金。第二天小胡的爸爸一次性交付了房款，计38万元。

庌，是江淮一带的口语词、俗语词，有的地方读成á音了。

晏

和平盛世，百姓安康。不少人家遇到什么喜事、高兴事，总喜欢请一些亲朋好友或在家里或到饭店聚一聚。江淮一带的人一般会这样说："某月某日晏请你到我家玩下子。"在江淮方言中，"玩"的意思颇丰，这里的"玩下子"就是吃饭的意思。到时了，有的客人却来宴了。

晏，晚也。《礼记·礼器》："质明而使行事，晏朝而退。"《论语·子路》："冉子退朝，子曰：'何晏也？'"引文中的"晏"，均作"晚"解。"晏"

作"晚"解已有两千多年的历史了，江淮一带的人一直还用着。

㤯人

小庞十五岁，身高1.78m，体重90公斤。他从小就喜欢吃肉，一顿半斤不费事，一斤也吃得下。奶奶红烧回锅猪肉，每天只准他吃几两，他就向奶奶提意见，说什么《西游记》里的猪八戒跟随师父唐僧去西天取经，不吃肉胃子就嘈得难受，他也成了八戒了。不管小庞怎么说，奶奶坚持每天的分配，多下的就囤起来。小庞嘈得难受时就到处翻找。找到了，如获至宝，冷的也照吃，奶奶也真的拿他没办法。

小庞的表弟小金喜欢吃瘦肉，每顿连肥带瘦的猪肉只能吃两三块，再吃就㤯人了，要呕吐。小庞与小金在一块吃饭时，事先有个约定：肉皮、肥肉归小庞，瘦肉归小金，就是瘦肉小金也吃不了几块，再多还是㤯人。

㤯，《集韵》："音养，欲吐。"扬州、高邮一带读成第四声，同"样"音。小金不能多吃肥肉，吃多了就㤯人。从古汉语语法角度看，㤯是使动词，㤯人即使人㤯，使人欲呕吐。

小金不仅是肥肉吃多了㤯人，就是牛奶喝多了也㤯人，蔬菜油放多了也㤯人。每次他同小庞一起吃饭时，看到小庞大块大块吃肉，便不时投过羡慕的眼光。每临此时，小庞奶奶便对小金说："各人对肉食的需要及承受能力有差异，你即使勉强多吃了也受不了，吃多了未必是好事。"小庞喜欢吃大肉，虽然承受得了，但身体长胖了，长此以往会增加心脏负担，随着年龄的增长就会得心脑血管病。小庞入神地听奶奶讲着，一边会意地点点头。小金今年读初二，他也乘势对小庞说："哥哥，一次语文课上，老师讲过，人应当具有三种基本品德：诚信、自控、分辨是非。"哥哥讲诚信，说一不二，也能分辨是非，就是遇到吃大肉时，自控能力差了些。"小庞长小金一岁，听了奶奶及表弟的一席话后，站起来用手在桌上一拍："奶奶说得对，弟弟说得好，就照你们说的办！"

星期日中午，奶奶盛了一大碗红烧肉上桌，不再搞分配制了，她既尊重小庞的自尊心、自信心，又要看看孙子是不是言行一致。这天小金也来了。小金连吃3块连肥带瘦的肉，连说"朕人了"。小庞吃了5块肥夹瘦的肉，也连喊："朕人了，朕人了！"小金连问："真的吗？真的吗？"小庞认真地说："真的，真的，狗熊才哄你呢！"奶奶在一旁忍俊不禁，小庞、小金都看着奶奶，三人尽情地大笑。

咬刀·咬手·咬人·咬嚼

咬，这个动词每人每天都要用到它，吃烧饼、吃面条要咬，吃青菜要咬，吃鱼吃肉也要咬。咬，一般字典辞书都这样解释：上下牙齿相对，用力夹住或切断、压碎东西。至于有人用牙齿撬开啤酒瓶盖，那就是打开某种东西了。

在江淮方言中，有几个用"咬"构成的词语，有其不一般的意思。

小凡从小就喜欢吃番瓜，他从杂志上看到，番瓜含有大量的维生素、胡萝卜素，吃起来甜丝丝的，口感也好。秋天，番瓜上市了，奶奶买了十几只番瓜放在贮藏室里。番瓜不能晒，晒了容易坏。那十几只番瓜大多是吊瓜，有的表皮上长满了疙瘩，小凡看着那么多好番瓜，心里也甜丝丝的，连声说："谢谢奶奶！"一日，小凡自己动手切番瓜，人小手劲也小，一刀切下去，番瓜将刀咬住了，奶奶在一旁说："这番瓜咬刀呢，吃起来肯定粉。""咬刀"就是指番瓜、菱米、山芋等食物含淀粉多、质地紧难切，而吃起来粉丘丘的，也有的说成粉兜兜的。

咬手，有刺手、棘手、难办的意思。数九寒天，江淮地区气温一般在零下。小凡很懂事，放学回家总是要帮奶奶做些家务事。他看奶奶在洗菜，连忙捋起袖子硬是从奶奶手里抢过青菜在池子里洗了起来。水冰冷刺骨，奶奶说："冷水咬手吧，还是奶奶来！"

著名作家叶圣陶的《多收了三五斗》中有一段文字："整听的洋油价

钱太咬手了，不买吧，还是一个铜板一小瓢向小贩零沽。"文中的"太咬手"是太贵的意思，就好像寒冬冷水棘手一样。

著名作家沙汀的《青枫坡》中也有一段文字："邵永春一边走一边想道：'事情像有点咬手呢！'"文中的"咬手"就是难办的意思。

咬人，比喻伤害或有攀扯、诬陷他人的意思。周恩来《学习毛泽东》中有一段话："这些人是我们国内的敌人……如果不加提防，他反过来就会咬人。"这个"咬人"比喻伤害人。

咬嚼，指精心琢磨，反复玩味，也指趣味、回味。离上海市中心不远的朱家角也是一个旅游景点，那里有历史遗存的亭台楼阁、保存较好的街道。街上有些当地的特产卖，其中较多的是青笋豆，上等的青豆与鲜笋一起烀，以后晒到半干时贮存起来，吃起来很有咬嚼。边饮酒，边吃青笋豆，别有情趣，别有风味。这里的"咬嚼"有耐人咀嚼、回味的意思。

叶圣陶的《一个练习生》中写道："用心的结果，枯燥无味的东西变得新鲜甜美了；历史有咬嚼，地理也有咬嚼，甚至叫人头痛的算术也有咬嚼。"文中的"咬嚼"有反复玩味的意思。

朱自清的散文《南京》有一句话："肉要肥要厚，才有咬嚼。"朱先生自称扬州人，扬州话中用"咬嚼"，南京话、武汉话中也用到"咬嚼"。"咬嚼"有禁得起咀嚼与品尝的意思。

清末民初的大书家李瑞清为两江师范制订校训：嚼得菜根，做得大事。菜根有咬嚼，两江师范的校训有咬嚼，可以启迪、开悟人的一生。

一刹下子

一个初冬的下午，万里碧空时而有几朵白云飘动，微暖的阳光毫不吝啬地洒射在净土寺塔广场上。广场上有老人三三两两地在悠闲地散步，或有小孩在嬉戏追逐，还有的老人在木椅上话家常，晒太阳。"晒太阳"文雅一点说叫"负暄""负日"。

且听坐着负暄的两位老人的对话。

甲："一刹下子，今年我同老伴结婚已经五十年了，儿子要给我们老两口搞什么家庭聚会，说是什么'金婚'纪念。现在和平年代的名堂真多。"

乙："真的是一刹下子，记得小时候我同你背着父母偷偷地下河洗澡，你父亲把你拉回家，屁股大老巴的罚跪。唉，今年我孙子倒到北京上大学了。"

甲："小伢子长大了，大人变老了，几十年真的一刹下子。"

乙："好日子要珍惜啊！要拽住过，一天当两天过才好啊！"

一刹下子，普通话叫"一刹那"，是说极短的时间，瞬间，江淮一带"一刹下子"就是普通话"一刹那"的意思。

刹那，梵语，印度古代的一种语言文字。据《仁王经》云："一弹指为六十刹那，一刹那为九百生灭。"我们平常说"弹指一挥间"的"弹指"，时间已经很短了，而"刹那"只是"弹指"的六十分之一。比"刹那"还要短的叫"生灭"，九百个生灭才叫一刹那。不过，日常生活中人们形容时间短、快，一般用"刹那"，很少人知道"生灭"和用"生灭"的。

根据季羡林先生的研究成果，起源于印度的佛教，在汉朝文帝至武帝时，由印度到大夏（大月支），到中国。或由印度到中亚，到中国。佛教传入中国后，与起源于中国本土的道教交融，佛教中有道教，道教中有佛教，更重要的是与中国的传统思想、文化、语言相结合，使从印度传入中国的佛教成了具有中国特色的佛教了。

佛教文化是中国文化的一个重要组成部分。人们一张嘴说话，就包含着佛教成分。语言是最普通、最直接的文化。我们日常生活的很多用语，如世界、缘分、实际、平等、手续、现行、相等、绝对、清规戒律、大彻大悟、无风起浪、不知不觉、千差万别、五体投地、心猿意马、闭门造车、痴心妄想、安身立命等都来自佛教语汇。梁启超认为，我们生活中的佛教词语约有三万五千个，正如赵朴初先生说："人们如果离开佛教文化的话，恐怕连话都说不周全了。佛，无处不在，无时不在，唯心是佛，佛法即活法。"

当一个人垂垂老矣的时候，回首往事，那几十年几乎就是一刹下子；不过，这一刹下子有高尚、平庸、低劣之别。如果一个人为国家、为人民的事业尽心尽力了，虽平庸亦高尚。

青年人为中华民族的振兴努力啊！人生就是一刹下子，"莫等闲白了少年头，空悲切"。

一道坏

你见过制砖头的过程吗？先要选好上等的黄泥，用大钢丝筛子筛一下，将小瓦砾、泥块等杂物筛去，晒干，接着用水和拌，用锹或木棍将泥搅得均匀后，切成一块块，用手掼来掼去，叫"掼坏"；然后用木板制成的小木模将泥块切压，就成了砖坏；晾一晾，进窑烧制，还要定时窨水。不窨水的坏烧成的是红砖，窨水的坏烧成的是灰砖。土窑烧的是柴草，轮窑烧的是煤炭。七八天后，一窑砖就烧制成功了。

小胡与小丕二人同在一家工厂做车工，两人是邻居，在小学、初中、中专都是同学，又同时进入同一工厂、同一车间工作，真是情同手足，亲密无间。但二人平时生活较为懒散，隔三岔五地迟到或早退，下班后喜爱打扑克，有时到凌晨一两点钟，第二天上班时就没精打采，有时甚至打瞌睡，因此，产品的质量就出了问题。车间主任找他们谈话，小胡与小丕对自己的缺点和错误全部承认，从不辩解，好不了几天，老毛病会重犯。车间主任对于小胡、小丕犯有同样的毛病很自然地说道："这两个人真是一道坏。"

"一道坏"是江淮方言中的词语，是指两人以上的人有着相似或相同的毛病，如同一个模子压出来的砖坏一样，这是贬义词。

小胡与小丕这两个人也有他们的长处，他们为人处事真诚、憨厚、正直。一天，上班时间过了半个小时，车间主任见他们还没有到，好生奇怪，便打他们的手机，无人接听。又过了十分钟，二人急急忙忙地赶来了，只见二人全身像只落汤鸡，脸上黑一块、红一块、白一块，衣袖也被烧得缺边少角。原来他们在上班路上看到一座居民楼失火了，便情不自禁地停了下来同消防队员一道投入救火行列。二人几次冒着大火入室驮出几位老人，直到大火基本熄灭时才离开。车间主任见此情状，笑嘻嘻地竖起大拇指："真是好样的。"

在全厂职工大会上，厂长大大地点赞了小胡、小丕不畏艰险、出生入死的英勇精神，他们为全厂争了光，是全厂职工学习的楷模。厂长说到了"楷模"，接着发挥了起来："过去我们对他们身上的不良习性看不惯，说他们是'一道坯'，一个模子压出来的；现在看来，他们两个青年人的坯子总体上看是好坯子，只要去掉些许杂质，这块坯烧出来的肯定是好砖，可以兴建巍峨挺立的大厦。"全厂职工长时间热烈鼓掌。只见小胡、小丕腼腆地低下了头，不停地搓手。

从那以后，小胡、小丕真的改掉了以前的不良习性，勤奋、认真地工作，二人都成了先进工作者。

阴黢寒

阴与阳相对。黢《康熙字典》中有，《玉篇》解释："黑也。"有时人们会说"黑黢黢"即是。寒与热相对。"阴""黢""寒"三字连在一起，既"阴"且"黢"又"寒"，看上去真有些令人不寒而栗。

在江淮方言中"阴黢寒"是一个词，是指某一个特别的人或某一个人的特殊行为。

G先生是一位有特殊性格的人，他为人处事不直率、不阳光、不热情、弯弯绕、黑黢黢、阴冷冷，在公司里有人给他起个绰号叫"阴黢寒"。公司里的同事一提起"阴黢寒"似乎就是专指G先生。有时有人当面喊他"阴黢寒"，他面带微笑不生气，好像也自然而然地接受了这个"雅号"。

　　G先生同事C先生的女儿小倩在大学里交了个男朋友小刚，小刚家住陕西省S县，小刚说自己家里开了个机械厂，有三百多员工。小倩的父亲总是放心不下，毕竟没有亲眼看过。不久，G先生要到陕西出差，便请他到S县看看，小刚家的情况究竟如何。G先生欣然应允，出差回来后就对小倩的父亲说："你的准女婿家开的厂规模不小，看样子有四百多名员工，汽车就有八九辆，上货、下货的人不断。你那准亲家公为人热情、大方，在一家大酒店请我吃了一顿，喝的是二十年'西凤'陈酿。老弟啊，你的姑娘小倩眼力不错啊！这门亲事能谈。"听了G先生的一番话后，C先生全家人着实高兴了一阵子，为了感谢G先生，特地送了他两瓶珍藏了多年的名酒。小倩与小刚相处了一段时间后，发现小刚的家境并不宽裕，小刚还经常向她借钱。C先生不放心了，女儿的终身大事决不能马虎，他自己决定去一趟陕西S县。小刚家的情况与G先生所说的迥然不同。小刚家先前只是开了个小五金加工厂，只有七八个工人，由于生产经营不善，几乎要关闭了。C先生回来后对G先生说："老兄啊，你不作兴把闷（读第一声）苦给我吃啊！差一点上了你的当，你这个'阴黢寒'真要我寒心、伤心、痛心啊！"G先生笑而不答，扬长而去。

　　G先生在平时如果听到他科里的领导说错了话或者看到领导做错了事、有什么行为不检点的地方，他便悄悄地对他的同事说："不要声张，等领导的错误犯多了，犯大了，我们再来告发他。"个别心怀鬼胎的同事会赞同他的话，而多数人则不以为然，认为"阴黢寒"缺德。

　　一日，G先生的棉坐垫被茶水淋湿了，放在办公室门口晒，有人故意地问："谁的椅垫啊，怎么不收回去？"C先生恨恨地说："三天晒不干。"

　　我们决不提倡给别人起绰号，尤其是不尊重别人甚至带有污辱性的绰号。但是如果别人给你起了个不雅的绰号，当事人也应当自省、自醒、自警。

孂

在民政部开展的第二次全国和谐社区建设示范单位的创建活动中，G县的枇杷社区获得"全国和谐社区建设示范单位"称号，这是对该社区抓工作、促和谐取得的成绩的肯定，也是对全社区居民进一步推进和谐的鞭策和鼓励。

枇杷社区主任以获得荣誉称号为契机，决心将社区工作开展得更加有板有眼、有声有色、有模有样，不断提升服务品牌让和谐温暖之家更温暖。

和谐是一种高境界的美，它体现、渗透在人与人之间的各个方面。邻里之间的关系和谐很重要，俗话说："邻居好，赛金宝；邻望邻好，亲望亲高。"如今的居民大多住高楼，同住一幢楼，老死不相往来；甚至有的对门邻居在一层楼里住了十多年，都不知对方的姓名和职业，这样的情况并不少见。

枇杷社区为了加强邻里之间的交流了解，进一步促进邻里间的和谐，他们遴选了30家因平时工作忙而很少交往的居民别开生面地举办了一次"献美食，促和谐"的活动，即每一户人家自制一道特色菜，事先保密，到时献出来，大家共同品尝。

举办活动的那一天，各家各户大显身手，30道菜摆在4张大长条桌上，真是水陆杂陈，琳琅满目，色、香、味、形、器都很讲究。因为这30户人家来自祖国的四面八方，他们献出的菜有淮扬菜系的，也有的是川菜，还有的是鲁菜、徽菜等；有位欣先生别出心裁、独辟蹊径，制作了一道特色菜，名叫"地栗玉珠"。慈姑又叫地栗，是水乡特产，云南、贵州一带的人都不知此为何物。欣先生将一个个大慈姑掏空，把一个个鱼圆放在掏空处，而在一个个鱼圆里又放置了一个个小牛肉圆，真是圆中圆，然后放在笼中蒸熟。欣先生这道菜放在桌上就显得奇特，剖开鱼圆，白玉蕴珠；尝之，其味鲜美而别具风味。众邻里齐口称赞："孂呢！""真孂！"

孂，读zàn，《说文解字》："孂，白好也，则旰切。"《广雅》："孂，好也。"江淮一带对于美好的事物都称作"嬿",但读音为上声,扬州、泰州、镇江、常州、苏州、上海、合肥,甚至广州等地都称赞美好的事物为"嬿"。在笔者的印象中,似乎扬州人、泰州人、镇江人特别喜欢说"嬿"。这道菜做得嬿呢!这个小孩的学习成绩嬿哪!小李购了一件外套,色彩鲜艳,款式大方,质量上乘,穿在身上得体而时髦,人人见了都说:"这外套嬿呢!"

再回到枇杷社区举行的"献美食,促和谐"的活动上来。三十户人家献出的美食各有特色。那天,邻里之间相互观摩,相互切磋,热烈而诚挚,增进了了解与情谊,促进了社区和谐与发展。众邻里齐声赞叹:"这次活动搞得真嬿。"社区主任看在眼里,听在耳里,乐在心里,众邻里心里都美滋滋的。

怎么个样

在江淮方言中有合音现象。所谓"合音"是指两个或两个以上的音节,由于快读而合成一个音节的语言现象。如:扬州一带往往将"细伢子"快读成"霞子"音。即取"细"的声母x,取"伢"的韵母a,二字快读,就成"霞"音,但书写时不能将"细伢子"写成"霞子"。

张三对李四说:"你是昨天才从南京回来的,是啊?""是啊"二字取其"是"的声母sh或s(有的地方无卷舌音),"啊"的韵母a,二字快读,即成"撒"音。但书写时不能将"是啊"写成"撒"。

王大爷新购了一套房,为了使新居有个全新的气象,于是新购了桌子啊,椅子啊,凳子啊。在读"桌子啊""椅子啊""凳子啊"时,往往将"子啊"连读,快读,取"子"的声母 z,"啊"的韵母 a,即读成"喳",但书写为文字时决不能将"子啊"写成"喳"。

小胡说话口齿不清,发音含糊,有时公司开会时,他总是喜欢抢先发言,说了一阵子,别人不知道说的什么东西。江淮一带将"什么东西"快读,就成为"什西"（"西"读成阳平音），而见之于文字时，还应当写成"什么东西"，不应当写成"什西"。

"怎"，普通话的声母 z，而在其方言中是 j，譬如：展、占、战、这、抓、捉、拽等字的声母为 zh，而在扬州一带的方言中，声母均为 j。"样"的韵母应为 ang，而在扬州一带方言中都读成 an，不读后鼻音。"央"读成"烟"音。"个样"取"个"的声母 g，"个样"快读就成为"干"字。"怎么个样"四字连读、快读，就成为"井干"的读音了。扬州等地的一些媒体将"怎么个样"写成"井干"是不规范的，应该写成"怎么个样"或"怎个样"。

奏朝人·老奏朝

江淮一带称一些讲规矩、守道德，诚实、本分，有一说一、有二说二的人为"奏朝人"或叫作"老奏朝"。

帝王时代，相关的大臣每天都要上朝向皇上报告大事、要事、公事、私事，有时皇上还会就某一问题听听文武百官的意见，这叫"廷议"。忠君、爱国、诚信的大臣上朝时总是跪着向皇上报告大事、要事、公事、私事，他们的奏章、奏折均以事实为依据，有好话就说好话，有不好的话就说不好的话，能较真实地反映官情、官意、民情、民意。他们上奏时总拿着朝笏板，那是象牙做的，在朝笏板的背面写着奏章、奏折的要点，以免情急时忘记而提醒。

狡猾、奸佞的大臣上朝时就不一样了，他们会隐瞒真情、实情，说一些皇上喜欢听的话，好话全说，竭尽谄媚逢迎之能事；坏话全不说，极力掩盖事实之真相。明明是民不聊生、水深火热，他们却上奏成歌舞升平、黎民欢欣。这一切对于智慧、明达之君是不欢迎、不欢喜的，而对于昏聩庸惰之君却是正中下怀。

每日上朝时，有的大臣会见风使舵，皇上喜欢什么、爱好什么、不喜欢什么、反对什么他们都察言观色，听言分辨。为了保护自己，甚至希望升迁，于是罔顾事实，一切顺从皇上的意思上奏章，以讨得皇上的欢心。

错误的信息会导致错误的决策，错误的决策便会导致政治腐败。

每日上朝的大臣们，如果狡猾、奸佞者、见风使舵者当道，这个朝代必然腐朽、没落以致灭亡。

这个朝代，如果"奏朝人""老奏朝"执政，皇上开明纳谏，"不喜千人之诺诺，唯喜一人之谔谔"（谔谔，直言争辩的样子），皇上制定政策就能体察民情、顺应民生，发展经济，采取一些利民措施，那这个朝代就可能成为开明盛世。当然，在封建时代任何开明的君主他们的开明程度总是有限的，这是时代所然。

江淮一带上了年纪的人有时还会用到"奏朝人""老奏朝"这样的词语。遵纪守法、循规蹈矩、老实本分者，老百姓总是欢迎、欢喜的。

嘴甜·音甜·人长得甜

舌面上长着很多味蕾，它是味觉刺激的感受器，能感知出酸、甜、苦、辣、咸等不同的味道。有的人喜欢吃醋，吃酸菜；有的人喜欢吃苦瓜，喝咖啡；有的人喜欢吃辣椒，任何菜都爱放很多的辣椒，生怕不辣；也有的人口味重，每天的食盐量是医生限定6克的双倍。唯有甜，是中外古今、男女老少都喜欢的味道，是像糖或蜜的味道，于是人们常常用"甜"来比喻幸福、快乐、美好的事物等。

在江淮方言中，"甜"有其独特的含义与用法。

嘴甜。小勇从小就向往当一名军人，穿上军装，扛起钢枪，雄赳赳、气昂昂，威武异常。去年年底小勇正在读高三，国家征兵了，小勇属于征兵对象，他同父母商量以后决定报名应征。小勇在学校的学习成绩属中上等，道德操行属上乘，老师、学校极力推荐。征兵工作站的人员到小勇住处的社区了解情况，左邻右舍的人都说："这个小伢子嘴甜，懂礼貌，人好，尊老爱幼，当兵没话说。"王奶奶、李大妈都齐声夸赞小勇。小勇家住在三楼，每天上学、放学只要遇到年纪大的就喊："爷爷好""奶奶好"；见到与父母差不多岁数的就喊："伯伯好""叔叔好""阿姨好"；看到刚会走路的小宝宝，他会很快把他抱起来："哥哥把你送回家，噢——"一直抱到家门口。这里的"嘴甜"就是尊敬人，向人请安，使人感到亲切、温暖、美好。别人听到小勇的一声请安，就如同吃了蜜糖一样。王奶奶还笑嘻嘻地说："喊人不蚀本，舌头打个滚。"

音甜。田老师在县第一小学教音乐，似乎出于职业的本能，她喜欢听歌、唱歌，就是在家做菜、做饭时也总是哼唱着她喜欢的流行歌曲。由于审美情趣的各异，田老师特别喜欢某女歌唱家唱歌，田老师评价道："她唱歌，一听到就使人感到音甜，从头到尾，随着音乐而抒发出不同的情绪，极有层次，很有感染力、吸引力。"

某歌唱家的"音甜"，显示的不是雄美、壮美、峻美，而是秀美、柔美、和美，听了她的歌，也好像吃了蜜糖一样。这样的感受在古代也有。金董解元《西厢记诸宫调·卷一》："曲儿甜，腔儿雅，裁剪就雪月风花，唱一本儿倚翠偷期话。"

甜，本属于味觉范围；歌曲，当属于听觉范围。为什么用味觉之甜来形容听觉之美好，人们都能乐于接受？原来，人们在日常生活中视觉、听觉、味觉、触觉等各种感觉往往可以有彼此交错相通的心理体验，于是在表现属于甲感觉范围的事物印象时，就超越它的范围而领会到乙感觉范围的印象，因而造成新奇、形象、精警的效果，这在修辞学中叫作"通感"。

田老师喜欢听那位歌唱家的歌，说她的歌声甜。对她的长相的评价呢？"人也长得甜。"一个长相"甜"的人，虽然说不上是美人，但绝不是《诗经》中所描写的身材颀长、脖子又白又长的女子，也不是唐明皇时人们所喜欢的仪丰体胖的女子，而是小巧玲珑、顺眼怡人、有韵致的女子。有的人虽然五官端正，甚至无可挑剔，而唯独缺少韵致，给人的美感是不会长久的。有韵致的人耐看。说人长相甜，也是艺术通感。

嘴甜，讨喜；音甜，舒心；人长得甜，养目。

奓

《论语·颜渊》中,孔子的弟子颜渊问孔子怎样实践克己复礼为仁的主张,孔子回答道:"非礼勿视,非礼勿听,非礼勿言,非礼勿动。""仁"是孔子思想体系的核心,是礼的思想基础,而礼是仁的外在表现形式,应作为人们的行为准则而加以尊崇。

当今,在青少年中礼仪教育的不足甚至缺失,应当引起学校甚至全社会的关注和重视。

小林十三岁,一个星期天,他的父母都外出办事了,他一个人在家做作业,他的表叔来看他的父母了,带了些营养品和时令水果。小林平时就听父母说,不要随便收别人的东西。表叔临走时,小林张开双臂,奓开两腿站在大门口:"不准走!"样子很不雅观,表叔只是咯咯咯地笑。

奓,《集韵》:"陟加切,张也。"这个字《新华字典》《现代汉语词典》都收入了,只是在有张开的意义时读zhà,而高邮一带读成第一声。

在江淮一带的方言中还有一个词语即"奓巴撂手"。小李喜欢打篮球,投篮的命中率也不低,就是上篮时奓巴撂手的,姿势不好看。

小林在上小学一年级时就开始练字,起初是描红,后来就临帖,离开帖,不是一撇长,就是一捺短,就像小李上篮时姿势一样奓巴撂手的。老师教他读帖、默帖,过了一段时间,规矩多了。

抮衣裳、毛巾

老石四岁时父亲就永远离开了他。母亲一人含辛茹苦,靠几亩薄田及搞一点副业将他养大,从小学上到中学,直到大学毕业。

老石在县级机关当上了领导,母亲仍然独自住在乡下。不管老石怎么劝说，母亲总是不愿离开她勤苦劳作的家园。那里的田野空气新鲜，清晨吸上几口，浑身舒坦；那里有亲自培栽的各种蔬菜，总是呈现出勃勃生机；还有几十年相处的和睦邻里，拉家常，话往事，亲如一家。中国人的传统习惯，故土难离开啊！老石对母亲说："妈妈，水还有个面子呢！"实在回不起老石的面子了，母亲就到县城里住上一段时间，最多不超过半个月。

一天清晨，母亲坐公交车来到老石家，老石一家刚起床。母亲将老石家收拾得整整齐齐，就洗起衣裳来。儿媳妇要她用洗衣机，她坚决不肯，说是在家用手洗惯了，不用电，又干净。儿媳妇拗不过她。

吃过早饭，老石与妻子上班了，孩子上学了，母亲这才将一大盆衣裳汰好，捻干，晾在阳台外面的不锈钢横杆上。母亲年近八十，手劲没有年轻时大了，她以为已经捻干的衣裳晾在横杆上后，仍然不时地滴水。

老石家住三楼，二楼住着与老石同一单位工作的老林。不一会，老林的妻子敲门来了，先是很有礼貌地向老石母亲请安、打招呼，接着到阳台上将老石家的衣裳一件一件地取回来，使劲重新捻干。母亲头伸出窗外，看到二楼老林家刚晾出的棉被淋湿了一大块，很是不过意，不停地向老林的妻子赔不是，并要将老林家淋湿的被子拿回家洗。老林妻子对老石母亲说："老人家，岁月不饶人，不怪您啊！有什么事招呼我一声就行。"老石母亲越发过意不去，硬是将刚从乡下摘来的大番瓜送到老林家门口，好像才还了人家一点情。

国学大师季羡林一次谈到什么是好人。他说，一事当前，想到别人比想到自己多的就是好人。著名科学家王选说，一事当前，想到别人跟想到自己一样多的的人就是好人。关于"好人"的标准，王选先生说的比季羡林先生说的低了些，但似乎更符合当今中国社会的实际。老石母亲和老林的妻子，遇事总是为别人着想，而不是抱怨、责怪，她们应当是好人。

最近不少地方都在评选"好人"。根据媒体介绍，他们的事迹大都十分感人，有的催人泪下，令人终身难忘。他们当是好人中的好人。

好人越来越多，国家就会和谐稳定，兴旺发达。

有人就公与私方面对当今的社会现象进行了概括：公而忘私是圣人，

先公后私是贤人，有公有私是常人，损公肥私是罪人。中国是一个有几千年文明史的大国，应当是圣贤之国。

捵，读zhěn。《集韵》："止忍切，引戾也。"引戾，即二物屈曲绞缠，互相转动。为了把湿衣服、湿毛巾中的水分挤干，双手将衣服、毛巾作相反方向的绞动、转动，这个动作就叫做"捵"。

某县相关领导发现某乡上报的招商引资指标过分虚高，便对乡长说："请你将指标中的水分捵捵干，靠实些。"

值价

吉先生六十岁了，刚退休。他平时生活就很节俭，退休后就更节俭了，人老了，要防后手啊！

据说比尔·盖茨一双皮鞋穿了十五年也舍不得扔掉。吉先生脚上的一双皮鞋已经穿二十年了，缝缝补补，打打掌子照样穿。儿子看在眼里，记在心里。一天，偷偷地花200元钱为父亲买了一双特价的名牌皮鞋，吉先生又是高兴，又是责备，责备多于高兴。儿子说："人老了，穿着应当更要体面些。你看，这双鞋的鞋面全是软面皮，里子也是皮，鞋底是牛筋的，式样新潮，质量上乘，价格最优。"吉先生将新鞋拿在手上左瞧右瞧，终于开颜："这双鞋200元，值这个价。"这里的"值价"是指物品的质量同价格相当。

在江淮方言中，"值价"还有坚强、有骨气、怕麻烦人的意思。

小刚十岁时同妈妈一齐去北京、天津旅游，他穿了一双尺码较大的旅游鞋，每天要走不少路。他走起路来拖拖拉拉的，脚后跟的皮肤磨破了，不喊疼，仍坚持跑，紧跟上旅游团队不掉队。三天下来，妈妈看他的脚跟红肉显显的，已经磨出了一个小窟窿，妈妈心疼极了，买来了酒精、药水棉花、纱布、药膏给他处理，小刚好像若无其事，反而安慰妈妈："关公刮骨疗伤也不喊疼，我这点小伤算得了什么。"妈妈情不自禁地说："小刚，真值价。"

小刚妈妈也是个值价的人。她姊妹四个，母亲在家料理家务，只靠父亲一人在工厂做工，一家人的日子过得很窘迫。她从小学一年级开始，一直到高中毕业，十二年的学杂费都是她自己勤工俭学缴纳的。上小学时她利用课余时间拾字纸、捡破烂；上中学了，利用假期在家搞些来料加工，或出外打工，其收入除了交学杂费外，还有多余的贴补家用。有的亲戚早就暗暗地想资助他们一家，她总是婉言相拒，有时还会对妹妹们说："一个人如果轻易地接受别人的怜悯同情，那会增加一个人的惰性。"她在家是老大，妹妹们都听她的话。在学校她的学习成绩总是名列前茅，高中毕业后考取了省城的一所大学，毕业后回到了家乡工作。亲戚朋友们只要谈起她的奋斗历程，都会竖起大姆指："这个人真值价！"

小刚的值价，坚强；小刚妈妈的值价，既坚强又有骨气。母子俩都是好样的。

纸钱·毛昌钱

江淮一带有祭祖宗、祭亡人的习俗，尤其是三个大节：清明节、盂兰盆中元节（农历七月十五）、冬至（民间称"大冬"）。有人编起了顺口溜："早清明，晚大冬，七月半亡人等不到中。"意即清明节早上就要祭，大冬可以到近晚祭，七月半在午饭前就要祭了。有的人家在春节大年初一前数日还要祭一次，叫作"辞年"，辞祖宗年，感谢一年来列祖列宗对全家人的保佑，期待来年祖宗仍然保佑家人平安、健康、幸福。祭祀时，要摆酒、菜、饭，菜肴要有红烧肉、红煮鱼、粉块、青菜烧豆腐等，有的人家则一律用素菜。饭要盛得高出碗面，呈馒头状。全家人敬香、磕头、作揖。年长者告诫小孩不要碰桌凳，亡人在用餐呢。下头就烧纸钱，江淮一带称作"毛昌"，或"毛昌钱"，有的称作"纸钱""大钱"。讲究的人家用大红纸袋装一些毛昌钱，并在袋上写上亡人的姓名。敬了一两个小时以后，用手指蘸几滴酒、拈一点菜、饭撒向屋上，祭祀就算结束。

倘一个年长者去世，长子或长孙会跪在遗体前烧毛昌钱。

在汉朝时，人谢世了，活着的人会在墓葬处暗暗地埋下真钱，叫作"瘗钱"，以供亡者死后花用。《汉书·张汤传》："会人有盗发孝文园瘗钱。"埋真钱有人盗，于是剪纸为钱，唐朝为盛。《唐书·王玙传》："汉以来丧葬者皆有瘗钱，后世里俗稍以纸寓钱为鬼事。"后来就干脆改埋纸钱为烧纸钱了。《爱日斋丛钞》说，后世丧祭者焚纸钱即起于汉世之瘗钱。俗话说："烧纸看人心。"后人不能数典忘祖，不能忘记先人之恩德，烧纸钱就是一种纪念的形式。陈毅曾有"飞来捷报当纸钱"的诗句。在战火纷飞的年代，哪有可能烧纸钱去纪念逝者，那就以战斗的捷报当作毛昌以慰亡灵吧。

扬州、镇江、泰州、盐城、淮安一带称"纸钱"为"毛昌钱"，或简称为"毛昌"。不过，将"毛昌"的"昌"读为"常"音了（见《汉语方言大辞典·第一卷》）。毛昌纸是一种廉价的黄色的有些毛糙的纸。一张纸钱大约宽一尺，长一尺多，在纸上用錾子錾成镂空的花纹，就成了毛昌钱了。

洪长庆《杜诗辨证》云："齐东昏侯好鬼神之事，剪纸为钱，以代束帛，至唐盛行其事。"白居易诗云："风吹旷野纸钱飞，古墓累累。"黄色的毛昌纸与黄色的帛，色相似，又价廉，自然成为很好的替代品了，从唐代一直沿袭至今。

因毛昌钱发生火灾的事时有发生，当今有人提倡文明祭祀，文明扫墓，在先人像前或放置茶点，或摆设鲜花，或跪拜，或作揖，或鞠躬，更重要的是"心祭"。后世子孙倘能继承先人之优良品德、优良家风、优良传统，并能继承先人之遗愿，大踏步前行，先人定会保佑你平安、健康、幸福。这是后世子孙从先人那里获得的道德的、精神的、心理的力量。忤逆不孝的子孙应当在先人面前忏悔，以获得先人的宽宥；当然，这只是一种心灵的自慰而已。活着的子孙们应当抓住当前，孝敬父母，孝敬老人，以免后悔莫及。

毛昌钱在江淮一带还指当今的钞票，不过，当钞票用时，就含贬义了。时下"啃老族"的队伍似乎有发展趋势，不仅中国如此，美国也如此。老王的儿子大学毕业了，不想找工作，夜以继日地在家上网，且要吃好的，穿名牌。一天向老王提出一个要求，想买一辆新汽车。老王对其子说："我同你妈都是工薪阶层，你还有个残疾姐姐要照顾，家里毛昌钱从哪块来！"这是一位父亲对不明事理的儿子的愤疾的话。啃老的儿子们，当应警醒、奋发、立志、创业。

拽

拽，这个字有三种读音：

一读 yè，同曳，牵、拖、拉的意思；在古代作品中还作"船桨"用。

二读 zhuāi，抛、扔的意思。这一读音和用法往往会被人们忽略。其实，在唐诗中就出现过。如黄滔《断酒》："免遭拽盏郎君谴，还被簪花录事憎。"在江淮方言中这一读音和用法有时也会出现。夫妻俩吵架，各不相让，女方气势尤盛，怒气上来拽碗盏掼盆，男方更以言辞相激，事后女方大哭一场，那碗盏锅盆毕竟是自己的血汗钱买来的啊！林语堂与廖翠凤的和谐相处成为历史佳话。林语堂认为，夫妻吵架是双方的事，多一句不如少一句，一方吵嚷，另一方沉默，一方再吵嚷就会感到没有什么意思，甚至没趣了。有时林语堂还会刮一下廖翠凤那美丽的鼻子，于是双方冰释前嫌。

在江淮方言中，还有"拾砖头把人拽"的说法。

三读 zhuài，指拉扯、用力拉。《红楼梦》第一百回："忽听宝蟾一嚷，才瞧见金桂在那里拉住薛蝌，往死里拽。"《红楼梦》中的语言与江淮方言的关系很是密切，"拽"的第三种读音及用法在江淮一带很有生命力。如果一个人决心已定，不管怎样往死里拽是拽不回头的。什么事得自己把握好方向，自己拽住自己。

琗琗齐

湖南古丈有首民歌这样写道：

> 赤脚双双来插田，低头看见水中天。
> 行行插得齐整整，退步原来是向前。

这也是一首颇蕴哲理的诗，尤其是最后一句"退步原来是向前"，是写实，更是阐述浅显而深刻的道理。

这首民歌中的"插田"，在江淮一带叫作"插秧""栽秧"。江淮一带有句农谚："清明浸种，谷雨下秧。"秧苗在育秧田里长到六七寸长时，麦子收割完了，接着耕田、放水、耙田、平整，于是专门有人在秧苗田里拔秧，琗得齐齐整整，用稻草一捆，有人将秧把运到栽秧的田里，再一捆一捆地撂到田中，哪里需要就撂到哪里。栽得快的人，退步也快，那就是前进得快；栽得慢的人，退步也慢，那就落后了，倘在中间，就被"包粽子"了。

琗，读chù《集韵》："初六切。"《玉篇》："等也，齐也。"中国训诂大师高邮乡贤王念孙在《广雅疏证》中提到这个字："今俗语犹谓整齐为整琗，声如捉。"

琗，在江淮一带人们的生活中常用到这个字。

李奶奶八十岁了，身骨子硬朗，整天在自留地上忙育苗、种菜、浇水，一大家子蔬菜自给，不时还将韭菜、蔓菜（上海人叫鸡毛菜）挑到集镇上卖。她将韭菜、蔓菜择得干干净净，琗得整整齐齐，有的一捆半斤，有的一捆一斤，到集镇上，担子才放下来，就被抢买光了。

小钱在充分地进行市场调研以后，决定在市内一个有名气的旅游景点开设一家糖果糕点店。糖果糕点基本是世界名牌，有美国的、意大利的、瑞士的、日本的、韩国的等。因为当今的人生活水平提高了，小孩绝大多数是独生子女，而且在一些人的脑海中，外国的东西似乎更精致、精美些，所以大人舍得在小孩身上花钱。开门的那天，生意着实不错，一天下来，小钱忙得筋疲力尽，晚上打烊后，他与妻子将所卖货款琗琗，有一万三千多元，小夫妻俩乐滋滋的。这里的"琗"，是将钞票理得齐齐整整的意思。

还是回到古丈民歌中"退步原来是向前"这句话上来。中国有不少格言、成语、俗语也是颇蕴哲理的："让人非我弱""退一步海阔天空""退一步前程愈宽""人能退步便无忧""退一步天高地阔，让三分义重情长"等等，在战术中也有收回拳头的策略，那是为了更狠地打出去。然而，不管怎么退，退是为了进，退是为了更好地进，有利于人格的完善，有利于事业的发展，有益于世道人心，这种退才是应该值得提倡的。

第四辑

江淮方言

续编

熰

二十世纪五六十年代的夏天，农民一天活干下来了，疲劳了，一家人于晚饭后便在打谷场上搁上两张木板床，休息乘凉。如果没有什么风，蚊子就来叮咬，怎么办？不少人家便用稻壳子用火点着了熰。为了使稻壳燃烧得慢一些，在稻壳堆上少加些水，这样蚊子就不敢来了。

熰，读 áng，指火烧或烟熏。那时农村驱赶蚊子的土方法还真有效；蚊子不敢来了，但有时那些燃烧物燃烧时会发出烟火气味，如果人在下风，有些呛人。

二十世纪五六十年代，日杂品商店还有蚊烟卖，外面用耐磨的纸包着，里面装着木屑和农药，有拇指粗，点着了熰蚊子。

如今，各级政府对农村人居环境的改进当作关系到农民生活的大事来抓，原来住在单头圩子上的人家，都上了庄台；还有不少的村建起了一排排现代化的楼房，每家每户都安装了煤气管道、空调，晚上不需要到打谷场上乘凉了，用稻壳熰蚊子的时代一去不复返了。

在现代生活中有时还会用到这个"熰"字。

小傅上初一了，也用起了手机，是哥哥的旧手机，看到同座的小钱用的是新手机，他想换，却不敢向父母要。连续三天晚饭后在爸爸面前小声地述说自己的要求，就像用稻谷壳熰蚊子那样，虽无明火，但有气味，人们也称小傅这种别样的述说为"熰"。山东带也有这样的说法。父亲觉得小傅熰了三天了，就说："期中测验每门成绩都在90分以上，就奖励买新手机。"小傅听后，高高兴兴地去看书了。

期中测验后，小傅口袋中换了新手机。

八匠毛

姜爷爷世世代代住姜庄。中华人民共和国成立前才十几岁就学手艺了，瓦匠、木匠、茅匠都学了。那时代农村茅草房多，盖、修茅草房人家很多，茅匠很吃香。姜爷爷不到二十岁，就成了远近闻名的"八匠毛"。

"八匠毛"的"八"是一概数，农村中农民生活中离不开的匠人可以数到八，可以不超过八，也可以超过八，大致有：瓦匠、木匠、茅匠、漆匠、箍桶匠、补锅匠、剃头匠、裁缝匠等。"毛"是指干活不精细、毛糙。

姜爷爷对于农村生活中密切相关的手艺大体都会，但不太精。姜庄人或者附近村里的人有什么修房造屋、补锅、箍桶、剃头、裁衣的事，只要他有空，一喊就到。姜爷爷为人诚朴，服务周到，手艺虽然不很精，但还说得过去。有人背后喊他八匠毛爷爷，他一点不生气，八十多岁了，远近村里人有什么事还请他干活。一天他的孙子对爷爷说："现在乡卫生院领导提倡医生做全科医生、全能医生，爷爷您就是全科、全能匠人啊！"爷孙俩哈哈大笑，相互拥抱。

随着中国新农村建设的逐步深入，农村的生态建设、住房建设，以及农民的生活条件都有了很大的变化，新农村应当有适应新时代发展变化的新八匠毛。例如修汽车、摩托车、电瓶车的，修电脑、电视机、手机的，修空调、热水器、煤气管道的等等，当然瓦匠、木匠等也不能少，茅匠肯定已绝传了。

有人将"八匠毛"写成"八脚毛""八折毛"，那就讲不通了。

不照

清代乾隆年间兴化人邹必显作《飞跎全传》，又名《扬州话》，是长篇扬州评话，全用扬州土话讽刺达官贵人、富商的尔虞我诈。书中用到"不照"这个词。"不照"，至今扬州人、泰州人、盐城人等还在用，尤其是上了年纪的人。

照，本义是"光所及也"。《礼记·中庸》："日月所照。"

小赵的奶奶八十四岁了，一生勤劳俭朴，特别是年轻时不爱惜自己的身体，现在经常感到浑身疼痛，她有时会对小赵说："奶奶年纪大了，现在眼睛不照了，耳朵不照了，两条腿也不照了。""眼睛不照"，照者明也，眼睛看不清东西了。"耳朵不照"，照者明也，听不清外面的声音、话语了。"双腿不照"的"照"，由明、清而引申为灵活、自如，通常说，不行了。小赵就劝奶奶："您的身体总体上不错啊，没有什么暗病，吃得下，睡得着，能做家务事，还经常到菜园子里劳动；至于眼睛不照、耳朵不照、双腿不照那是自然规律。您辛苦大半辈子了，也该歇息了。"奶奶听了小赵的话心里舒服多了，似乎眼睛、耳朵、双腿的不照也减轻了不少。

江淮一带有时还将"不照"说成"不照中"。

掌

小宝上小学四年级。他出生时妈妈已经三十八岁，因而妈妈从小对小宝的行为有些放纵。小宝走路时常常一蹦三跳，在学校时有时违纪，老师请他到办公室谈心，他站着，不是手动，就是脚动。在家里做作业时，奶奶在一旁陪伴。奶奶是退休的小学教师。小宝坐在杌子上不停地崴来崴去，突然"咚"的一声小宝坐在地上了，在看报纸的奶奶连忙停下将小宝扶起；再看看杌子，四条腿有两条腿快要折断，连接两条腿的掌子掉下来了。

掌，读chèng，指桌椅等腿中间的横木。又读chēng，通"撑"，新华字典未注。

小宝坐的姿势不正确，杌子久而久之受损了。奶奶抓住当前的有利时机对小宝说："小学生从小要养成良好习惯。什么是良好习惯？有利于自己健康成长的、不损害他人利益的生活习惯、学习习惯、卫生习惯、待人接物习惯等。从小养成良好习惯，一辈子受益。"小宝认真听着，不住地点头。奶奶又说："从小我的父母就教育我，坐要有坐相，站要有站相，吃要有吃相。"奶奶拿了一张好杌子要小宝坐下，又说："不能再崴来崴去了，'坐如钟'，坐着腰杆要直，像寺庙的大钟一样；'立如松'，站着要像挺拔的松树一样，至于吃相以后说。"小宝听着听着，坐在杌子上腰杆笔直，奶奶不禁扑哧一笑，暗想道，小宝是个能接受正确道理的好孩子，立即点赞："小宝能知错就改，一定会养成良好习惯，奶奶为你高兴。"

粢

粢，《说文解字》："食所遗也，阻史切。"吃的东西剩下了，叫粢，读 zǐ。

"粢"，这个字，至今在江淮方言中仍然用到。小吉今年上高二了，食宿都在学校，午餐他总要点一个炒菜、一个汤、半斤米饭。每顿午餐他总吃得光光，一点儿也不粢。同宿舍的小费就跟他不一样了，小费嘴有些刁，他点菜自然是他喜欢吃的，但吃了一半就不吃了，味道不对口；他也买了半斤米饭，但吃了一半，嫌米饭硬了，就粢下了，几乎每顿午餐小费总要粢下一些。

最近，学校大力号召要节约粮食，反对浪费，提倡光盘行动。小费有新变化了，每顿午餐他要食堂师傅少打些炒菜给他，米饭也只买三两左右，这样菜、饭一点也不粢了。

据说，有的国家规定，吃自助餐时，能吃多少就掂多少；不论是菜还是主食如果粢下，要罚款。

　　奅菜奅饭是一个不好的习惯，节约是人生一大美德；是美德就应当大行其德，大行美德者昌。

漕鱼

　　漕运，本水道运输之义。秦始皇、汉高祖刘邦时即有利用水道运粮、物之事。旧称水道运粮致京师或供应军旅，或分储仓廒，皆曰漕运。历代漕运大抵入京，自隋开广通、广济、永济诸渠后，漕运大通。元代始海运，明代多用河运，并有支运，间用海运，清多河运，道光河海并用，光绪间河运废。

　　明成祖朱棣移都北京，高邮州人运粮进京要排队依次验收，有时需要等候好多天。验收官员中有一高邮人便私下关照高邮的漕运者，只要在船尾即船屁股上涂上黑漆，作为记号，验收者即可提前验收，由此即传开，由高邮船黑屁股变成高邮人黑屁股了。

　　车运曰转，河运曰漕。

　　扬州至淮安之运河亦称漕河。

　　漕河中流淌着活水，不仅连着长江，也连着高邮湖，因湖河间有闸坝节制，需要时可定期开放，因此漕河中生长着大量的野生鱼种，而鱼类中最常见的是鲫鱼，淮扬菜中作为主食鱼。大厨们做成红烧鲫鱼、鲫鱼氽汤，有的还在鲫鱼肚中放上肉圆，名为鲫鱼摵斩肉。鲫鱼味鲜美，肉质不老不嫩，刺卡不多，老少皆宜。从扬州至淮安一带的运河线上有人便称鲫鱼为漕鱼，因是漕河中新生，吃到鲫鱼会联想到漕运，甚至还会想到"高邮人黑屁股"的故事。有一些人将"漕鱼"说成、写成"草鱼"，那真的大煞风景了。

　　漕鱼不仅味美，而且还有药用价值。鲫鱼又名鲋鱼。李时珍《本草纲目》中写道："鲫鱼旅行，以相即也，故谓之鲫；以相附也故谓之鲋。"郦道元《水经注》、东方朔《神异经》《吕氏春秋》中都称"鲫为佳品，自古尚矣"。能补胃、辟寒暑，治脾胃虚冷不下食、膈气吐食、妇人血崩、小儿齁喘，外用可治小儿舌肿、小儿丹毒等症。

吃大运河中的漕鱼，也在品评着大运河的文化。一边享受美味，一边欣赏着古味古韵。

黪

小吉的奶奶一辈子很勤俭。每天清晨她起得最早，为一家人准备早餐，以后就到菜地上干活。有好菜肴了总舍不得吃。小吉妈妈很孝顺，遇到吃鱼、肉等好吃的总是给她盛上一小碗，她舍不得吃藏了起来，快变质了才吃了。

小吉喜欢吃面食，妈妈为他买了几斤水面，在太阳底下晒晒，没有怎么干，小吉就收回家了。过了几天，面条的颜色有的地方发青、发黑了，黪了。小吉妈妈准备撂了，小吉奶奶发现了，连忙抢到手："我来吃。"小吉妈妈说："面条已经黪了，黪就是霉变了，吃下肚子要生病。"小吉奶奶说："把发青、发黑的地方去了，照样可以吃。"小吉妈妈说："其他地方看样子没有变，实际上也变质了。"小吉奶奶被说服了，点了点头："不吃就不吃吧。"

黪，《说文解字》："浅青黑也。"《玉篇》："今谓物将败时，颜色黪黪也。"字典辞书上一般读cǎn，而在江淮方言地区，如镇江、扬州、盐城等地都读cuǎn。

有时候白衬衫潮湿了，忘记洗了，经过几天发酵，领、袖口等处也会黪了，有人想出办法，用含盐、洗洁精、白醋混合液涂擦黪的地方，可以去黪。

等

在现代汉语中，等，读děng，表等级、种类、程度或数量相同，也作动词，有等候、等待、等到的意思，表复数，指列举未尽（可以叠用）、列举后煞尾。

在古代，等除了读děng音外，还读dǎi，《广韵》："多改切。"《集韵》："打亥切，齐也。"这一读音，在《辞海》《辞源》等字典辞书中均未收。在江苏高邮、安徽天长等地还一直有一种用法，即形容众多。

高邮的"湖上花海"在全国出了名。几千亩湖滩上长着盛开的金色油菜花，清澈的湖水相映衬，远方是湛蓝的天空，不时飘浮着变幻的白云，空气新鲜，景色迷人，参观游览者有的乘着小船在河汊中慢行，真是人生一大快事。近年来又增添了一些健身器材，开设了小孩玩的游乐场，老老少少均来了。讲解员介绍美景，介绍全国历史文化名城、全国文明城高邮的历史文化、名胜古迹、名人传奇、高邮湖国家地理标志产品等，文化与旅游相融合，更增添了文味、文气，也增添了浏览者的人味、人气。

每年清明节前后，全国各地的游客纷至沓来，络绎不绝。高邮人高兴地迎接各方来客，有人大声说，来看湖上花海的人等（读dǎi）哪。高邮湖一带的送桥、菱塘桥、天山、郭集等地的人很喜欢这个"等"（dǎi）字。有人写成"歹"字，这是"坏恶"的"歹"，"歹毒"的"歹"，大煞风景了。用"等"（dǎi），古音古意，众多貌，在现代汉语中保留了此意。来湖上花海参观游览的有北京人、天津人、上海人、广州人等等。不再列举了用"等等"，表众多。但当今人不读、不用古音"等"（dǎi）了，但高邮人仍用。高邮是个有两千年文明史的古老城市，高邮湖西一带也是古老的地方，帝尧就出生在神居山一带，自然保留了古字、古音、古意。

高邮湖西一带是高邮的高新科技开发区，是灯具之乡、电缆之乡，有众多的企业家，他们每年赚的钱等（dǎi）哪，但他们不少人乐善好施，每年用于公共福利事业的钱也等（dǎi）哪！

刁肴

镇江、扬州、高邮一带称一些人吃东西挑食的人为"刁肴"。有的人嘴刁,同学或朋友聚会时他回不起面子就干坐着,因为他们从小养成了饮食习惯,天上飞的不吃,地上走的不吃,水中游的要看什么,他也是有选择的吃,甲鱼、鳝鱼、鳗鱼他是不吃的。肴,旧读xiáo,今读yáo。肴肉是指猪、牛、羊、鱼等做成的一块一块肉。镇江的肴肉很有名,是纯猪肉做成的。有人编出顺口溜:"镇江有三怪:肴肉不算菜,下面盖锅盖,香醋到处卖。"刁肴者是指此人挑选美食的标准很严格,不适合自己口味的食物坚决不吃。

刁肴也指平时很难相处的人。某饭店每年组织一次职工外出旅游,饭店总经理规定,可以自由组合到达旅游地。饭店的财务科科长老刁就是个刁肴,同事们都不愿意与他一起组合。因为不少同事已与他一起组合到外地旅游几次了,到达目的地后,同事们要看一些著名的景点,他却要到不著名也没有什么文物、古迹、名胜、美景可看的地方去,拗五别六。几次经历,没有人与刁科长组合了,饭店总经理硬是说服几位刚来的青年人同刁科长一起去旅游了。刁科长渐渐地发现自己刁肴的毛病,在与几位青年人旅游的过程中,选择景点时不再像以往那样固执己见了。回来后,总经理询问青年人同刁科长外出旅游的感觉如何,几位青年人都认为刁科长很关照他们,并不像有的人传说的那样刁肴。这样的看法传到刁科长耳里,他高兴了。刁科长刁肴毛病的改变慢慢在饭店也传开了,认为他不再刁肴了。第二年饭店再组织职工旅游时,不少人都愿意同他组合了。

肐织·胳肢

中国文学史上称高邮人秦观为"婉约派词宗"。经专家考证,秦观的词流传于世的约八十首。他的词重情，《鹊桥仙·纤云弄巧》中的两句词"两情若是久长时，又岂在朝朝暮暮"千年来一直被人们广为传诵。二〇一九年中国民间文艺家协会邀请众多专家到秦观故里高邮三垛镇（原武宁乡合并到三垛镇）考查、论证，结果三垛镇被命名为"中国七夕之乡"，有人则称之为"东方情都"。

秦观有词《品令二首》，其一："幸自得。一分索强，教人难吃。好好地恶了十来日。恰而今，较些不。须管啜持教笑，又也何须肐织。衠倚赖脸儿得人惜。放软顽、道不得。"

这首词全用俗语，写男女间关系紧张，而男子以调笑语解之。

肐织，又写成"胳织"，当今则写"胳肢"，织、肢都读zhī，而当今扬州、高邮一带读成qī。当A气恼时，皱着眉，苦着脸，好友B便想办法让他解忧消愁笑起来，便笑嘻嘻，把右手放在嘴边呵呵，欲伸向A的胳肢窝，因为夹肢窝是一个人神经的敏感区，稍微碰到，人就会躲让，自然而然地就笑起来了。

胳肢人，惹人发笑化忧愁，此法古已有之，一直传到今天，只不过写法有了些变化。

秦观乃高邮乡贤，他的诗、词、文作品中用了不少家乡话，乃是研究江淮方言的重要文本材料，应当好好地认真品味、研究。

瘝

瘝，《新华字典》：guān，病，痛苦。

鲁迅先生的老师章炳麟先生的《新方言·释言》："《书》：'恫瘝乃身'"，郑注"刑罚及己为痛病。引申凡爱怜曰痛，亦谓之瘝……今谓爱怜小儿者，通言曰疼。江南运河而东曰肉痛，扬州、安庆曰瘝，读如贯。"

瘝，也是一种病，爱怜过分就是病。扬州一带对家中喜爱的小孩人称为"瘝宝宝""瘝姣姣"。小管一生下来就是个瘝宝宝，从他的祖父起连续三代单传，一家人真把他当作宝贝了。到五岁了，自己还不会用手吃饭，奶奶端着饭碗跟在后面跑，小管一边吃饭，一边在门口游玩，奶奶直到他停下来方能一口一口地喂，有时他还显出不耐烦的样子，因为奶奶喂饭影响他玩耍了。

小管上幼儿园了，老师布置作业，要求学生在家里要帮大人做家务事，小管回来拿起笤帚扫地，奶奶夺过他手中的笤帚，说："这事还要你做吗！"老师来家访时，奶奶帮着撒谎，说小管在家里可勤劳了，每天放学后回家就忙扫地、抹桌子，星期天还帮忙择菜、切菜。小管到了学校，老师单独与小管谈心，小管是个诚实的孩子，如实向老师报告了在家的表现，回家什么家务事也没有做，不是自己不想做，而是家里人不让做。

一天，幼儿园老师特地到小管家与他的奶奶、妈妈等人谈心，说他们这样对待小管的教育方法，很不利于孩子的健康成长，不是爱孩子，而是害孩子，甚至是废孩子。小管的奶奶、妈妈渐渐明白了老师所讲的道理，下决心要从小培养小管的良好习惯。小管的妈妈是电视台的编辑，经常同文字打交道，她知道所谓良好习惯就是使孩子健康成长的习惯，不影响、不损害他人利益的习惯。良好习惯是慢慢养成的，虽然不能一蹴而就，但时间长了，好习惯就习以为常了。

小管从幼儿园直到小学、初中、高中渐渐养成了良好习惯，考上了一所名牌大学。

瘝，还有一种意思，旷废也，在《书·囧命》中有论述，如果家长过分疼爱瘝孩子，就等于白白浪费孩子的时光，废掉了孩子的前程、一生。

瘝，在扬州一带读去声，音同"惯"。

光胡子

小厉读高二。正当青春发育期，胳肢窝开始长黑毛了，打篮球或做操时举臂，别人看见了，觉得难看，小厉特别怕被班上的女同学看见，于是回家背着妈妈暗自对着镜子慢慢剪，一不小心，划了个口子，鲜血直流，却不敢告诉妈妈。

嘴唇上下开始长胡子了，那毛挺硬的，他一有空时就用手或用镊子拔，很疼。妈妈发现了，对小厉说："你可以买剃须刀光啊。"小厉听了妈妈的话，到超市买了一把剃须刀回家，每天大清早起来洗漱完毕就光胡子了。

光，一般读 guāng，作动词用时读 guàng，这种用法在镇江、扬州、高邮等地常用到。"光胡子"的"光"是使动词，使之光的意思，就是使胡子光。

扬州有"三把刀"的传统技艺，即厨刀、剃头刀、修脚刀。到扬州理发店理发，头发剪过了，然后躺在椅子上让师傅光胡子简直是一种享受，剃刀在脸上刮来刮去，痒痒的，舒服得要人入睡了。

扬州、高邮一带还有一个词"光火"，这里的"光"读去声，guàng，也是使动词，即使之火。小杨不小心将同事小赵新买的手机从高处落在地上，而且失灵了，小赵光火了，对着小杨吼叫，小杨自知理亏，赔礼道歉，拿着手机去请人修理了。

绚

绚，读 gōu。《汉语方言大词典》："缝衣，冀鲁官话。"这个字在江淮方言中用到，而且不是指一般的缝衣。

二十世纪六七十年代，一般百姓人家还没有使用被套，一条被有被面子、被里子，中间是棉花胎。被里、被面拆洗以后，要将被里、被胎、被面平铺在床上，先将四周缝好，然后再用特制的绚被针，针有一寸多长，在被的中间缝上几道，这样做是为了防止睡觉时被胎挫动，盖在身上不均匀，这最后一道工序叫"绚被"。

小李的爸爸二十世纪六十年代从高邮到南京上大学，一学期下来，被子脏了，自己会洗，不会绚被。如果将被里、被面拆下来带回家洗，返校后还是不会绚，那时男女同学交往不多，不少女同学也不会绚被，于是将整条被带回家拆洗，假期结束再带回学校。

二十世纪六七十年代，人们穿的棉袄、棉裤在换季时也需要拆洗。一般棉袄的里子、面子是连在一起的。一件棉袄拆洗后，平铺在床上，再将棉花放入中间，边子缝好，还要用绚被针在棉袄的前与后各缝上几排粗针线，这叫"绚棉袄"。

绚被、绚棉袄、绚棉裤这些针线活随着时代的发展、社会的进步逐渐被人遗忘了。

锅边秀

小玲在幼儿园上大班了。老师教大班的学生唱歌、跳舞，小玲的接受能力、模仿能力都很强，这大概是天赋。老师教唱《幼儿园像我家》《交换玩具玩》《买菜》《爷爷为我打月饼》《老鼠画猫》《数高楼》《橙子变变变》等歌曲，小玲都唱得好，而且会将不同的歌曲配着与歌曲相应的姿势，似乎有自己创新的领悟。老师教跳舞了，跳《小小猪》《我的身体》《大声唱歌》《数鸭子》《小精灵》《勇气大爆发》等，小玲跳舞的动作轻灵、美妙，常常受到老师的表扬。

小玲的父母都是小学老师，也喜欢唱歌跳舞，在家中父母也常常教她儿童喜欢的老歌，如《在北京的金山上》《我在马路边》等，甚至跳一些成人喜欢跳的拉丁舞、探戈、华尔兹舞，小玲学得也很好，但小玲有一个缺陷，就是不喜欢登台表演，不像有的小朋友不论在什么场合、什么时间只要一听到熟悉的曲子就情不自禁地唱了起来、跳了起来，这在心理学上叫表现欲强烈。小玲没有什么表现欲，只是在家里常常唱、跳给父母看，只要有外人来，他就不唱不跳了。奶奶说，小玲这孩子是锅边秀。

江淮一带被称作"锅边秀"的少年儿童，他们只是在家中锅灶旁秀秀自己的才艺，也不善于同人交流自己的特长。

对于小玲"锅边秀"的缺陷，幼儿园老师通过家访，决心与小玲父母共同努力，要从多方面培养、提升小玲的交际能力，改变她的缺陷。经过老师、家长不断的善意劝导、引导，小玲胆子大了，勇气增长了，在幼儿园举办的文艺表演会上，她都能主动积极参加演出，精彩的表演博得师生、家长们的一阵阵掌声。在小玲父母的亲戚生日、婚庆等大庭广众的喜宴会上，小玲也会自告奋勇上台唱歌、跳舞，奶奶高兴地说小玲从"锅边秀"变成"厅堂秀了"。奶奶笑了，小玲也笑了。

秾

小郑大专读的是机械专业，毕业以后选择回乡务农。他的父母承包了村里四十亩田。小郑对农田种植并不熟悉，但他有认真钻研精神。他选了家门口一块地，约半亩，插秧、薅草他都来，而且对这半亩田精心管理，他以为多施肥，稻子才长得好，产量才会高。他常常施化肥、施有机肥，稻子长势很好，青枝绿叶，油光光的一片。开始结实了，因为施肥过多，稻杆子较粗，而且颜色变黑了，结的稻穗下垂了，颜色也变黑了，稻粒不饱满，瘪子倒不少，大风一刮，有的稻杆就倒在地上了。他的舅爷爷八十六岁，到小郑那半亩田里走了一圈，对小郑说："你施肥过多，稻子长秾了。"

秾，读hān。《汉语方言大词典》收到这字，读第四声，说此字是粤语，庄稼长秾了，结实下垂，意思是田里的稻，熟得倒伏在地上。编辑者注释时大概并不知道，这字也是江淮方言，读第一声，而且描述庄稼长秾时的情景也不如江淮老农那样详实。

小郑认为舅爷爷的意见很正确，的确施肥过多了，他联想到对一个小孩的成长真心实意地关怀很重要，每天要保证一定的营养，但不能吃得过多，过多也会长秾的啊！

车槅

　　近来，县（市）地方志办公室要求各乡（镇）都要抓紧编写乡（镇）志，其中有"农具"一栏目。提到农具，水乡的水车是必不可少的。二十世纪五六十年代直至七十年代初，农民种田，还没有自流灌溉，特别是遇到干旱季节便用水车车水。一部大水车，有4人踩的，有6人踩的，一根大木头横在两边的柱子上，4人或6人便伏在上面，脚不停地踩水车的踏子，随着水车的滚动，水便从河里踩到了田里。笔者曾被下放到农村近一年，工作后带学生下乡支农，都踩过水车，几经锻炼，踩水车技艺还不错，与老农在一起，他们踩得快，我也能跟得上；倘跟不上便"吊田鸡"了，即双脚悬空。踩车时，为了鼓励老农们加油，有男有女还一边敲锣一边敲鼓，唱小调，也驱赶了单调、寂寞。特别干旱时，昼夜不停，家里不停地烧（大锅灶烧吃的、喝的），外面不停地敲。

　　水车构件中有一重要的部件即车槅，车栊套在车槅上，车槅还可以转弯，一个一个车槅连接成一格一格的，踩动后就将河里的水踩到车槅中，再流到田里。

　　槅，一读 gé，《现代汉语大词典》：大车的轼，窗上用木条做成的格子。槅，又可解释为一种类似书架的器具，分不同样式的许多小格，供陈设器皿、玩具，在《儒林外史》《红楼梦》中都用到。如此看来，水车上的重要部件车槅的"槅"，是一格一格的，类似书架的一格一格。

　　乡（镇）志的编写者一般都将车槅写成"车鹤"了，只知其音，而不知其意了。

　　一些乡镇在建乡村博物馆或农具展览馆，也会将水车的车槅子展陈，正确的写法应该是"槅"。

浒

浒，《集韵》："火五切，音虎，舟中渫水器。"本指船中去污泥等物的器具。《汉语方言大词典》：音 hù，泼也，江淮官话；吴语也，浙江鄞县、萧山、象山泼水曰浒。江淮一带读第三声：hǔ。

王先生与李先生一日应邀去一高档餐厅用餐。三朋四友觥筹交错很是热闹，正酒酣耳热时，一位服务员端上一大盆高邮麻鸭汤，正站在王先生背后，王先生全然不知，他高兴时不停地手舞，一不小心掀翻了服务员端上的麻鸭汤，正巧浒在王先生的新西装的上衣、裤子上。服务员是位二十多岁的小姑娘连声说："对不起，对不起！"坐在旁边的李先生说："王先生穿的西装是昨天刚买的，一套八千多元呢！"只见服务员更是鞠躬道歉。而王先生却说："不要紧，不要紧，回去洗洗就行了。"并一再安慰小姑娘："这不怪你，是我舞手弄翻的，我还要向你道歉呢！"酒席上的人都齐声为王先生大度的言行点赞，只见小姑娘拿来一条干毛巾、一条湿毛巾为王先生西装揩拭。

中国的民间流行着一句话："无酒不成席。"有人将喝酒者分为若干等级：酒仙、酒圣、酒徒、酒鬼、酒怪、酒妖等。有位朋友喜喝酒，三朋四友常相聚。他能喝，但绝不多喝，喜欢闹酒，请别人多喝，甚至将别人灌醉他才舒服。一些同学、朋友都了解他的酒品，有的强势者一气要他多喝，给他斟酒，有人给他编了句话："（你）斟住的，（他）捂住的。"你给他斟酒，他便捂住酒杯。他站起来给别人敬酒了，他端着酒杯，端住的，浒住的。别人也同他闹酒，一定要将杯中酒喝掉，他喝住的，吐住的。他即使勉强喝下了，很快又吐掉了。因此别人为他饮酒的过程编成了顺口溜："斟住的，捂住的；端住的，浒住的；喝住的，吐住的。"席间同桌者说给他听，他也忍不住笑了。

有一位长者将喝酒的过程总结出一句话："填饱肚子，放慢步子，不玩点子，不过杠子。"这一句话有道理。喝酒是喝的情趣，应当掌握分寸，不能过度，过度伤身。有人说，酒品即人品，也有道理。玩点子的人不能同他喝酒。

焨

焨，《广韵》《集韵》："胡切，音斛。"《玉篇》："火貌。"《汉语方言大词典》：焨，火势向上或火势大的样子，或助长火威。在镇江、扬州、高邮一带常用到这个字。有时指一个人在某种情景下大造声势称"焨"，读huò。

X先生在读高中时就是班上有名的会造声势的人，同学们都说他会焨；他一焨，参会者的热情之火就更旺了。

去年是X先生与同学们高中毕业40周年。趁国庆节假日全班聚会，原有48位同学，已有3位病逝，到会的45位，大都在六十岁左右了。在聚会晚宴上，酒酣耳热时，主持人宣布文娱演出开始，唱歌的、唱京戏的、唱越剧的、唱黄梅戏的都一一表演了，X先生突上台大声请C同学（男）与D同学（女）跳牵手舞，他一焨，同学们哈哈大笑，热烈鼓掌。因为C与D二人同在一个小组，接触频繁，有时课外也在一起散步、研讨问题，同学们都以为他们是一对情侣。高中毕业后二人都考上了大学，不在一个城市发展，未能成为终身伴侣。今日的聚会，40年前的同学情焰又燃烧了起来，X先生与同学们的情意难却啊！C和D上台牵手跳了一曲华尔兹舞，结束时二人刚要下台，X先生又拦住他们喊道："再对唱一首《十五的月亮》，要不要啊！"大家齐声说："要！要！"C和D又对唱了《十五的月亮》。D曾担任该班的文娱委员，对班上同学的文艺才能记忆犹新，她大声对同学们说，X先生也是班上的文艺人才，他的小品演得出神入化，单口相声也说得精彩。她这一焨，晚宴更热闹了。X经不住这一焨，来了一段扬州评话《武松打虎》，他上学时，课余就喜爱模仿王少堂的扬州评话。X刚要下台，主持人拦住他，请他再唱一首《滚滚长江东逝水》。X要求和同学们一起唱，同学们都站了起来，一边拍手，一边齐唱。歌唱结束后，主持人说："我们同学的友情也像滚滚长江的流水绵绵不尽啊！"

窹

窹，hù，《广韵》："睡一觉叫窹，窹同寤。"《诗·卫风·考槃》："独寤寐言，永矢弗谖。"一觉睡醒称窹。吴方言中一觉睡醒也称窹，见清代吴文英《吴下方言考》。江淮方言中一觉睡醒了称窹，但不读去声，而读平声，因而有人错写成"呼"了。

江淮一带民间流传着一句俗语："夜里杀头猪，抵不上我窹一窹。"意思是，喜欢熬夜的人，即使杀了头猪大吃一场，也不及我睡上一觉养精神。这句俗语体现了中华民族的养生智慧。睡觉对于人体的健康太重要了。关于睡眠时间，儿童一般需要10小时，青年人需要8小时，老年人需要7小时，总之，视各人体质不同而定，但睡眠时间上下浮动一般在一小时左右。

略睡也称"窹"。明冯梦龙《山歌·失窹》："昨夜同郎说话长，失窹直困到大天光。"

河瓷

扬州于二〇一九年十月三十一日被联合国教科文组织定为"世界美食之都"。淮扬菜以"和、精、清、新"著称。高邮历史悠久，在5000年至7000年就有人居住，龙虬庄遗址可以做证。约公元2000年前帝尧出生在高邮境内的三阿之南神居山。公元前223年秦王嬴政在高邮境内筑高台，设邮亭。公元前201年即汉高帝六年建县。明清时代为高邮州，管兴化、宝应县。扬州知府四品官，高邮知州五品官，兴化知县七品官。

高邮美食文化源远流长，以"清纯、本味、中和"著称于世。当今高邮有十大名菜、七大名宴而闻名。民间的土菜、家常菜也别有风味。冬天到，有一道时令菜名为"河瓷烧咸肉"令来高邮游览的人垂涎三尺。河瓷学名叫河蚌，有的地方称河歪。因它的外壳剖开以后，内壳白而质地坚硬，极似瓷器，故称河瓷。河瓷的肉有鸡蛋大，烧熟后清新、滑嫩、鲜而不腻，配着咸肉的咸香，以绿色的青菜垫底，青绿、乳白相间，真是色、香、味俱佳。

在高邮吃着河瓷烧咸肉这道菜，还有其独特的历史韵味。宋代高邮湖有三十六湖，甓社湖在高邮城西北，离城约十五公里。相传北宋仁宗年间，有一颗神珠出现在甓社湖上。起初，从大蚌敞开着两壳间射出的珠光如同一条横着的金线，接着，蚌壳渐渐张开了。那蚌壳足有半条席子那么大，壳中白光闪烁如银，珍珠巨大如拳。那珠光照得十多里外的地方都能隐约见到。珠光射到湖面上，那光荧荧然似有芒刺，且很像太阳的光，在湖面上浮动。这一奇景、盛景在宋人沈括《梦溪笔谈》中有具体的描述。北宋著名文人孙觉的家离甓社湖不远，一天，他临窗夜读，忽然窗户明如白昼，他独自沿着湖畔寻找亮光的光源，终于发现，是湖中的大蚌发出的珠光。这一年秋闱，孙觉考中了进士，于是人们传开了，因为孙觉看到了珠光，所以考中了进士，珠光可以兆福，珠光可以示祥。孙觉的女婿，著名词人、书法家黄庭坚有一首诗《寄外舅（岳父）孙莘老》："甓社湖中有明月，淮南草木借光辉。故应剖蚌登王府，不若行沙看夕霏。"

人都想过上美好日子，都想见到珠光，于是有人在湖畔建起了"玩珠楼""玩珠亭"，有人连续几天在楼亭中守候或行船在湖中巡游，总见不到大蚌开光。

近高邮的美食界新开辟了"秦邮八珍"即"秦邮八大碗"，其中有一珍名"珠光滴翠"，就是河瓷、咸肉烧青菜，吃了这道菜，如同见到了珠光，承受了美好寄托与良好祝愿。

齑

齑，读 jī，原意是用酱腌制的细切的韭菜。北宋宋太宗时的宰相李昉等编纂的大型类书《太平御览》已经用到这个字。用这个字的前提条件是韭菜等物要切得细、碎，要有盐酱腌制。《新华字典》收到这个字，指捣碎的姜、蒜、韭菜等；细、碎如化为齑粉。

江淮方言中，"齑"这个字一般作副词用。

小成三年前大学毕业后考进本县一所中学教书，每天三顿都在家吃。小成的奶奶八十岁了，身体仍很硬朗，每天洗菜、做菜做饭。一天午餐菜是炒茼蒿、红烧鱼。茼蒿是凉性，奶奶特地将生姜切得齑碎齑碎的，放入茼蒿中；菜炒好了，又加了一小勺味精。奶奶眼睛有些模糊了，可能是老年性白内障引起的，她将食盐当作味精了。午餐开始了，小成首先掭了一大筷子茼蒿，刚进嘴，齑咸齑咸，小陈笑嘻嘻地对奶奶说："打死个卖盐的了，齑咸齑咸的。"奶奶这时才发现，是将盛盐的碗当作味精的碗了，赶忙将茼蒿倒入锅中加水稀释。

齑，在江淮方言中一般作表程度的副词用，它后面的形容词是特定的，指细、碎、咸，如：齑细，即很细；齑碎，即很碎；齑咸，即很咸；很苦也可说为齑苦，因为咸极就发苦了。如果是很甜，那就不能用齑甜了，江淮方言中应说成"傻甜"。

古人用字遣词注重精准，从"齑"的用法可见一斑。江淮方言中有古意啊！

嚼舌头

汪曾祺先生两次写了《薛大娘》，一次是散文，一次是小说。散文是在《一辈古人》中专门写了薛大娘，这表明汪先生很看重薛大娘这个普普通通种菜的邻居。

薛大娘过四十岁了，儿子二十岁了。她种的菜肥嫩水足，每天在保全堂药店门口卖，很快就卖完了。她有个副业，给青年男女拉关系——拉皮条，她家的三间房就成了"台基"，即男女欢会的地方。有人议论，薛大娘说:"他们一个有情,一个愿意,我只是拉拉纤,这是积德的事,有什么不好。"

薛大娘很注意在保全堂药店工作的人,卖完菜还在客堂里喝喝茶。一位三十多岁的淮安人吕三因认真工作,当上了管事,薛大娘主动联系吕三,并到她家发生关系。好事不出门,坏事传千里,薛大娘和吕三的事渐渐被人察觉,她的老姊妹们劝她不要再"偷"吕三。这个"偷"字是江淮方言中的字,一个男子或一个女子在外与另一女、另一男发生不正当关系,则被人称为"偷人"。那些老姊妹说:"你图什么呢?"薛大娘说:"不图什么,我喜欢他,他一年打十一个月光棍,我让他快活快活,我也快活,这有什么不对?有什么不好?谁爱嚼舌头,让他嚼去吧!"江淮方言中的"嚼舌头"是指一个人喜欢多话、随口乱说、传闲话,甚至说诽谤人的话。

汪曾祺先生很欣赏薛大娘,认为她身心都很健康,性格没有被扭曲,被压抑,舒舒展展、无拘无束,就像她的一双健康的、很美的脚一样,她是一个彻底解放的自由人。

摧

摧,《说文解字》:"敲击也。"读què。

小爱六岁,上幼儿园了。小爱很懂礼貌,见亲戚、邻居的长辈都亲切地叫一声,奶奶很喜欢她。每天晚饭后,奶奶总要摧几个核桃给她吃,吃核桃会增加营养素,人长得更聪明。有时小爱也拿起锤子摧核桃,奶奶不是阻拦她,而是教她怎样抓锤子,怎样抓住核桃摧,以防锤子摧到手。小爱摧了几个核桃,剥壳,将核桃仁捧在手上说:"奶奶请用!"奶奶笑嘻嘻地接纳了,说:"小爱真孝顺。"

"摧摧篮子卖生姜"这句俗语在江淮一带流行,一般是尽其所有的意思,钱、物等均可用。

小沈大学毕业后在扬州郊区一家工厂上班,他住在市区,每天一大早就要乘公共汽车上班。两年后，小沈省吃俭用存款8万元，想买一部电动汽车，还差几万元。小沈的爸爸在他五岁时就离世了，小沈的妈妈是一家仓库的保管员，含辛茹苦地培养小沈成人、成才，小沈一直存感恩之心，对妈妈也很孝顺。一天，小沈对妈妈讲要买汽车的想法，妈妈知道小沈不乱花钱，两年来的存款肯定不够，妈妈很干脆地将一张5万元的存折朝小沈面前一放："孩子，妈妈摧摧篮子卖生姜就这么些钱，你拿去吧！"小沈弯下了膝盖，说："谢谢妈妈！"小沈眼里闪着泪花。

冚

冚，读kǎn，盖的意思。这个字在广东一带经常用到，而且除了盖的意思外，还有严密、全部的意思。

冚，在江淮方言中经常用到的是盖的意思，且有捂的意思。

中午做的菜肴没有吃完，留着晚上吃，便用一只大碗往小碗上一冚，以防苍蝇蚊虫叮咬。

冬天到了，老阚在家干完农活便拿着一只大的篾制的罩子到河沟中取鱼。他的眼力很好，而且有多年的捕鱼经验，他穿着特制的皮衣，在水中移动着鱼罩子，看到哪里有什么动静，很快用鱼罩子一冚，只见一条不小的鱼在鱼罩中跳跃，然后掀起罩子慢慢取出。这种捕鱼的方法在四川仁寿县一带也有，当地也称冚鱼。

在江淮一带，有的青少年寻找乐趣捕麻雀。他们用一只编得较密的竹篮子竖放着，用一根绳子拴在篮子的边上，绳子有十多米长，人躲藏在墙角落，在篮子下撒放一堆稻米，不久就会有麻雀来啄食了，躲藏在墙角落的人说时迟那时快，将绳子一拽，就将麻雀冚住了。

疬

小戈读初三了，脸上开始长疬子了，眼旁、鼻旁、嘴旁、脸颊上，一批一批的，此起彼伏，这边疬子枯了，那边又冒出来了。

疬，《集韵》："苦禾切，音科。"《玉篇》："疮也。"镇江、扬州一带读kuǒ。青年人青春发育期到了，脸上就会长疬子，有时发痒，情不自禁地就用手抓，抓破了会发炎，甚至化脓。医生说，这是痤疮，青春痘不能用手抓，倘在要害区发炎，有可能危及生命。平时饮食要注意，不要吃刺激性的食物，辛辣的东西绝不能吃，平时经常洗脸，去掉脸上的油脂。心里要平静，不要把它当回事，过了青春发育期自然而然就会减少，以至没有了。

小窦读高中一年级了，平时喜欢吃油腻的东西，情绪不稳定，好激动，脸上长疬子了。他爱整洁，绝不容许脸上有一个疬子。如果发现一个，立即用手挤。疬子还没有熟，就对着镜子用针挑，硬要挤出一个小米粒样大的东西，他才罢休。小窦妈妈跟小窦讲过多次，他左耳朵进，右耳朵出。直到他自己发现一个疬子挤掉以后会留下一个很久也不能消去的疤痕，而且会造成脸上表面皮肤的高低不平时才停止。

小窦下决心不再挤疬子了。心理上平静了，饮食上注意了，脸上疬子少了，也痒得不厉害了，心情愉悦，学习上进，奋发图强，高中毕业后考上了理想的大学。

一个小疬子，可不能小看它啊！

料嘴

小廖是某贸易公司有名的料嘴。扬州、高邮一带指一些人说话时喜欢加上自己特制的作料讲某人、某事，通俗地说，就是喜欢添油加醋，这个人的嘴成了"料嘴"了。

　　小莉是小廖的同事，今年二十八岁，与公司办公室的小海谈恋爱已经快一年了。两人在同一单位工作，年龄相仿，都是大学毕业以后考进来的，双方家长也很满意。

　　一天，小廖在一家大型超市购物，远远地看到小莉也在超市中与一位男士亲密地交谈，小廖仔细一看，那男士不是小海，小廖没有同小莉打招呼，小莉也没有发现小廖看到她。

　　第二天，小廖在公司里传开了，说小莉又有新男友了，他亲眼看到小莉与新男友在逛超市、逛马路，还牵着手亲密无间。这些添油加醋的话传到了小海的耳里，小海不相信，他与小莉相处有日，相信小莉的人格，小莉绝不是那种人。回家后小海便问小莉相关传说的情况。原来小廖在超市看到小莉与一位男士交谈，那位男士是小莉大学的同班同学，有好几年未见面了，相互交谈了一些别后情况，根本谈不上亲密，更没有牵手逛马路。对于小莉的话小海完全相信。一天，小海与小莉见到了小廖，小廖觉得对不住这两位同事。小海、小莉二人与小廖心平气和地交谈，一点也没有责怪他，小廖更感到过意不去。小海对小廖说："请您以后说话再也不要加'作料'了。"小海、小莉、小廖三人哈哈大笑。从此以后，小廖的嘴真的不"料"了。

塳

　　塳，《集韵》："平声东韻，浦蒙切，尘也。"读péng，这个字在江淮方言中用到。在吴语区的常州、苏州、上海等地，西南官话的云南昭通等地也用到。

　　在江淮一带，十多年前，一些装泥沙的渣土车允许在市区通行，大风起、尘土扬，灰塳塳的，严重的时候对面人影也看不清。更为严重的是渣土车后的挡板突然坏了，泥沙直接撒在大路上，尽管清洁工人认真清扫了，有几天马路上都是灰塳塳的。

高邮是全国历史文化名城市、全国文明城市,全国卫生城市创建初期,渣土车不准进入市区行驶了,全民文明意识大大增强,各机关、企事业单位及社区分别包干一段路、一个区,每天打扫得干干净净,市民绝不乱扔烟头、纸屑等杂物,见到刚落下的树叶等物立即捡起,过去大风起时马路上灰蓬蓬的现象没有了。

刳

刳,读pí,指用刀、斧将竹、木等析开;用刀斜切鱼、肉、豆腐干等。刳不同于劈。劈,用刀、斧等破开、分开,如劈柴等。刳,《集韵》:"攀糜发,刀析也,如刳篾条,刳干丝。"

说说刳干丝。扬州、高邮一带早上喜欢请人上茶馆吃早茶,在点心上来之前一般每人要点上一盘煮干丝或烫干丝。这干丝是特制的大方干刳成的。大方干不老不嫩,厨师用刀刳成丝状,刳粗了,很难看,细如丝,美观,且易吸作料入味。

汪曾祺先生是美食家,他不仅会吃、懂吃,而且能自己下厨房动手制作,自称"郇厨",乃誉人膳食精美之词。朋友们拜访汪曾祺喜欢在他家吃一顿,汪曾祺也乐意亲自下厨显摆一下厨艺。汪曾祺是高邮人,从小就喜欢大煮干丝,朋友来了也喜欢做这道菜。做干丝的大干子就是在北京菜场买的。他没事常逛菜场,知道哪里的大干子适合他做干丝。一块不大不小的干子,他能刳成不粗不细的干丝,虽然不能像专业厨师刳得那么细,甚至细可穿针,但他刳的干丝也很美观。煮干丝的汤汁是他自己创新的。扬州、高邮一带一般用虾米、榨菜丝、黑木耳、香菇、火腿丝等煮汤以拌,而他尤喜用干贝吊成汤汁再煮干丝,其味鲜美独特。

一九八八年一天,美国爱荷华国际写作计划中心创办人聂华苓(中国湖北人)和丈夫保罗·安格尔来到北京,并在汪曾祺家作客,汪曾祺做了几道菜,其中一道便是淮扬菜大煮干丝,聂华苓吃得很开心,最后端起大碗连煮干丝的汤也喝得光光的。汪曾祺当然很得意，在《自得其乐》的文中提到了这事，还自谦道："她（聂华苓）吃得非常惬意，连最后剩的一点汤都端起碗来喝掉了。不是这道菜如何稀罕，我只是有意逗引她的故国乡情耳。"后来汪曾祺在《干丝》一文里又提到这件事，并做了补充说明："我那道煮干丝自己也感觉不错，是用干贝吊的汤。""煮干丝不厌浓厚。"煮干丝这道菜中，前道工序"刐"很重要，而后道工序的"煮"更重要，关键在汤汁。

刐，是江淮方言中的用语，在吴语、湘语、粤语、客家语中也用到。

笡

笡。读qiè，《集韵》："迁谢切，斜逆也。"

在江淮方言中，一般"斜"的意思都用"笡"来表达。江淮方言中"斜"读成qiá，普通话中读xié，意为跟平面或者直线既不平行也不垂直的线、面。

小王的眼睛有毛病，从娘胎里带来的，眼珠不在中间，于是在上小学时就有同学给他起了个诨名"王笡眼"，同学当面不敢这样称他，只是在背后这样喊他。班主任李老师无意中发现有的同学称小王为"王笡眼"，便和风细雨地对那同学说："小王的生理缺陷是天生的，同学们不能这样称他，这样会伤害他的自尊心、自信心。"一个人身材的高矮、面容的美丑都不是他的过错，决不能拿别人的生理缺陷取笑。一个人的言行不能"笡"。

江淮方言中称一个行为不端者为"歪七八笡"或"歪七八恔"。倘若一个人虽然眼笡，或者走路歪歪笡笡的，但他的言语文明得体、行为方正有礼，这样的人，你反而更应该有礼貌地尊重他。

小王从小学一年级直到六年级小学毕业，学习优秀，与同学相处诚实可亲，课后同学们都喜欢同他在一起游玩，自从一年级时班主任李老师讲过以后，再也没有人叫他"王笡眼"了。

纤

纤，读qiàn，指拉船用的绳子。纤夫指以背纤拉船为生的人。

高邮是全国历史文化名城、全国文明城，文物古迹众多，其中"秦邮八景"令人赏心悦目。"秦邮八景"中有一景为"耿庙神灯"。耿庙是纪念神人耿七公的，建在高邮湖边，规模大到百亩。耿七公名耿裕德，山东兖州府东平州梁山泊人，兄弟辈中排行七，名耿七，为人纯朴刚正，宋仁宗时做过通判，后退隐高邮，周济贫民，为人治病、救人急难，宋哲宗时封为康泽侯，百姓建康泽侯庙，民间称七公殿。民间传说，七公是神，船民驾船在湖中行驶，遇大风恶浪，迷航了，只见七公殿上的多盏神灯亮着，船民们就明确了方向，化险为夷了。

高邮地区多次出现七公显灵护佑百姓、消除灾难的传说。从南宋直到清代后期，人们一直坚持到七公殿祭拜耿七公。一九五六年大运河拓宽时，七公殿被拆除了，但有两根方形石柱高高直立在运河西堤上。这两根石柱上有一道道深深浅浅的纤痕。千年以来，纤夫们背着纤在高邮境内哼着纤夫的歌，将纤绳绕在石柱上背纤行走。俗话说"绳锯木断"，七公殿的石柱虽然没有断，但留下了一道道纤痕，那是千万纤民在大运河边留下的劳迹。至今，仍有一些高邮等地的渔民沿袭过去的风俗，仍然到此做"七公会"，祈求幸福安康。

由七公石柱上的纤痕想到江淮方言中的"纤"。周老师已经退休了，每天在家读书写文章，且常有一些报刊编辑约写文章。周老师的学生很多，有的学生上门请教问题，解决了就离开了。有个姓赖的学生有事没事也常来访候周先生，而且常常赖着不走。周老师心里着急啊，大好时光被他纤掉了。周老师是以礼待客的君子，不好意思催他走，有时只好以沉默待之，时间长了，小赖自知没趣，也就离席了。

这里的"纤"，在水乡高邮等地就用得很形象，很得体，时间就像背纤绳的纤夫一步一步地慢慢走掉了。

珍惜时间的人经不住纤，不爱惜时间的人也不能去纤别人。浪费别人的时间无异于谋财害命啊！

纤，又读xiān，细小。

缲边

在镇江、扬州、泰州、盐城、淮安一带，总看到门面不大的裁缝店门口竖着一块牌，上面写着：代客撬边。有的写着：代客拷边。顾客也都能理解那牌上的意思。

小勇是一个市的文明城市创建与保护的志愿者，他认为一个城市的文明程度应当体现在多个方面，其中有一点也很重要：一个城市的广告、标语、宣传用语等不应当有错别字。"撬边"的"撬"，"拷边"的"拷"都应当算是错别字，正确写法应为"缲"。

缲，读qiāo，是指做衣服边或带子时，把布边往里头卷进去，然后藏着针脚的缝法。譬如，有位王先生在一场大病后，瘦了不少，原来常穿的一条裤子大了不少，他就到一家裁缝店，请师傅将裤子剪去一截，师傅再认真地给裤子缲边。

小勇在工作之余常到一家家裁缝店走走，劝店老板将不正确的"撬""拷"字改正。有的店老板说，如果写成"缲"，一般的顾客不认识。小勇说，可以在"缲"字后面写上汉语拼音；有的人不认识汉语拼音，可以在"缲"字后面写上"音敲"。店老板听了小勇的话，觉得有道理，都按照小勇的建议将错别字改过来了。

每个人都是这个城市的主人，每个人的一言一行都要努力符合做文明人的标准。城市是我家，文明靠大家。

缲，又读sāo，同"缫"。

如意乐膛

老林是S镇招商科的科长。去年S镇的招商项目在全市第一，引进的总资金在全市也是第一。今年的招商任务的压力更大了。老林带领招商科的几位同志马不停蹄走访镇上几家大企业的老总，又经常与市乡贤办公室主任联系，详细了解在各大城市乡贤中的企业家以及在高校、科研机构工作的专家。

今年的第一季度，老林和招商科的同事基本上是在外面度过的，根本没有什么星期天和节假日。在引进的项目中有新能源、电子、数据智能等。他们在招商过程中很注意节约，从不乱用一分钱，以诚信和周到实在的服务取得客户的信任。联系上的外地的客商到S镇调研察看后，与其他地方一比较，他们总喜欢到S镇投资办厂。今年一季度S镇的开工项目及投资资金也名列全市第一。

老林的儿子去年在省城大学毕业，今年参加某市的事业编制单位的考试被录用了。老林工作如意，家中的事如意，于公于私都如意，真是如意乐膛。

如意乐膛在江淮一带是指一个人在日常工作、生活中遇到如自己心愿的事，快乐在胸膛。

偛

偛，在江淮官话中读 sà 或 sá，指斜、不正。

老沈五十岁了，在某贸易公司上班。几十年来，老沈一直不修边幅，一年穿的衣服，不是上衣的角偛下来了，就是两只裤脚管长短不一。有时喜欢同女同事开玩笑，甚至说些不正经的话。奇怪得很，在开玩笑前，他的两只肩膀不在一条线上了，一只高，一只低，低的肩膀也就是偛下来了，同事们见到如此情景都会暗暗发笑。

小金与老沈同事，在农村长大，家里一直养着几十只鸡。在几十只鸡中，公鸡只有两只。公鸡在发情时，看准了一只母鸡，只见那只公鸡俽下来两只翅膀，而且是一只高、一只低，快步走，然后往那只母鸡身上一骑，农村人说这叫"踩水"。母鸡被踩水后，生下的蛋便是受精卵，这种鸡蛋肯定会孵出小鸡。小金见到老沈要跟女同事开玩笑时的情景，很自然地联想起家里养的公鸡踩水时的情景，小金就暗自发笑。

俽，高邮一带读 sá，东台一带读 sà。东台一带还有"俽偨""俽里俽偨"等词语，指一个人行为不正、轻浮。例：这个人俽里俽偨，没人理他，还厚着脸皮瞎说。

矗

矗，《说文解字》："疾言也。读若沓，训多语沓沓也。"扬州、高邮一带读若 tè；泰州一带谓众言语喧杂曰矗，音如"夺"。

老高是 G 市贸易公司的仓库保管员，平时喜欢与同事、朋友说笑，喜欢说大话。江淮一带"大话"有两种意思：一是吹牛，本是一，能说成十、百、千；二是"大春话"，指男女间的那些事，人称"撒大春"。老高与人说话，常常大话矗矗的，不是吹牛就是说大春话。因而同事、朋友给他起了个外号"高大话"。

G 市要创建全国文明城市了，每位市民要做到说文明话、干文明事、做文明人。G 市相关领导按系统、按社区逐一认真排查、改进。

老高在本单位当属于重点需要注意的人，领导找他谈话，他满口答应。老高为人诚朴、随和，为了本单位集体的利益，他决心改掉说大话的毛病。有时同事跟他开玩笑，他也不说大话了，而且一本正经地对别人说："要做文明人啊！"

老高五十多岁了，由于几十年养成了说大话的习惯，要改掉这不良习惯，真有些难。有的时候大话到嘴边了，他只动动舌头，忍住了。不仅如此，他在本单位还大力宣传创建文明城市的重要意义以及各种标准要求，自己带头执行标准，达到要求。

根据有关心理学家的试验，一个人好习惯的养成需要21天，一个坏习惯的去除也需要21天。譬如戒烟、戒酒，21天中决不抽烟，决不饮酒，21天后，一般就不会有烟瘾、酒瘾了，当然还要注意反复、回潮。

一个月下来了，老高一句大话没有说，而且成了本单位、本系统创建文明单位的积极分子。老同事、老朋友见到老高，竖起大拇指：高大话变成高文明了！

文明是一个城市之魂，文明是一个人立身之本。

掭

郝大妈在郝家庄乐善好施是出了名的。离她家不远的地方是小吉的家。小吉五岁时，母亲就得急病去世了；不久，父亲又得了精神分裂症，不能干活。只要小吉经过郝大妈家门口，郝大妈就拉住他，给他几只鸡蛋，在地里挖上一袋子青菜，又到家里米坛里掭上一淘箩米，一直护送到离小吉家不远的地方。在小吉七岁时，小吉的父亲去世了，郝大妈就将小吉带回了家，供他上小学、中学，直到大学毕业。郝大妈家并不富裕，早年丧夫，有一子初中毕业后在外地打工。郝大妈一边种上几亩地，一边拾荒捡破烂供小吉上学。郝大妈的事迹感动了许多人，乡里领导一直宣传她的行善故事。她帮助人决不止小吉一家，村里只要哪家有困难，就会出现她的身影。乡里领导将她的事迹上报，郝大妈被评为"县里好人""省里好人"。

郝大妈隔壁邻居李奶奶去年得了中风病，幸好抢救及时，留了一条命，但双手不能动了。儿子、儿媳妇都在外打工，李奶奶与八岁的孙子在家，郝大妈每天三次耐心地掭一勺子粥、掭一勺子饭喂李奶奶，有空时还拉着李奶奶在村里慢慢行走，李奶奶的病逐渐好转了。

搲，读 wā，以手或器皿取物。元代无名氏《陈州粜米》第一折："我量与你米，打个鸡窝，再搲了些。"清代蒲松龄（《聊斋志异》作者）《日用杂志·饮食》："大瓢搲来酵子发下手先抴二百拳。"

搲，又读 wà，牵挽的意思。张岱《陶庵梦忆》："余挟二樵子从壑底搲而上，可谓痴绝。"这里的"搲"，牵挽手也。

在江淮方言中，"搲"可读第三声，即 wǎ。意思也很特别。小肖是某产品的推销员，在一社区大会上天花乱坠声嘶力竭地说某公司出产的产品如何质优价廉，社区的居民对如此推销产品的场景大都习以为常。只见一青年上台大喊，该产品如何如何好，表示要买很多很多，而且当场兑现。居民中有人认识他是其他社区的，人称小钱，他和推销的小肖是好朋友，这二人搲在一起了。这里的"搲"即牵、连、挽的意思。认识小钱的那位居民私下里讲他和小肖的勾连关系，小钱的话居民们只当成笑料。

歑

秋天到了，人们都穿上春秋衫了，老韩却还穿着短袖衬衫。第二天老韩到了办公室刚坐下就不停地打嗝，接着到卫生间忍不住呕吐了，而且连续发出歑歑的声音，他受了风寒，感冒了。

歑，呕吐。《集韵》："入声陌韵，屋虢切，吐声。"

扬州、高邮一带产一种黏鱼，头不小，全身深黑色，有黏液，熟了少刺。平常人家经常吃的一道菜是黏鱼烧蒜苗。人们一般称黏鱼为黏鱼歑子，为什么？因为人在捉它时，它会发出"歑歑"的声音。

小谈同几个朋友开了一家日用杂品公司。小谈是个喜欢贪小便宜的人，他负责进货，有时会要供应方对某产品虚报价格，他便从中谋取小利，几次从数百元到千元，总共达3000元。小金是个精明的人。他与供货方老板诚恳交谈，老板道出了真相。小金及其他几个合伙人与小谈交心："我们几个人是从小就在一起玩的朋友，既然合伙来做生意，就要有利共享，有害共担，共同把这个'家'管好。"小谈是个明白人，也就一五一十地交代了几笔贪小利的账，并干脆地说："我贪的3000元立刻歎出来！"几个人哈哈一笑，相互搂在一起，小公司办得越红火了。

小谈将贪小利所得的钱"歎"出来，就如同一个人吃了什么不干净的东西，良心发现，作歎了，吐出来了，脏东西，歎出来，身体就舒服了。

文

小问的爸爸在工作之余常到大运河边、高邮湖边钓鱼。他的钓鱼技术很不错，星期天带着几个面包、两瓶矿泉水坐在高邮湖边垂钓，一天下来，能钓到五六斤鱼，品种也杂，有鲫鱼、鳙鱼、鳊鱼、白鱼等，一家人几天也吃不了，便用水养了起来，小问爸爸还买了充氧机，一盆鱼可以养上三五天。一天，他们家住的小区因修理电路，突然停电了，加上有两天忘记喂食，一盆鱼大部分文了。下班后一家人见到这种情景，很是惋惜。

文，读wén。《汉语方言大词典》里，指终了、死。今谓鱼死曰文，胎儿死亦曰文。浙江宁波一带用到这个字，其实江淮方言中的镇江、扬州、高邮、盐城、泰州等地也用到，似乎因为有人忌讳说"死"这一字，鱼死了，不动了，文下来了。胎儿死在母腹中也避免说"死"，而说"文在肚里"了。有学者考证出这一字的来由：《说文解字·餐部》："殁，终也，莫没切。殁音转如文。"可备一说。

特别是在春节期间，鱼死了，更不能说"死"这个字，因为图吉利，而说"文"了。

操

操，揭开为操。

小傅的爷爷八十三岁了，名傅贵。小时候家里很穷，但他的父母还是让他到村里的小学读书。学校离他家有6里路，每天清晨母亲就让他吃一碗粥，然后包了两段山芋当午饭，中午就不回家了。晚上傅贵放学回家了，肚子饿得很难受，刚到家就赶忙到锅灶面前搀开锅盖，里面只有一锅清水。妈妈对他说，家里没有米了，到庄上亲戚家借过，明天才有呢。傅贵忍饥挨饿就上床睡觉了。这些情况是小傅爷爷跟小傅讲的。

小傅上小学六年级了，学习较为紧张，小傅的父母在外地打工，他的日常生活全靠爷爷关照。爷爷对小傅关怀备至，每天早上让小傅吃一只鸡蛋、一大碗米粉疙瘩。中午回家，小傅肚子饿了，连忙到灶间一搀锅盖，一大锅雪白的大米饭，饭上还炖着一大锅红烧肉，一大碗烧青菜已经上桌了。小傅立即盛饭，大口大口地吃了起来。他边吃边想，现在的日子同爷爷小时候的日子简直是两重天啊！

搀，这一字，除了搀锅盖外，还有搀被子、搀书、搀底牌等，在镇江、扬州、盐城等江淮方言区用到，在吴语区的苏州、上海、宁波、杭州等地也用到，还有在讲西南官话的成都等地也用到。

嗋

嗋，读xiù，《汉语方言大词典》：细喝。这一字，江淮方言中常用到，冀鲁官话、胶辽官话中也常用到。

一九五九年八月，我被分配到高邮县三垛中学初中部教书。其时高邮只有两所完中：高邮中学、三垛中学。东部地区只有三垛中学有初中部，小学毕业生经过考试，成绩优秀者才被录取。学生被录取后就将户口迁入学校，粮油享受定量供应待遇。后来粮食紧张，国家决定，学生不再享受定量供应，农村学生要将粮食卖到粮站，将计划转到学校，因此不少学生辍学了。坚持读书的定量户口学生，每月的粮食供应标准只有24斤。学生在校每日三餐，早晚喝稀粥，中午吃干饭，量不多，有的学生从家里带些米来，放在热水瓶里，到外面老虎灶冲上开水，几小时后会变成粥。由于热胀不匀，上课时突然听到一声爆响，热水瓶炸了，此事时有发生。

供应学校时有杂粮，常见的是大麦枕子，大麦枕子粥稀得可以照见人影，有的喜欢说笑的学生编成顺口溜："大麦枕子滑溜溜，一嗞嗞到屁眼沟，草把子一拿，直朝茅厕上溜。"一碗大麦枕子粥在面前，舍不得大口大口地喝，即使细饮、慢慢地嗞，也很快入肚消化了。当时尚无现在的卫生纸，只有稻草做的草纸，但也要计划供应，农村学生常用稻草把代之。其时读初中的学生，而今已有八十岁了，聚会时回忆那时的生活，常常作为笑料谈资。那样的困难日子一去永不复返了。

今天的幸福真的来之不易，是经过不懈奋斗才获得的，要珍惜啊！

那时的学生，今日的爷爷带着孙子走进咖啡屋，叫上两杯奶茶，陪着孙子慢慢地嗞，真的别有一番情趣，爷爷儿时的苦趣，今日孙子的甜趣，苦趣加甜趣，别有一番乐趣，快乐的情趣，催人奋进，创造更新、更美好的生活。

儇

儇，读xuān，在江淮方言及吴语中会用到这个字，一般读huān。在古代语言中，尚无j、q、x声母，均以g、k、h替代，譬如间、铅、陷等字的声母，现读音的声母为j、q、x，而古音则是g、k、h。

儇，在江淮方言中有敏捷、迅速的意思，还有聪明、灵活、能干的意思。西南官话的昆明话中遇到小孩有以上的特性时，会说这小孩很儇。

吴语中的浙江宁波、新昌、象山、黄岩、舟山、浦江等地的方言及著作中，都用到写到"儇"字，"俗呼小儿巧慧者，音如呼关切。""小儿健康亦云儇。"《苏州府志》："谓机巧曰儇。"儇在宁波等地都读huān。

在镇江、扬州、泰州、盐城等地都用到"儇"字。小文上五年级了，期中考试总分全班第一名。放学回家时，奶奶见到小文一路跳着回家的，奶奶想，小文今天这么儇起来了，肯定在学校遇到什么好事了。吃过晚饭以后，小文向奶奶报告了实情，奶奶也为他高兴，同时也告诫小文："也不能儇得过分啊，应当以这次考试为新的起点，继续努力前进。"

高邮一带还有时对儇起来的人提出警示：一个人因聪明、能干做出好业绩，是好事情，令人高兴的事情；不能太儇啊，太儇了就会出现言行不得体的现象，太儇能把大腿儇掉脱哪呢！

有人将"儇"错写成"欢"，那是因为不了解"儇"的本意。

儇，古已有之，《诗·齐风·还》："并驱从两肩兮，揖我谓我儇兮。"儇，轻捷灵便貌；但过儇了，古称轻佻。《九章·惜诵》："忘儇媚以背众兮，待明君其知之。"轻薄浮滑的人、轻薄巧慧的人称为"儇子"。江淮人云："小人发儇必有祸。"

赝

赝，读 yàn，《集韵》："于建切，物相当也。"今江淮方言中人们经常用到这一字，即比量高低、长短、宽瘦等。

小爱是个女孩，今年上五年级，身高 1.49 米，她认为在同龄的同学中身材矮了些。小爱妈妈身高 1.56 米，小爱差不多每天晚饭后，做作业前总要妈妈站在她面前，她以立正姿势，挺着胸站在妈妈旁边赝一下，看谁的身材高。妈妈看到小爱着急长高的样子，既发笑，又心疼，每天早上给她吃一只煮鸡蛋，午餐总要让她吃上鱼、牛肉、猪肉、鸡、鸭等，晚上睡觉前喝一杯牛奶。

在妈妈的关爱下，小爱在学校抓紧时间锻炼身体，慢跑，拉伸手臂、大腿等，小爱每个月都在长高。

小爱上六年级了，再同妈妈赝一下，只矮了 2 厘米了。小学毕业时，又与妈妈赝了一下，比妈妈高 2 厘米了，小爱与妈妈都发出了会心的笑声。

小爱上初中了，妈妈在开学前要给她买上一身新衣服以表祝贺。小爱长高了，裤子的长短把握不准，妈妈就把小爱最合适的一条裤子放在包里。到了服装店，小爱看见有一条裤子色彩、款式都很满意，妈妈于是取下那条裤子放在柜台上，与小爱平时穿的最合适的裤子𤫩了又𤫩，长短相当，身腰大小也相当，小爱与妈妈都很满意就买下了。

小爱上初中了，一年后身高比妈妈高一头了，妈妈变成了"矮子"了，小爱与妈妈都笑了，但小爱还常常站在妈妈前𤫩身高。

槙

小任从小在农村长大，在家常常帮父母做家务事，因此动手能力也渐渐增强了。一天，他发现妈妈用的锄头柄子有较大的裂痕了，他就将锄头柄子全部从锄头上拔出，然后将木柄断裂处削尖重新槙入锄头中，再将木柄敲紧，妈妈锄起地来更放心、更有劲了。

槙，一种解释是小木橛子，作锄头、铁搭柄用，吴语中用到，上海人称锄头槙子。在江淮方言中，把小橛子打进的动作叫槙，如小任为妈妈的锄头槙柄子。还有，装楔子，装配，如将新买回来的大床槙起来。这两层意思，在吴语中都会用到，如上海话把锄头柄子槙槙牢；椅子晃动了，把椅子腿槙下子。

在江淮方言中，牵引并固定也叫槙。小任在家常常找事做，上初中三年级了，功课很紧张，学习之余他帮父母做些事，认为是一种乐趣。夏天到了，爷爷、奶奶、爸爸、妈妈房间里的帐子都是他槙的，他做事认真，槙的帐子牢靠，爷爷、奶奶、爸爸、妈妈既放心，又高兴；小任见他们高兴，他也高兴。

衠

衠，读 zhūn，《新华字典》解释：纯粹，纯，方言。镇江、扬州、高邮一带人在日常生活中会用到这个字。

农历腊月二十三、二十四送灶时，家家都要煮糯米饭送灶老爷"上天言好事"，除夕夜接灶老爷"下界保平安"。李大妈和王大妈同到某粮店里买糯米时，粮店老板会大声夸赞他家卖的糯米很"衠"，意为很纯，是地道的良种，而且在粮堆中绝没有掺不良品种的糯米或籼米。李大妈、王大妈在粮堆里各抓上一把在手里掂来掂去，仔细查看：粒粒饱满，且发出亮光，二人齐声说："不错，很衠。"于是各买了几斤。

这个"衠"字在秦观词《品令二首》（其一）中就用到了："衠倚赖，脸儿得人惜，放软顽，道不得。"秦观欣赏的一女子同他"恶了十来日"，不须肐织（即今胳肢）她、哄骗她，纯倚赖着她生了一张漂亮的令人爱怜的脸，不要撒娇了。

当今有很多种田大户，他们在购稻种时，绝不是只听听介绍、广告宣传，都要到某公司去认真察看了解，优良稻种一定要衠，不能在看样时衠，大批发货时也要保证衠。

这个"衠"在年长者中用得多一些。

崬子

植物刚刚发芽叫崬，江淮方言中一般指慈姑崬子，由芽渐渐长大成了较长的慈姑尾子，味略苦，不易吃；还有荸荠崬子，不能吃。

汪曾祺先生在他的文章中几次写到慈姑。一九三一年七月高邮发大水，运河堤决口，他家住在竺家巷，水入户有一人深，全家人都到文游台上躲水灾。每天的饮食除了吃粥外，就是吃慈姑。他写道："我吃了很多慈姑，而且不去慈姑嘴子（即崬子）的，真难吃。"到了年长以后，也怕吃慈姑了。

慈姑是高邮水乡常见的农产品。为什么叫慈姑？《本草纲目》载："慈姑，一根发生十二子，如慈姑乳十二子，故以名。"慈姑肉色白而嫩黄，性寒，有凉血止血、止咳通淋、散结解毒、和胃厚肠等功效。慈姑烧肉是高邮一带过年过节或招待客人的一道大菜，慈姑质紧细粉而不腻，裹上一层油，油光不鉴，但入口不腻，肉质鲜美，荤素搭配，百姓喜爱。

一次，汪曾祺到沈从文老师家拜年，师母张兆和做了一道菜，慈姑肉片，沈从文吃了两片慈姑，说："这个好，格比土豆高。"意为慈姑出污泥而不染。汪曾祺点头同意沈老师的观点。吃饭时虽然菜不多，但谈到了菜的"格"二人越谈越有"味"了。汪曾祺说："这正是沈老师的语言。他是对什么事情都讲'格'的，包括对于慈姑、土豆。"

汪曾祺十九岁离开故乡高邮，直到四十多年后的一九八一年秋才回到高邮。有一次我拜访他，他一人独酌，搭酒的有鲫鱼烧咸菜、咸菜慈姑片，一边慢饮，一边剥花生。

在《故乡的食物》中，汪曾祺写道："因为久违，对慈姑有了感情。北京的菜市场有慈姑卖了，必要时他会买一点回来加肉炒了，家里人不怎么爱吃，都由他一人包圆儿了。"

一次我到北京拜访汪曾祺，谈到慈姑，他认为北京的慈姑没有家乡高邮的好，价钱却不低。又一次我到北京特地带了些高邮的个儿大的慈姑，他真高兴："这才是好慈姑啊。"

在《故乡的食物》一文中最后两句："我很想喝一碗咸菜慈姑汤。""我思念家乡的雪。"咸菜慈姑汤和雪都寄托着浓浓的乡愁啊！

汪曾祺先生因为思念家乡，似乎慈姑嘴子也不难吃了。

后记

　　《江淮方言精汇》一书在众人的期待与努力下得以付梓。这本书不仅是朱延庆先生多年来对方言研究心血的结晶，更是江淮地区文化传承的重要载体。朱延庆先生一生钟情于散文写作以及散文理论、方言研究。他所著的《江淮方言趣谈》《江淮方言趣话》《江淮方言趣事》出版后引起了各界广泛关注，这次修订又增补了新条目。先生以其深厚的学识和独特的视角，解析了数百个具体的江淮方言字词，让我们领略到方言背后蕴含的生活智慧和文化内涵。

　　基于传承弘扬传统文化的要求和地方文化建设的需要，中共高邮市委宣传部牵头组织出版《江淮方言精汇》一书，市社科联组织了专家论证和编审工作。在本书的编撰过程中，我们深刻体会到江淮方言的独特魅力与重要价值。江淮官话分布广泛，涉及苏、皖两省中部以及赣北、鄂东等地，使用人口约八千多万。它受南北方言和政治、经济、文化等多方面影响，承载着一方水土的历史记忆和人文情感。然而，随着时代的发展和普通话的普及，江淮方言的传承面临着诸多挑战。在农村地区，尽管人们依然保持着使用方言的传统，但在城市化进程中，年轻一代对方言的掌握和使用逐渐减少。因此，我们希望通过这本书，唤起更多人对江淮方言的关注和热爱，让这一珍贵的文化遗产得以传承下去。

　　借此，我们要向朱延庆先生致以崇高的敬意，感谢他为江淮方言研究做出的杰出贡献。同时，也感谢所有参与本书编校及给予帮助的文化界、社科界的专家学者和朋友，正是大家的共同努力，才使得这本书能够呈现在读者面前。期待高邮的文化界、社科界能以本书出版为契机，宣传、展示和运用好这一珍贵的社会科学成果，并能以此为例鉴开展好优秀地方文化的挖掘和研究工作。希望这本书能够成为打开江淮方言世界的一扇窗，让更多人了解和喜爱这一方言文化，让"城以文兴"的高邮在"以文兴城"的道路上坚定前行。

中共高邮市委宣传部

高邮市哲学社会科学界联合会

2025年3月